KINGDOM OF GOD & MINISTRY OF HEALING

예수의 치유사역과 사회정치적 해석

하나님의 나라와 치유사역

김광수 지음

침례신학대학교출판부

머리말

　모교인 침례신학대학교에 돌아와서 교수생활을 한 지도 벌써 20여년이 가깝게 되었다. 처음 십여 년 동안에는 연구 활동에 전념했던 반면, 그 후에는 학내 사태의 여파를 해결하기 위해 시작된 수요 정오기도회를 주관하며 기도에 전념했던 기간이었다. 박사학위를 마치고 미국에서 개척 목회를 하면서 공관복음서에 나타난 예수 그리스도의 공생애 사역에 관심을 갖기 시작했다. 예수님은 그 분의 공생애를 통해 하나님의 나라의 도래의 모습을 여러 가지로 나타내셨다. 예수님의 전도의 핵심은 하나님의 나라의 도래를 선포하는 일이었다. 예수님의 말씀들과 행적들은 모두 하나님의 나라와 관계되었다. 예수님의 사역은 한 마디로 때가 찬 하나님의 나라의 도래를 선포하는 사역이었다.

　모교에 돌아와 학생들을 가르치며 하나님의 나라의 도래에 관한 연구를 계속했다. 예수님의 사역의 근본인 하나님의 나라의 도래를 어떻게 이해하고 현대 목회에 적용할 것인가가 그동안 연구의 주된 관심사였다. 하나님의 나라는 죄로 말미암아 상처받고 실망하며 좌절하고 절망하는 사람들을 치유하고 회복시켜서 하나님의 영광을 위해 담대하게 살아가는 하나님의 자녀가 되게 하는 하나님의 통치 활동이다. 예수님의 사역의 많은 부분은 여러 병자들을 치유하시는 사역이었다. 나병환자, 중풍병자, 혈루병자, 귀신들린 자 등 인간의 의술로 치료할 수 없는 각색 병자들을 치유해주셨다. 예수님은 배고픈 많은 사람들을 적은 양의 음식으로 먹이시는 기적도 행하셨다. 나아가 예수님은 인생의 목적 없이 그저 살아가는 사람들을 불러 예수님의 제자가 되어 그 분의 사역을 계승하고 재현하는 일군들이 되게 하셨다.

예수님의 이러한 하나님의 나라 전파 사역을 오늘날 어떻게 재현할 것인가? 예수님의 병자 치유 사역이 오늘날 의술을 통한 치료와 어떻게 구별되는 것인가? 예수님의 병자 치유 사역을 재현한다는 것이 현대 의술을 무시하거나 거부하고 무조건 기도하고 주님의 역사를 기다리게 하는 것인가? 예수님의 귀신축출 사역이 오늘날 무속인들의 축사 행위와 어떻게 구별되는 것인가? 오늘날 목회 현장에서 예수님의 사역을 재현하는 일에 있어서 위와 같은 의문들을 갖는 것은 당연하다. 필자는 이러한 의문들을 토대로 하나님의 나라와 치유 사역의 관계를 현대 목회적 관점에서 해석하려고 노력했다. 특별히 하나님의 나라에 담긴 전인적 치유의 국면 곧 하나님께서 주시는 치유는 신체의 질병을 치료하는 것은 물론, 정신적 질환의 치유와 영적으로 하나님과의 관계를 회복하는 것은 물론, 나아가 구원 받은 하나님의 자녀들이 이루는 자유와 평등과 사랑에 기초한 대안의 공동체 곧 교회를 세우는 일까지를 포함하는 다중적 국면을 가진 치유와 회복 사역이었다는 것을 제시하려고 노력했다.

이 책의 출간을 맞이하여 예수님의 사역의 중심 국면인 하나님의 나라의 도래에 눈을 뜨게 하신 부활의 주님 예수 그리스도께 우선 감사드린다. 또 이 책의 출간을 위해 수고하신 여러 분들께 깊이 감사드리며 교정을 비롯한 출간 전체를 위해 수고하신 이정훈 전도사님께 감사드린다. 그동안 만 칠년이 넘게 눈이 오나 비가 오나 학기

중이나 방학 때나 한결같은 맘으로 수요일 정오에 함께 모여 침신인들의 영적 각성과 부흥을 위해 또 침신대의 근본적인 변화를 위해 간절히 기도해 온 사랑하는 분들께 특별한 감사를 드린다. 이 책이 목회 현장에서 성령의 권능으로 예수님의 생애를 재현하기 위해 힘쓰며 애쓰고 계시는 모든 목회자님들의 사역에 새로운 통찰과 활력을 줄 수 있기를 기대한다.

2012년 가을학기를 시작하며
늦여름 햇빛이 강하게 비치는
하기동 동산에서
김광수 교수

목차

｜서두｜ 하나님의 나라에 대한 새로운 이해의 필요성 / 9

제1부　하나님의 나라의 도래 • 15

1. 하나님의 나라의 새로운 이해 틀의 전환에 대한 평가 ············ 17
   - 예수의 하나님의 나라 사역의 이해에 있어서
2. 하나님의 나라의 본질 ······································· 63
   - 공관복음서에 나타난 하나님의 나라의 본질
3. 하나님의 나라의 목적 ······································· 101
   - 공관복음서에 나타난 하나님의 나라의 목적

제2부　예수의 병자치유 사역 • 131

1. 병자치유 사역의 사회-문화적 배경 ······················· 133
   - 예수의 병자치유 사역의 사회-문화적 배경
2. 병자치유 사역의 사회-정치적 이해 ······················· 161
   - 예수의 병자치유 사역의 사회-정치적 이해

제3부   예수의 귀신축출 사역 • 199

1. 귀신축출 사역의 사회 – 정치적 이해 ·················· 201
   – 예수의 귀신축출 사역의 사회 – 정치적 이해(막 3:20 – 30)

2. 회당에서 귀신들린 자의 치유 ·················· 235
   – 예수의 귀신축출 사역의 사회 – 정치적 이해(막 1:21 – 28)

3. 거라사에서 귀신축출 사역 A ·················· 297
   – 거라사의 귀신들린 자 치유(막 5:1 – 20) A

4. 거라사에서 귀신축출 사역 B ·················· 331
   – 거라사의 귀신들린 자 치유(막 5:1 – 20) B

서두
하나님의 나라에 대한 새로운 이해의 필요성

    필자가 침례신학대학교에서 신약학 교수로 봉직한 지도 벌써 20여 년이 되었다. 그동안 공관복음서들을 중심으로 예수님의 공생애 사역에 관한 연구를 계속해왔다. 공관복음서 저자들은 공통적으로 예수님의 공생애 사역을 한 마디로 요약하여 하나님의 나라(혹은 하늘나라)를 전파하는 사역이라고 제시한다. 그들 중에서도 마태가 가장 구체적으로 예수님의 사역의 중심을 천국의 복음을 전파하는 사역으로 규정하고 그 사역의 구체적인 내용을 두 가지로 곧 회당에서 가르치시며 병자들을 치유하시는 것으로 제시했다(마 4:23; 9:35). 공관복음서 저자들은 한결같이 예수님이 행한 모든 행적들과 그가 전한 말씀들을 하나님의 나라와 관계시키고 있다. 그런 점에서 하나님의 나라는 예수님의 공생애 사역을 이해하는 열쇠가 된다고 말할 수 있다. 이와 같이 하나님의 나라에 대한 올바른 이해는 예수님의 사역을 바르고 깊게 이해하는 첩경이 된다.
    하나님의 나라에 관하여 한국의 기독교인들에게는 전통적이고 대중적인 이해가 형성되어 있다. 그것은 하나님의 나라를 그리스도인들이 죽어서 들어가는 어떤 신비하고 영원한 장소로 이해하는 것이다. 이러한 이해에는 하나님의 나라를 미래적으로 또한 장소적으로 이해하는 전제가 담겨 있다. 그런데 하나님의 나라를 그렇게만 이해하면, 하나님의 나라에 관한 예수님의 여러 말씀들과 예수님이 행한 여러 치유와 회복과 구원사역을 이해하는데 있어서 큰 어려움이 따르게 된다. 예를 들어, "하나님의 나라가 가까웠다"(막 1:15; 마 4:17; 10:7; 눅 10:9, 11)라는 말씀, "하나님의 나라가 이미 너희에게 왔다"(마 12:28; 눅 11:20)라는 말씀, 그리고 "하나님의 나라는 너희 중에 있다"(눅 17:21)라는 말씀을 어떻게 이해할 것인가? 또 예수님이 행하신 귀신축출이나 병자치유와 같은 치유사역이 하나님의 나라와 어떻게 연관되는 것인가? 이러한 난제들은 하나님의 나라를 미래적으로 또한 장소적으로 이해하는 대중적인 이해의 한계와 문제점을 보여준다. 따라서 하나님의 나라에 관한 이러한 대중적 이해를 넘어서서 새로운 관점에서 하나님의 나라에 관한 말씀들과 예수님의 사역을 이해하는 것의 필요성이 대두된다.

필자는 하나님의 나라를 이해하는데 있어서 이러한 필요성을 인식하고 하나님의 나라와 예수님의 사역의 관계를 이해하는 것에 관심을 기울이게 되었다. 우선 예수님이 전파한 하나님의 나라가 무엇이며 또 하나님의 나라가 가까웠다 혹은 하나님의 나라에 들어간다는 말의 의미가 무엇인가를 밝히려고 했다. 다음에 예수님의 사역이 어떤 점에서 하나님의 나라가 이 세상에 도래한 모습인가를 살펴보려고 했다. 필자는 지난 세기에 이루어진 하나님의 나라에 관한 선행 연구들을 통하여 하나님의 나라를 이해하는데 있어서 관점의 전환이 이루어져온 것을 알게 되었다. 그것은 하나님의 나라를 미래적이고 장소적으로 보는 전통적 관점에서 현재적으로 역동적으로 보는 새로운 관점들이 대두된 것이다.

20세기 초반에 Johannes Weiss와 Albert Schweitzer를 중심으로 하나님의 나라를 묵시적 종말론적으로 보려는 이해가 제시되었다. 그들은 하나님의 나라를 역사의 종말을 가져오는 하나님의 최종적이고 결정적이며 초월적인 개입으로 이해했으며 그래서 예수님은 그 나라의 임박한 도래를 전파한 종말론적 예언자였다고 이해한 것이다.

그 후에 루돌프 불트만과 C. H. 다드를 중심으로 하나님의 나라를 실존적이며 현재적으로 보려는 관점이 제시되었다. 하나님의 나라는 미래적이며 장소적인 것이 아니라 개인의 내면에 지금 여기서 이루어지는 실존적인 것이며 현재적인 하나님의 통치로 이해되었다. 그 후에 하나님의 나라를 역동적으로 또한 진행적(시작과 진행과 완성)으로 보려는 관점과 함께 예수님의 사역을 대안의 공동체의 형성과 관련하여 공동체적으로 보려는 관점이 추가되었다. 이러한 선행 연구자들의 노력의 결과로 하나님의 나라를 역동적으로, 진행적으로 또한 공동체적으로 보려는 새로운 관점이 확립되었다.

필자는 하나님의 나라를 이해하는데 있어서 이러한 관점의 전환을 중심으로 먼저 하나님의 나라의 본질과 목적을 제시하는 연구를 수행했으며 나아가 예수님의 사역 특히 그의 치유사역(병자치유와 귀신축출)이 어떤 점에서 하나님의 나라의 도래의 표현인가를 제시하는 연구를 진행했다. 이러한 연구를 진행함에 있어서 새로운 해석학적 방법론의 필요성이 제기되었다. 하나님의 나라에 대한 종말론적인 연구나 실존적인 연구는 주로 개인의 변화를 중심으로 한 신학적이고 철학적인 방법론을 활용하여 진행되었다. 그러나 하나님의 나라에 대한 역동적이며 공동체적인 이해를 위해서는 사회 속에서 개인과 공동체의 위치와 역할의 이해를 다루는 사회과학적 이해를 활용하는 사회과학적 성서해석 방법론을 활용하여 진행되었다. 필자는 예수님의 치유사역을 이해함에 있어서 영적이며 개인적인 국면의 치유와 함께 집단적이며 공동체적인 국면의 이해를 위하여 사회과학적 성서해석의 방법론을 활용하게 되었다. 예수님의 치유사역은 개인적이며 영적인 치유의 국면을 포함하면서도 개인의 질병을 이유로 형성된 공동체적인 소외와 차별과 억압의 해소를 추구하는 공동체적인 치유의 국면을 포함하고 있다.

하나님의 나라는 개인의 전인적 치유와 함께 임하는 것이다. 그러나 하나님의 나라는 거기에만 국한된 것이 아니라, 그런 치유를 받은 개인들이 하나님의 사랑과 정의를 중심으로 모여 세상의 소금과 세상의 빛이 되는 목적을 가진 대안의 공동체를 세우는 것으로 나아간다. 나아가 하나님의 나라는 그 대안의 공동체를 통하여 체험되고 구현되는 하나님의 현재적이며 역동적인 통치 활동이다. 그런 점에서 하나님의 나라는 역사적으로 예수님의 공생애를 통해 이미 시작되었고 성취되었으며 부활하신 예수 그리스도를 통해 지금도 진행되고 있으며, 하나님이 정하신 때에 완성될 것이다. 또한 하나님의 나라는 개인적으로는 예수 그리스도를 나의 주님이며 나의 구원자로 영접하는 것으로부터 시작하여 예수 그리스도의 재림과 부활과 완성의 때까지 지속되고 있는 하나님의 주권적이며 결정적인 구원 활동이다. 하나님의 나라와 예수님의 치유사역에 대한 필자의 이러한 이해는 침례신학대학교 교수논문집인「복음과 실천」에 주로 수록되어 있으며, 그 밖에 한국기독교학회 논문집인「한국기독교신학논총」과 복음주의신약학회 논문집인「성경과 신학」그리고 침례교신학연구소에서 출간된「치유목회의 기초」에 수록되었다.

  이 책은 예수님의 전도 사역의 핵심이었던 하나님의 나라와 그가 행하신 치유사역의 사회-정치적 의미에 관한 필자의 이러한 연구들을 모아놓은 것이다. 이 책은 3부로 구성되었다. 제1부에서는 하나님의 나라를 이해하는데 있어서 틀의 전환을 다룬 논문[1]과 공관복음서에 나타난 하나님의 나라의 본질[2]과 목적[3]을 다룬 논문들이 제시되었다. 제2부에서는 예수님의 병자치유 사역의 사회-문화적 배경[4]과 사회-정치적 이해[5]를 다룬 논문들이 수록되었다. 제3부에서는 예수님의 귀신축출 사역을 사회-정치적인 관점에서 바라본 네 편의 논문이 수록되었다. 먼저 귀신축출 사역의 사회-정치적 이해의 서론적인 논문[6]과 그 다음에 귀신들림의 요인과 귀신축출 사역을 본격적으로 다룬 논문[7]이 제시되었다. 그 다음에 사복음서 중에서 예수님의 귀신축출 사역이 가장 생생하게 묘사된 사건인 거라사 광인의 치유에 관한 두 편의 논문들이 제시되었다.[8] 필자는 이 책의 출간을 통해 하나님의 나라에 대한 다각적인 이해와 함께 예수님의 사역이 어떤 점에서 하나님의 나라가 이 세상에 도래한 모습인가에 대한 이해의 폭을 넓히는데 있어서 작으나마 도움이 되기를 기대한다.

주(註)

1) "예수의 하나님 나라 사역의 이해에 있어서 틀의 전환에 대한 평가," 「한국기독교신학논총」, 55 (2008): 79-108.
2) "공관복음서에 나타난 하나님의 나라의 본질과 목적(1)," 「복음과 실천」, 17 (1994): 37-68.
3) "공관복음서에 나타난 하나님의 나라의 본질과 목적(2)," 「복음과 실천」, 18 (1995): 31-57.
4) "예수의 병자치유 사역의 사회·문화적 배경," 「복음과 실천」, 27 (2001a, 봄): 35-63.
5) "예수의 병자치유 사역의 사회-정치적 이해," 침례교신학연구소 편, 「치유목회의 기초」(대전: 침례신학대학교출판부, 2000).
6) "예수의 귀신축출 사역의 사회-정치적 이해(1)," 「복음과 실천」, 19 (1996): 34-68.
7) "예수의 귀신축출 사역의 사회 정치적 이해(막 1:21-28)," 「성경과 신학」, 23 (1998): 55-61.
8) "예수의 귀신축출 사역의 사회-정치적 이해: 마가복음 5:1-20(I)," 「복음과 실천」, 23 (1999): 64-97; "예수의 귀신축출 사역의 사회-정치적 이해: 마가복음 5:1-20(II)," 「복음과 실천」, 25 (2000): 105-38.

제1부
하나님의 나라의 도래

1. 하나님의 나라의 새로운 이해
2. 하나님의 나라의 본질
3. 하나님의 나라의 목적

1. 하나님의 나라의 새로운 이해

예수의 하나님의 나라 사역의 이해에 있어서 틀의 전환에 대한 평가*

서론

기독교 신앙과 신학은 우리 주 예수 그리스도의 공생애 사역에 기초하고 있다. 그래서 예수의 사역의 의미에 대한 폭넓은 이해는 기독교 신앙과 신학의 굳건한 확립을 위하여 필수적인 부분이다. 공관복음서들에 따르면, 예수의 사역의 의미는 한 마디로 하나님의 나라의 도래를 전파하는 사역이었다고 말할 수 있다.[1] 예수의 사역의 중심적 의미가 하나님의 나라의 도래와 관련되어 있다는 것은 특히 공관복음서 저자들의 요약적 진술에서 분명하게 보여진다(막 1:15; 마 4:17; 4:23; 9:35; 눅 4:43; 8:1). 이것은 예수의 사역 전체가 하나님의 나라 도래의 모습을 보여주는 것이며 예수의 공생애 전체

---

* 이 논문은 한국기독교학회 제36차 정기학술대회(2007년 10월 19일, 대전신학대학교)에서 발표한 것을 수정보완한 것이며 「한국기독교신학논총」, 55 (2008), 79-108에 수록됨.

를 하나님 나라의 도래라는 관점에서 볼 것을 요구한다.[2] 그래서 하나님의 나라에 관한 정확한 이해는 예수 사역의 의미를 파악하는 열쇠가 된다고 말할 수 있다.

세계 신약학자들은 일찍부터 예수가 선포한 하나님의 나라에 관한 연구에 많은 노력을 기울여왔다. 한 세기 전 바이스와 슈바이처가 예수가 전파한 하나님의 나라는 묵시적 종말론의 입장에서 이해해야 한다고 주장한 이래 서구의 신약학자들은 하나님의 나라의 종말론적 의미를 찾는데 주력해왔다. 그들의 연구를 분석해보면 크게 세 가지 범주에서 연구가 진행되었다. 첫째, 하나님의 나라의 본질에 관한 질문이다. 하나님의 나라가 가리키는 것이 무엇인지에 관한 것이다. 하나님의 통치, 주권, 활동, 상태, 영역 등 본질에 관한 견해들이 제시되었다. 둘째, 하나님의 나라가 도래하는 시점에 관한 질문이다. 하나님의 나라가 언제 임하는지에 관한 것이다. 이 점에 관하여는 미래적이다, 현재적이다, 혹은 미래적이면서 동시에 현재적이다 라는 견해들이 제시되었다. 셋째, 하나님의 나라의 목적과 실현에 관한 질문이다. 하나님의 나라의 목적이 무엇이며 나아가 그 나라가 이 세상에서 실현되는 모습이 무엇인지에 관한 것이다. 하나님의 나라는 하늘에서만 실현되는 것인가, 아니면 땅에서도 실현되는 것인가? 만일 하나님의 나라가 땅에서도 실현되는 것이라면, 그것은 어떤 모습으로 어떻게 나타나는 것인가?

이 논문의 목적은 예수의 사역의 중심적 국면인 하나님의 나라에 관하여 북미 신약학자들 사이에 주로 1980년대 이후에 이루어진 관점의 변화를 평가하고 그것을 토대로 한국 신약학자들의 연구를 분석하며 앞으로 한국 신약학계에서 이 주제와 관련하여 어떤 점에서 틀의 전환이 필요한가를 제시하려는데 있다. 이것을 위하여 먼저 1980년대 이후에 이 주제와 관련하여 북미 신약학계에서 이루어진 변화의 요소들을 개괄적으로 살펴본다. 여기서는 보그(Marcus J. Borg)

의 두 편의 논문을 통하여 1980년대 이후에 북미 신약학계에서 이루어지고 있는 것으로서 역사의 예수에 관한 이해의 변화가 어떻게 이루어지고 있는가를 살펴본다.3) 예수에 대한 이해의 변화는 하나님의 나라에 대한 이해의 변화와 직결되기 때문이다. 다음에 한국 신약학자들의 연구를 간단하게 개괄하면서 한국 신약학계에서 제시된 견해들을 토대로 지금까지의 연구에서 미비한 부분이 무엇이며 어떤 점에서 틀의 전환이 필요한가가 제시된다. 여기서는 한국 신약학계가 세계 신약학계에서 이루어지고 있는 변화의 내용을 어떻게 그리고 어느 정도까지 수용하여 하나님의 나라의 개인적이고 영적인 국면과 사회적이고 역사적인 국면을 어떻게 조화시켜 나갈 것인가에 대한 논의가 제시될 것이다.

I. 1980년대 이후 북미 신약학계의 변화

보그는 그의 논문 "예수 연구의 르네상스"에서 "예수가 세계의 임박한 종말을 선포한 종말론적 예언자라는 낡은 합의가 사라지고 있다"고 주장한다.4) 보그는 뒤 이은 논문 "오늘날 북아메리카 학계의 예수 그리기"에서 바이스와 슈바이처로부터 시작되어 20세기 예수 연구의 주류를 형성해왔던 종말론적 합의 곧 예수를 종말론적 예언자로 보면서 그의 메시지와 선교를 임박한 종말론이라는 틀 속에서 파악하는 것에 대한 합의가 1980년대 들어와 와해되기 시작했다고 말한다.5) 하나님의 나라를 종말론적으로 이해하는 전통적 이해에 대한 도전은 사실 1970년대 아모드 윌더6)와 노만 페린7)을 통해 시작되었다. 윌더는 예수의 비유들을 설교 그 자체로 이해하며 예수의 설교는 "교훈의 성격보다는 강제적 상상, 주문, 신화적 충격과 변화의 성격"을 갖는다고 보고 또한 성경에 나오는 시적인 언어에 포함된 넘치는 상징성이 하나님의 나라를 단순한 개념으로 이해하는 것을 반박하는 증거를 제공한다고 주장한다.[8] 페린은 하나님의 나라를 "넓은 상징"(tensive symbol) 곧 "한 가지 대상만으로는 철저히 규명할 수도 없고 적절하게 표현할 수도 없는 의미의 다발을 가진" 상징으로 규정하면서 하나님 나라의 이러한 상징성에 기초하여 그것을 현재와 미래의 조화라는 시간적 의미로 생각하지 않고 하나님이 왕으로서 통치하시는 것에 대한 신화의 다양한 의미를 떠올리게 하는 넓은 상징으로 이해하도록 도전한다.[9]

월더와 페린의 이와 같은 도전은 1980년대에 이르러 북미의 많은 학자들로 하여금 예수의 사역에 대한 종말론적 합의 곧 인자의 강림을 통해 이루어질 임박한 최후의 심판과 인간 역사의 종말을 함축하는 의미에서 벗어나 예수를 비종말론적으로 이해하려는 분위기를 촉진시켰다. 로빈슨(James M. Robinson)은 이러한 변화를 신약학계의 "패러다임 전환" 혹은 "코페르니쿠스적 전환"이라고 불렀다.[10] 보그는 예수 연구에서 종말론적 합의가 깨어지게 된 배경을 몇 가지로 분석한다.[11] 우선 1960년대 말에 임박한 인자의 도래에 관한 예수의 말씀들의 진정성에 대한 의문이 제기되었고 그것들은 재림을 말하는 말씀들과 함께 부활절 이후에 만들어진 창작물로 받아들여졌다(96-97). 다음에 종말에 대한 예수의 주장은 연대기적 의미가 아니라는 것 곧 실제의 시간적인 종말을 나타내려는 것이 아니라는 견해가 제기되었다(97). 예수의 선포에서 하나님의 나라가 핵심적인 요소가 된 것도 예수 자신의 교훈이라기보다는 마가를 필두로 복음서 저자들의 편집적 작업에 기인했다는 것이며, 더구나 도래할 인자 말씀들을 빼면 "하나님 나라의 도래와 세상의 종말을 동일시해야 할 적절한 근거가 없어진다"는 것이다(98).[12]

보그는 이러한 견해들과 발전들에 기초하여 학계에서 새로운 합의가 이루어지게 되었는데, 그는 그것을 세 가지 관점으로 제시한다. 첫째 합의는 예수의 선교와 메시지를 비종말론적인 것으로 보는 관점이다. 그동안 예수 연구에서 사용된 종말론적 혹은 묵시적이란 용어들을 반드시 세상의 종말과 연결시킬 필요는 없다고 생각하는 분위기가 이루어졌다. 이런 맥락에서 '종말론적'이란 용어는 세계의 종말과 같은 의미보다는 "결정적인, 세상을 뒤흔드는, 혹은 역사 속으로 개입해 들어오는 역사의 텔로스"와 같은 의미로 새롭게 이해되었다(98-99).

둘째 합의는, 첫째 합의의 연장선에서, 예수를 종말론적 예언자와는 다르게 지혜의 교사 특히 전복적인 지혜의 교사로 보는 관점이다. 예수의 교훈에는 전통적 지혜의 관점과는 매우 다르게 전통적 지혜의 가치와 질서를 전복시키고 대안의 가치와 질서를 추구하는 의미가 있다는 것이다. 전통적 지혜는 한 문화의 지배적인 상징 세계를 형성하여 그 안에서 살아가는 사람들의 의식세계는 물론 정체성과 신분 등을 부여하는 권위체계를 만들어낸다. 예수는 1세기 유대교 사회의 전통적 지혜의 밑바탕을 흔들며 대안적 가치와 질서를 추구하게 만들었던 전복적 지혜의 교사였다(100-102).

셋째 합의는 예수 연구에서 1세기 유대교 사회세계(social world)와의 관계성을 중시하는 관점이다. 예수 사역의 보다 더 구체적이고 현실적인 의미는 그가 살았던 1세기 팔레스틴 유대교의 사회세계와의 관련성 속에서 파악된다는 것이다. 여기서 사회세계라는 용어가 부각되었는데, 그것은 한 사회를 구성하는 "인간의 총체적인 사회적 환경," 특히 "사회적으로 구축된 인간의 현실"을 가리키는데, "개개의 문화를 이루고 있는 공유된 사상들로 이루어진 비물질적 '천개'(canopy)라고 말할 수 있다(102-103). 사회세계에는 전통적 지혜를 포함하여 "믿음, 가치, 법률, 풍습, 제도 등 사람들이 자기가 속한 세계를 건설하고 유지시켜 나가는 일체의 요소들"이 포함된다(103). 어떤 것의 의미는 사회세계 속에서 건설되기 때문에, 각 사회세계의 양태로부터 그 사회세계 속에서 말하고 행하는 것의 의미를 파악해낼 수 있다는 것이다. 예수의 사역을 그가 살았던 1세기 유대교 사회세계 속에서 살펴보면 훨씬 더 현실적이고 구체적인 차원에서 그의 사역의 국면을 이해할 수 있게 되는데, 특히 그의 사역에서 많은 부분을 차지하고 있는 유대교 지도자들과의 마찰과 대립과 갈등에 대한 구체적(사회-정치적)인 이유를 파악하는데 획기적인 도움을 준다(103-104). 예수 시대 유대교 사회세계의 여러 가지 측면들을 다루는 연구물들을 통하여 사회세계를 조명하게 되었고 예수의 사역을 사회세계의 변혁을 목적하는 여러 재활성화 운동 혹은 갱신 운동들과 비교하여 이해할 수 있게 되었다(104).

보그는 그의 다음 논문인 "오늘날 북아메리카 학계의 예수 그리기"[13]에서 1980년대에 북아메리카에서 이루어진 대표적인 다섯 학자들의 예수상 연구를 제시한다. 여기서 그는 두 가지 관점 곧 "각 책에서 제시된 예수상에서 종말론은 어떤 역할을 하고 있는가?" 그리고 "예수는 그의 사회세계와의 관계 속에서 어떻게 조명되고 있는가?"라는 관점에서 분석한다. 보그는 그 다섯 학자들 중에서 세 학자들(쉬슬러 피오렌자, 보그, 호슬리)은 예수의 사역이 1세기 유대교 사회세계에 깊이 개입되어 있으며 그래서 예수가 그 사회세계에 대하여 가졌던 관계를 아는 것이 그의 사역을 이해하는 핵심적 요소가 된다고 평가한다. 그래서 그 세 학자들의 연구의 핵심적 부분을 살펴봄으로써 예수 사역의 사회정치적 국면에 대한 이해와 함께 세계 신약학계에서 이루어지고 있는 틀의 전환에 관한 구체적인 내용을 살펴보고자 한다.

쉬슬러 피오렌자[14]는 예수를 지혜의 예언자이며 급진적 사회적 전망과 실천을 지향하는 유대적 갱신운동가로 보면서 그의 사역은 유대교 사회세계의 지배적인 에토스에 대해 저항한 점에서 "본질적으로 사회정치적 성격으로 특징화"된다고 생각한다(126). 그녀는 예수의 사역을 "유대교 내적인 갱신운동"으로 이해하면서 예수 운동은 "이스라엘의 대안적인 예언적 갱신운동의 하나"로서 "본질적으로 사회정치적 운동의 성격"을 갖고 있다고 본다(126). 예수 운동의 사회정치적 특성들은 "유대교의 지배적 에토스와의 대결 속에서" 분명하게 나타나는데, 유대교의 지배적 에토스는 성전과 율법을 중심으로 한 "제사장 나라와 거룩한 백성"이라는 이념에서 선명하게 표현되었다(127). 성전과 율법이 지배하는 이러한 사회체계 속에서 정결이나 거룩의 개념은 가부장제 사회의 계급적 구조와 연관되었다(127-28). 예수 운동은 성전과 율법에 대한 대안적 해석을 제시하면서 거룩의 에토스와 그것에 의해 확립된 정결체계에 도전했다(128). 예수 운동은 그런 지배적 이념과 계급적 사회구조에 도전하는 평등주의적 가치를 추구했으며 그러한 추구는 "평등한 제자직"으로 표현되는 평등주의적 공동체의 형성으로 표현되었다(128). 그녀의 예수 그리기에서 임박한 종말론에 관한 것은 거의 없으며 오히려 그녀는 "종말론을 사회세계의 급진적 변화를 위한 운동과 연결시켜 하나님 나라의 현재성"을 강조한다(130). 예수의 하나님 나라 사역은 하나님의 미래가 "그 시대의 사회구조와 사람들의 경험 속으로" 들어오게 하는 중개 역할이었다(131).

보그는 그의 두 책15)을 통하여 예수를 카리스마적 성인, 전복적인 지혜의 교사, 사회적 예언자, 그리고 이스라엘의 재활성화 운동의 창시자로 제시한다. 그는 첫 책인 「예수의 교훈에서 갈등, 거룩 그리고 정치학」에서 두 가지 논점에서 예수의 활동을 묘사한다. 첫째 논점은 예수는 유대교 사회세계의 핵심가치였던 거룩과 관계된 지배적 에토스를 둘러싸고 유대교 지도자들과 대립했다는 것이다. 보그는 예수가 "이스라엘이라는 역사적 공동체의 형성과 전개를 둘러싼 문제와 관련된 점에서 정치적" 인물이었다고 생각한다(131-32). 그는 1세기 유대교 사회세계의 지배적 에토스 혹은 핵심가치를 거룩으로 규정했는데, 이 거룩의 가치가 "장소나 사물, 시간들 뿐 아니라 개인들이나 사회 집단들 사이에서 예리한 경계를 형성하고 있는 정결 체계로서 규정된 사회세계"를 만들어냈다고 본다(132). 예수는 기존 사회의 거룩의 패러다임을 비판하고 대안적 패러다임으로서 자비를 내세웠는데, 그런 면에서 예수와 그의 반대자들 사이의 갈등은 성서적 전통의 해석을 둘러싼 유대교 내의 갈등이었으며 그것은 사회정치적 국면과 연결되는 "해석학적 씨름"이었다(133). 둘째 논점은 예수를 비종말론적으로 이해해야 한다는 것이다. 보그는 임박한 종말론(하나님의 개입, 심판, 부활, 새 세계, 혹은 새 시대의 시작 등 전통적인 관점)은 예수의 메시지의 일부가 아니라고 보고 예수를 종말론적 예언자로 보려는 것은 오류이며 잘못된 신앙으로 오도해 갈 우려가 있다고 생각한다(133-34). 예수는 사회적 예언자로서 "종말 저편의 왕국보다는 이스라엘의 역사적 상황과 형태"에 관심을 기울였다(134).

보그는 두 번째 책 「예수 새로 보기」에서 예수를 카리스마적 능력을 가졌던 성인이며 전복적인 지혜의 교사 부분을 추가한다. 그는 카리스마적 능력을 가진 성인에 관한 종교사, 문화인류학 및 종교심리학의 도움을 받아 예수는 체험적으로 거룩과 관계된 사람이며 거룩의 중개자가 되었다고 생각한다(135). 성서 전승에 나오는 모세나 엘리야처럼 예수도 우리가 하나님 혹은 성령이라고 부르는 또 다른 실재와의 생생한 체험을 하고 실제적인 중개 능력을 가진 성인이었으며 카리스마적 치유자였다고 본다(135-36). 보그는 또 예수를 인습적 지혜(넓은 길)를 전복시키고 대안적 지혜(좁은 길)를 제시한 전복적인 지혜의 교사였다고 생각한다(136). 예수는 당시 사회세계의 지배적 에토스에 대한 급진적 비판과 함께 대안의 길을 제시하는 공적인 사역에 부름 받았다고 자각한 카리스마적 치유자이며 전복적인 지혜의 교사로서 말했고 이스라엘의 갱신을 목적하는 운동을 주도했다(136-37).

호슬리는 다른 어떤 학자들보다 더 강하게 "사회세계와 깊이 연루된 예수상"을 제시한다.16) 그는 기본적으로 예수를 1세기 팔레스틴 유대교 사회의 맥락에서 이해해야 한다는 것과 그런 맥락에서 예수는 "이스라엘의 급진적 예언 전통에 서있는 사회적 예언자"였다고 본다(138). 그는 산업사회 이전 농경사회에 대한 연구, 특히 농촌지역의 농민과 도시의 통치 계급 간의 관계에서 작동하는 사회적 역학 관계에 관한 연구를 토대로 팔레스틴의 농민계층 편에서 일한 사회적 혁명가로서의 예수상을 제시한다(138-139). 예수는 이스라엘의 예언자 전통에서 가난한 자들과 약자들을 대변하고 유대교 지배 계층을 강하게 비판한다(139). 호슬리는 정치적 혁명(통치자를 바꾸는 것을 포함하여 위로부터 이루어지는 것)과 사회적 혁명(바닥에서부터 사회를 변혁시키는 것)을 구분하고 예수는 사회적 혁명가에 속한다고 분류한다: "예수에게 있어 사회적 혁명과 이스라엘의 회복이란 평등주의적 이스라엘의 계약전통에 따라 촌락에서부터 사회를 재조직하고 갱신하는 것을 의미했다"(139). 호슬리는 예수의 제자들이 "열두 보좌에 앉아 이스라엘 열두 지파를 심판한다"(마 19:28; 눅 22:28-30)는 난해한 종말론적 말씀도 사회정치적으로 해석한다. 그는 거기서 '심판하다'라는 동사는 "해방시키다/구원하다/정의를 세우다" 등으로 해석하는 것이 적절하며 그래서 예수의 말씀은 제자들이 회복된 이스라엘에서 정의롭게 다스리게 된다는 의미라고 생각한다(140).

보그는 호슬리가 "사회적 혁명가로서의 예수상 속에 종말론을 포함시키기 위해 두 가지 방식을 사용한다"고 지적한다. 첫째, 묵시적 본문들을 역사적 전망에 기초하여 사회정치적으로 해석하는 것이다(140). 그는 묵시적 본문들이 불의하고 억압적인 상황에서 "하나님에 의해 이룩될 반제국주의적 혁명"을 향한 열망을 나타내는 것으로 이해하며 그래서 그것들은 실제적으로는 탈세상적인 관심사를 나타내는 것이 아니라, 현실의 변혁을 향한 갈망을 표현한다는 것이다(141). 둘째, 하나님의 나라를 기본적으로 이 세계의 현실과 관련하여 이해하는 것이다. 호슬리는 하나님의 나라는 하나의 정치적 은유로서 역사 속에서 이미 진행되고 있는 변혁 곧 현실의 실존 속으로 이미 개입해 들어오고 있는 변혁을 가리키는 것으로서 하나님의 활동은 정치적이고 그 활동에 대한 예수의 선포 또한 정치적이라고 생각한다(141). 그는 예수가 그 자신이 시작한 이 사회적 혁명을 궁극적으로는 하나님이 완성하실 것을 기대했다고 말하는데, 그에게 있어서 임박한 세계의 종말은 "하나님의 의해 성취될 정치적 지배권에 있어서의 극적인 변화"가 이미 도래하고 있다는 것을 가리킨다(142).

보그는 이상의 논의를 정리하면서 예수의 메시지에 담긴 하나님의 나라도 이와 같은 전망에서 새롭게 보는 것이 필요하다고 지적한다. 옛 합의의 시절에 그것은 "메시아 왕국의 도래"를 가리키거나 "그 나라가 임했을 때의 하나님의 권력(통치)"을 가리키는 것으로 이해되었지만, 이제는 임박한 종말론의 합의가 무너진 이상 다른 각도에서 그것을 이해하는 것이 필요하다는 것이다(145). 보그는 특히 위 세 학자들의 연구에서 예수의 선교가 사회정치적 차원을 강하게 포함하고 있었다는 점에서 주목할 만한 일치를 보여준다는 것과 앞으로 예수와 1세기 유대교 사회세계와의 관계 문제가 더 심도 있게 다루어지는 것이 필요하다고 전망한다(146). 보그는 지금까지 대다수 학자들 사이에서 "예수가 사회정치적 문제에 깊이 관여했다는 관점 자체를 거부하는 경향"을 보여왔다고 지적하면서 그 이유를 대안적 모델의 부족 곧 예수를 "반로마적 혁명가(열심당 가설)" 혹은 "비정치적 평화주의자" 둘 중의 하나로만 생각해왔기 때문이라고 말한다(147). 보그는 제3의 대안으로서 예수는 반로마적 무장 투쟁을 추구한 것은 아니지만, 당시의 사회정치적 문제에 깊이 관여한 인물론을 제시한다(147). 마지막으로, 보그는 예수 이해에 있어서 종말론은 여전히 고려의 대상이지만 어떤 종말론을 예수와 관계시키는가의 문제는 예수와 그의 사회세계와의 관계를 보는 입장에 크게 영향을 미친다고 지적한다(148).

Ⅱ. 한국 신약학계의 작업: 합의점과 차이점

전반적인 면에서 하나님의 나라에 대한 한국 신약학자들의 입장은 세계 신약학계의 흐름에서 크게 벗어나 있지 않다. 이것은 그동안 한국 신학계가 세계 신학계의 흐름을 따라잡기 위해서 많은 노력을 경주한 결과이기도 하다. 필자는 공관복음서들에 나타난 하나님의 나라의 본질과 목적에 관한 논문들에서 하나님의 나라에 포함된 세 가지 성격을 제시했다: (1) 하나님의 나라는 그 본질에 있어서 인간과 세상의 치유와 회복을 위한 하나님의 구원 활동이라는 역동성을 갖고 있다; (2) 하나님의 나라는 실현의 시기에 있어서 시작과 진행과 완성을 가진 진행성을 갖고 있다; (3) 하나님의 나라는 실현의 대상에 있어서 예수를 그리스도와 하나님의 아들로 고백하는 공동체(교회) 안에서 또한 그 공동체를 통해 이 세계 속에서 실현되는 공동체성을 갖고 있다.[17]

이 세 가지 성격을 기준으로 하여 지금까지 이루어진 한국 신약학자들의 글들을 읽어보면, 하나님의 나라의 본질과 도래의 시기에 관하여는 대체적인 합의에 도달한 것을 볼 수 있다. 즉 하나님 나라의 본질은 "하나님이 왕으로서 우리를 통치하신다"는 구약과 유대교의 신앙고백을 배경으로 하여 하나님의 약속의 성취로서의 종말론적 통치라는 것(역동성)과 하나님 나라의 도래의 시기에 관해서는 예수의 사역과 함께 이미 도래하여 시작되었고 완성을 향해 현재 진행 중에 있는 것(진행성)으로 보는 합의에 도달한 것으로 보인다. 한국 교회 강단에서 하나님의 나라를 그리스도인들이 죽어서 들어가게 될 미래의 어떤 것이라고 이해하는 내세 지향적인 설교가 만연해 있던 때에도,[18] 신약학자들은 하나님의 나라가 미래적인 것만이 아닌, 지금 이 세상에 왔고, 또 교회가 현실 세계에서 실현해야 할 역사성과 현실성을 가진 것임을 주장해왔다. 또한 하나님의 나라가 이 세상과는 다른 차원의 세계에 존재하는 특정한 영역처럼 설교되던 때에도, 신약학자들은 하나님의 나라가 성도들이 죽어서 들어가는 특정한 장소의 의미만이 아니라, 하나님의 통치가 이 땅에서 실현되는 역동적인 것임을 가르쳐왔다.[19]

그러나 하나님의 나라의 목적과 실현 문제, 즉 하나님의 나라가 교회를 통하여 이 세상에서 실현되는 문제에 대해서는 큰 입장 차이를 보여주고 있다. 하나님 나라의 실현과 관련해서 한국 신약학계에서 가장 많이 강조된 것이 제자도이다.[20] 물론 제자도는 제자 공동체를 염두에 둔 개념이라고 볼 수 있다. 그러나 그 제자도는 교회 안에서는 물론 교회 밖 세상에서 하나님의 나라를 실현하기 위한 광의의 목적보다는 교회 안에서 개인의 결단과 헌신을 강조하는 것으로 축소되어 나타난다. 영적이고 개인적 제자도에 대한 강조는 주로 복음전도와 헌신, 희생, 긍휼, 섬김 등을 하나님 나라 구현을 위한 참여의 방법으로 제시한다. 이러한 축소된 제자도에 대한 강조는 다분히 개인주의적 성향을 반영하는 것으로서 예수의 하나님 나라 사역이 갖는 사회정치적 함의에 대해서는 구체적인 관심을 보이지 않는다. 그래서 여러 연구들에서 하나님의 나라의 사회정치적 성격에 관해서 원론적인 언급은 있지만, 1세기 유대교 사회세계와의 관계성을 기초로 한 구체적인 연구는 미흡하다고 여겨진다.

예를 들어, 김세윤은 하나님의 백성의 삶은 하나님 나라의 현실(realities)을 반영하는 것이어야 한다는 것과 그리스도인의 현실 참여는 먼저 자기주장을 포기하고 자기희생을 통하여 남을 섬기는 것으로 출발해야 하며 나아가 이런 삶의 태도가 개인윤리를 넘어 사회윤리에까지 확대되어야 한다고 주장한다.[21] 그는 "하나님의 나라와 가이사의 나라"라는 부분에서 하나님의 나라가 갖는 정치적 함의에 관하여 오늘날 그리스도인들의 정치적 입장과 참여와 관련하여 자신의 견해만을 길게 제시하지만, 그러나 예수의 사역이 1세기 유대교 사회세계 속에서 갖는 사회정치적 의미에 대해서는 다루지 않는다. 최갑종은 하나님의 나라가 정의로운 세상을 만들기 위해 절실한 가치인 "인간의 존엄성, 자유, 사회정의, 평등, 평화" 등의 문제와 관계가 없는 것은 아니라고 지적하면서도, 그러나 "하나님의 나라가 문화의 변혁과 인간의 모든 삶의 영역과 구조를 새롭게 하는 효과를 가져온다 할지라도 수평적 차원의 모든 것 자체가 하나님 나라의 본질"은 아니라는 것과 그래서 "하나님의 나라는 수직적 차원과 그 열매인 수평적 차원의 양면을 갖고 있지만 강조점은 어디까지나 후자에 있다"고 지적한다.[22] 결국 그는 하나님의 나라가 문화의 변혁이라든지 세상의 구조를 바꾸는 사회-정치-문화적 차원에서 가지는 의미에 대해서는 다루지 않는다.[23]

최근에 오우성은 "전통적 권위의 폐기와 대안적 공동체: 마태복음 23. 8-12을 중심으로"라는 논문에서 하나님의 나라를 대안 공동체라는 관점에서 접근하고 있다.[24] 그는 역사적 예수를 종말론적인 예언자가 아니라 급진적 지혜의 교사로 이해하는 Borg, Crossan, 그리고 Mack 등의 주장에 동의하면서, "예수의 중심적인 교훈인 하나님의 나라의 이미지에도 변화가 있어야 한다"고 주장한다. 즉 "세상을 전복시키는 지혜 교사로서의 예수는 인습적 지혜에 근거하고 있는 기존의 세상을 거부하고 대안적 공동체를 형성하고자 했다"라고 주장하며, 더 나아가 "우리는 역사적 예수의 말씀 가운데서 혁신적 비젼을 가지고 급진적 윤리 강령을 근거로 한 대안적 공동체의 초기 모습을 많이 발견할 수 있다"라고 말한다.[25] 그는 예수의 하나님 나라 사역을 기존 유대교 사회에 대한 비판과 대안적 공동체와 연결시켜 이해함으로써 세계 신약학계의 변화를 따라가고 있다고 평가된다.

반면에 민중신학에서는 하나님의 나라를 개인이 아니라 "민중" 혹은 "밥상 공동체"라고 부르는 집단과 연결시켜 사회정치적 이해를 추구했다. 즉 민중은 하나님 나라 쟁취를 위한 투쟁에 있어서 예수의 투쟁의 동반자이며,[26] 예수의 하나님 나라 선포의 주된 청중이며,[27] 그리고 모든 종류의 차별이 사라진 에큐메니칼 밥상 공동체에 참여하는 자들이다.[28] 이러한 주장은 예수의 하나님 나라 사역의 주된 대상이 누구였는지에 대해서, 그리고 모든 차별과 장벽이 해체되는 평등한 대안사회로서의 하나님 나라의 공동체적 성격을 제시하는 장점을 갖고 있다. 또 그것은 예수의 하나님 나라 사역에 포함된 사회정치적 함의에 대한 논의를 시작하게 한 점에서 크게 공헌했다고 볼 수 있다.

그러나 그 연구들에는 민중이라는 계급적이고 이념적인 그러나 정의하기 어려운 집단의 관점만 부각되어 예수의 사역과 1세기 유대교 사회세계와의 관계성에 대한 다각적인 연구는 부족하다고 판단된다. 민중과 관계된 불의하고 억압적인 국면에 대한 지적과 대안적 공동체에 대해서는 많은 관심을 보이면서도, 예수가 그의 제자들을 불러 하나님의 뜻을 행하는 "하나님의 자녀들의 공동체"(막 3:35) 혹은 "살아계신 하나님의 아들을 믿고 고백하는 신앙공동체" (마 16:18)를 세운 것에 대해서는 관심이 없어 보인다. 또 하나님 나라의 사회정치적 국면은 강조하지만, 하나님 나라에 대한 개인적이고 영적인 체험과 능력에 대한 논의는 거의 없다. 보그는 예수가 유대교 사회세계의 변혁을 추구한 갱신운동가였지만, 그 변혁의 원동력을 하나님과의 직접적인 만남이라는 묵시적 체험에서 찾았으며 그래서 예수가 가졌던 소명체험 사건과 예수의 영적 권세에 관하여 중요하게 다룬다.29) 하나님의 나라의 도래는 사회적이고 역사적 국면을 갖기에 앞서 개인적이고 영적인 사건이다. 부활하신 그리스도에 대한 개인적 믿음과 체험은 역사의 예수가 추구했던 대안적 가치의 실현을 위한 원동력이 된다. 그래서 예수는 그의 하나님의 나라 사역을 계승하고 재현할 제자들을 불러 교회라는 신앙(고백) 공동체를 만들었다.

허병섭은 "하나님 나라와 대안 공동체"라는 대담에서 "지금까지 현실 사회구조 속에 깊숙이 참여하여 현안 문제를 직접 풀어 보겠다고 하는 아주 적극적이고 능동적인 모습이 부정적으로 평가되어서는 안 되지만 그것 때문에 기독교 운동의 고유 독특한 정체성을 잃어버리면 안 될 것"이며 대안의 공동체는 "기독교 본래의 모습을 보여주어야 한다"고 주장한다.30) 그가 말하는 기독교 본래의 모습은 구체적으로 명시되어 있지는 않지만, 논의 속에서 그가 말하는 "자아가 거듭나고 하느님의 사랑에 대한 감동과 감격"에 대한 체험, 그리고 "인격과 품성의 연마"를 포함하는 "고백과 실천"과 연결된다고 볼 수 있다.31) 이러한 허병섭의 주장은 민중신학의 사회-역사적 실현과 전통신학의 개인적 영적 체험과 제자도 사이를 화해시키려는 시도라고 평가할 수 있다.

Ⅲ. 종말론적 – 묵시적 관점의 재해석

한국 신약학계는 앞으로 우리 자신들의 연구에 대해서 반성하는 것은 물론 세계 신약학계에서 이루어지고 있는 변화와 발전을 비판적으로 수용하되 우리의 신앙을 지키면서도 교회의 사회적 책임을 다하고 그리스도인들로 하여금 세상의 소금과 빛이 되게 하는 일에 학문적으로 참여하는 것이 필요하다. 세계 신약학계에서는 크게 두 가지 관점에서 큰 변화가 이루어지고 있음을 보았다. 첫째 변화는 예수의 교훈과 사역을 비종말론적으로 보려는 것인데, 여기에는 예수를 종말론적 예언자에서 전복적 지혜의 교사로 보는 관점의 차이가 포함된다. 둘째 변화는 예수의 사역을 1세기 팔레스틴 유대교 사회세계와의 관계성 속에서 보려는 것인데, 여기에는 예수를 단순히 영적이고 개인적인 축복의 수여자에서 불의하고 억압적인 사회의 변혁을 추구하는 갱신운동가로 보는 관점의 차이가 포함된다. 필자는 이러한 변화에 대하여 다음과 같이 대응하는 것이 필요하다고 본다.

첫째 변화는 주의 깊게 재고하는 것이 필요하다. 예수의 사역을 비종말론적으로 보려는 일부 학자들 특히 예수를 견유학파적 지혜의 교사로 보는 학자들이 가진 신앙적 및 신학적 전제를 검토하는 것이 필요하다. 먼저 그들의 신앙적 전제는 예수 전승들의 바탕에 담긴 부활신앙과 계시성을 무시하는 경향성을 보여준다. 그들은 역사의 예수와 부활의 그리스도 사이의 불가분리적 연결성을 생명으로 하는 기독교 신앙에서 벗어나는 입장을 갖고 역사의 예수에게서 기원한 것과 초대교회의 산물을 엄격하게 구분하려고 시도한다. 그래서 그들의 판단에 따라 전복적 지혜의 교사의 취향에 맞는 말씀들만 역사의 예수에게서 기원한 것으로 인정하는 반면, 묵시적-종말론적 말씀들은 초대교회의 산물로서 역사의 예수와는 상관없는 것으로 분리시킨다.[32]

또 그런 견해의 바탕에는 예수의 사역과 말씀들이 하나님의 계시로 이루어졌다는 초월성을 간과하거나 거부하는 입장도 포함되어 있다. 그러나 예수 전승들은 기본적으로 초대교회의 산물이며 부활신앙의 빛에서 예수의 삶을 회상하는 가운데서 형성된 것이기 때문에, 그런 전승들 속에서 역사의 예수의 것과 초대교회의 것을 구분하기란 대단히 어렵다. 예수 전승의 형성자들은 부활신앙의 입장에서 역사의 예수가 말씀한 것과 부활의 그리스도가 말씀하는 것 사이를 구분하지 않았다. 비록 어떤 전승이 초대교회의 산물이라 할지라도 그것을 역사의 예수에게서 기원하지 않은 것으로 본다면, 우리는 역사적 예수의 종교와 제자들의 기독교를 분리시켜야 할 것이다. 부활신앙과 계시성에 기초한 기독교 신앙과 전통에서 벗어나 역사의 예수만을 찾으려는 시도는 역사적 예수 탐구의 시대로 되돌아가는 것이다.

예수의 사역을 비종말론적으로 보려는 일부 학자들의 신학적 전제도 검토의 대상이다. 그들은 지금까지 학자들의 합의가 예수를 묵시적 기대를 따라 세계의 임박한 종말을 선포한 종말론적 예언자로 보았다고 전제한다. 이러한 전제는 바이스, 슈바이처, 불트만으로 이어지는 종말론적 관점의 초기 국면을 너무 부각시켜 해석한 결과로 여겨진다. 보그는 바이스와 슈바이처로부터 시작되어 불트만을 통해 20세기 예수 연구의 주류를 형성해왔던 종말론적 합의가 1980년에 들어와 와해되고 있다고 보는데, 그가 말하는 종말론적 합의란 예수를 임박한 세계의 종말을 기대하고 선포한 종말론적 예언자로 본다는 것이다.[33]

그러나 바이스와 슈바이처 그리고 불트만 이후에 세계 학계에서 이루어진 합의는 임박한 세계의 종말에 관한 것이 아니라, 예수의 종말론적 교훈의 본질과 목적에 관한 것이었다. 그 중에 핵심적 요소가 하나님의 나라의 도래에 관한 것인데, 하나님의 나라의 도래를 임박한 세계의 종말과 연결시키는 견해는 별로 주목을 받지 못했다. 오히려 하나님의 나라의 본질이 무엇인지, 그 나라가 '가까웠다,' "이미 왔다," "너희 중에 있다" 그리고 "올 것이다"라는 말의 의미는 무엇인지, 그래서 그 나라에 들어간다는 것은 무슨 의미인지에 대한 다각적이고 심층적인 논의가 진행되었으며 어느 정도 합의가 이루어진 상황이다. 따라서 세계 신약학계의 종말론적 합의를 단순히 예수를 임박한 세계의 종말을 선포한 묵시적 예언자로 보려는 견해에는 동의하기 어렵다.

보그는 예수 연구에서 '종말론적' 및 '묵시적'이란 용어들이 오랫동안 역사의 세계가 종식되는 의미로 사용되었다고 말한다.34) 그는 오늘날 '종말론'이란 용어의 사용이 혼란스럽기 때문에 그것을 좀 더 좁은 의미로 그리고 명확하게 사용할 필요가 있다고 지적하면서 그것에는 다음과 같은 요소들이 포함되어 있다고 제시한다: "연대기적 미래성; 공개적이고 객관적으로 실수 없는 방식으로 표현된 극적인 신적 개입; 그 결과로, 갱신된 지상에든지 혹은 또 다른 세계에서든지, 하나님의 백성이 새롭게 됨을 포함하여, 세상이 급진적으로 새롭게 된 상태."35) 그가 그런 의미를 강조하는 이유는 그 용어를 기독교인들이 전통적으로 표현해온 세계의 종말과 연결시키려는 것이다. 그는 부활절 이전 역사의 예수는 결코 그런 세계의 종말을 기대했거나 선포했던 인물이 아니라는 것을 강조하고36) 하나님의 개입, 심판, 부활, 새 세계와 같은 것들은 예수의 메시지의 일부가 아니라고 주장한다.37)

그러나 그 용어들의 의미를 임박한 세계의 종말이라는 좁은 의미로만 보려는 것은 한 면만을 크게 부각시켜 이해하는 것이다. 물론 그 용어들이 처음에 종말론적 의미를 다시 제기했던 학자들에 의해 그런 좁은 의미로 사용되기도 했지만, 그 후에는 그 용어들이 반드시 임박한 세계 종말의 의미로만 사용된 것은 아니다. 큄멜과 래드로 대표되는 학자들에게서 '종말론적'이라는 말은 하나님의 약속의 성취 곧 하나님의 구원의 약속이 하나님의 때에 역사의 현장에서 결정적으로 이루어지는 의미에서 사용되었다. 그 용어에는 역사의 주관자로서 행동하시는 하나님의 구속사의 관점이 포함되어 있다. 하나님의 나라는 "때가 차서" 현실의 역사 속에서 이루어지는 하나님의 구원 활동이다(막 1:15; cf. 갈 4:4). 심지어 보그가 언급한 일부 학자들(샌더스, 쉬슬러 피오렌자, 호슬리)도 그 용어를 구약의 예언이 역사 속에서 성취되는 "예언적 종말론"의 의미로 사용했다고 볼 수 있다. 특히 쉬슬러 피오렌자와 호슬리는 예수를 구약의 예언 전승에 서서 그것의 현재적 실현을 위해 일한 사회적 예언자로 보는 점에서 여전히 예언의 성취라는 종말론적 입장에 서있다.[38] 예수의 말씀들 중에는 분명히 미래적 국면을 가리키는 것들이 있는데, 예수가 그것들을 임박한 세계 종말의 의미로 말했다고 생각하는 학자들은 많지 않다.

'묵시적'이란 용어도 반드시 세계의 임박한 종말의 의미로만 사용된 것은 아니다. '묵시'란 기본적으로 초월적 세계 속에 감추어진 비밀을 인간의 언어로 표현한 계시를 가리킨다. 우리가 '하나님'이라고 부르는 초월적 존재가 피조세계 속으로 들어와 활동하는 것은 인간의 의지나 소원과 상관없이 하나님의 주권 속에서 이루어지는 하나님 자신의 활동이며 그래서 '묵시적'이란 용어 속에는 그런 초월적 존재의 활동을 가리키는 의미가 포함되어 있다. 실제로 묵시 문학 연구자들에게 있어서 '묵시'란 초월적 존재와 그 존재의 활동을 인간의 시청각적 언어로 표현하는 방식으로 이해되고 있다.[39] 그런 점에서 묵시적이란 말은 초월적이란 말과 동의어적으로 사용될 수 있다. 따라서 바이스가 하나님의 나라는 "철저히 초월적"이다, 그 나라는 사람들에 의해 세워지거나 진척되거나 발전될 수 없다, 그것은 오직 하나님이 주시는 것이며 그것을 받기 위해 인간은 오직 기도할 수밖에 없다, 그래서 그 나라는 "사람들이 시작하는 모임이 아니요 세상에서 점차로 자라나는 존재"도 아니라고 말한 것은 초월적 존재의 활동을 묘사하는 것으로서 하나님의 나라의 묵시적 성격에 대한 올바른 표현이라고 본다.[40] 하나님의 나라를 주시는 분이 하나님 자신이며(눅 12:32) 또 그 나라를 받기 위하여 인간이 할 수 있는 일은 오직 구하는 것(마 6:10; cf. 눅 11:13) 뿐이라는 교훈들은 예수 자신이 그 나라의 도래가 하나님 자신의 일이라

는 묵시적 확신을 갖고 있었던 것을 보여준다.[41]

보그 자신도 예수의 사역의 근원이며 출발점으로서 성령 강림 사건을 중요하게 다룬다.[42] 보그는 예수가 요한에게 침례를 받은 후에 가진 신비한 체험을 하나님의 영에 대한 강렬한 체험으로 이해한다. 그런데 복음서들에서 예수의 체험은 보그가 사용하기를 꺼려하는 용어인 '묵시적' 체험의 형태로 묘사되었다. 예수는 '하늘'이라는 초월적 세계와 '성령'이라는 초월적 존재를 보았으며 하늘의 음성을 들었다. 초월적 존재를 보고 음성을 듣는 이러한 묵시적 체험은 신구약 성서에서 전형적으로 하나님을 직접적으로 대면하고 소명을 받는 사건의 핵심 요소들이다(모세, 이사야, 에스겔, 사울 등). 예수는 "하늘이 갈라지며(열리며) 성령이 비둘기 같이 자기 위에 내려오심을 보았다"(막 1:10/마 3:16)고 묘사되는데, 그 언어는 구약의 예언 전승에서 예언자들이 하나님의 계시를 받는 사건과 같은 맥락의 표현이다(사 64:1; 61:1; 겔 1:1).[43] 보그는 예수의 정체성과 관계된 하늘의 음성(막 1:11)에는 역사적 불확실성이 있다고 말하면서 예수의 체험이 예언자들의 "소명 이야기들"을 반영하는 것으로서 예수는 그 체험을 통하여, 그 예언자들처럼 하나님의 영의 강렬한 체험과 함께 그의 사역을 시작하게 되었다고 말한다.[44]

보그는 예수가 이 체험을 통하여 성령의 영역에 들어가서 하나님을 친밀하게 그리고 깊이 있게 만나게 되었으며 그래서 예수의 기도의 중심에는 하나님과의 친밀하고 깊은 교제의 체험이 있었다고 말한다.[45] 그는 또 예수가 이 체험을 통하여 하나님의 입으로부터 나오는 권세 있는 말씀을 말하게 되었으며 성령의 권세가 그로부터 흘러나오는 "성령-충만의 사람"(a Spirit-filled person)이 되었다고 제시한다.[46] 보그는 나아가 예수가 이 체험을 통해 갖게 된 성령과의 관계성이 그의 사역의 에너지와 활력의 근원이었으며 그래서 그 관계성에 대한 이해가 그의 사역의 중심적 차원들을 이해하는 열쇠가 된다고 말한다.[47] 보그의 이와 같은 통찰은 놀랍도록 명석하고 선명하다.[48] 보그 자신이 말한 것처럼, 예수는 우리가 하나님 혹은 성령이라고 부르는 초월적 존재와의 직접적인 만남을 통하여 성령-충만의 사람이 되었고 그 묵시적 체험이 그의 공생애 사역의 원동력이 되었다.

그러나 보그가 간과하고 있는 점이 있는데, 그것은 그가 묘사한 예수의 체험이 바로 하나님의 나라가 예수 자신에게 임한 사건이며 그래서 예수가 하나님의 나라(통치, 임재, 영역 등) 안으로 들어가게 된 사건이라는 점이다. 보그는 예수의 체험을 하나님의 나라의 도래와 연결시키지 않을 뿐 아니라, 예수가 어떻게 그런 묵시적 체험을 갖게 되었는가에 대해서도 말하지 않는다. 그것은 하나님이 주권 속에서 예수에게 임하시고 그의 존재를 보여주시며 그에게 말씀하셨기 때문에 예수에게 이루어진 신비로운 체험이었다. 인간이 초월적 존재인 하나님을 본다든지 혹은 하나님의 음성을 듣는 묵시적 체험은 인간의 소원이나 노력으로 되는 것이 아니다. 그것은 하나님이 주도권을 갖고 먼저 인간에게 다가오셔서 보여주시고 말씀하심으로써 시작되는 하나님 자신의 활동이다.

소위 '계시'란 이렇게 초월적 존재의 주권적 활동에 대한 체험의 결과로 이루어진 것이다. 하나님의 나라의 도래는 이와 같은 하나님의 주권적 계시 활동이며 창조적 권능의 활동이다. 성서에 나타나고 있는 이런 묵시적 사건들은 한결같이 하나님의 주권 속에서 이루어진 하나님 자신의 활동의 국면을 보여준다. 예수가 하나님의 나라의 도래와 관련하여 사용한 동사들은, 유대교 전승에서 주로 사용된 '이룩하다/확립하다'와는 매우 다르게, '오다/들어가다'와 '주다/받다'인데, 이것도 이런 하나님의 주권적 계시 활동의 성격을 반영한다.[49] 예수의 제자들이나 사도 바울이 경험했던 부활현현의 체험도 마찬가지로 이러한 계시의 국면을 갖고 있다. 하나님이 부활의 예수를 그의 제자들에게 보여주셨기 때문에, 그들에게 '보이신'(ὤφθη) 것이다(cf. 고전 15:5-8). 부활현현의 경험이 대부분 신학적 수동태로 표현된 것이 바로 이런 초월적 존재로부터 나온 계시의 성격을 보여준다.

보그는 예수의 성령 체험을 성령 충만의 유대교 전승의 맥락에서 이해한다.[50] 그는 예수의 체험을 구약의 족장들, 모세, 엘리야, 이사야, 에스겔 등과 연결시키지만, 그들의 체험이 하나님의 주권 속에서 이루어진 계시에 기초하고 있다는 것은 지적하지 않는다. 그래서 그는 예수의 체험이나 능력을 예수 시대 다른 카리스마적 유대인들의 체험과 연결시키며 나아가 타종교에서 말하는 신과의 만남 속에서도 얼마든지 가능한 카리스마적 체험으로 이해한다.[51] 그런 입장에서 보면, 그것은 그 시대 다른 카리스마적 인물들이나 지혜의 교사들에게도 얼마든지 가능했던 체험이다.[52] 그러나 예수의 체험은, 비록 구약의 전승에 기초한 것이지만, 기본적으로 계시 사건 곧 하나님이 주권적으로 예수에게 자기 자신을 보여주심으로써 일어난 특별한 사건이다. 그래서 예수는 자신의 귀신축출 사역을 동시대 바리새인들이 행한 귀신축출과는 근본적으로 다른 하나님 나라의 도래의 모습으로 선언한다(마 12:28; 눅 11:20). 하나님의 나라는 하나님 자신이 이 세계 속으로 들어오셔서 당신의 통치를 수립하는 구속적 활동이며 약속의 때가 차서 역사의 현실 속에 성취되는 하나님의 주권적 권능의 활동이다. 따라서 하나님의 나라는 그 본질에 있어서 종말론적이고 묵시적 차원에서 이해하는 것이 여전히 필요하다.[53]

Ⅳ. AD 1세기 유대교 사회세계와의 관계성

세계 신약학계에서 이루어지고 있는 두 번째 관점의 변화 곧 예수의 사역을 1세기 팔레스틴 유대교 사회세계와의 관계 속에서 이해해야 한다는 것은 우리가 주목해서 수용해야 할 부분이다. 하나님의 나라의 실현은 개인적이고 영적인 차원에서 시작되는 것이지만, 그것의 목표는 개인을 넘어서서 사회-역사적인 실현이다. 하나님의 나라의 근본적인 목적은 하나님의 새로운 통치에 들어온 사람들의 공동체(교회)를 이루고 나아가 그들을 통하여 이 세계를 하나님의 공의가 실현되는 세계로 변모시키려는 것이다.54) 보그는 지금까지 예수의 사역에 대한 이해가 한 편으로 임박한 세계 종말의 관점에서 그리고 다른 한 편에서 내면적이고 개인적으로 해석하는 실존주의적 관점에서 이루어져 왔는데, 두 관점 다 인간 사회와 역사를 경시하는 경향과 맞물려 있다고 지적한다.55) 그는 자신을 포함하여 쉬슬러 피오렌자와 호슬리의 연구를 예로 들어, 예수의 사역과 메시지는 유대교 사회세계의 핵심 가치와 지배 이념과 억압적 지배 구조에 대항하면서 대안적 전망을 제시하려는 목적을 갖고 있다고 보며 이러한 사회정치적 국면의 연구는 예수 연구사에서 새로운 현상이라고 지적한다.56)

예수의 사역을 1세기 유대교 사회세계와의 관계성 속에서 이해하려는 시도는 그의 사역의 현장이었던 1세기 팔레스틴 유대교 사회의 구체적인 사회-정치-종교적 현실 속에서 파악하려는 것으로서 예수의 사역에 대한 이해의 지평을 개인적이고 영적인 차원에서 사회정치적 차원으로 확대하는 것이다. 이러한 관점의 변화는 예수 사역의 핵심 요소인 하나님 나라 해석에 있어서도 관점의 변화를 요구한다. 예수의 사역이 그런 사회-정치-종교적 현실의 문제와 깊이 관련되어 있다면, 예수 사역의 핵심 요소인 하나님의 나라 역시 그런 현실과 밀접하게 관계되었다고 보는 것이 필요하다. 그동안 예수의 교훈에서 하나님의 나라와 현실 세계와의 관계성 문제는 주로 예수의 윤리적 교훈들의 이해에 집중되었다. 이 윤리적 교훈들은 하나님의 나라에 들어가기 위한 조건으로서의 중간윤리[57] 혹은 하나님의 통치에 들어온 사람들의 온전한 삶을 위한 절대윤리[58]라 불려지기도 했다. 그 윤리적 교훈들은 주로 개인의 경건과 실천 그리고 교회 내적인 국면에서 이해되어 왔다. 그러나 새 관점에 따르면, 예수의 사역은 전체적으로, 특히 그의 병자치유, 귀신축출 및 급식이적과 같은 사역들까지도, 1세기 유대교 사회세계의 국면에서 이해할 것이 요구된다.

예수의 사역을 1세기 유대교 사회세계와의 관계성 속에서 이해하려는 시도는 하나님 나라의 이해와도 직결된 중요한 부분이다. 하나님의 종말론적 통치가 예수의 사역을 통해 시작되었다면, 그 통치의 목적이 무엇인가? 예수가 그의 제자들을 불러 '교회'라는 하나님의 새 백성의 공동체를 세운 목적이 무엇인가? 그것은 영지주의적 구원관이나 대중적 기대에서와 같이 단순히 우리가 죽은 후에 천국에 데려가기 위한 것인가? 아니면 소위 "심령 천국"이라 하여 개인의 심령에 하나님의 통치가 임하여 새 생명을 얻고 성령의 기쁨과 평화와 사랑을 소유하게 하려는 것인가? 물론 바울의 말과 같이(롬 14:17), 하나님의 나라는 성령 안에서 의와 평강과 희락으로 나타나는 내면적인 것이 포함된 것은 분명하다.

그러나 하나님의 나라를 그렇게 내면적이고 개인적 관점으로만 이해하면, 예수가 당시 종교 지도자들과의 관계에서 가졌던 심각한 대립이나 정치 지도자들과의 냉담했던 관계 그리고 예수의 사역의 결과가 십자가 처형이라는 정치적 사건으로 끝난 것을 이해하기 어렵게 된다. 그렇다면 왜 예수는 그의 사역 내내 유대교 지도자들과 심각하게 대립하고 갈등했는가? 왜 유대교 지도자들은 예수의 사역 초기부터 그를 제거하려는 마음을 먹게 되었는가?(막 3:6) 다른 바리새인들의 귀신축출은 유대교 사회에서 문제가 되지 않았는데 (마 12:27), 왜 예수의 귀신축출 사역은 예루살렘으로부터 조사단이 파견될 정도로 유대교 지도자들에게 심각한 의혹으로 받아들여졌는가?(막 3:22) 왜 예수의 사역은 헤롯에게 예수에 대한 의혹과 두려움과 분노를 일으켰는가?(막 6:14; 눅 13:31; cf. 막 3:6) 왜 로마 총독 빌라도는 예수에게서 반-로마 항쟁 지도자의 모습을 보았으며(막 15:2) 또 결국 예수를 "유대인의 왕"이라는 죄목으로 십자가에 못박아 처형했는가?(막 15:24-27) 예수의 하나님의 나라 사역의 목적이 무엇이었기에 이처럼 예수는 당시 종교와 정치 권력자들과 심각하게 대립했으며 급기야 십자가 처형이라는 극단적 결말을 맞이하게 되었는가?

이와 같은 점들은 예수의 사역이 갖는 사회정치적 함의을 가리킨다.[59] 예수와 유대교 지도자들 사이의 대립은 복음서들에서 많이 제시되어 있고 또 보그를 비롯한 학자들의 연구를 통하여 그것이 유대교 사회세계의 지배적 에토스 곧 핵심가치와 통치이념과 지배체제와 관계된 심각한 사회정치적 대립이었다는 것이 밝혀지고 있다. 필자도 이와 같은 맥락에서 예수와 유대교 지도자들 사이에 있었던 대립의 사회정치적 국면에 관한 논문을 발표해왔다.[60] 1세기 유대교 사회의 핵심가치[61]가 거룩이고 이 거룩의 가치를 유대인들의 삶에 구현하기 위한 이념이 정결이며[62] 이 이념을 따라 세워진 지배 체제는 정결법과 정결체계를 통해 나타났다.[63] 유대교의 이러한 정결체계는 유대교 사회의 철저한 계급화, 차별, 소외, 그리고 경제적 불평등을 낳았다.[64] 예수는 이러한 불의하고 억압적인 유대교 사회세계의 지배적 에토스에 저항하면서 율법의 근본정신인 자유와 평등과 사랑이라는 대안적 가치와 이념을 중심으로 평등주의적 공동체의 실현을 추구했다. 따라서 예수와 유대교 지도자들 사이의 대립은 율법과 성전에 대한 전통적 이해를 바탕으로 이루어진 유대교 사회세계의 지배이념과 지배체제를 둘러싸고 일어난 심각한 사회정치적 대립이었다.[65]

예수의 병자치유 사역[66]과 귀신축출 사역[67]에는 개인적 치유와 회복의 국면이 포함되어 있지만, 그 사역의 중심에는 불의하고 억압적 체제를 고발하고 그것의 변혁을 추구하는 사회정치적 국면이 포함되어 있다. 예수는 예루살렘 서기관들과 벌인 바알세불 논쟁에서 자신의 귀신축출 사역을 하나님의 나라의 도래와 직결시켜 제시했다(마 12:28; 눅 11:20; cf. 막 3:27). 예수의 귀신축출 사역은 하나님의 나라의 도래 곧 하나님의 역동적이고 결정적이며 종말론적인 구원활동의 구체적인 표현인데, 그것이 악의 세력과의 충돌과 그것의 축출을 통하여 현실의 실재로 나타난 것을 보여준다.[68] 하나님의 나라는 페린의 말과 같이, 하나님이 단순히 활동하시는 것이 아니라, 하나님이 악의 세력과의 "충돌의 상황에서 활동하시는 것"이며 그 나라가 예수의 귀신축출을 통하여 사탄을 결박하고 그 권세로부터 인간을 구원하는 하나님의 해방시키는 권능의 나타남이었다.[69] 바알세불 논쟁은 예수의 귀신축출 사역이 단순히 개인들에게서 귀신들을 축출하는 개인적이고 영적인 국면만의 사역이 아니라, 그런 비인간화의 악을 유발시키며 그런 악의 온상이 되고 있는 불의하고 억압적인 사회정치적 체제와의 대립과 그것의 변혁을 추구하는 상징적 활동의 국면을 보여준다.[70]

이렇게 자유와 평등과 사랑의 핵심가치를 중심으로 평등주의적 공동체를 추구한 예수의 하나님의 나라 사역은 불가피하게 당시의 정치적 지배계층에게도 심각한 위협으로 받아들여졌을 가능성이 크다. 왜냐하면 그들은 폭압적이고 계급적이며 비인간화된 사회체제의 유지자들이었기 때문이다. 그러나 복음서들에는 예수와 정치 권력자들 사이의 대립에 관해서는 직접적인 언급이 거의 없다. 다만 간접적이고 암시적인 표현들 속에 함축되어 있기 때문에, 그런 표현들 속에서 대립의 관계를 읽어내는 것이 필요하다. 복음서들에는 예수와 갈릴리의 통치자 헤롯 안티파스 사이의 대립적 관계를 읽을 수 있는 몇 가지 단서들이 나온다. 마가는 예수의 사역 초기부터 유대교 지도자들과의 관계가 악화되는 상황에서 바리새인들이 예수를 제거하려는 계획을 헤롯당과 함께 의논했다고 말한다(막 3:6). 헤롯당의 정체에 관하여 정확하게 알기는 어렵지만, 이 언급은 예수의 사역이 초기부터 헤롯당으로 대표되는 갈릴리의 지배 계층에게도 심각한 위협으로 간주되었던 것을 보여준다.[71]

마가는 헤롯 안티파스가 침례요한을 참수하여 죽인 사건을 예수와 그의 제자들을 통한 전도 활동이 활발하게 진행되어 예수의 이름이 공중에게 드러난 상황 속에서 제시한다(막 6:14-16). 이것은 헤롯이 예수에 대하여 가졌던 위협과 두려움과 분노를 간접적으로 묘사한다. 누가는 헤롯이 예수에 대하여 가졌던 심각한 위협과 분노에 대하여 어떤 바리새인들의 말을 통해 헤롯이 예수를 죽이려고 했다고 전달한다(눅 13:31). 누가는 나중에 헤롯이 재판받는 예수를 만났을 때는 그런 위협이나 분노 없이 단순히 그가 예수를 "업신여기고 희롱했다"라고만 말하지만(눅 23:8-12), 헤롯이 예수의 사역 동안에 그에 대하여 심각한 위협과 두려움을 가졌었고 그래서 예수를 제거하려는 의도를 가졌었다는 것은 분명하다고 여겨진다. 그렇다면 헤롯과 그의 수하들은 왜 예수에게서 그런 위협과 두려움과 분노를 갖게 되었는가?[72]

예수와 로마 총독 빌라도 사이의 관계도 예수의 공생애 마지막 부분에 나오는 예수의 심문과 처형 단락에서만 언급된다. 빌라도가 예수에게 처음 던진 질문은 "네가 유대인의 왕이냐?"라는 것이었고 그 심문 단락에서 그 칭호가 네 번 나온다(막 15:2, 9, 12, 17). 결국 빌라도는 예수를 "유대인의 왕"이란 죄목으로 십자가 처형을 결정하고 집행했다(막 15:24-27). 당시에 로마 총독들이 집행한 십자가 처형의 죄목은 항상 로마에 대한 반역이었다.[73] 예수와 함께 십자가에 못박힌 두 사람을 '강도들'(λῃστάς)로 지칭한 것도, 그 단어가 당시에 반로마 항쟁 투사들을 향해 사용된 점을 고려하면, 빌라도는 예수를 반로마 항쟁 투사들의 지도자로 단정하고 처형했을 가능성을 높여준다.74) 만일 그렇다면, 왜 빌라도는 예수에게서 열심당과 같은 로마에 대한 무력 항쟁의 요소를 보았는가?75)

다른 한 편에서 예수가 빌라도로 대표되는 로마제국에 대하여 어떻게 생각했는지에 관해서는 단서조차도 거의 없기 때문에 추정하기가 매우 어렵다. 두 개의 단서를 고려할 수 있는데, 그 중 하나가 거라사 광인의 치유 이야기에 나오는 더러운 귀신들의 정체인 '군대'(λεγιών)와 바다에서 몰사한 돼지 떼의 숫자 이천에서 발견된다.76) 군대란 로마 제국의 군대 편제에서 나오는 군단을 가리킨다. 그 광인을 사로잡고 있던 귀신의 이름이 군대라는 것은 귀신들림이라는 비인간화의 사회 환경이 레기온을 앞세운 로마제국의 억압적이고 폭력적 지배와 연결됨을 가리킨다.77) 마가는 이 사건을 거라사에서 일어난 것으로 제시했다(막 5:1). 거라사는 유대-로마 전쟁에서 직접적으로 큰 피해를 입은 지역이었다(요세푸스, 「유대전쟁사」, 4.9.1).78)

마가가 예수와 군대 귀신 사이의 대립의 장소로 거라사를 택한 이유에는 레기온을 앞세운 로마 제국의 폭정과 비인간화를 고발하려는 의도가 담겨있다.79) 마가는 군대 귀신에 사로잡혀 처참하게 비인간화된 광인의 모습을 통하여 팔레스틴에서 레기온을 앞세운 로마제국의 억압적 통치가 식민지 백성에게 얼마나 큰 고통과 아픔과 불행을 가져다주었는가를 상징적으로 표현한 것이다.80) 예수는 영적 영역에서의 전투를 통해 군대 귀신들을 바다라는 악의 본 고장으로 몰아넣고 그 사람을 치유했다.81) 거라사에서 군대 귀신을 축출한 예수의 사역은 로마 제국의 압제와 억압에 의한 비인간화를 고발하며 나아가 그러한 악의 세력을 물리치고 그런 악의 세력에 의해 희생된 인간을 치유하고 회복시키는 해방사역의 국면을 보여

준다.[82]

또 하나의 단서는 예수가 예루살렘에 갔을 때 가이사에게 세금을 바치는 것에 관한 질문과 그것에 대한 대답으로서 "가이사의 것은 가이사에게"라는 말씀에서 나타난다. 가이사에게 세금을 바치는 것은 로마에 대한 정치적 충성의 중요한 표시였다. 로마에 대한 항쟁이 대개 납세 거부로부터 시작되었기 때문이다.[83] 예수의 대답은 언뜻 들으면 가이사에게 세금을 바치라는 말같이 들린다. 그런데 나중에 유대교 지도자들이 예수를 빌라도에게 고소하면서 그 고소의 이유로서 "가이사에게 세 바치는 것을 금했다"는 것을 포함시켰다(눅 23:2). 그들은 무슨 근거로 그런 이유를 내세웠는가? 예수가 가이사에 대하여 한 말은 오직 앞에서 제시된 "가이사의 것은 가이사에게"라는 대답뿐이었는데, 그 대답 속에 납세 거부의 요소가 들어있었다는 것인가? 그 대답의 정확한 의미를 확인하기는 어렵지만, 그 속에 반로마적 저항의 요소가 들어있다는 것은 유대교 지도자들의 고소에서 암시적으로 나타난다.[84] 예수의 대답에는 로마제국의 폭력적이고 억압적인 지배에 반대하는 의미를 내포했으며 그런 예수의 태도와 대응은 거라사 광인의 치유에서 상징적으로 제시되었다.[85]

예수의 공생애에서 보여지는 이러한 사회정치적 함의들은 예수의 하나님의 나라 사역의 목적이 1세기 팔레스틴 유대교 사회의 사회정치적 현실과는 무관하게 인간의 내적 치유와 회복과 죽음 이후의 내세만을 위한 것이 아님을 나타낸다. 예수의 사역은 불의하고 억압적인 사회-정치-종교적 상황 속에서 하나님의 새로운 백성을 일으켜 그들로 하여금 "세상의 소금과 세상의 빛"으로 표현되는 하나님의 공의(정의와 사랑)가 실현되는 세계를 만들기 위한 목적으로 이루어졌다. 예수의 사역의 목적이 하나님의 공의가 실현되는 세계로의 변화이며 그것을 실현하기 위하여 예수가 일차적으로 목표했던 것이 하나님의 새 백성의 공동체의 형성이었다는 것은 예수가 그의 공생에서 첫 번째로 행한 일이 그의 제자들을 부르는 일이었으며(막 1:16-20; 마 4:18-22) 또한 그의 제자들 중에서 열 둘을 따로 세워 그의 제자들의 공동체의 이름을 이스라엘 열두 지파를 따라 "열두 제자들의 공동체"로 만든 것에서 구체적으로 드러난다.86) 예수의 하나님 나라 사역의 목적은 인간을 다른 세계로 데려가려는 것이 아니라, 인간을 분열시키고 소외시키는 모든 것(죄와 죽음을 포함하여)으로부터의 해방을 통해 이 세계를 총체적으로 변모시키려는 것이었으며 예수는 이 새로운 실재를 약속했을 뿐 아니라 그것이 이 세계에서 가능하다는 것을 보여주었다.87) 비록 우리가 예수의 사역의 목적과 관련하여 쉬슬러 피오렌자, 보그 그리고 호슬리 등의 견해를 그대로 수용하기는 어렵다 하더라도, 그들이 예수의 사역을 1세기 유대교 사회세계와의 관련성 속에서 또한 하나님의 나라의 공동체적 실현이라는 맥락에서 이해하려고 한 것은 매우 필요한 부분이라고 평가하고 싶다.

공관복음서 저자들은 각각 예수가 세상에 온 목적을 진술하는 요약적 말씀을 통하여 하나님의 통치에 들어간 사람들이 추구해야 할 삶에 관하여 교훈한다: 마가는 섬김과 희생의 사랑을 실천하는 삶(막 10:45), 마태는 세상의 소금과 빛으로서 율법과 예언을 완성하는 삶(마 5:17), 그리고 누가는 자신의 재산을 절반이라도 팔아서 가난한 사람들에게 줄 수 있는 희생적 사랑을 실천하는 삶(눅 19:10)을 부각시킨다. 예수의 사역은, 그의 모든 행적들과 교훈들을 포함하여, 전체가 다 바로 이 목적을 위해 이루어졌으며 하나님의 나라는 바로 그러한 삶의 실천을 가능하게 하는 원동력을 제공한다. 그래서 예수는 그의 제자들이 "당신의 나라가 (우리에게) 오게 하옵시며"(마 6:10)라고 기도하는 것과 함께 "너희는 먼저 하나님의 나라를 추구하라"고 요구했다(마 6:33). 하나님의 나라가 우리에게 올 때 그리고 우리가 믿음으로 그 나라에 들어갈 때, 비로소 우리는 하나님의 공의(정의와 사랑)를 실천할 수 있는 하늘의 능력을 입게 되며 그 능력으로 세상의 소금과 빛의 역할을 감당할 수 있게 된다. 이제 우리는 하나님의 나라와 관련하여 "저 세계"로 가려는 탈세상적인 생각을 바꾸어 "이 세계"로 오셔서 악의 세력에 의해 망가진 인간과 세계를 치유하고 회복하기를 바라시며 활동하고 계시는 하나님의 주권적 통치 속으로 들어가는 것이 필요하다. 따라서 앞으로 한국의 신약학계에서도 예수의 사역과 하나님의 나라에 관한 연구는 1세기 유대교 사회세계와의 관련성 속에서 예수가 추구했던 대안적 가치와 이념 그리고 대안적 공동체의 형성을 중심으로 이루어지기를 기대한다.

결론

1980년대에 이르러 북미 신약학계에서 하나님의 나라에 관한 이해를 포함하여 예수의 사역의 의미에 대한 종말론적 합의에 도전하면서 새로운 관점에서 예수의 사역의 의미를 연구하는 시도들이 제기되었다. 그 관점의 변화는 세 가지로 표현될 수 있다. 첫째 관점은 예수의 선교와 메시지를 비종말론적으로 보려는 것이다. 이 관점에 따르면, 그동안 예수 연구에서 사용된 '종말론적' 혹은 '묵시적'이란 용어들을 반드시 임박한 세계의 종말과 연결시킬 필요가 없다. 둘째 관점은 예수를 종말론적 예언자보다는 지혜의 교사로 보려는 것이다. 예수는 전통적 가치와 질서에 도전하면서 대안의 가치와 질서를 전파한 전복적 지혜의 교사였다는 것이다. 셋째 관점은 예수 연구에서 1세기 유대교 사회세계와의 깊은 관계성을 고려해야 한다는 것이다. 이 관점에 따르면, 예수는 그가 속해 있었던 1세기 유대교 사회세계 속의 여러 문제들에 깊이 개입하여 그것의 변혁을 추구한 갱신운동가였다. 예수의 사역을 1세기 유대교 사회세계 속에서 살펴보면 훨씬 더 다각적이고 깊은 차원에서 그의 사역의 국면을 이해할 수 있다.

이러한 변화된 관점에 따라, 북미 신약학계에서는 예수의 사역을 1세기 유대교 사회세계와의 관계성 속에서 보려는 연구들이 나왔는데, 대표적인 세 학자들의 연구를 들 수 있다. 쉬슬러 피오렌자는 예수를 지혜의 예언자이며 급진적 사회적 전망과 실천을 지향한 유대적 갱신운동가로 보았다. 예수는 유대교 사회세계의 지배적 에토스에 저항하면서 평등한 제자직으로 표현되는 평등주의적 공동체의 형성을 추구했다. 보그는 예수를 카리스마적 성인, 전복적인 지혜의 교사, 사회적 예언자, 그리고 이스라엘의 재활성운동의 창시자로 본다. 예수는 1세기 유대교 사회세계의 지배적 에토스였던 거룩의 정치학에 도전하고 자비의 정치학에 기초하여 유대교 사회의 변혁을 추구했다. 호슬리는 예수를 이스라엘의 급진적 예언 전통에 서있는 사회적 예언자로 본다. 그는 특히 도시의 지배 계층과 농촌의 피지배 계층 사이의 대립과 갈등에 기초하여 예수는 팔레스틴 농민 계층 편에서 일한 사회적 혁명가였다고 주장한다. 예수가 추구한 사회적 혁명과 이스라엘의 회복은 구약의 평등주의적 계약전통에 따라 유대교 사회를 재조직하고 갱신하는 것을 의미했다. 이와 같은 북미 신약학계의 연구들은 우리에게도 예수 연구에서 틀의 전환이 필요함을 보여준다.

한국 신약학계에서도 하나님의 나라에 관하여 어느 정도 종말론적인 합의가 이루어져 있다. 하나님의 나라는 인간과 세상의 회복을 위한 하나님의 주권적이고 역동적인 통치 활동이며 그 나라가 도래하는 시기는 예수의 사역과 함께 이미 시작되어 미래의 완성을 향해 진행되고 있다는 것이다. 그러나 하나님의 나라의 실현 문제 곧 그 나라가 교회를 통해 이 세상에서 실현되는 국면에 있어서는 큰 입장 차이를 보여준다. 보수적 신학성향의 학자들은 교회 내의 필요를 위한 영적이고 개인적인 제자도에 관심을 기울이는 반면, 진보적 신학성향의 학자들은 개인보다는 민중이라는 집단을 통한 사회적 실현에 관심을 보여왔다. 민중신학자들은 해방신학의 연장선에서 한국 사회의 정치적 억압의 문제 그리고 사회적 약자들과 소외자들을 위한 대안적 공동체의 형성을 추구한 점에서 하나님 나라의 사회정치적 함의에 대한 초기 단계의 논의를 시작했다. 최근 들어, 북미 신약학계의 변화를 수용하여 예수의 사역을 1세기 유대교 사회세계와의 관련성 속에서 이해하려는 연구들이 나오고 있기는 하지만, 예수의 사역에 담긴 사회정치적 함의에 관한 보다 더 구체적이고 전문적인 연구가 필요한 상황이다.

앞으로 한국 신약학계에서는 세계 신약학계에서 이루어지고 있는 변화와 발전을 비판적으로 수용하면서 기독교인들로 하여금 내세적이고 기복적인 신앙 형태를 벗어나 현실 세계 속에서 하나님의 공의를 이루기 위해 노력하는 하나님의 참된 백성이 되도록 돕기 위한 학문적 작업이 이루어져야 한다. 세계 신약학계의 변화 중에서 예수의 사역을 비종말론적으로 보려는 관점은 주의 깊게 재고하는 것이 필요하다. 특히 복음서 전승들의 바탕에 있는 부활신앙과 계시성을 고려하지 않고 역사의 예수와 부활의 그리스도 사이의 불가분리적 연결성을 무시하며 예수를 동시대 유대교나 헬라주의 지혜의 교사들과 동일선상에서 이해하려는 입장에는 동의 할 수 없다. 예수의 사역과 관련하여 종말론적 혹은 묵시적이란 용어들이 반드시 임박한 세계 종말의 의미로 사용된 것은 아니다. 종말론적이란 용어는 하나님의 '때'가 되어 이루어지는 약속(예언)의 성취의 의미로 사용되었다. 묵시적이란 용어는 초월적 존재인 하나님이 인간의 뜻과 행동과는 무관하게 직접적으로 이 세상에 들어오셔서 활동하는 주권적 개입의 의미를 나타낸다. 또 이 용어는 인간이 근본적으로 볼 수 없고 들을 수 없는 초월자의 존재를 체험할 때 사용되는 시청각적 언어와 관계된 상징성을 갖고 있다. 예수는 하나님의 존재를 보고 음성을 듣는 묵시적 체험과 함께 그의 사역을 시작했으며 그 체험이 그가 가졌던 영적 권세와 통찰력의 근원이 되었다. 하나님의 나라는 그 본질에 있어서 종말론적이고 묵시적인 하나님 자신의 주권적 권능의 활동이다.

예수의 사역을 1세기 유대교 사회세계와의 관련성 속에서 이해하려는 관점의 변화는 우리가 적극적으로 수용해야 할 부분이다. 예수의 사역을 그런 관점에서 이해하는 것은 하나님의 통치 활동을 영적이고 개인적인 영역에서 역사적이고 사회-정치적인 영역으로 확대하는 것이다. 예수의 사역을 이렇게 확대해서 보려는 것은 예수의 사역이 처음부터 유대교 지도자들과 심각하게 대립하고 마찰을 일으키게 된 것, 정치 권력자들도 예수를 죽이려고 했던 것, 그리고 결국 예수는 유대인의 왕이라는 죄목으로 십자가에 처형당하게 된 것의 이해를 위해 반드시 필요한 부분이다. 예수는 1세기 유대교 사회세계의 사회-정치-종교적 현실에 담긴 불의, 억압, 차별, 소외 등의 비인간화에 저항하면서 율법의 근본정신인 자유와 평등과 사랑의 가치를 토대로 한 평등주의적 공동체를 추구했다. 예수의 사역에서 매우 특징적인 병자치유와 귀신축출에는 개인적 치유와 회복의 국면도 있지만, 보다 더 중요한 것은 1세기 유대교 사회세계에 존재하던 불의하고 억압적인 지배체제를 고발하고 그것의 변혁을 추구하는 사회정치적 해방사역의 국면이 포함된다.

예수의 사역에 대한 논의에서 특히 부족한 부분이 예수와 정치 권력자들 사이의 대립에 관한 것이다. 예수와 종교 권력자들 사이의 대립에 관해서는 복음서들에서 많이 나오기 때문에 많은 논의가 진행되었다. 그러나 복음서들에는 예수와 정치 권력자들 사이의 대립에 관해서는 직접적인 언급이 거의 없고 단지 간헐적으로 나오는 간접적이고 암시적인 표현들 속에 함축되어 있기 때문에, 그런 단서들을 통해 읽어내는 것이 필요하다. 예수의 사역에서 그런 정치적 요소들에도 관심을 기울여야 하는 이유는 예수의 사역의 결말이 십자가 처형이라는 정치적 사건으로 나타났기 때문이다. 헤롯이 예수를 죽이려고 했다는 것과 빌라도가 예수를 유대인의 왕이라는 죄목으로 처형한 것 등이 예수의 사역에 담긴 사회정치적 함의를 가리킨다.

하나님의 나라는 예수 사역의 중심적 요소이기 때문에, 예수 사역의 모든 면에서 하나님의 나라의 도래의 모습을 살펴보는 것이 필요하다. 특히 병자치유, 귀신축출 그리고 오병이어와 같은 표적들은 하나님의 나라가 도래하여 현실의 실재가 되고 있는 모습을 생생하게 나타낸다. 예수의 이러한 사역을 통해 나타난 하나님의 나라의 목적은 이 세계에 존재하는 악의 세력은 그래도 놓아둔 채, 우리의 영혼을 구원하여 영원한 세계로 데려가려는 것이 아니다. 하나님의 나라의 목적은 인간을 비인간화시키는 모든 악의 세력과 대립하여 싸우고 극복하며 하나님의 공의가 통치하는 세계로 변모시키려는 것이다. 예수는 그의 제자들로 하여금 기존 세계의 불의하고 억압적인 에토스에 저항하면서 대안적 가치와 이념을 실현함으로써 세상의 소금과 빛이 되는 하나님의 새 백성의 공동체를 세우기를 의도했다. 하나님의 나라는 개인적이고 영적이며 동시에 사회적이고 역사적 국면에서 일어나는 하나님의 해방시키는 권세의 나타남이다.

주제어

하나님의 나라(Kingdom of God), 종말론적(eschatological), 묵시적(apocalyptic), 사회세계(social world), 에토스(ethos)

Evaluation of Paradigm Shift in the Understanding of Jesus' Ministry of the Kingdom of God

Since 1980s in the North American New Testament scholarship attempts of studying the meaning of Jesus' ministry including the understanding of the kingdom of God from the new standpoints has been suggested. The change of standpoints can be explained in three ways. The first change is to see the mission and the message of Jesus non-eschatological point of view. It is not necessary to connect the terms such as 'eschatological' and 'apocalyptic' in the study of Jesus with the imminent end of the world. The second change is to see Jesus as a wisdom teacher rather than an eschatological prophet. Jesus was a subversive wisdom teacher who had challenged the traditional values and orders and spreaded the alternative value and order. The third change is to consider the close relationship to the first century Jewish social world in the study of Jesus. Jesus was a renewal movement leader who had intervened the several matters in the first century Jewish social world and attempted the transformation of it.

In Korean New Testament scholarship too it has been made the eschatological agreement about the understanding of the kingdom of God. The kingdom of God is the sovereign and dynamic saving act of God for the restoration of human beings and world according to the order of creation. The time of its coming has started already by the ministry of Jesus and has been on the progress toward the future consummation. It has shown, however, the big differences on the matter of realization of the kingdom of God through the community of believers in the world. The conservative scholars have shown the interests on the personal discipleship for needs of churches on the one hand, on the other hand the liberal theologians, especially Minjung theologians, have shown interests on the social realization in conjunction with the liberal theologians. They have started the early stage of discussions about the socio-political implications of the kingdom of God in the sense that they had dealt with the matters of social and political oppressions, exploitations, and alienations in Korean society and sought the alternative community for the socially weak and alienated people.

The Korean New Testament scholars need to accept critically the change and development which are on the progress in the world New Testament scholarship and to help Korean Christians to overcome the other-worldly and blessing-oriented form of faith and to make effort to realize the righteousness of God in the real and concrete world. We need to reconsider carefully the standpoint of seeing the ministry of Jesus non-eschatologically. It is evident that the eachatological and apocalyptic characters are contained in Jesus' ministry of the kingdom of God. The term 'eschatological' means the fulfillment of the promises of God in the real world of history on the appointed time. The term 'apocalyptic' means the intervention of the transcendent God in the created world with sovereignty and grace. Jesus had started his ministry with the special experience of seeing the Holy Spirit and hearing the voice of heaven. This apocalyptic experience had become the source and generative power for his public ministry. The kingdom of God is in nature the eschatological and apocalypic act of God.

We need to accept actively the change of standpoint to see the ministry of Jesus in connection with the 1st century Jewish social world. To see Jesus' ministry from that point of view is to expand the meaning of the kingdom of God from the personal and spiritual sphere to the socio-political sphere. The reasons for this kind of change in outlook is that Jesus had had conflicts with the Jewish leaders and even the political powers had tried to kill him, and evantually he had been crucified on the charge of the king of the Jews. Jesus had shown interests in the social, political, and religious realities and had tried to transform the unrighteous and oppressive socio-political system.

Jesus had challenged the dominant ethos of the 1century Jewish social world and sought the alternative egalitarian community based on the values of freedom, equality, and love which are the fundamental spirit of the law. Since the kingdom of God is the central element in Jesus' ministry, it is necessary to see all aspects of Jesus' ministry from the perspective of the realization of the kingdom of God.

주(註)

1) 보그는 예수가 하나님의 나라의 선포자로서 역사상에 나타났으며 "하나님의 나라"라는 어구가 예수의 메시지의 중심이라는데 거의 모든 학자들이 동의하고 있다고 지적한다. Marcus J. Borg, *Conflict Holiness and Politics in the Teachings of Jesus* (Harrisburg, PA: Trinity Press International, 1984), 256.
2) 하나님 나라는 "예수의 말에 국한해서" 파악할 수 없으며 또한 "예수의 선포의 핵심이 하느님 나라이며 그것이 예수의 사상의 핵을 이룬다면, 그의 삶 전체를 그 나라 도래를 위한 운동으로 보아야 정당하다"는 안병무의 입장이 필자의 입장과 흡사한 것을 발견한다. 안병무, 「갈릴래아의 예수」 (천안: 한국신학연구소, 1990), 120.
3) Marcus J. Borg, "A Renaissance in Jesus Studies," *Theology Today* 45(1988), 280-92; "Portraits of Jesus in Contemporary North American Scholarship," *Harvard Theological Review* 84/1(1991), 1-22. 두 논문은 김진호 편, 「예수 르네상스: 역사의 예수 연구의 새로운 지평」 (서울: 한국신학연구소, 1996), 85-110, 111-148에 번역되어 실려 있음.
4) 마커스 J. 보그, "예수 연구의 르네상스," in 김진호 편, 앞의 책(1996), 95.
5) 마커스 J. 보그, "오늘날 북아메리카 학계의 예수 그리기," in 김진호 편, 앞의 책(1996), 113.
6) Amos Wilder, *Early Christian Rhetoric: The Language of the Gospel* (Cambridge, MA: Harvard University Press, 1971).
7) Norman Perrin, *Jesus and the Language of the Kingdom* (London: SCM, 1976).
8) W. 에모리 엘모어, "하나님의 나라에 대한 언어학적 접근: 아모스 윌더(Amos Wilder)와 노먼 페린(Norman Perrin)," in 웬델 윌리스 편, 「하나님의 나라: 20세기의 주요 해석」, 박규태, 안재형 역 (솔로몬, 2004), 108-15.
9) 앞의 논문, 115-25.
10) 김진호 편, 앞의 책(1996), 113.
11) 앞의 책(1996), 85-110.
12) 보그는 그 외에도 1980년대에는 1세기 팔레스틴 유대교 사회세계에 대한 연구에서 커다란 진전이 있었는데, 그것은 타학문 특히 사회과학, 문화인류학, 종교사 등으로부터 차용해온 방법들과 모델들을 적극적으로 사용한 결과라고 제시한다(김진호 편, 앞의 책[1996]. 114).
13) 김진호 편, 앞의 책(1996), 111-148.
14) Elisabeth Schuessler Fiorenza, *In Memory of Her: A Feminist Theological Reconstruction of Christian Origins* (New York: Crossroad, 1983).

15) Borg, 앞의 책(1984); idem., *Jesus A New Vision* (San Francisco: Harper & Row, 1987).
16) 보그는 호슬리의 저서 네 권을 중심으로 그의 예수상을 설명한다. Richard A. Horsley, *Bandits, Prophets, and Messiahs: Popular Movement at the Time of Jesus* (Minneapolis: Winston, 1985); *The Liberation of Christmas: The Infance Narratives in Social Context* (New York: Crossroad, 1989); *Jesus and the Spiral of Violence* (SanFrancisco: Harper & Row, 1987); *Sociology and the Jesus Movement* (New York: Crossroad, 1989). 이 중 처음 두 권은 1세기 유대교 사회세계에 관한 것이며 나중 두 권은 예수와 예수 운동을 다룬다.
17) 김광수, "공관복음서에 나타난 하나님의 나라의 본질과 목적(1)," 「복음과 실천」, 17(1994) 37-68; idem., "공관복음서에 나타난 하나님의 나라의 본질과 목적(2)," 「복음과 실천」, 18(1995), 31-57.
18) 대체적으로 학자들은 한국교회의 내세지향적인 신앙은 한국 전통종교의 영향에 의한 것으로 본다. 김철손, "한국교회의 하나님 나라 이해," 「기독교사상」, 32 (1981) 17-21; 허호익, "천당, 천국 그리고 하나님의 나라," 「한국기독교신학논총」, 41(2005), 347-377. 한편 김희성은 기독교가 예수의 가르침이 아니라 바울 신학을 따랐던 결과로 초월적인 하나님 나라에 대한 개념을 받아들이게 되었고, 더 나아가서 한국교회에 대한 미국 근본주의의 영향으로 인해서 한국교회에서 하나님 나라에 대해서 말하는 것이 의미 없게 되었다고 말한다. 김희성, "예수의 '하나님의 나라'," 「한국기독교신학논총」, 41(2005), 9.
19) 변종길은 대략 70년대 말까지는 죽어서 천당에 간다는 신앙이 계속되었으나, 1970/80년대에 들어와서 '현세 천국'에 대한 목소리들이 나타나기 시작했다고 주장한다. 그리고 하나님의 나라가 장소적 개념이 아니라 하나님의 통치라는 개념이 확산된 것은 1971년에 Geerhardus Vos의 「하나님의 나라」의 번역에서 많은 영향을 받았기 때문이라고 주장한다. 변종길, "신약에 나타난 하나님 나라의 개념," 「성경과 신학」, 14(1993), 5-26.
20) 예를 들어, 박노식, "마가복음의 하나님 나라와 제자도," 「신약논단」, 13/2(2006 여름), 279-317; 심상법, "신약신학과 총체적 복음사역: 하나님 나라와 제자도를 중심으로," 「신학지남」, 284(2005 가을), 157-182.
21) 김세윤, "예수의 하나님 나라 선포와 그리스도인의 정치적 실존," 「신학지남」, 222(1989 겨울), 42-44.
22) 최갑종. 「나사렛 예수」 (서울: 기독교문서선교회, 1996), 218-21.
23) 그 밖의 다른 연구들도 위 학자들과 비슷한 견해를 보인다. 예를 들어, 정훈택, "하나님의 나라와 교회," 「신학지남」, 233(1992 가을), 164-212; 양용의, 「하나님 나라 어떻게 이해할 것인가」 (서울: 성서유니온선교회,

2005).

24) 오우성, "전통적 권위의 폐기와 대안적 공동체: 마태복음 23.8-12을 중심으로," 「신약논단」, 9/4(2002 겨울), 787-812.
25) 앞의 논문, 788.
26) 안병무, 앞의 책, 111.
27) 황성규, 「예수 운동과 갈릴리」 (천안: 한국신학연구소, 1995), 147.
28) 김명수, 「역사적 예수의 생애」 (서울: 한국신학연구소, 2004), 185-6.
29) Borg, 앞의 책(1987), 25-75. 물론 보그 자신도 오늘날 우리가 예수가 가졌던 그런 묵시적 체험을 어떻게 가질 것인가에 대해서는 침묵한다.
30) 김홍일 외 4인, "하나님 나라와 대안 공동체," 「신학사상」, 106(1999), 30.
31) 앞의 논문, 9.
32) 보그는 맥(Burton L. Mack)의 예수상 연구(*A Myth of Innocence: Mark and Christian Origins* [Philadelphia: Fortress, 1988])에서 "세계 종말이나 세계 건설의 요소가 제거된, 지혜적인 가르침의 핵심만이 예수에게로 소급될 수 있다"는 주장을 발견한다(김진호 편, 앞의 책[1996], 123).
33) 김진호 편, 앞의 책(1996), 95, 100, 113, 145, 147.
34) 앞의 책(1996), 98-99.
35) Marcus Borg, *Jesus in Contemporary Scholarship* (Valley Forge, PA: Trinity Press International, 1994), 73.
36) 앞의 책, 73-74.
37) 김진호 편, 앞의 책(1996), 134.
38) 보그(앞의 논문[1991], 130-1)는 쉬슬러 피오렌자의 연구에서 임박한 종말론은 거의 아무 역할을 하지 않지만 그래도 여전히 종말론적 입장에 서 있지만 현세적이고 변혁적인 실현을 위해 사용한다고 평가한다. 또 보그(앞의 논문[1991], 142, n. 71)는 호슬리가 예수의 묵시적 교훈과 선교를 철저히 역사적으로 이해하려고 노력했음에도 불구하고 임박한 종말론을 다시 받아들였다고 불만스럽게 평가한다.
39) 대표적으로, John J. Collins, *The Apocalyptic Imagination* (New York: Crossroad, 1987), 2-8.
40) 페린, 앞의 책(1992), 21.
41) Jon Sobrino, *Christology at the Crossroads* (New York: Orbis, 1993), 56.
42) 보그는 성령을 기독교의 삼위일체적 교리의 입장에서 이해하지 않는다 (김진호편, 앞의 책[1996], 135). 그는 그의 책(*Jesus A New Vision*)에서 기독교적 용어인 '성령'보다는 일반적 용어인 '영'을 사용한다. 그가 말하는 '영'은 현상학적으로 모든 문화에서 보편적으로 갖고 있는 것으로서 "우

리의 감각으로 인식되는 가시적 물질세계 외에 에너지와 권능으로 가득 차있는 실재의 또 다른 세계, 비물질적 실재의 제2의 세계"로서 이 "또 다른 세계는 단순히 신앙의 대상만이 아니라 경험의 요소"이다(보그, 앞의 책[1987], 26). 그는 이 영의 세계는 모든 문화권의 사람들이 체험해 온 대상이며 그런 체험을 가진 사람들을 "카리스마적 존재들"로 표현할 수 있다고 본다(앞의 책, 27). 나아가 그는 모세나 엘리야와 같은 구약의 대표적 인물들도 그런 카리스마적 존재들로 이해하며 예수도 그런 전통에서 영의 세계를 체험하고 영의 능력을 소유한 사람이 되었다고 이해한다(앞의 책, 27-32).

43) Borg, 앞의 책(1987), 41.
44) 앞의 책, 42.
45) 앞의 책, 43-5.
46) 앞의 책, 49-50.
47) 앞의 책, 51.
48) 필자는 "영의 세계" 혹은 "영의 존재"에 대한 보그의 견해를 그대로 수용할 수는 없지만, 그래도 그가 예수가 가졌던 성령 강림의 체험을 구약에서 하나님의 계시와 소명을 받은 사람들의 체험과 연결시킨 점과 그 사건을 예수의 사역의 근원이며 원동력으로 제시한 점에서 설득력 있는 주장을 발견한다.
49) 이것은 바이스가 리츨에 대한 비판에서 제시된 것인데, 리츨이 하나님의 나라를 건설하는데 있어서 인간의 활동에 강조점을 둔 반면, 바이스는 예수의 교훈에서는 왕이신 하나님 자신의 활동에 강조점을 두었다. Cf. 페린, 앞의 책(1992), 17.
50) 보그는 예수가 유대교의 카리스마적 전통에 서있는 인물이라는 것을 강조한다. Borg, 앞의 책(1987), 25-34, 80, 83, 88, 111 등.
51) 그래서 보그는 복음서의 계시성보다는 "종교적 표상 유형들과 역사의 예수 사이의 친화성에 주목하는" 새로운 방법론을 찾아야 한다고 생각하는데, 이러한 입장은 Burton L. Mack이나 John D. Crossan의 경우도 마찬가지다(김진호 편, 앞의 책[1996], 106).
52) 보그는 예수가 거룩(누미노스)을 직접적으로 체험한 사람으로서 현상학적으로는 동시대 유대교의 카리스마적 인물들-예를 들면, 호니(Honi the Circle-Drawer)와 하니나(Hanina ben Dosa)-과 같은 부류에 속한 카리스마적 존재로 본다. Borg, 앞의 책(1987), 31; Cf. 김진호 편, 앞의 책(1996), 135-136.
53) 쉬슬러 피오렌자(앞의 책[1983], 120)는 예수운동은 이스라엘의 하나님이 모든 인간(심지어 병든 자들과 부정한 자들과 죄인들을 포함하여)의 창

조자라는 신념과 함께 종말론적 희망을 융화한 점에서 예언적-묵시적 및 지혜 신학을 통합했다고 말한다. 호슬리(앞의 책[1987], 168)는 하나님의 새로운 구원활동은 마지막 혹은 최종적이라는 의미에서가 아니라, 드디어 혹은 마침내 라는 의미에서 결정적이고 종말론적이라고 주장한다.

54) 김광수, 앞의 논문(1995), 34-43.
55) 김진호 편, 앞의 책(1996), 148.
56) 앞의 책, 146.
57) Schweitzer, 앞의 책(1914), 94-115.
58) 래드, 앞의 책(1985), 338-40. Cf. 양용의, 앞의 책(2005), 290-3.
59) 보그는, '정치'(politics)라는 단어를 한 사회의 형성과 유지와 관련된 광의의 의미에서 보면, 예수는 그 자신이 속해 있었던 사회의 기존 체계를 도전하고 대안적 사회의 전망을 제시하고 새로운 공동체를 통한 그 전망의 구현을 추구한 점에서 정치적 인물이었으며 그와 관계된 사건들을 정치적 사건들이라고 말할 수 있다고 주장한다. Borg, 앞의 책(1987), 86; idem., 앞의 책(1994), 98.
60) 김광수, "예수와 유대교 지도자들 사이에 죄사함을 둘러싼 대립(막 2:1-12)," 「신약논단」 9/1(2002, 봄) 39-71; "예수와 유대교 지도자들 사이에 식탁교제를 둘러싼 대립(막 2:13-17)," 「복음과 실천」 30(2002, 가을), 33-60; "예수와 유대교 지도자들 사이에 금식을 둘러싼 대립(막 2:18-22)의 사회과학적 이해," 「복음과 실천」 32(2003, 가을), 37-64; "예수와 유대교 지도자들 사이에 안식일을 둘러싼 대립(막 2:23-28)의 사회-정치적 이해," 「복음과 실천」 34(2004, 가을), 35-62; "예수와 유대교 지도자들 사이에 안식일을 둘러싼 대립 B(막 3:1-6)의 사회-정치적 이해," 「복음과 실천」 36(2005 가을), 63-86.
61) 핵심가치(core value)란 사회 전체를 하나로 묶어 한 방향으로 나가게 하는 일반적 목표 혹은 목적을 가리킨다. 이 핵심가치는 사회의 체계를 형성하기 위한 전반적 근거와 원리를 제공한다. 이것은 때때로 보다 더 구체적이고 세부적인 가치들 혹은 규범들로 표현되고 설명되는데, 이러한 핵심가치의 구체적 표현을 이념이라 부른다. 핵심가치의 사회적 의미에 관하여, Bruce J. Malina, *Christian Origins and Cultural Anthropology* (Atlanta: John Knox Press, 1986), 112; Jerome H. Neyrey, "A Symbolic Approach to Mark 7," *Forum* 4(1988), 66 참조.
62) 정결에 대한 인류학적 의미에 관하여, Bruce J. Malina, *New Testament World: Insights from Cultural Anthropology* (Atlanta: John Knox Press, 1981), 122-54; Jerome H. Neyrey, "The Idea of Purity in Mark's Gospel," *Semeia* 35(1986), 91-28; idem., "Clean/Unclean, Pure/Poluted, and Holy/Profane: The Idea and

the System of Purity," in Richard Rohrbaugh, ed., *The Social Sciences and New Testament Interpretation* (Peabody, MA: Hendrickson, 1996), 80-106 참조.
63) 보그는 그것을 "거룩의 정치학"으로 불렀다 (Borg, 앞의 책[1984], 27-72; idem., 앞의 책[1987], 86-93). 보그는 이러한 거룩의 정치학에 의해 건설된 1세기 유대교 사회의 성격을 세 가지로 제시한다: (1) 조공생산방식의 농경사회; (2) 가부장제 사회; (3) 정결 사회 (Borg, 앞의 책[1994], 100-16).
64) 김광수, "예수의 귀신축출 사역의 사회 정치적 이해(막 1:21-28)," 「성경과 신학」 23(1998), 55-61; 조태연, "갈릴리 경제학: 예수운동의 해석학을 위한 사회 계층론적 이해," 「신약논단」 4(1998), 62-88 참조.
65) 예수가 장로들의 유전을 놓고 바리새인들과 예루살렘에서 내려온 서기관들과 벌인 대립(막 7:1-23)이 대표적으로 이러한 사회정치적 대립의 성격을 보여준다. Cf. 김광수, "예수와 유대교 지도자들 사이에 정결법을 둘러싼 대립(막 7:1-23)의 사회-문화적 이해," 「복음과 실천」 40(2007 가을), 37-68.
66) 김광수, "예수의 병자치유 사역의 사회-문화적 배경," 「복음과 실천」 27 (2001a 봄) 35-63; idem., "예수의 병자치유 사역의 사회-정치적 이해," in 침례교신학연구소 편, 「치유목회의 기초」 (대전: 침례신학대학교출판부, 2000b), 9-50.
67) 김광수, "예수의 귀신축출 사역의 사회-정치적 이해(1)," 「복음과 실천」 19(1996) 34-68; idem., 앞의 논문(1998), 62-76; idem., "예수의 귀신축출 사역의 사회-정치적 이해: 마가복음 5:1-20(I)," 「복음과 실천」 23(1999) 64-97; idem., "예수의 귀신축출 사역의 사회-정치적 이해: 마가복음 5:1-20(II)," 「복음과 실천」 25(2000a), 105-38.
68) James D. G. Dunn, *Jesus and the Spirit* (London: SCM, 1975), 53; 김광수, 앞의 논문(1996), 53.
69) Norman Perrin, *Rediscovering the Teaching of Jesus* (London: SCM Press, 1967), 67; Ladd, 앞의 책(1974), 150; G. R. Beasley-Murray, *Jesus and the Kingdom of God* (Grand Rapids: Eerdmans, 1986), 80; Adela Collins, *The Beginning of the Gospel* (Minneapolis: Fortress, 1992), 57.
70) 필자는 예수의 귀신축출 사역에 관한 일련의 논문들에서 다음과 같은 주제를 발전시켰다: "예수의 귀신축출 사역은 하나님의 나라의 도래의 한 국면으로서, 인간을 비인간화시키는 모든 종류의 사회적 및 정치적 불의와 억압으로부터의 해방 사역이었다"(김광수, 앞의 논문[1996], 42). Cf. 김광수, 앞의 논문(1996), 56-65; idem., 앞의 논문(1998), 62-76.
71) Cf. 김광수, 앞의 논문(2005), 78-82.
72) 레인(William Lane)은 헤롯 가문의 통치 하에서 갈릴리 지역은 메시아적

인물들의 지도아래 이루어진 대중 폭동으로 특징지워졌는데, 헤롯왕과 그의 수하들은 예수의 활동에서 그런 종류의 위협을 보았을 수도 있다고 지적한다(The Gospel according to Mark [Grand Rapids: Eerdmans, 1974], 125). 예수 시대 갈릴리 지역의 사회-정치적 긴장에 관하여, Gerd Theissen and Ann Merz, The Historical Jesus: A Comprehensive Guide, trans. J. Bowden (Minneapolis: Fortress, 1998), 173-4 참조.

73) 요세푸스, The Jewish War, 2.75, 241, 253. Cf. 김광수, "예수의 십자가 처형의 사회-정치적 이해: 서두," 「복음과 실천」, 28(2001b, 가을), 10-12; A. E. Harvey, Jesus and the Constraints of History (Phildelphia: The Westminster Press, 1982), 12; Martin Hengel, Crucifixion (Philadelphia: Fortress, 1077), 33-68.

74) 김광수, 앞의 논문(2001b), 18-20. Cf. 김광수, 「마가 마태 누가의 예수 이야기」(대전: 침례신학대학교출판부, 1997), 226.

75) 브랜든(S. G. F. Brandon)은 빌라도가 각 곳에 심어놓은 첩자들을 통하여 예수의 활동에 관한 정보를 갖고 있었던 것으로 생각한다. 그는 빌라도가 예수가 나귀를 타고 예루살렘에 입성한 것이나 성전숙청에 관한 소식도 이미 알고 있었을 것으로 추정한다. 그래서 그는 빌라도가 예수를 선동 혐으로 사형판결을 내린 것은 예수에게서 그런 죄목을 확인한 결과라고 생각한다. S. G. F. Brandon, Jesus and the Zealots (Manchester: Manchester University Press, 1967), 329.

76) 마가만이 돼지 떼의 숫자를 이천으로 구체적으로 언급하는데, 그것은 그 귀신의 정체를 레기온으로 밝힌 저자의 의도와 연결되어 이 사건에 담긴 사회-정치적 국면을 이해하는데 중요한 단서가 된다. Cf. 김광수, 앞의 논문(1999), 86-7; idem., 앞의 논문(2000a), 114-5.

77) 김광수, 앞의 논문(2000a), 114.

78) 유대-로마 전쟁과 마가교회의 삶의 자리에 관하여, 앞의 논문, 115-35 참조.

79) 앞의 논문, 117.

80) Ibid.

81) 호슬리는 "하나님과 마귀적 세력 사이의 격렬한 싸움은 사람들이 개인적으로 또한 집합적으로 그 안에 갇혀 있는 격렬한 사회적, 정치적, 및 종교적 갈등의 상징화 혹은 반영"이라고 말한다. Horsley, 앞의 책(1987), 187.

82) 김광수, 앞의 논문(2000a), 136.

83) Theissen and Merz, 앞의 책(1998), 234.

84) 김세윤은 예수의 대답에는, 그가 헤롯을 여우로 비유했던 것과 같은 맥락에서(눅 13:32), 가이사에 대한 "다분히 비판적인 태도"가 숨겨있다고 본다. 김세윤, "성경과 하나님 나라," in 정일웅 편집, 「우리 시대의 하나

님 나라」(서울: 총신대학부설 한국교회문제 연구소, 1990), 48.
85) 김광수, 앞의 책(1997), 203. 예수의 귀신축출 사역에 담긴 사회-정치적 의미에 관하여, 김광수, 앞의 논문(1996), 34-68; 앞의 논문(1998), 62-76; 앞의 논문(1999), 64-97 참조.
86) 예수의 사역을 1세기 유대교 사회세계와 연결시켜 생각하는 학자들이 한결같이 예수의 사역의 목표는 이스라엘의 회복(갱신)이었다는데 동의한다. Cf. Gerhard Lohfink, *Jesus and Community: The Social Dimension of Christian Faith*, trans. John P. Galvin (Philadelphia: Fortress, 1984; 1982), 7-30; Borg, 앞의 책(1987), 125-42; Horsley, 앞의 책(1987), 193-208; Sanders, 앞의 책(1985), 98-106; Schuessler Fiorenza, 앞의 책(1983), 118-30. 그런데 로핑크는 예수의 관심이 특별한 정도로 이스라엘과 관계되었지만 그것에 국한되지는 않았는데, 예수에게 있어서 이스라엘은 더 큰 목표 곧 우주적 구원에 이르는 길이었다고 제시한다(Lohfink, 앞의 책[1984], 31).
87) 레오나르도 보프,「해방자 예수 그리스도」, 황종렬 역 (분도출판사, 1993; 1972), 73.

2. 하나님의 나라의 본질

공관복음서에 나타난 하나님의 나라의 본질

서론

공관복음서 이해의 가장 핵심적인 요소는 예수의 교훈의 중심 주제인 하나님의 나라의 복음을 이해하는 것이다. 이것은 예수의 사역을 제시하는 공관복음서 저자들의 표현들과 예수의 교훈들을 살펴보면 명백해진다. 공관복음서 저자들은 예수의 사역의 핵심적인 내용을 하나님의 나라의 복음과 관련하여 제시한다. 마가는 예수의 사역의 시작을 말하면서 그의 사역의 전체적인 내용을 하나님의 나라의 도래와 관련하여 다음과 같이 요약적으로 진술한다: "요한이 잡힌 후에, 예수께서 갈릴리에 오셔서 하나님의[1] 복음을 전파하여 가라사대, '때가 찼고 하나님의 나라가 가까웠으니 회개하고 복음을 믿으라'"(막 1:14-15). 마태도 예수의 사역의 시작을 하나님의 나라의 도래와 관계시킨다: "이때부터 예수께서 전파하기 시작하여 가라사대 '회개하라, 천국이 가까웠느니라'"(마 4:17).[2] 나아가 마태는 천국 복음의 전파를 예수의 갈릴리 사역의 핵심적인 내용으로

강조한다: "예수께서 온 갈릴리에 두루 다니사 저희 회당에서 가르치시며 천국3) 복음을 전파하시며 백성 중에서 모든 병과 모든 약한 것을 고치시니라"(4:23; 9:35).4) 누가도 마찬가지로 예수의 갈릴리 사역의 목적을 명백하게 제시한다: "예수께서 이르시되 내가 다른 마을들에서도 하나님의 나라의 복음을 전해야 하리니 나는 이 일로 보내심을 입었노라"(4:43). 누가는 또 예수의 갈릴리 사역의 핵심을 하나님의 나라의 복음과 관계시킨다: "이후에 예수께서 각 성과 각 촌에 두루 다니시며 하나님의 나라의 복음을 전파하실새"(8:1).5) 이와 같이 예수의 모든 교훈들은 하나님의 나라와 직접적으로 혹은 간접적으로 연결되어 있다. 예수가 전파한 복음은, 한마디로 말한다면, 하나님의 나라의 복음이었던 것이다. 따라서 학자들은 하나님의 나라를 이해하는 것이 예수의 인격과 사역을 이해하는 핵심적 요소가 된다는 것에 동의한다.6)

그러면 하나님의 나라는 무엇인가? 또 하나님의 나라에 들어간다는 것은 무슨 말인가? 나아가 하나님의 나라의 도래와 예수의 공생애 사역과의 관계는 무엇인가? 이러한 질문들은 예수의 사역과 하나님의 나라를 이해하려는 학자들이 던진 중요한 질문들이었다. 19세기 말과 20세기 초반에 이루어진 J. Weiss7)와 A. Schweizer8)의 획기적인 연구 이래로 학자들은 공관복음서에 나오는 하나님의 나라의 의미를 이해하기 위하여 노력해왔다.9) 그들의 뒤를 이어 C. H Dodd, J. Jeremias, 그리고 W. Kümmel 등은 하나님의 나라의 시간적 측면에 관한 견해를 정립했다.10) 그 후에 H. Ridderbos 와 G. E. Ladd 그리고 G. Beasley-Murray가 하나님의 나라를 광범위하게 연구했으며,11) 특히 N. Perrin의 집중적인 연구는 하나님의 나라에 관한 연구의 굳건한 바탕을 제공했다.12)

최근 들어 한국의 신학자들 사이에서도 하나님의 나라를 이해하기 위한 연구가 활발히 진행되고 있다.13) 지금까지 학자들의 연구를 종합해보면, 그 내용을 크게 세 가지로 구분할 수 있다. 첫째, 하나님의 나라는 묵시적 종말론적 개념으로서 하나님이 주관하는 하늘에 있는 어떤 장소나 지역이 아니라, 하나님의 권능의 활동 곧 역동적인 개념이라는 것이다. 둘째, 하나님의 나라는 예수의 사역과 함께 현존하는 현재적인 것이며 동시에 완성을 앞에 둔 미래적인 것이라는 견해이다. 셋째, 하나님의 나라는 개인적으로 체험되는 것이며 동시에 그런 개인들의 모임인 공동체를 통해 구현된다는 것이다.14) 지금까지 대부분의 연구가 첫째와 둘째 주제들을 중심으로 이루어진 반면에, 최근 들어 셋째 주제에 대한 관심이 많아지고 있다.15) 이 연구에서 필자는, 셋째 주제에 관심을 기울이면서, 다음과 같은 주제를 반전시키려고 한다: "공관복음서에서 제시된 하나님의 나라는 하나님과 인간을 직접적으로 관계시키는 하나님의 결정적 구원 활동이며, 이러한 하나님의 새로운 활동의 목적은 하나님의 참된 백성의 공동체를 이루어 세상에서 하나님의 뜻 곧 하나님의 정의와 사랑을 실현하게 하려는 것이다."

이 연구의 목적은 예수가 전파한 하나님의 나라의 본질과 목적을 이해하는 것이며 그렇게 함으로써 공관복음서의 이해를 위한 기초 작업을 하는 것이다. 하나님의 나라의 본질과 목적을 이해하는 것의 중요성은 그것이 기독교의 본질과 목적에 밀접하게 연결되기 때문이다. 하나님의 나라에 들어가는 것을 무엇으로 이해하는가에 따라 기독교의 본질을 영혼 불멸과 천당 축복 그리고 내세 위주의 신앙으로 이해할 수도 있든지, 아니면 기독교의 본질을 세상에서 하나님 생명을 체험하면서 "소금과 빛의 공동체"를 이루어 하나님의 정의와 사랑을 실현하기 위하여 노력하는 것으로 이해할 수도 있다. 한국 교회가 지금까지 하나님의 나라의 본질과 목적을 바르게 정립하지 않았기 때문에, 한국 교회의 대중적 신앙은 내세 천당을 소망하는 영혼 불멸의 신앙과 현실의 물질적 축복을 기원하는 기복

신앙으로 흘렀고, 그 결과는 교회가 세상에서 하나님의 공의를 실현하는 일에는 무관심하게 된 것이다.[16] 따라서 필자는 예수의 사역을 통해 시작된 하나님의 나라의 복음을 바르게 이해함으로써 기독교의 본질을 새롭게 이해하고, 나아가 한국 교회가 지향해야 할 사역의 목표가 무엇이 되어야 하는가를 제시하려고 한다.

이 연구를 진행하기에 앞서 두 가지 전제를 언급하는 것이 필요하다. 첫째는 마태복음에 나오는 '천국'(하늘나라)과 마가복음과 누가복음에 나오는 "하나님의 나라"는 동의어적으로 사용된 용어들이라는 것이다. 마태는 마가나 누가가 사용한 "하나님의 나라"라는 용어 대신 "하늘나라"(천국)라는 용어를 대부분 사용했는데, 이것이 기독교인들로 하여금 하나님의 나라를 하늘나라로 생각하며 하늘나라를 이 세상 위에 혹은 이 세상 저편에 있는 하나님이 보좌에 앉아서 다스리는 장소나 지역으로 간주하게 만들었다.[17] 그런데 마태복음을 자세히 살펴보면, 마태가 하늘나라를 하나님의 나라와 교대로 사용했고(19:23-24), 하늘나라 외에 하나님의 나라를 네 번 사용한 것을 발견할 수 있다(12:28; 19:24; 21:31, 43).

학자들은 마태가 사용한 "하늘나라"의 '하늘'은 하나님을 가리키는 대용어라는 것을 지적한다.[18] 이것은 하나님의 이름을 직접 부르기를 꺼려하고, 그 대신 하나님을 가리키는 대용어를 만들어 사용해 온 유대교의 관습에 기인한 것이며 또한 이것은 마태 교회의 유대인 기독교적 환경을 제시하는 구체적인 실례이다.[19] 이런 점들은 마태가 천국(하늘나라)을 하나님의 나라와 동의어적으로 사용했음을 분명하게 제시한다.[20] 따라서 천국과 하나님의 나라는 용어 그 자체는 다르지만 의미는 동일하다는 것이 학자들의 전반적인 견해이다. 따라서 필자는 공관복음서에서 사용된 천국과 하나님의 나라는 동의어라는 것을 전제하고, 이 연구에서도 두 용어들을 동의어적으로 또한 교대로 사용할 것이다.

둘째는 예수의 말씀들의 진정성에 관한 전제이다. 자료 비평과 양식 비평 등 역사-비평적 성서 해석이 발전하면서, 역사의 예수가 말했다고 믿어지는 말씀들과 초기 기독교인들이 역사의 예수가 말한 것으로 제시한 말씀들을 구분하려는 경향이 성숙되어 왔다. 그래서 학자들은 예수의 교훈들 중에서 초기 기독교인의 작품이라고 생각되는 말씀들을 제외하고 순전히 역사의 예수가 말했다고 믿어지는 말씀들 속에서 예수의 인격과 사역을 이해하려고 노력해왔다.[21] 이를 위하여 학자들은 역사의 예수의 말씀을 구분하는 방법도 발전시켰다. 초기 기독교인들은, N. Perrin 이 지적한대로, 역사의 예수의 말씀과 부활의 주님의 말씀을 구분하지 않았다. 사실 초기 기독교인들이 예수의 존재와 그의 사역의 본질을 바르게 깨닫기 시작한 것은 부활의 주님을 체험하면서부터였다. 그들은 부활의 체험과 그것에 기초한 부활신앙으로부터 시작하여 예수의 존재를 역순으로 이해하게 되었다. 그들은 부활의 빛에서 십자가를 이해했고 예수의 사역을 이해했으며, 나아가 예수의 탄생과 선재도 부활신앙의 빛에서 이해하게 되었다. 그들에게 있어서 역사의 예수와 부활의 주님은 서로 뗄 수 없는 관계의 존재였고, 그래서 역사의 예수의 말씀이 곧 부활의 주님의 말씀이며 또 부활의 주님의 말씀이 곧 역사의 예수의 말씀이었던 것이다.

따라서 예수의 교훈을 연구할 때, 이러한 초기 기독교인들의 신앙적 입장을 인정하는 것이 요구된다. 비록 어떤 말씀들이 초기 기독교인들의 상황에서 나온 것이라 하더라도, 그것들은 부활의 주님이 그들을 통해 말씀하신 것이며, 나아가 그것들은 역사의 예수에게서 기원한 말씀들이라는 것을 인정하는 것이 필요하다. 이 연구에서 필자는 역사의 예수와 부활의 주님과의 불가분리적 관계를 인정하며, 비록 초대 교회의 상황에서 나온 말씀들이라 하더라도, 그것들은 부활의 주님의 말씀들이며 역사의 예수에게서 기원했다는 것을 전제한다.

Ⅰ. 하나님의 종말론적 구원 활동

하나님의 나라를 이해하려는 이 연구의 전반부에서 필자는 하나님의 나라의 본질 즉 하나님의 나라가 무엇인가를 다루고 후반부에서는 하나님의 나라의 목적 곧 하나님의 나라에 들어간다는 것이 무엇이며 하나님이 그의 나라를 세우시는 목적이 무엇인가를 다루려고 한다. 하나님의 나라의 본질에 관하여는 다음의 세 가지 국면에서 논의가 진행될 것이다. 먼저 구약성서와 유대교의 문헌들에서 사용된 하나님의 나라의 개념을 바탕으로 하여 예수가 전파한 하나님의 나라가 무엇인가를 다룬다. 다음에 하나님의 나라가 가까이 왔다는 말씀을 중심으로 하나님의 나라의 현재성과 미래성을 제시한다. 그리고 하나님의 나라는 예수의 사역과 함께 도래하여 지금도 완성을 향해서 진행하고 있는 진행적 성격을 다룬다.

기독교가 헬라 문화권에 전파되고 서구에서 발전되면서, 하늘나라를 하늘에 있는 어떤 장소나 지역으로 이해하고, 사람이 죽은 후에 영혼이 거기에 들어간다는 대중적 신앙이 형성되어 왔다.[22] 한국 교회의 대중적 천국 신앙이 이것과 같다는 것은 이미 언급한 바 있다. 그런데 천국을 이와 같이 장소적으로 이해하게 되면, 공관복음서에 나오는 하나님의 나라를 이해하는 데 심각한 어려움에 직면할 뿐만 아니라, 그 말씀들의 바른 의미를 놓치게 된다는 것이다. 예를 들어, "때가 찼고 하나님의 나라가 가까웠다"는 말씀은 그러면 하늘 저편에 있는 어떤 장소가 우리 머리 위로 가까이 왔다는 말인가? "내가 하나님의 성령을 힘입어 귀신을 쫓아내는 것이면 하나님의 나라가 이미 너희에게 임했느니라"는 말씀은 무슨 뜻인가? "너희는 먼저 하나님의 나라와 그의 의를 추구하라"는 말씀은 죽어서 천국에 가는 것을 추구하라는 말씀인가? 그렇지 않다면, 이런 말씀들을 어떻게 이해해야 할 것인가? 공관복음서에서 제시된 천국을 이해하기 위해서는 먼저 서양의 기독교에서 발전한 것으로서 현대의 대중적 신앙에 기초한 선입견을 버리고, 공관복음서들에서 제시된 의미를 유대인의 토양에서 바로 이해하는 것이 필요하다.23) 마태에 나오는 '하늘나라'에서 '하늘'은 하나님을 가리키는 유대교적 대용어이며 그 당시 유대인의 언어에서 '나라'는 장소나 지역을 말하는 것이 아니라, 하나님이 왕으로서 다스린다는 역동적 개념이라는 것이 오랜 기간의 연구를 통하여 확인되었다.24) 따라서 예수가 전파한 하나님의 나라를 이해하려면 먼저 예수가 살던 당시의 유대인들의 문화-종교적 전통을 이해하는 것이 필수적이다.25)

구약성서와 중간기 유대교의 문헌들에서 하나님의 나라라는 용어가 직접 사용된 경우는 그리 많지 않다. 그렇지만 하나님의 왕권 혹은 하나님의 통치권26)과 관련된 개념이나 용어는 광범위하게 사용되었다. 하나님의 나라의 뿌리는 하나님이 이스라엘의 왕으로서 다스리신다는 고대 이스라엘인들의 신앙에 기초하고 있다. 이스라엘인들은 하나님이 이집트의 군대를 물리치고 그들을 구원했을 때, 하나님이 왕으로서 그들을 다스린다고 고백했으며, 나아가 그 하나님이 계속하여 자기 백성을 위하여 통치하실 것을 기대했다: "여호와의 다스림이 영원무궁하다"(출 15:18). 여러 시편들에서도 기자들은 "여호와가 왕이 되셨다"고 선언한다(시 47, 93, 96, 97, 98, 99편). 구약성서에서 하나님의 나라의 의미를 정확하게 제시하는 구절이 시편 145:10-13이다: "여호와여 주의 지으신 모든 것이 주께 감사하며 주의 성도가 주를 송축하리이다. 저희가 주의 나라의 영광을 말하며 주의 권능을 일러서 주의 능하신 일과 주의 나라의 위엄의 영광을 인생에게 알게 하리이다. 주의 나라는 영원한 나라이니 주의 통치는 대대에 이르리로다." 여기서 하나님의 나라의 영광은 하나님의 권능 혹은 하나님의 권능의 역사를 말하는 것이며, 하나님의 나라와 하나님의 통치가 교대로 사용되었고, 나아가 하나님의 나라와 통치는 영원하다고 표현된다. 하나님의 나라는 출애굽이나 가나안 정복과 같은 어려운 역사적인 상황들 속에서 자기 백성을 해방시키고 세우며 보호하는, 따라서 하나님이 그것들을 통하여 자기의 왕 되심을 나타내는 권능의 활동들을 가리킨다.[27]

이러한 하나님의 다스림에 대한 신앙은 다윗 왕조가 시작되면서부터 하나님이 하나님의 왕권을 다윗 왕조의 왕들에게 위임하여 이스라엘을 다스리게 하셨다는 "하나님의 아들" 사상으로 발전했다(삼하 7:12-16; 시 2:7 등). 그러나 하나님의 왕권을 위임받은 인간 왕들이 하나님의 정의와 사랑의 실현에는 무관심하고 우상숭배에 빠지고, 폭력으로 다스리고 부정과 부패에 빠졌으며, 나아가 외적의 침략으로 하나님의 백성이 심한 어려움을 당하는 것을 목격하고 체험한 선지자들은 때가 되면 하나님이 다시 왕이 되어 이스라엘을 구원하여 다스리는 날이 도래할 것을 예언했다(사 2, 9, 11, 32, 35장; 렘31장).[28] 하나님의 이러한 새로운 구원 활동에 관한 기대는 포로시대 예언자들의 예언들 속에서 절정에 이른다(사 40-55장; 겔 34-37장; 습 3장). 예언자들은 때가 되면 하나님이 이스라엘을 다시 구원하여 직접 다스리시는 영원한 왕이 되실 것을 내다본 것이다.

포로시대 이후에 팔레스틴에 돌아온 유대인들은 사회에서 예언자들의 예언이 현실에서 이루어지지 않고, 거기에 강대국의 침략과 경제적인 어려움 그리고 종교적 억압의 상황에서 묵시적 종말론이 발전했다. 묵시 사상의 기본적인 틀은 이원론적 사고였다. 하나님과 사탄을 나누고 하늘과 땅을 가르며 지금의 세대와 오는 세대를 나누는 것이다. 묵시 사상가들은 현세대가 악의 지배하에 있기 때문에 하나님의 나라는 오는 세대에 이루어질 것으로 보았다. 또한 새 세대가 오기 위해서는 현세대의 심판과 파멸 그리고 재창조를 통하여 현세대가 끝나고 모든 악한 것들이 제거되어야 한다고 생각했으며, 따라서 새 세대는 시간과 역사의 끝에 초자연적 영역에서 이루어질 것을 기대했다.29) 그럼에도 불구하고 묵시 사상가들은 하나님이 궁극적으로는 역사의 주관자가 되시고 완성자가 되신다는 이스라엘의 전통적 신앙을 보존하면서, 악의 세력을 몰아내고 새 세대를 여는 하나님의 종말적 활동에 초점을 맞추었다. 이러한 묵시 사상의 영향을 받은 유대교 랍비 문헌들에 따르면 이 세대에서는 하나님의 나라가 율법에 자발적으로 순종하는 이스라엘에만 임하고, 오는 세대 곧 종말에는 모든 나라들 위에 임한다고 기대하면서 그런 하나님의 종말적 나라가 곧 이루어지기를 기도했다.30)

이와 같이 하나님의 나라는 하나님이 천지의 창조자요 이스라엘의 구속자이며 구원의 완성자라는 창조 사상과 구속 사상 그리고 종말 사상의 맥락에서 제시되었다.31) 하나님은 왕으로서 천지 만물을 창조하셨고 이스라엘을 구속하셨으며, 장차 그 구속을 완성하신다는 것이다. 이러한 하나님의 권능이 출애굽과 가나안에 들어감과 예루살렘의 멸망과 포로에서의 귀환과 같은 이스라엘의 구체적인 역사에서 나타났다. 따라서 하나님의 통치하신다는 것은 역사의 시작과 진행과 끝을 주관하시는 하나님의 주권적 구원 활동을 표시하는 상징적 표현이었다.32) 하나님의 나라는 권능의 일들로 표현된 하나님의 권능의 나타남이다. 그것은 어떤 장소가 아니며 통치 혹은 왕권이라는 추상적인 개념이라기보다는 왕으로서 다스리는 하나님의 권능이며 그 권능으로 행하시는 구체적인 활동을 가리키는 역동적인 개념이다.33) 예수는 이와 같이 유대인들의 문화 종교적 전통에 깊이 뿌리를 박고 있는 상징인 하나님의 나라를 그의 선포의 중심으로 삼은 것이다. 그러나 예수는 하나님의 나라를 전통적 신앙과는 판이하게 제시했다.

예수가 전파한 하나님의 나라의 본질을 이해하기 위하여 또 고려해야 할 것은 예수가 그 용어를 사용한 본문들을 살펴보는 것이다. 첫째로 하나님의 나라라는 상징적 표현을 이해하기 위한 중심 구절로서 보편적으로 인정을 받고 있는 말씀은 하나님의 나라를 귀신축출 사건과 연결시킨 말씀이다: "만일 내가 하나님의 성령(혹은 손가락)을 힘입어 귀신을 쫓아내는 것이면 하나님의 나라가 이미 너희에게 임했느니라"(마 12:38; 눅 11:20). 이 말씀과 관련하여 대부분의 논의는 하나님의 나라가 현존해 있다는 것과 하나님의 나라는 귀신축출과 따라서 현세대의 지배자인 사탄의 정복과 연결된다는 것에 초점을 맞추었다.[34] 그런데 보그(Marcus J. Borg)는 예수가 하나님의 나라를 귀신축출이라는 악령과의 싸움이 성령의 생명력이 자신을 통하여 나타나고 있다는 예수의 신비한 영적 체험과 관계시키고 있다는 점에 주목한다. 여기서 하나님의 나라는 성령이라는 하나님의 구원의 권능으로서, 예수를 통하여 그의 귀신축출 활동에서 현실의 실재로 나타나고 있는 하나님의 생명력을 말한다.[35] 다시 말하여 하나님의 나라는 예수를 통하여 나타난 하나님의 임재와 권능인 것이다.[36]

보그는 이러한 하나님의 나라를 이해하기 위해서는 우리가 '하나님'이라고 부르는 존재에 대한 바른 이해가 선행되어야 한다는 것을 지적한다.[37] 성경(주로 구약성경)에서 하나님은 신인동성동형적 언어로 표현되었기 때문에, 하나님을 인간의 모습으로-어떤 장소에서 집을 짓고 사는 것과 같이-생각하려는 경향이 있다. 그러나 하나님은 근본적으로 비가시적이고 비물질적 세계에 속한 존재로써 우리가 흔히 "저 세상"이라고 부르는 시간과 공간을 초월한 세계의 존재이다. 이스라엘인들은 이 하나님이 살아계시며 활동하시는 분이요, 인격자로서 사람들과 교통하시는 분임을 믿었고, 나아가 그 하나님은 가시 세계의 기원이요 보존자이며 완성자라고 믿어왔다. 이러한 하나님 혹은 영의 세계를 시간과 공간의 영역으로 생각해서는 안 된다. 그렇다고 하나님의 세계가 신앙의 대상으로서 인간의 관념에만 존재하는 것은 아니다. 하나님의 세계는 생명과 활력으로 충만된 영원한 실재의 세계이다. 또 하나님의 세계는 인간의 체험의 대상이며 체험으로 알려지는 세계이다. 하나님의 세계는 인간의 세계와 완전히 분리되어 있는 것이 아니라 교차점을 갖고 있기 때문이다.

성경은 이러한 하나님의 존재와 활동에 관한 인간의 체험들을 다양하게 싣고 있다. 그 속에서 하나님은 인간의 언어로 표현되었다. 때때로 하나님은 아버지, 어머니, 왕, 목자, 연인 등 하나의 인격자로 표현되기도 하고 또 불, 빛, 영과 같은 비인격적 존재로 표현되기도 했다. 우리는 이러한 표현들을 문자적으로 간주하지 않아야한다. 우리는 시공 안에 살고 있기 때문에 시공을 초월한 세계의 존재도 시공의 언어로 표현할 수밖에 없으며, 따라서 "저 세상"에 관한 언어는 비유적이거나 유추적일 수밖에 없기 때문이다.[38] 하나님은 아버지와 같고 왕과 같으며 혹은 목자와 같다고 표현되었지만, 하나님은 문자적으로 아버지나 왕이나 목자가 아니다. 하나님이라는 실재는 그런 언어를 넘어서는 존재이기 때문이다. 나아가 하나님의 세계는 문자적으로 어디엔가 다른 곳에 있는 것이 아니다. 비록 하나님은 "하늘에 계신 아버지"로 불리우지만, 그 하늘은 대중적 신앙에서 말하는 지역화 된 하늘이 아니다. 성경의 전승에 따르면 하나님은 어디에나 계신다.[39] 신학적 용어를 사용한다면, 하나님은 무소부재의 존재로서 피조 세계 안에 내재하시는 분이며 동시에 이 세계 밖에 계시는 초월자이시다. 그래서 하나님은 이 세상 어디에서도 현존해 계시면서도 이 세상에 있는 어떤 것과도 동일시되지 않는 존재이다. 내재자이며 초월자인 하나님은 무소부재의 존재이기 때문에, 장소적으로 생각한다면 우리의 내면세계를 포함하여 우리 주위의 모든 곳에 계신다. 하나님이 어디 따로 계신 것이 아니라, 우리와 또한 세상에 있는 모든 것이 하나님 안에 있는 것이 된다.[40]

성경은 이와 같은 하나님을 체험하고 그 생명력을 덧입은 사람들의 이야기를 전달하고 있다. 이스라엘 족장들이 그러했고 모세가 그러했다. 특히 모세는 "얼굴과 얼굴을 마주 대하듯이" 하나님을 알았다고 전해진다. 그는 여러 번 하나님의 산에 올라가 하나님의 법을 받아 이스라엘에게 전달했다. 그가 하나님의 법을 받아 산에서 내려올 때, 그의 얼굴에서 광채가 났다고 전해진다(출 34:29-35). 그는 한편으로는 하나님의 법의 수여자요 하나님의 권능의 통로로서, 다른 한편으로는 그의 백성을 위한 중보자로서, 두 세계 사이의 중개자의 역할을 감당했다. 하나님의 체험과 중보의 역할은 선지자들에게로 계승되었다. 엘리야는 모세와 같이 광야에서 살았으며 하나님의 산에 올라가 신의 현현을 체험했다. 그는 성령의 사람으로서 성령의 능력으로 달렸고 성령의 능력으로 치료했으며 비를 내리게 했다. 그의 삶의 마지막은 '불병거'에 실려 하나님의 세계로 들어갔다(왕상 17-19, 21장; 왕하 1-2장).

기원전 8세기 예언자 이사야는 하나님의 세계를 보고 거기에 참여하는 신비한 체험과 함께 예언 활동을 시작했다. 웃시야 왕의 죽던 해에 있었던 그의 신비한 체험은 보좌에 앉으신 하나님을 보고 천상회의에 참석하여 하나님의 음성을 듣고 사명을 받는 것이었다(사 6:1-13). 그는 순간적으로 하나님을 보았을 뿐 아니라 하나님의 세계에 참여하여 하나님과의 직접적인 대면을 가지는 체험을 한 것이다. 하나님을 직접적으로 대면하는 이러한 신비한 체험은 그 후에 예언자 에스겔로 이어진다. 그는 포로로 잡혀간 이방 땅의 그발 강 가에서 하늘이 열리며 하나님의 환상들을 보는 체험을 했다(겔 1:1). 예언자들은 하나님의 환상을 보는 것과 함께, 하나님의 영이 그들 위에 임했다고 전한다(사 61:1; 겔 11:5). 영 혹은 성령은 하나님의 권능 혹은 하나님의 활동을 가리키는 말로 사용되어 왔다. 따라서 이것은 시간과 역사를 초월하여 계시는 하나님의 현존의 장소에 들어가 하나님을 직접적으로 대면하는 것이었으며 하나님의 생

명력을 덧입은 신비한 체험들이었다.[41]

예수도 이와 같이 하나님을 직접적으로 대면하는 신비한 체험을 한 후에 그의 사역을 시작했다.[42] 예수가 요한에게 침례를 받고 물에서 올라올 때에 그는 하늘이 열리며 성령이 비둘기 같이 그에게 내려오는 것을 보았다.[43] "하늘이 갈라졌다" 혹은 "하늘이 열렸다"는 표현은 하나님의 계시 활동을 가리키는 묵시적 표현이다. "성령이 내려왔다"는 표현도 하나님의 권능을 덧입었던 예언자들의 신비한 체험을 염두에 둔 것으로서 하나님과 연합되어 하나님의 생명을 충만하게 덧입은 체험을 말한다. 이러한 환상의 체험 후에 예수는 그의 존재에 관한 하나님의 음성을 들었다: "너는 내 사랑하는 아들이다. 내가 너를 기뻐하노라."[44] 이 체험을 통하여 예수는 "저 세상"에 속한 하나님을 직접적으로 대면하고 그 하나님과 연합되었으며 그 하나님의 아들로서의 자기의 정체와 사명을 깊이 의식하게 된 것이다.[45] 여기서 예수는 하나님의 임재와 활동의 장소가 성전과 율법에 있는 것이 아니라, 인간 자신 안에 있는 것임을 깨달았다.[46]

이 체험은 예수의 생애를 결정적으로 바꾸어 놓는 계기가 되었다. 그는 하나님을 대면하고 하나님과 연합된 속에서 하나님을 알고 하나님의 뜻을 깨닫게 되었다. 하나님은 저 멀리 계시는 엄위하신 분이 아니요, 우리에게 가까이 계시고 사랑이 많으시며 친근하신 아버지와 같은 분으로서 각 사람에게(심지어 세리와 죄인들에게까지도) 은혜와 사랑을 베푸시는 하나님으로 인식하게 되었다.[47] 따라서 하나님에 관한 그의 지식이나 교훈들은 전통 속에서 배운 것들이 아니라 하나님과의 직접적인 대면 속에서 나온 것이었다. 그래서 그의 교훈은 율법의 해석과 적용을 답습하던 교법사들의 교훈과는 아주 다른 것으로서, 인간 존재의 중심을 관통했다. 그가 회당에서 가르쳤을 때, 사람들이 크게 놀라게 되었는데, 그 이유는 그의 가르침이 서기관들과 같지 않고 권세가 있었기 때문이었다. 또한 예수가 행한 모든 권능의 일들은 하나님과의 연합 속에서 나온 하나님의 권능이었다. 예수의 고향 사람들은 예수가 배움이 없는 것을 보고 이상하게 생각했다.[48] 예수는 율법의 선생들에게서 배우지 않았지만, 하나님과의 직접적인 대면 속에서 하나님을 생생하게 체험하고 하나님의 뜻을 깨달았고 하나님의 권능을 덧입었던 것이다.[49] 그의 교훈은 서기관들과 다른 것은 물론 가르치는 방법과 소재도 달랐다. 그는 공중에 나는 새와 들에 피는 백합화 등 자연에서 흔히 발견할 수 있는 대상들을 통하여 하나님의 살아 계심과 사랑을 전달했다. 이러한 예수의 교훈의 목적은 사람들로 하여금 살아 계신 하나님을 직접적으로 대면하게 하고, 하나님의 은혜와 사랑을 덧입게 하며, 나아가 하나님의 뜻 곧 정의와 사랑을 실천하게 하려는 것이었다.[50]

하나님의 나라는 이와 같이 예수가 소유했던 하나님과의 생동적인 관계에 기초한 하나님의 나타남이다. 하나님의 나라는 하나님과 연합된 예수의 체험을 통하여 나타난 하나님의 권능의 활동을 가리킨다. 예수가 행한 병자 치료와 귀신축출은 바로 예수를 통해 역사하는 하나님의 권능이었던 것이다. 예수는 하나님의 성령을 힘입어 귀신들을 쫓아내는 것을 전제로 말했다.[51] 여기서 예수가 하나님의 나라를 성령이라는 하나님의 권능과 하나님의 활동을 가리키는 용어와 연결시킨 것에 주목하는 것이 필요하다. 귀신들을 추방한 예수의 활동은 하나님의 권능이 역사하고 있는 것이며, 그 하나님의 권능은 인간의 해방을 위하여 나타나고 있는 것이다. 귀신축출은 인간에 대한 하나님의 주권 회복과 따라서 하나님과 인간의 관계 회복을 나타내는 표현이었다.[52] 하나님의 나라는 하나님의 현존과 권능으로서 인간의 해방을 위한 하나님의 구속적 생명력이다. 하나님의 나라는 하나님의 주권을 회복하고, 사람들과 다시 직접적인

관계를 맺기 위하여 오시는 하나님의 현존과 권능의 활동들을 가리키는 개념을 포함한다.53)

이러한 하나님의 나라는 하나님이 직접 행하시는 주권적 권능의 활동이며 하나님이 인간을 위하여 주시는 것이다(눅 12:32). 그래서 하나님의 나라를 위하여 인간이 할 수 있는 일은 오직 하나님의 나라가 임하도록 기도하는 일 뿐이다(마 6:10, 33; 눅 11:2, 12:31).54) 또한 하나님의 나라는 들어가는 것으로 언급되기도 하며 소유하는 것으로 언급되기도 한다. 하나님의 나라에 들어가는 것은 하나님의 임재로 나아가 하나님을 대면하는 것이요 하나님과 연합되어 직접적인 교제를 나누는 것이며, 이런 속에서 하나님을 '아빠'로 부르는 친밀한 관계가 성립된다.55) 이런 관계가 성립되어 하나님과 연합되고 하나님의 생명을 누릴 때, 우리는 하나님의 나라를 소유하는 것이다.56) 하나님의 나라는 사람들과 직접적인 연합의 관계를 맺기 위하여 임하시는 하나님의 종말적 구원 활동으로서 하나님의 현존과 권능을 체험하는 사람들이 공동체를 통하여 현실의 실재로 나타난다.

따라서 하나님의 나라는 예수의 개인적 체험을 통해 나타난 하나님의 현존과 권능이며, 그 나라에 들어가는 것은 하나님과의 개인적 연합 속에서 현실의 실재로 나타난다는 것이 하나님의 나라의 도래에 관한 바리새인들의 질문에 대한 예수의 대답에서 제시된다: "하나님의 나라는 볼 수 있게 임하는 것이 아니요 또 여기 있다 저기 있다고도 못하리니 하나님의 나라는 너희 안에 있느니라"(눅 17:20-21).57) 바리새인들은 묵시적 종말관에 따른 대중적 신앙에 근거하여 하나님의 나라가 세상에 나타나는 어떤 굉장한 사건들과 함께 오는 것으로 생각했다. 그러나 예수는 그런 견해들을 거부했다. 하나님의 나라는 우주적 무질서와 전쟁과 같은 굉장한 사건들을 통해 오는 것이 아니며, 가시적으로 볼 수 있게 오는 것도 아니다. 그것은 개인의 내적 체험을 통하여 나타나는 것이며, 그런 체험들과 가진 사람들의 공동체 속에서 발견되는 것이다.[58]

하나님의 나라가 예수를 통한 하나님의 현존을 체험하는 사람들을 통하여 나타난다는 것이 율법과 선지자들과 예수의 관계를 말하는 곳에서 제시된다: "율법과 선지자들은 요한의 때까지요 그 후부터는 하나님의 나라의 복음이 전파되어 사람마다 그리로 침입하느니라"(눅 16:16).[59] 율법과 선지자들은 하나님이 자기의 백성을 다스리는 옛 방식이었다. 하나님은 율법과 선지자들을 통하여 이스라엘과 관계하시며 하나님의 뜻을 전달하셨다. 이것이 후기의 유대인들에게서 율법주의로 발전하여 하나님과의 인격적인 대면이 없이도 율법의 자발적인 순종을 통하여 하나님의 통치에 들어간다고 생각했으며, 쉐마의 암송은 이스라엘에 대한 하나님의 통치를 선포하는 것으로 간주했다.[60]

그러나 하나님이 율법과 선지자들을 통하여 자기의 백성을 다스리던 옛 세대가 끝났고, 이제 새로운 세대가 시작되었다. 이제는 하나님이 자기 백성을 직접 방문하고 구원하여 다스리는 새로운 세대가 시작된 것이다. 이런 점에서 하나님의 나라는 종말적이다.[61] 침례 요한은 이러한 하나님의 새로운 활동을 깊이 의식했던 사람이었다. 그래서 요한은 유대인들로 하여금 명목상의 신앙에서 돌이켜 하나님과의 직접적인 대면을 강조했다(눅 3:8; 마 3:9).[62] 그러나 요한은, 하나님의 새로운 구원 활동을 예고하고 준비시킨 그의 위대함에도 불구하고, 아직 하나님의 새로운 구원 활동을 직접적으로 체험하고 참여한 사람은 아니었다.[63] 하나님의 새로운 구원 활동은 예수를 통하여 구체적으로 시작되었으며, 예수를 통한 하나님의 현존과 권능을 체험하는 사람들이 그것을 체험하고 그것에 참여하게 된 것이다.

Ⅱ. 하나님의 나라의 도래

지금까지 하나님의 나라가 무엇인가를 살펴보았다. 하나님의 나라는 인간의 구원을 위하여 활동하시는 하나님의 생명력이다. 예수는 이러한 하나님의 나라의 도래를 선포했다. 그런데 문제는 하나님의 나라의 도래에 관한 예수의 말씀들 중에서 한편으로는 하나님의 나라가 이미 도래하여 역사하고 있다는 현재적 하나님의 나라에 관한 말씀들이 있고, 다른 한편으로는 하나님의 나라가 도래할 것이라는 미래적 하나님의 나라에 관한 말씀도 있다. 이 때문에 하나님의 나라가 현재적인가 혹은 미래적인가를 놓고 많은 논의가 진행되어 왔다. Weiss와 Schweitzer를 중심하여 미래적 하나님의 나라를 주장하는 사람들이 이었던 반면에, Dodd를 중심하여 현재적 하나님의 나라를 주장하는 사람들도 있었다. 그러나 예수의 말씀에서 두 가지가 다 나오는 것에 주목한 사람들은 예수가 미래에 이루어질 하나님의 나라를 전파했다는 것이 오늘날 많은 사람들이 동의하고 있는 입장이다.[64] 이것과 같은 맥락에서 필자는 이 항과 다음 항에서 하나님의 나라는 현재적이며 동시에 미래적이고 예수의 사역과 함께 시작되어 완성의 목표를 이루기까지 계속되는 진행적인 개념인 것을 제시하려고 한다.

예수는 하나님의 나라가 이미 도래하여 자기의 사역 속에서 현실의 실재로 나타나고 있고, 따라서 사람이 현실의 삶에서부터 하나님의 나라에 들어가는 것임을 여러 가지로 제시했다. 무엇보다도 예수는 자기가 행하는 권능의 일들이 하나님의 나라가 도래하여 활동하는 것임을 제시했다. 앞에서 다룬 말씀이지만, 귀신축출과 관련하여 예수는 하나님의 나라가 이미 임했다고 선언했다(마 12:28; 눅 11:20). 예수는, 종말에 하나님과 악의 세력 사이의 싸움이 벌어지고 하나님이 축복의 세계가 열릴 것이라는 묵시적 종말관의 견해를 근거로 해서, 그런 종말의 싸움이 시작되어 하나님의 승리가 이루어지고 있음을 제시한 것이다.65) 예수의 귀신축출 활동은 하나님의 권능(성령)으로 이루어지는 하나님의 종말적 구원 활동이다.66) 예수는 자신의 귀신축출 사역이 악의 세력을 꺽고 하나님의 주권을 회복하는 하나님의 권능의 활동이라는 것을 다시 비유로 제시했다: "사람이 먼저 강한 자를 결박하지 않고야 어떻게 그 강한 자의 집에 들어가 그 세간을 늑탈하겠느냐 결박한 후에야 그 집을 늑탈하리라"(마 12:29; 눅 11:21; 막 3:27). 예수의 행위는 강한 자의 결박과 함께 그 강한 자의 세력을 물리치고 있는 하나님의 권능의 활동이었다(눅 10:17-18).67)

학자들은 예수가 침례 요한과의 관계에서 말한 하나님의 나라 말씀도(마 11:12; 눅 16:16) 하나님의 나라가 사람들의 체험 속에서 지금 여기에 현존하고 있음을 가리키는 것이라고 제시한다.68) 이것과 관련하여 하나님의 나라가 "너희 안에 있다"(눅 17:21)는 말씀도 하나님의 나라의 현재적 도래를 가리키는 말씀으로 제시된다. 귀신축출과 아울러 병자 치유도 자유를 주시는 하나님의 구원 활동을 나타내는 것이었다. 예수는 당시에 불치의 하나님의 자유케 하시는 구원활동을 나타내는 것이었다. 예수는 당신에 불치의 병들로 알려진 병자들을 치료함으로써 하나님의 권능을 나타냈다. 그러나 병자 치유의 더 깊은 의미는 하나님의 사죄의 은혜 곧 하나님과의 관계 정상화를 선포하는 것이었다. 이것이 여러 치유 이야기들 속에서 제시된다(예: 막 2:1-12; 5:25-34). 예수는 유대교의 전통적인 속죄 방식을 거부하고, 하나님의 사죄는 하나님과의 대면 속에서 하나님이 직접 주시는 것임을 제시했다.69)

현재적 하나님의 나라를 가리키는 또 다른 중요한 말씀은 요한의 제자들의 질문에 대한 예수의 답변이다: "너희가 가서 듣고 보는 것을 요한에게 고하되 소경이 보며 앉은뱅이가 걸으며 문둥이가 깨끗함을 받으며 귀머거리가 들으며 죽은 자가 살아나며 가난한 자에게 복음이 전파된다 하라"(마 11:4-5; 눅 7:21-22; 막 7:37 참조). 여기에는 하나님의 나라가 나오지 않지만, 이것들이 하나님의 권능의 일들이라는 점에서 명백히 암시되어 있다.[70] 이것들은 종말에 이루어질 하나님의 일들로 예언되었던 것들이다(사 35:5-6; 61:1-2). 다시 말하여 하나님의 종말적 나라가 도래하여 활동하고 있다는 것이다.[71] 이것과 관련하여 예수는, 누가에 따르면, 그의 사역의 초기에 자기의 사역을 예언의 성취와 관계시키고, 그 예언이 예수의 사역 속에서 이루어지고 있음을 제시했다: "이 글이 오늘날 너희 귀에 응하였느니라"(눅 4:18-22). 예수는 파송을 받은 제자들이 하나님의 권능을 체험하고 돌아왔을 때, 같은 의미의 말씀을 했다: "너희가 보고 있는 것을 보는 눈은 복이 있다. 내가 너희에게 말하노니 많은 예언자들과 왕들이 너희가 지금 보고 있는 것을 보고자 하였으나 보지 못하였고 너희가 지금 듣고 있는 것을 듣고자 하였으나 듣지 못하였느니라"(눅 10:23-24). 예수의 제자들은 선지자들과 왕들이 기대했던 하나님의 종말적 권능의 일들을 체험하고 있고 참여하고 있었던 것이다. 그래서 예수는 그의 제자들을 내어보내어 "하나님의 나라가 너희에게 가까웠다"고 선포하라고 당부했다(눅 10:9, 11).

　예수가 자기의 활동들과 가르침 속에서 하나님의 나라를 나타내며 중재하고 있다는 것은 제자들과의 공동생활을 통하여 독특하게 제시되었다. 예수와 제자들의 공동생활에서 두드러진 것은 축제적 식탁교제였다. 예수는 "먹기를 탐하고 마시기를 즐겨한다"는 비난을 받을 정도로 제자들과 함께 빈번한 식탁교제를 가졌다. 더구나 그의 식탁 교제에서는 세리들과 죄인들과 같은 유대 사회에서 소외된 사람들이 함께 참여했다. 이것이 유대교 지도자들에게는 아주 불만스럽고 납득이 안가는 행동이었다(눅 15:1-2). 그러나 예수는 이것을 통하여 사람들을 용서하시고 다시 하나님의 자녀로 삼으시는 하나님의 은혜를 가르쳤고, 그러한 하나님의 종말적 은혜의 활동을 기념하며 즐거움을 함께 나눈 것이다.72) 예수는 축제적 식탁 교제의 의미를 금식에 관하여 바리새인들과 논쟁하는 자리에서 비유적으로 제시했다: "혼인 잔치에 온 손님들이 신랑과 함께 있는 동안에 금식할 수 있느냐? 신랑을 자기들 곁에 두고 있는 동안에는 금식할 수 없다. 그러나 신랑을 빼앗길 날이 올 터인데, 그날에는 그들이 금식할 것이다"(막 2:19-20; 마 9:15; 눅 5:34-35). 예수의 식탁 교제는 혼인 잔치로 비유되는 하나님의 종말적 구원 활동을 체험하면서 그것에 참여하고 있는 것을 기념하고 축하하는 기쁨과 감사의 제사였다.73) 이것과 관련하여 예수는 앞으로 더 많은 사람들이 이러한 하나님의 나라의 잔치에 참여하게 될 것도 말해다: "동서로부터 많은 사람들이 이르러 아브라함과 이삭과 야곱과 함께 전국에 앉으려니와 나라의 본 자손들은 바깥 어두운데 쫓겨나 거기서 울며 이를 갈이 있으리라"(마 8:11-12; 눅 13:28-29). 예수가 광야에서 많은 무리를 먹인 사건들도 이러한 축제적 식탁 교제의 맥락에서 하나님의 나라의 도래와 활동을 나타내는 것이었다(막 6:32-44; 마 14:13-21; 눅 9:10-17).

이런 점에서 "때가 찼고 하나님의 나라가 가까웠다"는 예수의 선언은 임박한 미래에 관한 말씀이기보다는74) 일차적으로 선지자들에 의하여 예언되었고 하나님의 백성이 기다려왔던 하나님의 나라가 드디어 도래하여 역사하기 시작했다는 말씀이다.75) 예수는 자기의 사역을 통하여 시작된 하나님의 새로운 구원활동을 선포한 것이다. 그래서 예수가 행한 병자 치유와 귀신 추방은 하나님의 나라가 곧 온다는 표징들이 아니라, 그것이 이미 와서 사람들 속에서 역사하기 시작한 하나님의 종말적 구원 활동의 구체적인 표현들이었다.76) 그래서 예수는 자기의 사역의 전체적인 면을 요약적으로 말할 때, 하나님의 새로운 구원 활동이 시작되었음을 선포한 것이다.

"가까왔다"는 동사는 시간적인 측면 외에도, 하나님의 현존과 권능을 체험하는 측면도 갖고 있다. 이런 측면에서 생각하면, 그 의미는 "하나님이 가까이 계시기 때문에, 하나님을 경험할 수 있다"는 것이다.[77] 그래서 예수는 '회개하라'고 촉구했다. 이것은 하나님과 분리된 자리에서 하나님의 현존 앞으로 돌아오라는 권고이다. 또한 예수는 하나님의 나라가 임하도록 기도하며 하나님의 나라를 추구하라고 가르쳤다(마 6:10, 33). 예수는 하나님의 나라는 현실의 실재로 나타나는 것이며, 따라서 지금 여기서부터 그것을 체험하고 참여하며 구현해나가는 것임을 선포했다.[78]

III. 하나님의 나라의 완성

예수는 하나님의 나라가 현실의 실재로 나타나는 것이며 따라서 현재 체험되고 참여하는 것임을 선포한 것과 함께, 하나님의 나라는 완성을 향하여 진행하고 있는 것임을 제시했다. 예수는 자신의 사역을 통하여 나타난 하나님의 활동이 장차 그의 제자들을 통해서 현실의 실재로 나타날 것을 언급했다.[79] 이러한 미래적 하나님의 나라를 다룰 때에 먼저 필요한 것은 하나님의 활동에서 미래라는 시간 개념을 이해하는 문제이다. 예수가 전파한 하느님의 미래적 활동은, 묵시 사상가들이 기대했던 것과 같이, 반드시 역사와 시간의 끝에서만 일어나는 것은 아니라는 것이다. 예수는 하나님의 종말적 활동이 하나님의 정한 때에 역사와 시간 안에서 시작되었음을 선포했고,[80] 그러한 하나님의 활동이 하나님의 정한 때까지 계속될 것을 예고했으며, 나아가 하나님의 구원 활동이 반드시 끝날 때가 있을 것을 말씀했다. 특히 예수는 자기를 통하여 시작된 하나님의 새로운 구원 활동이 그의 부활을 통하여 그의 제자들에게 이어지고 또한 그의 제자들을 통하여 모든 나라의 여러 사람들에게 전달될 것을 언급했다. 따라서 미래적 하나님의 나라에 관한 말씀들은 하나님의 나라의 시작과 진행과 끝이라는 전체적인 측면에서 고려해야 한다는 것이다.[81]

하나님의 나라 이해에서 학자들이 가장 어렵게 생각하는 말씀들 중의 하나가 가이사랴 빌립보에서 베드로의 고백 사건 때 마지막으로 말씀하신 것이다: "여기 섰는 사람들 중에 죽기 전에 하나님의 나라가 권능으로 임하는 것을 볼 자들고 있느니라"(막 9:1).[82] "하나님의 나라가 권능으로 임한다"는 말씀이 크게 세 가지로 해석되어 왔다. 첫째는 이 말씀 바로 다음에 있었던 변화산에서의 변형 사건을 말한다는 것, 둘째는 예수가 부활을 통하여 하나님의 권능의 자리에 들어간다는 것, 셋째는 이 말씀 바로 전에 했던 "인자가 아버지의 영광으로 거룩한 천사들과 함께 온다"는 것을 가리킨다는 것이다. 예수의 삶과 죽음과 부활을 체험하고 부활하신 주의 강림을 기다리고 있던 초대 교회의 상황을 고려하면, 세 가지 의미를 다 포함한다고 보아야 한다.[83] 예수는 마가에 따르면, 이때부터 십자가와 부활로 이어질 자기의 정체를 제자들에게 드러내놓고 가르치기를 시작했고, 따라서 예수는 자기의 부활 후에 제자들이 권능으로 임하는 하나님의 나라에 참여하게 될 것을 예고한 것이다. 아무튼 분명한 것은 장차 하나님의 나라가 권능으로 임하는 것을 볼 사람들이 있다는 것이다.[84]

다음은 최후의 만찬 때 한 말씀이다: "내가 포도나무에서 난 것을 하나님의 나라에서 새 것으로 마시는 날까지 다시 마시지 아니하리라"(막 14:25). 예수는 잠시 후면 죽을 것이며, 그렇게 되면 이제는 더 이상 세상에서 제자들과의 식탁 교제를 갖지 못할 것이다. 그러나 예수는 제자들과 함께 새로운 종류의 식탁 교제를 갖게 될 것이다. 그것은 그가 부활하여 새로운 차원의 존재로 들어가 제자들과 함께 나누게 될 새로운 종류의 교제를 말한다. 따라서 "하나님의 나라에서 새 것으로 마신다"는 것은, 앞의 말씀과 같이 예수의 부활을 통하여 이루어질 하나님의 종말적 활동을 말하는 것이다. 제자들과의 식탁 교제와 관련하여 예수는 그들의 교제가 앞으로 하나님의 나라에서 온전한 교제로 이어질 것을 또 다른 말씀들에서 예견했다(마 8:11; 눅 13:28). 많은 사람들이 동서로부터 여행하는 것은 이방인들이 하나님의 성전에 순례하여 하나님의 영광과 현존을 체험하게 된다는 성서적 주제를 암시하는데, 때때로 이것은 말일에 이루어질 축제와 연결되었다(사 2:1-4; 25:6-9).[85] 하나님의 현존과 권능을 체험하고 기쁨과 감사의 제사를 드리는 그들의 교제가 장차 이방인들에게까지 확산될 것을 예고하신 것이다. 따라서 예수의 식탁 교제는 하나님의 나라의 현재적 성취의 기쁨과 미래적 완성을 기대하는 기쁨과 감사의 제사였다.[86]

최후의 만찬 때 하신 것으로서 미래적 하나님의 나라에 관한 또 한 가지 중요한 말씀은 하나님의 나라에서 예수의 제자들이 가지는 특권에 관한 말씀에서 제시된다: "너희는 나의 모든 시험 중에 항상 나와 함께 한 자들인즉 내 아버지께서 나라를 내게 맡기신 것같이 나도 너희에게 맡겨 너희로 내 나라에 있어 내 상에서 먹고 마시며 또는 보좌에 앉아 이스라엘 열두 지파를 다스리게 하려 하노라"(눅 22:28-30).[87] 예수는 자기를 통해 일어났던 하나님의 구원 활동이 그의 제자들을 통하여 계속될 것을 말씀하신 것이다. 여기서 제자들이 예수의 나라에서 "먹고 마시며 다스리는 것"은 재림과 심판 등 역사와 시간의 끝에 이루어질 사건만을 말한 것은 아니다. 오히려 예수는 그때까지 제자들이 감당해야 할 사명을 가리킨 것이다. 호슬리(Richard A. Horsley)는 '다스리다'(κρίνειν)는 동사의 연구를 통하여 "보좌에 앉아 다스린다"는 말은 권위자의 자리에 올라가 지배하고 주관한다는 것이 아니라, 예수의 사명을 이어받아 하나님의 참된 백성을 회복하고 그들을 통하여 하나님의 정의를 실현하는 일을 하는 것임을 제시한다.[88] 예수는 그의 제자들이 그가 체험하고 소유했던 하나님의 나라를 소유하고 하나님의 활동에 참여하게 된 것을 예고하신 것이다.

예수는 자기를 통해 시작된 하나님의 나라가 그의 제자들을 통해 계속될 뿐만 아니라 그런 하나님의 구원 활동이 반드시 끝이 있을 것도 제시했다.[89] 이것은 마태가 강조하는 측면인데, 마태는 하나님의 나라의 완성에 참여하는 것은 제자들의 현재의 삶과 밀접한 관계가 있음을 여러 가지로 제시했다. "나더러 주여 주여 하는 자마다 천국에 다 들어갈 것이 아니요 다만 하늘에 계신 내 아버지의 뜻대로 행하는 자라야 들어가리라"(마 7:21). 예수를 주로 시인하는 것만으로 천국에 합당한 것이 아니라, 천국에 합당한 삶이 먼저 이루어져야 한다는 것이다. 물론 이 말씀은 천국 공동체에 참여하는 사람들의 삶의 원리를 가리키는 것이지만, 그러한 삶의 종말적 완성도 포함하는 말씀이다.

그래서 예수는 주의 이름으로 많은 권능의 일들을 행한 사람들이 결국은 하나님의 인정을 받지 못할 것을 경고했다(마 7:22-23).[90] 따라서 예수는 주의 이름으로 굉장한 일들을 하는 것이 중요한 것이 아니라 하나님의 뜻을 행하는 것이 중요하며, 하나님의 나라를 추구하는 사람들은 좁은 문으로 들어가야 함을 지적했다(마 7:13-14). 이것과 같은 맥락에서 예수는 그의 교훈의 마지막인 종말 강화에서 제자들의 삶에 대한 하나님의 심판을 세 가지 비유로 전달하면서 하나님의 뜻에 합당하게 산 제자들에 대한 상급을 이렇게 제시했다: "그때에 임금이 그 오른편에 있는 자들에게 이르시되 내 아버지께 복 받을 자들이여 나아와 창세로부터 너희를 위하여 예비된 나라를 상속하라"(마 25:34). 여기서 "그 때는" 마태가 여러 번 강조적으로 언급한 것으로서 구원 활동의 완성의 때를 가리킨다. 예수는 하나님의 나라가 제자들의 삶 속에서 진행될 뿐만 아니라, 완성의 끝도 있을 것을 말씀하신 것이다.

이렇게 하나님의 나라가 시작되어 완성을 향하여 진행하고 있다는 것은 하나님의 나라에 관한 예수의 비유 속에서 언급된다. 먼저 은밀히 자라는 씨의 비유에서(마 4:26-29), 씨가 심겨지면 싹을 내고 자라서 열매를 맺고 그것을 거두어들이는 것과 같이 하나님의 나라도 심겨지고 싹을 내며 자라서 열매를 맺고 수확을 거두게 된다는 것이다. 이것은 마가만이 전달하는 비유인데,[91] 씨뿌리는 자의 비유와 연결되어(막 4:3-9), 예수로부터 시작된 하나님의 나라가 현재는 고난과 시련을 겪고 있지만, 결실을 향하여 지금도 진행되고 있다는 것을 나타낸다. 예수는 수확에 비유되는 완성을 기대하면서 씨뿌리는 자의 입장에서 추수를 바로 보고 있었던 것이다.[92] 겨자씨의 비유도(막 4:30-32; 눅 13:18-19) 하나님의 나라의 현재와 미래를 대조시킨다. 비록 현재는 작고 초라하며 보잘 것 없지만, 그 미래는 현재와 비교할 수 없을 정도로 놀랍게 성장한다는 것이다.[93] 이 비유는 물론 현재와 미래의 대조에 초점이 있지만, 땅에 심긴 후에 세상의 모든 나무보다 커지는 진행적 측면도 제시하고 있다. 예수는 현재의 작은 사역 속에서 미래의 성장을 내다보았다. 어부들이나 세리들과 죄인들과 같은 작고 초라한 사람들 속에서 일어나는 하나님의 활동을 통하여 모든 이방인들이 참여하는 완성된 하나님의 나라의 이상을 본 것이다.[94] 이와 같이 하나님의 나라는 심기우고 자라며 열매를 맺고 수확을 거두게 되는 전체적인 측면에서 보아야 하는 것이다.

이런 맥락에서 하나님의 나라가 임하도록 기도하라는 말씀(눅 11:2; 마 6:10)도 하나님의 나라의 전체적인 측면에서 이해하는 것이 필요하다. 이 간구는 온 세상의 주권자로서 살아 계신 하나님의 현존과 권능의 체험을 위한 기도이며, 또한 현재적 체험뿐만 아니라 미래적 완성을 위한 기도이기도 하다.[95] 이것은 하나님의 현존을 체험한 사람이 자기가 계속해서 그런 체험에 참여하는 것은 물론 다른 사람들도 그러한 체험에 참여하도록 기도하는 것이며, 나아가 하나님의 종말적 구원 활동이 완성되어 하나님의 나라가 온전한 실재로 나타나게 해달라는 간구이다. 이것과 함께 하나님의 나라를 추구하라는 말씀(마 6:33; 눅 12:28)도 하나님과의 생동적 관계에 참여하여 하나님의 인도하심을 따라 사는 것을 추구하라는 것이다. 이것은 또한 하나님의 계속적인 활동과 그것에의 참여를 포함할 뿐만 아니라 장차 이루어질 하나님의 최종적 활동에의 참여도 포함한다.[96]

이와 같이 하나님의 나라는 현재적이며 동시에 미래적이다. 그것은 예수의 사역을 통하여 시작했고 하나님의 때에 하나님의 방식으로 이루어질 완성을 향하여 진행하고 있는 것이다. 예수는 이 때와 방식에 관하여는 구체적으로 언급하지 않고, 오직 그 때가 반드시 있다는 것만을 분명하게 언급했다. 완성의 정확한 본질은 여전히 비밀에 속한 것이다. 중요한 것은 완성의 희망을 갖고 예수의 사역과 함께 시작된 하나님의 나라를 체험하고 참여하는 것이며, 그것의 완성을 기다리며 준비하는 것이다. 따라서 하나님의 나라는 현재와 미래의 연결성 속에서 이해하는 것이 필요하다.[97] 역사의 예수와 부활의 주님과의 연결과 함께 예수를 통해 시작된 것과 제자들을 통해 계속될 것의 연결을 고려해야 한다. 하나님의 나라는 단순히 임박한 것이 아니라, 이미 시작된 것이며 완성을 향하여 진행하는 것이다. 우리는 지금 이 세상의 삶에서부터 하나님의 나라를 체험하고 거기에 참여하는 것이며, 그것은 미래의 완성으로 연결될 것이다.

결론

하나님의 나라는 하나님이 왕으로서 이스라엘을 구원하시며 다스리신다는 이스라엘인들의 신앙에 기초하고 있다. 그것은 하나님이 천지의 창조자요 이스라엘의 구속자이며 구원의 완성자라는 신앙으로부터 발전했다. 하나님은 출애굽과 가나안에 들어감과 예루살렘의 멸망과 포로에서의 귀환과 같은 구체적인 역사 속에서 이스라엘을 향한 구원 활동을 지속해 오셨다. 구약과 유대교에서 하나님의 나라는 역사의 시작과 진행과 끝을 주관하시는 하나님의 주권적 구원 활동을 나타내는 용어로 사용되었다. 예수가 전파한 하나님의 나라는 이와 같이 하나님의 백성의 구원을 위하여 활동하시는 하나님의 주권적인 권능의 역사를 가리킨다. 예수는 하나님과의 직접적인 대면의 경험 속에서 하나님의 존재와 그 분의 구원 활동을 인식하게 되었고 그것을 실현하는 권능을 덧입게 되었다. 하나님의 나라는 인간에 대한 하나님의 주권을 회복하고 인간과 직접적인 관계를 맺기 위하여 오시는 하나님의 현존과 권능의 활동들을 가리킨다. 하나님의 나라는 하나님이 인간의 구원을 위하여 직접적으로 행하시는 권능의 활동으로서 하나님이 인간에게 오시는 것이며 인간을 위하여 주시는 것이다. 하나님의 나라는 예수의 활동을 통해 나타난 하나님의 현존과 권능의 나타남이며 그래서 그 나라에 들어가는 것은 하나님과의 개인적 연합 속에서 그 분의 임재 속으로 들어가는 것이다.

하나님의 나라는 예수의 활동과 함께 현실의 실재로 나타나기 시작했다. 하나님의 나라의 오심은 예수의 병자 치유 사역과 귀신 축출 사역 그리고 죄인들과의 식탁 교제와 오병이어 사건 등을 통하여 표현되었다. 그런 점에서 예수는 하나님의 나라가 이미 왔다고 선언했다. 하나님의 나라는 예수의 제자들의 공동체 속에 현존하는 것으로 제시되기도 했다. 예수는 예언자들의 종말론적 예언이 그의 사역 속에서 현실의 실재로 나타나고 있다는 것을 제시했다. "하나님의 나라가 가까웠다"는 말씀은 가까이 왔지만 아직 오지 않은 것을 가리키는 말씀이 아니라, 인간에게 다가와서 구원하시는 하나님의 활동이 이미 시작했다는 말씀이다. 그래서 사람은 회개와 믿음을 통하여 지금 현실의 삶에서 이루어지고 있는 하나님의 구원을 체험하고 그것에 참여할 수 있다. 하나님의 나라가 현재적 실재라는 것은 "하나님의 나라가 이미 왔다"라는 말씀과 "하나님의 나라가 너희 중에 있다"라는 말씀 속에 구체적으로 표현되었다. 하나님이 약속하셨고 예비하신 그리스도를 통한 종말론적 구원활동은 역사적으로는 나사렛 예수의 활동을 통해 시작되었으며 개인의 실존적 삶에 있어서는 회개하고 복음을 영접하는 데서부터 시작된다.

하나님의 나라는 현재 체험하고 참여하는 것이면서 동시에 미래의 완성을 향하여 진행하는 것이다. 하나님의 나라의 이러한 진행성은 땅에 뿌려진 씨의 비유에서 잘 묘사된다. 씨가 싹을 내고 자라나 결실하고 수확을 거두는 것과 같이 하나님의 나라도 말씀의 씨를 통하여 심겨지고 자라나 열매를 맺고 수확을 거두게 된다. 따라서 예수의 말씀들 중에는 하나님의 나라의 미래적 완성에 관한 것들이 있다. 예수는 그를 통해 시작된 하나님의 나라가 그의 제자들을 통해 계승될 뿐만 아니라, 그 하나님의 구원 활동이 반드시 끝나게 될 것을 선포했다. 특히 마태는 천국이라는 용어를 통하여 하나님의 나라의 완성적 측면을 강조했다. 그는 천국에 들어가는 기준을 강화시키면서 천국은 세상에서 하나님의 뜻을 행하기 위하여 핍박을 받을 사람들에게 주어지는 종말적 축복으로 제시한다. 하나님의 나라는 우리로 하여금 하나님과의 관계를 회복하여 하나님의 생명을 누리게 할 뿐 아니라, 세상에서 하나님의 뜻을 이루는 도구들이 되게 하는 생명이다.

주(註)

1) 일부의 서방 본문들과 비잔틴 본문들은 "하나님의 복음" 대신 "하나님의 나라의 복음"으로 표현했다. 이 구절의 본문비평을 위하여 Bruce M. Metzger, *A Textual Commentary on the Greek New Testament* (United Bible Societies, 1975), 74 참조.
2) 마태는 "하나님의 나라" 대신 "하늘나라" 곧 천국이란 용어를 사용했다. 이것은 침례 요한이 전파한 메시지와 동일하고(마 3:2), 또한 보내심을 받은 제자들이 나가서 전파해야 할 메시지와도 동일한 것이다(마 10:7). '천국'은 "하늘나라"의 한자어이며, "하늘나라"의 문자적 번역은 "하늘들의 나라"이다.
3) 원문에는 "그 나라의 복음"(τὸ εὐαγγέλιον τῆς βασιλείας)으로 되어 있지만, 마태가 "하늘나라"(천국)를 즐겨 사용한 것을 고려한다면, "그 나라의 복음"을 "천국 복음"으로 번역한 것은 타당한 번역일 것이다.
4) 마태는 예수의 갈릴리 사역의 핵심을 천국 복음의 전파로 말하고, 예수의 천국 복음 전파의 구체적인 내용을 "회당에서 가르치신 것"(그 가르침의 중심적인 내용은 5-7장의 산상강화)과 "모든 병자들을 치료한 것"(8-9장의 내용)으로 제시한다.
5) 누가에 따르면, 예수는 "하나님의 나라"를 전파하게 하기 위하여 열두 제자들을 내어보내셨으며(눅 9:2), 오병이어 사건에서 자기를 따라온 무리에게 가르친 것도 "하나님의 나라에 관한 것"이었다(눅 9:11). 예수가 예루살렘으로 올라가기로 결단한 후에(눅 9:51), 거기로 가면서 따로 세움을 받은 칠십인의 제자들이 나가서 전파해야 할 메시지도 "하나님의 나라가 너희에게 가까웠다"는 것이었다(눅 10:9, 11).
6) 칠톤(Bruce Chilton)과 맥도날드(J. I. H. McDonald)는 예수의 사역의 중심이 하나님의 사랑이라는 개념이 아니라 '하나님의 나라'였다는 것을 지적한다(*Jesus and the Ethics of the Kingdom* [Grand Rapids: Eerdmans, 1987], 3). 소브리노(Jon Sobrino)는 예수의 메시지의 중심이 '하나님'이 아니라 "하나님의 나라"라는 것에 주목한다(*Christology at the Crossroads*, trans. J. Dury [New York: Orbis, 1978], 41-78).
7) *Die Predigt Jesu vom Reiche Gottes* (Goettingen: Vandenhoeck and Ruprecht, 1982; 2nd enlared ed., 1900). 초판의 영어 번역서는 *Jesus' Proclamation of the Kingdom of God* (Philadelphia: Fortress, 1971)로 출판되었다.
8) *The Mystery of the Kingdom of God*, trans. W. Lowrie (London: Black, 1913)와 *The Quest of the Historical Jesus*, trans. W. Montgomery (London: Black, 1911).

9) J. Weiss로부터 시작하여 1960년대 초까지의 연구 상황에 관하여 Norman Perrin, *The Kingdom of God in the Teaching of Jesus* (London: SCM Press, 1963)와 Bruce Chilton, *The Kingdom of God in the Teaching of Jesus* (Philadelphia: Fortress, 1984), 1-26 또 G. E. Ladd, *The Presence of the Future* (Grand Rapids: Wm. B. Eerdmans, 1974), 3-42 참조.

10) C. H. Dodd, *Parables of the Kingdom of Jesus* (London: SCM Press, 1963); J. Jeremias, *The Parables of Jesus* (New York: Charles Scribner's Sons, 1970); W. Kuemmel, *Promise and Fulfillment* (Naperville: Alec R. Allenson, 1957).

11) H. Ridderbos, *The Coming of the Kingdom*, trans. H. de Jongste and ed. R. O. Zorn (Philadelphia: Presbyterian and Reformed Publishing Co., 1962); G. E. Ladd, *Jesus and the Kingdom* (London: S. P. C. K., 1966)와 그것의 확대 개정판인 *The Presence of the Future*; G. Beasley-Murray, *Jesus and the Kingdom of God* (Grand Rapids: Wm. B. Eerdmans, 1986).

12) *The Kingdom of God in the Teaching of Jesus* (London: SCM Press, 1963)와 *Rediscovering the Teaching of Jesus* (New York: Harper and Row, 1967) 그리고 *Jesus and the Language of the Kingdom* (Philadelphia: Fortress, 1976).

13) 정일웅 편, 「우리 시대의 하나님 나라」 (서울: 한국로고스연구원, 1989); 두란노 편, 「하나님 나라의 이해」 (서울: 두란노, 1992); 정훈택, 「하나님 나라와 교회」 (서울: 생명의 말씀사, 1993); 한국복음주의신학회 편, 「성경과 신학 14: 하나님 나라와 교회」 (서울: 기독 지혜사, 1993).

14) Cf. Perrin, *Kingdom of God*, 158-206.

15) Richard A. Horsley, "The Kingdom of God and the renewal of Israel," in N. K. Gottwald and R. A. Horsley eds., *The Bible and Liberation*, rev. ed. (New York: Orbis, 1993), 408-27과 Marcus J. Borg, *Conflict, Holiness and Politics in the Teachings of Jesus* (New York and Toronto: The Edwin Mellen Press, 1984), 248-63 참조.

16) 정훈택, 「하나님의 나라와 교회」, 10과 변종길, "신약에 나타난 하나님의 나라 개념," 「성경과 신학」 14(1993), 6-9도 이와 같은 점들을 지적한다.

17) Benedict T. Viviani, "The Gospel According to Matthew," in R. E. Brown ed. *The New Jerome Biblical Commentary* (New Jersey: Prentice Hall, 1990), 639.

18) K. L. Schmidt, "Basileia," in G. Kittel ed., *Theological Dictionary of the New Testament*, Vol. 1, trans. G. W. Bromiley (Grand rapids: Eerdmans, 1981), 592; R. H. Hiers, "Kingdom of God," in Paul K. Achtemeier, *Harper's Bible Dictionary* (New York: Harper Collins, 1985), 528; Dodd, *Parables*, 21; G. E. Ladd, *A Theology of the New Testament* (Grand Rapids: Wm. B. Eerdmans, 1974), 67; J. L. Segundo, *The Historical Jesus of the Synoptics*, trans. J. Dury (New York: Orbis,

1985), 200-1, n. 1; Viviani, "Matthew," 639; M. H. Crosby, *House of Disciples: Church, Economics, & Justice in Mattew* (New York: Orbis, 1988), 216. 공관복음서들에는 '하늘' 외에 '찬송받을 자'(막 14:61) 혹은 '권능자'(막 14:6) 등이 하나님을 가리키는 대용어로 사용되었다.

19) L. Goppelt, *Theology of the New Testament*, trans. J. Alsup (Grand rapids: Wm. B. Eerdmans, 1981), 44; Dodd, *Parables*, 21; Ladd, *Theology*, p.67; W. B. Tatum, *In Quest of Jesus: A Guidebook* (Atlanta: John Knox, 1982), 125.

20) 마태가 자기의 독특한 용어인 '천국'을 주로 사용하면서도, 초기 기독교의 전통적인 용어인 "하나님의 나라"를 보존한 것은 그가 천국을 하나님 나라와의 관련성 속에서 사용한 것임을 보여준다.

21) 이것은 "역사적 예수" 연구와 함께 성숙되어온 것인데, 하나님의 나라와 비유 연구에서 J. Jeremias 의 연구(*The Parables of Jesus*, 특히 2장)가 이것을 지적하고 제시한 중요한 공헌으로 인정을 받고 있다. 또 N. Perrin도 하나님의 나라에 관한 연구에서 먼저 역사의 예수의 교훈을 결정하기 위한 방법론을 다루었으며(*Rediscovering*, 15-53), 최근 학자들 사이에서는 역사의 예수의 말씀과 초대 교회에 의해 예수의 말씀이 되었다고 간주되는 말씀들을 구분하려는 경향이 뚜렷하다.

22) 이러한 신앙은 기독교가 헬라 문화권에 전파되어 하늘과 땅을 가르고 정신과 물질을 나누며 영혼과 육신을 분리시키는 헬라의 이원론적 사상과 접촉하면서부터 영지주의 기독교를 중심으로 형성되기 시작했으며, 천주교의 교리적 가르침인 연옥 개념은 물론 단테의 「신곡」과 존 번연의 「천로역정」과 같은 작품들을 통하여 대중적 신앙으로 발전했다.

23) 남미의 천주교 신학자인 Segundo는 천국에 관한 연구에서 먼저 천국은 죽음 후에 하늘에서 성취되는 어떤 것과 관계가 없다는 것과 예수 시대의 유대인들에게 있어서 천국은 오늘날 많은 기독교인들이 잘못 갖고 있는 순전히 종교적이며 초세상적 개념이 아니라는 것을 지적한다(*Historical Jesus*, 201, n. 1). 소브리노도 하나님의 나라는 지리적인 개념이 아님을 못박고 있다(Jon Sobrino, *Jesus in Latin America* [New York: Orbis, 1987], 86). 여성신학자인 피오렌자(Elizabeth Schuessler Fiorenza)도 하나님의 나라의 중심적 시각과 환상은 유대인의 기대의 맥락에서 보아야 한다고 말한다(*In Memoiry of Her: A Feminist Theological Reconstruction of Christian Origins* [New York: Crossroad, 1983], 111).

24) Goppelt, *Theology*, 44; E. Schillbeecks, *Jesus: An Experiment in Christology* (New York: Crossroad, 1987), 141; Horsley, "Kingdom," 409; Schmidt, "Basileia," 582. J. Jeremias (*Theology of the New Testament*, trans. J. Bowden [New York: Charles Scribner's Sons, 1971], 98)는 하나님의 나라는 활동 중에 계신 하나

님의 다스림을 나타내는 동적인 개념이라고 말한다.
25) 구약성서와 유대교의 문헌에서 사용된 하나님의 나라와 그것과 관련된 용어들의 의미에 관하여 Ladd, *Presence*, 45-101; Beaseley-Murray, *Kingdom*, 3-70; Perrin, *Language*, 16-32; 김세윤, "성경과 하나님의 나라,"「우리 시대의 하나님의 나라」(서울: 한국 로고스 연구원, 1990), 12-17참조.
26) 헬라어 '바실레이아'(βασιλεία)는 히브리어 '말쿠트'(מלכות)의 대응어인데, '말쿠트'는 왕권, 통치권, 혹은 주권을 가리키는 용어로서 '하나님의 말쿠트'는 하나님이 왕으로 통치한다는 개념을 전달한다. Dodd, *Parables*, 21 참조.
27) Perrin, *Language*, 21; Horsley, "Kingdom," 409.
28) 여기서 소위 종말론, 특히 예언적 종말론의 발전을 보게 된다. 예언자들은 하나님의 새로운 구원활동이 하나님의 때에 역사 속에서 다시 일어날 것을 예언한 것이다. 예언적 종말론과 묵시적 종말론의 관계에 관하여 Paul A. Hanson, *The Dawn of Apocalyptic*, rev. ed. (Philadelphia: Fortress, 1979), 3-31 참고.
29) Hanson, *Dawn*, 254; Perrin, *Language*, 26-9.
30) Jeremias, *Theology*, 97; Wolfgang Schrage, *The Ethics of the New Testament*, trans, D. E. Green (Philadelphia: Fortress, 1982), 18.
31) 김세윤, "성경과 하나님의 나라," 12.
32) 하나님의 나라를 상징으로 보는 견해에 관하여 Perrin, *Language*, 29-32와 Borg, *Conflict*, 250-1 참조. 이것에 반대하는 견해로는 E. P. Sanders, *Jesus and Judaism* (Philadelphia: Fortress, 1985), 123-9 참조.
33) Ridderbos(*Coming of the Kingdom*, 18-60)와 Ladd(*Presence*, 122-170)는 하나님의 나라의 이 역동적 개념의 제시에 초점을 맞춘다.
34) 대표적으로 Perrin, *Rediscovering*, 67. Perrin은 하나님의 나라는 악의 세력과의 투쟁속에서 표현되며 분쟁의 상황에서 활동하시는 하나님을 가리키는 것이라고 제시한다.
35) Borg, *Conflict*, 253-4.
36) Schillebeecks는 하나님의 나라는 역사 속에서 구원 활동을 하시는 하나님의 권능 그 자체라고 말한다(*Jesus*, 141). Cf. Horsley, "Kingdom," 409; Perrin, *Rediscovering*, 55-66; Tatum, *Quest*, 125.
37) 더 구체적인 논의를 위하여 Marcus J. Borg, *Jesus: A New Vision* (San Francisco: Harper Collins, 1987), 25-38 참조.
38) 예수가 하나님의 나라를 가르칠 때 주로 "……와 같다"는 비유의 교훈으로 말씀하신 이유도 여기에 있다.
39) 대표적인 말씀으로는 시 139:7-10; 왕상 8:27; 사 6:3.

40) 사도행전에 따르면 사도 바울도 이와 같은 말을 한다: "하나님 안에서 우리가 살며 움직이며 존재하고 있다"(17:28). Borg(*Jesus*, 36, n. 13)는 "(원시 전승의) 더 높은 차원들은 문자적으로 다른 어디엔가 있는 것이 아니다; 그것들은 일상적 의식으로는 접근될 수 없는 존재라는 의미에서 떨어져 있는 것이다"라는 Houston Smith의 말을 싣고 있다. Houston Smith, *Forgotten Truth: The Primordial Tradition* (New York: Harper & Row, 1976), 21.
41) Borg, *Conflict*, 254. 에스겔의 체험은 후에 발전한 유대교 '메르카바'(보좌) 신비주의의 기원이 되었다.
42) 예수의 이 체험은 공관복음서가 모두 전달하는 것으로서(막1:9-11; 마 3:13-17; 눅 3:21-22) 예수의 사역과 특히 그가 전파한 하나님의 나라를 이해하는 중요한 요소가 된다.
43) 마가는 "하늘이 갈라졌다"(σχιζομένους τοὺς οὐρανοὺς)라고 표현한 반면, 마태와 누가는 "하늘이 열렸다"(ἠνεῴχθησαν οἱ οὐρανοί)라고 표현한다. 하늘이 갈라졌다는 표현이 이사야서에서 제시된 하나님의 계시 활동을 나타내는 반면(사 64:1), 하늘이 열렸다는 표현은 에스겔의 체험을 기초한다(겔 1:1).
44) 마가는 하나님이 예수를 향하여 직접적으로 말씀하신 것으로 제시한 반면에(나와 너의 직접적이고 개인적 관계), 마태는 하나님이 거기에 모인 무리(요한을 포함하여)를 향하여 예수에 관하여 선포하신 것으로 제시한다: "이 사람은 내 사랑하는 아들이라"(마 3:17).
45) 예수의 자기-이해에 관하여 J. H. Charlesworth, *Jesus Within Judaism* (New York: Doubleday, 1988), 143-56과 Borg, *Jesus*, 47-51 참조.
46) Schuessler Fiorenza, *Memory*, 120. 이것은 광야의 낯선 땅이 사실은 하나님의 거룩한 현존의 장소였다는 모세의 깨달음과 같은 것이었다(출 3:5).
47) 예수가 하나님을 유대인의 공식 호칭인 'Abinu'(우리 아버지)라 부르지 않고 'Abba'(아빠)로 부른 것은, 당시의 유대인들이 하나님을 멀리 계시며 중개자들을 통해 방문하시는 분으로 이해한 것과 대조적으로, 매우 가까이 계시며 각 사람에게 관심을 기울이시는 사랑의 하나님으로 인식한 것을 나타낸다. Jeremias, *Theology*, 61-7; Charlesworth, *Jesus*, 133-4.
48) Cf. 막 6:2-3; 마 13:54-55; 눅 4:22. 이것은 요한의 전승 속에서도 나타난다(요 6:42, 7:15).
49) 하나님과의 직접적인 대면은 특히 그의 기도 생활에서 나타난다. 예수의 기도 생활에 관하여 Borg, *Jesus*, 43-5 참조.
50) 지혜의 교사로서의 예수의 교훈에 관하여 Borg, *Jesus*, 97-124 참조.
51) 누가는 "하나님의 손가락"으로 표현했는데(눅 11:20, 한글 개역성경에는 "하나님의 권능"으로 번역됨), 하나님의 손가락은 출애굽 때에 티끌을

이로 만든 하나님의 권능과 관련하여 사용되었다(출 8:19).
52) 김세윤("하나님 나라," 21)은 예수의 귀신 추방과 병자치유 사역은 하나님의 주권 회복의 과정으로서 "예수가 선포한 하나님 나라에 대한 주해이며, 그것의 실제화(actualization)이었다"고 말한다.
53) Perrin은 하나님의 나라는 "활동하시는 하나님," 특히 "대립의 상황에서 활동하시는 하나님"을 가리키는 것이라고 말한다(*Rediscovering*, 67). 칠톤(B. D. Chilton)은 하나님의 나라는 "하나님의 역동적 현존"(God's dynamic presence)이라고 말한다(*God in Strength*, [Sheffield: JSOT Press, 1987], 89, cited in Borg, *Conflict*, 384, n. 102).
54) H. 콘젤만, 「신약성서 신학」, 김철손, 박창환, 안병무 역(서울: 한국신학연구소, 1982), 132. 김세윤("하나님 나라," 24)은 복음서에서 하나님의 나라와 관련하여 온다, 임한다, 받는다, 들어간다는 동사들이 사용된 반면에, 유대교 문헌에서 사용된 이룬다, 성취한다는 동사들이 사용되지 않은 것을 지적하면서, 이것은 하나님의 나라의 초월성 곧 하나님의 주권적 활동임을 강조한다. 이에 반하여 Schrage(*Ethics*, 21-2)는 하나님의 나라가 하나님 자신의 활동이지만, 인간의 역할이 전혀 배제되는 것이 아님을 지적한다. 주기도문에서 하나님의 나라가 임하도록 기도하라는 것과 하나님의 나라를 추구하라는 말씀들은 비록 하나님의 나라가 인간의 간섭이나 노력에 의해 좌우되는 것은 아니지만, 기도만 하고 수동적으로 기다려야만 한다는 것도 아니기 때문이라는 것이다.
55) Borg, *Conflict*, 256; Sobrino, *Christolory*, 45.
56) 이런 맥락에서 예수는 하나님의 나라에 들어가는 것을 생명(영생)에 들어가는 것과 동의어적으로 사용했다(막 9:43-48). 하나님의 나라를 소유한다거나 들어간다는 말의 보다 더 구체적인 의미는 본 연구의 후반부에서 집중적으로 다뤄질 것이다.
57) 자세한 논의는 Perrin, *Rediscovering*, 68-74 참조.
58) "하나님의 나라가 너희 안에 있다"(ἐντὸς ὑμῶν ἐστιν, 눅 17:21)는 말은 하나님의 나라가 개인은 물론 공동체 속에서 존재하는 것을 가리키는 표현이다. Cf. Perrin, *Rediscovering*, 74.
59) 마태는 이 말씀을 침례요한과 예수의 관계를 말하는 문맥에서 언급한다(마 11:11, 12). 구체적인 논의를 위하여 Perrin, *Rediscovering*, 74-7 참조.
60) Jerimias, *Theology*, 99.
61) 여기서 종말적이라는 말은 역사와 시간의 끝이라는 의미가 아니라, 율법과 선지자들을 통하여 준비되고 예고되었던 하나님의 새로운 활동이 '드디어' 혹은 '마침내' 시작되었다는 것이다. 또한 예수의 이러한 사역은 율법과 선지자들과 전혀 무관한 것이 아니라, 오히려 그것들의 완성이었다(마

5:17-20). Horsley, "Kingdom," 410.
62) Perrin은 침례 요한을 세대의 전환기에 있었던 사람이었음을 강조한다(*Rediscovering*, 75-6).
63) "여자가 낳은 자 중에 침례 요한보다 큰 이가 없도다. 그러나 천국에서는 극히 작은 자라도 저보다 크니라"(마 11:11) 한 예수의 말씀은 바로 이러한 맥락에서 하신 것이다.
64) 김세윤, "하나님의 나라," 23.
65) Horsley는 묵시적 종말론에서 말하는 하나님과 악의 세력 사이의 싸움에는 세 가지 측면이 있음을 말한다. 첫째는 초인간의 영역에서 벌어지는 하나님과 사탄과의 싸움이고, 둘째는 인간과 역사의 차원에서 하나님의 아들들과 사탄의 자녀들 사이의 싸움이며, 셋째는 개인의 내면의 영역에서 벌어지는 빛과 어둠의 싸움이다("Kingdom," 417-8). Cf. Perrin, *Lanuage*, 42.
66) Horsley는 누가가 "하나님의 손가락"이라는 출애굽과 관련된 하나님의 권능을 가리키는 말을 사용한 것은(출 8:19) 하나님의 새로운 백성을 창조하는 새로운 출애굽이 이미 시작되었음을 암시하는 것이라고 말한다 ("Kingdom," 419).
67) 예수의 귀신축출 사역에는 사탄의 결박과 귀신들의 축출이라는 영적인 측면 외에도 인간의 제도와 사회 현실과 관련된 사회-정치적 측면도 갖고 있다. 이 문제는 필자의 다른 연구에서 구체적으로 다룰 예정이다. 예수의 귀신축출과 병자 치유 사역의 사회-정치적 측면의 이해를 위하여 Horsley, "Kingdom," 414-20을 참조.
68) Horsley, "Kingdom," 420; Perrin, *Rediscovering*, 77; idem., *Language*, 46.
69) Horsley, "Kingdom," 415-6 참조.
70) Segundo, *Jesus*, 104.
71) Sobrino, *Christology*, 48.
72) Perrin은 예수의 식탁 교제는 말로 한 비유에 비교되는 것으로서 "행동으로 나타낸 비유"라고 지적하며(Rediscovering, 102), Horsley는 예수의 식탁 교제를 쿰란 공동체의 "메시야 잔치"의 맥락에서 설명한다("Kingdom," 413-4).
73) Cf. Perrin, *Rediscovering*, 107.
74) 이 말씀을 그렇게 보는 견해로는 Weiss와 Schweitzer 외에 J. Moltmann, *The Way of Jesus Christ*, trans. Margaret Kohl(Minneapolis: Fortress, 1993), 97. Moltmann은 예수의 권능의 일들이 하나님의 나라 그 자체보다는 하나님의 나라가 아주 임박해 있다는 표징들로 간주한다. Tatum, *Quest*, 126 참조.
75) 이런 점에서 '가까왔다'(ἤγγικεν, 현재완료)는 헬라어 동사에 관한 Dodd의

연구는 한편으로 정확한 의미를 전달한다. Dodd, *Parables*, 28-36. Ladd도 여기에 초점을 맞춘다(Presence, 149-217).
76) Horsley, "Kingdom," 414. Segundo는 그것들이 "성취된 때의 징조들"이라고 말하며(*Jesus*, 87), Sobrino도 예수의 권능의 활동들은 하나님의 종말적 활동의 "일차적 표징들"이라고 말한다(*Christology*, 48).
77) Borg, *Conflict*, 258. 예수가 하나님을 'Abba'로 부른 것도 이런 맥락에서였다.
78) Borg, *Conflict*, 261; Beasley-Murray, *Kingdom*, 71-5. 이런 점에서 하나님의 나라가 "와 있다"(has come)는 Dodd의 해석은 적절하다(*Parables*, 28-32).
79) 하나님의 나라의 미래적 활동에 관한 구체적인 논의를 위하여 Beasley-Murray, *Kingdom*, 194-312 참조.
80) 하나님의 나라의 도래와 관련하여 "때가 찼다"는 예수의 말에서(막 1:15) '때'(καιρός)는 하나님의 결정적 역사가 나타나는 하나님의 때를 가리킨다.
81) 한국 교회의 대중적 신앙에서 끝만을 강조하여 그릇된 종말관에 빠지는 것이나 혹은 현대의 여러 학자들이 끝(종말)을 무시하는 것은 모두가 하나님의 나라의 본질을 벗어난 것이다.
82) 실현된 종말론을 주장한 Dodd 조차도 이 말씀은 미래적 측면을 갖는다고 생각했다(*Parables*, 37-8). 이 구절의 의미에 관한 구체적인 논의를 위하여 Beasley- Murray, *Kingdom*, 187-93 참조.
83) 변화산에서 예수는 장차 부활을 통해 영광에 들어갈 모습으로 변형되었다. 변화산 사건은 부활 사건을 예견적으로 보여준 것이었다. 이것과 관련하여 "권능으로 임한다"는 말은 사도들의 선포에서 예수의 부활과 관련된 것이었다. 사도들은 "예수가 죽은 자 가운데서 부활하여 권능으로 하나님의 아들로 인정되었다"고 선포했다(롬 1:4). 따라서 변화산 사건과 사도들의 선포를 연결시켜 생각하면, 권능으로 임하는 하나님의 나라는 부활의 주님이 하나님의 임재와 권능으로 임하는 것을 말한 것을 가능성이 제일 많다고 보아야 할 것이다. Jeremias (*Theology*, 10)는 이것은 최후의 심판으로 시작되는 하나님의 종말적 하나님의 나라를 가리킨다고 본다.
84) Perrin은 이 말씀을 미래적 완성을 희망하는 것으로 본다(*Kingdom*, 188). D. C. Dulling, "Kingdom of God, Kingdom of Heaven," in D. N. Freedman ed., *The Anchor Bbible Dictionary*, vol. 4 (New York: Doubleday, 1992), 56 참조.
85) Borg, *Conflict*, 259.
86) Perrin, *Rediscovering*, 107.
87) 마태는 이 말씀을 다른 문맥에서 제시한다(마 19:28; 25:31, 34).
88) Horsley, "Kingdom," 423-6. 하나님의 나라의 공동체적 측면에 관하여는 본 연구의 후반부에서 구체적으로 언급될 것이다.
89) Borg가 미래적 하나님의 나라에 관한 말씀들의 초시간적 측면을 지적한

것은 타당성 있다. 그러나 종말과 관련하여 하나님의 나라와 인자의 강림을 연결시킨 것은 역사적 예수의 인식이 아니라 초기 기독교인들의 신앙의 산물이라는 그의 견해는 역사의 예수와 초대 교회의 산앙을 분리시키는 그의 전제에 따른 것이다. 필자는 둘 사이의 변증적 관계를 전제하고 있으며, 하나님의 활동의 종결에 관한 말씀도 예수의 인식에 기초했다고 생각한다.

90) 예수는 "그 날에"와 "그 때에"라는 말로써 하나님의 나라가 완성되는 때 곧 하나님의 심판의 때를 가리킨다.
91) 구체적인 논의를 위하여 Beasley-Murray, *Kingdom*, 125-7 참조.
92) Perrin, *Rediscovering*, 156.
93) Perrin은 "공중의 새들이 그 그늘에 깃들인다"는 말은 이방인들이 유대인들과 함께 종말의 축복에 참여한다는 유대인의 신앙을 가리키는 표현임을 지적한다(*Rediscovering*, 157).
94) Ibid., 158.
95) Perrin, *Rediscovering*, 160-1; Borg, *Conflict*, 258.
96) Horsley, "Kingdom," 410.
97) Schrage는 하나님의 나라의 현재와 미래의 변증적 관계를 강조하면서, 미래는 현재와 판이하게 다르지만 현재에 뿌리를 박고 있는 것임을 지적한다(*Ethics*, 19).

3. 하나님의 나라의 목적

공관복음서에 나타난 하나님의 나라의 목적

서론

필자는 이 주제에 관한 지난번 논문에서 하나님의 나라의 본질이 무엇인가를 살펴보았다.[1] 하나님의 나라는 사람들을 창조주 하나님과 바르게 관계시키기 위한 하나님의 현존과 권능의 활동으로서 예수 그리스도의 사역을 통하여 현실의 실재로 나타나기 시작했으며 완성의 때까지 계속되는 하나님의 주권적이며 종말론적인 통치 활동이다. 하나님의 나라는 하나님이 이 세상에 오셔서 활동하는 것이며, 따라서 사람들이 그 하나님의 활동 속으로 들어가는 것이다. 또한 하나님의 나라는 하나님이 사람들에게 주시는 것이며, 따라서 사람들이 그것을 받는 것이다. 그러면 이러한 하나님의 구원 활동의 목적 곧 하나님이 자기의 나라를 사람들에게 주시는 목적이 무엇인가? 다시 말하여 우리가 하나님의 나라에 들어가는 목적이 무엇이며 또 하나님이 사람들을 하나님의 나라에 들어가도록 부르시는 목적이 무엇인가? 이것은 예수 그리스도의 사역의 궁극적인 목적과도 밀접하게 연관되는 문제이다. 이것과 관련하여 공관복음서들은 하나님의 나라에 들어간다, 하나님의 나라를 받는다(소유한다), 그리고 하나님의 나라 안에 있다 혹은 그 나라에 합당하다는 말씀들을 전달한다.

그래서 이 주제에 관한 연구의 후반부에서는, 이런 말씀들을 중심으로, 하나님의 새로운 구원 활동의 목적을 세 가지로 다루고자 한다. 첫째, 하나님의 나라의 개인적이면서 동시에 공동체적인 성격을 다룬다. 하나님의 나라는 하나님과의 연합을 통하여 하나님의 뜻-마태의 용어를 사용한다면, 하나님의 의-를 실현하는 개인과 공동체의 형성을 목표한다는 것이다. 둘째, 하나님의 나라에 들어가기 위하여 요구되는 것이 무엇인가를 살펴본다. 하나님의 나라에 참여하려는 사람들의 가치관과 자세가 어떠해야 하는가에 관한 문제이다. 셋째, 하나님의 나라가 구현되는 공동체에서 지도자들의 위치와 역할이 무엇인가를 다룬다. 하나님의 새로운 백성 곧 하나님의 종말적 구원을 체험한 사람들의 공동체에서 지도자들은 어떤 위치에서 무슨 역할을 감당해야 하며, 특별히 그들은 세상 나라의 지도자들과 어떻게 달라야 하는가에 관한 문제이다.

I. 하나님의 나라의 구현

공관복음서에서 하나님의 나라는 '가까왔다,' '임했다' 그리고 '온다'는 동사 외에 사람들이 거기에 '들어간다'는 동사와 함께 나온다. '들어간다'와 '들어가지 못한다'는 동사들은 "천국의 열쇠"(마 16:19)와 "천국의 문"(마 23:14)과 같은 그림 언어들과 "천국에 앉는다"(마 8:11), "하나님의 나라 잔치에 참여한다"(눅 13:29), "하나님의 나라에서 떡을 먹는다"(눅 14:15), 그리고 "하나님의 나라에 멀지 않다"(막 12:34)는 표현들과 함께 하나님의 나라가 마치 큰 집과 같은 곳이어서 그 안에서 잔치가 벌어지기도 하고, 문이 있어서 열쇠로 열기도 하며, 아버지가 집을 나간 아들을 문 앞에서 기다리고 있는 것처럼 보이는 영상을 제공한다.[2] 알렌(S. Aalen)은 이 점에 착안하여 하나님의 나라는 역동적 개념이라기보다는 집이나 공동체와 같은 "지역적 영역"(local sphere)임을 제시했다.[3] 개스톤(L. Gaston)은 알렌의 이러한 견해를 기초로 하여, 하나님의 나라는 예수가 세우려고 한 "하나님의 백성의 공동체"라는 견해를 제시했고,[4] 크로스비(M. H. Crosby)도 하나님의 나라를 "구원의 선물들을 받고 누리는 집 혹은 공동체"로 제시했다.[5] 김세윤도 같은 맥락에서 예수는 하나님의 나라를 새로운 성전 곧, "하나님의 종말적 백성의 공동체"로 보았다고 제시한다.[6] 이러한 견해들이 보여주는 것과 같이 하나님의 나라는, 한편으로는, 하나님이 주관하는 공동체 혹은 하나님의 현존을 체험한 사람들의 공동체를 말하는 것을 분명하다.

그러나 하나님의 나라를 단순히 하나님의 백성의 공동체로만 볼 수 없게 하는 말씀들도 나온다. 예를 들어, "하나님의 나라를 어린 아이와 같이 받아들인다"(막 10:15; 눅 18:17),[7] "하나님의 나라가 너희들의 것이다"(마 5:3, 10), "하나님의 나라를 추구하라"(마 6:33; 눅 12:31), "하나님이 그 나라를 주시기를 기뻐하신다"(눅 12:32), "하나님의 나라를 너희는 빼앗기고 그 나라의 열매를 맺는 백성이 받으리라"(마 21:43), 그리고 "하나님의 나라를 너희에게 맡긴다"(눅 22:29)는 말씀들은 하나님의 나라는 받는 것이요 소유하는 것뿐만 아니라, 잘못하면 그것을 빼앗기는 것임을 제시한다. 이것은 다분히 어떤 상태를 말하는 것으로서, 이차적으로 사람이 하나님과 생동적 관계에 들어가기도 하며 혹은 그런 관계를 상실하기도 한다는 것을 나타낸다. 나아가 위에서 언급한 그림언어들 곧, 열쇠, 문, 잔치 같은 비유 언어로 제시된 하나님의 나라의 의미도 공동체를 언급하기 이전에 일차적으로는 개인이 하나님과의 특별한 관계에 들어가는 것을 가리킨다. 따라서 필자는 이 항에서 하나님의 나라에 들어가는 것의 개인적인 측면과 아울러 공동체적인 측면을 제시하려고 한다.

1. 개인적 구현

하나님의 나라는 역동적 개념으로서 하나님과 인간의 관계를 바르게 정립하기 위한 하나님의 역동적 현존과 권능의 활동이라는 것이 전반부 연구의 초점이었다. 하나님의 나라는 무소부재의 하나님을 대면하고 그 하나님과 연합되는 신비한 영적 체험 속에서 알려지는 하나님의 현존과 권능의 활동을 가리키는 비유어이다. 예수 자신이 그 "하나님의 나라"를 체험했으며, 따라서 하나님과의 직접적이고 친밀한 연합의 관계 속에서 하나님의 나라를 현실의 실재로 나타냈다.[8] 이러한 하나님의 나라의 체험이 예수의 권능과 통찰과 사역의 근원이며 원동력이 되었다. 그러므로 하나님의 나라에 들어간다, 하나님의 나라를 받는다, 그리고 하나님의 나라를 소유한다는 표현은 일차적으로 다 같은 의미를 전달하는 것으로서 한 개인이 하나님의 현존에 나아가 하나님을 대면하고 그 하나님과 연합되는 신비한 체험을 가리키는 것이다.[9]

하나님의 나라에 들어간다는 말은 하나님의 임재의 영역[10]에 들어가 하나님을 대면하는 것이며 그 하나님과 연합되어 하나님을 'Abba'(아빠)로 부르는 매우 친밀하고 직접적인 관계로 들어가는 것이다.[11] 이런 점에서 하나님의 나라에 들어가는 것은 하나님과 인격적 연합의 관계로 들어가는 것이며, 따라서 "하나님이 내 안에" 또한 "내가 하나님 안에" 거하는 신비한 결합에 기초하여 그 하나님과 교제하고 동거하는 하나님의 생명을 덧입은 삶이 이루어지는 것이다. 그것은 하나님의 현존 밖에서 하나님과 관계없이 살던 자리에서 돌이켜 하나님의 임재로 돌아가는 것이며, 그 하나님과 더불어 "아버지와 자식," "양과 목자," "주인과 종" 혹은 '친구'의 관계를 맺는 것이다.[12]

 이와 같이 하나님의 나라는 하나님의 주권적 활동과 함께 믿음이라는 인간의 자발적인 참여를 통하여 하나님과 인간의 생동적 연합으로 이루어지는 인격적 연합체(personal communion)의 형성을 목표로 한다. 그래서 하나님의 나라는 구원활동의 주체이신 하나님과 그 활동의 대상이요 능동적 참여자인 인간의 결합으로 이루어진다.[13] 물론 하나님이 그의 나라의 창시자(Initiator)이며 주권자(Author)인 것은 분명하다. 그러나 하나님의 나라는 그것만을 말하는 것은 아니다. 하나님의 나라는 하나님의 주권적 구원 활동을 가리키는 것은 물론 그 활동에 대한 인간의 자발적이고 능동적인 참여를 통하여 이룩되는 유기적 존재(연합체)를 가리키는 상징적 개념이다.[14] 이런 점에서 예수 자신이 하나님의 나라의 원형(archetype)이다. 예수 자신이 그의 신비한 체험 속에서 하나님을 대면하고 그 하나님과 연합되었기 때문에, 하나님과의 직접적인 관계 속에서 하나님의 생명력이 예수를 통하여 나타난 것이며 또 이것을 예수가 하나님의 나라로 선포한 것이다. 이렇게 하나님의 주권적 역사와 함께 인간의 능동적 수용을 통하여 하나님과의 생동적 연합의 관계가 이루어질 때, 그 사람은 하나님의 나라에 들어가는 것이요, 그 나라를 받는 것이며, 나아가 그 나라를 소유하는 것이다.

 하나님의 나라가 이렇게 한 개인이 체험하는 하나님과의 생동적이고 신비한 연합을 통하여 실제화 된다는 것이 하나님의 나라의 도래와 관련된 예수의 초청에서 명백히 제시된다. 예수는 하나님의 나라의 도래와 함께 그 나라에 들어가기 위하여 "회개하고 복음을 믿으라"고 선포했다(막 1:15). 물론 마가복음 1:15의 말씀은 마가의 편집적 작업에 기초한 것이지만,[15] 자기의 사역을 통해 도래한 하나님의 나라에 대한 인간의 반응을 촉구한 예수의 말씀에서 유래한 것은 분명하다. '회개하라'는 말은 하나님과 관계없이 살던 삶에서 돌이켜 하나님의 현존으로 돌아오라는 초청이다.16) 복음은, 우리가 흔히 아는 대로, 단순히 하나님의 구원 활동에 대한 신앙고백적 진술이 아니다.

최초 기독교인들에게 있어서 복음은 일차적으로 하나님의 새로운 구원 활동의 주체인 부활의 주님 곧 예수그리스도를 가리키는 것이며 또한 그를 통해 이루시는 하나님의 종말적 구원 활동이다.17) 따라서 복음을 믿으라는 말은 살아 계신 부활의 주님을 영접하고 그를 통한 하나님의 구원하시는 능력을 신뢰하라는 것이다. 복음을 믿는다는 것은 주체와 주체의 결합 곧 인격적 연합을 기초로 한 것이다. 물론 이것은 예수의 부활을 체험한 후에 역사의 예수의 활동은 다름 아닌 하나님의 활동이었다는 것과 그 하나님의 활동이 부활의 주님을 통해 계속되고 있다는 초기 기독교인들의 신앙에 기초한 것이다. 여기서 중요한 것은 하나님의 나라에 들어가는 것과 복음을 믿는다는 것이 밀접하게 연결되었다는 사실이다. 복음을 믿는다는 것은 복음의 주체인 부활의 주님과 생동적 연합의 관계로 들어가는 것이며, 그것은 바로 예수 그리스도를 통해 활동했던 하나님과의 연합에 들어가는 것이다. 부활의 주님은 하나님의 임재와 권능에 들어가신 분이기 때문이다. 여기서 기독론의 문제를 구체적으로 다룰 수는 없지만, 초기 기독교인들은 복음을 믿음으로써 생전의 예수가 체험했고 전파했던 하나님의 나라를 체험하고 거기에 참여하는 것으로 이해했다는 것을 볼 수 있다.

하나님의 나라에 들어가는 것이 하나님과의 생동적 연합의 관계로 들어가는 것이며 이것은 복음 곧 부활의 주님을 믿음으로 된다는 것이 마태가 전하는 가이사랴 빌립보에서 있었던 베드로의 고백 사건에서 생생하게 제시된다. 베드로의 고백 후에 베드로에게 하신 예수의 말씀은 교회의 본질을 이해하는 것을 물론 하나님의 나라를 이해하는 매우 중요한 근거 구절이다(마 16:17-19).[18] "당신은 그리스도시요 살아 계신 하나님의 아들입니다"라는 베드로의 고백(마 16:16)은-물론 이것은 부활 현현의 체험 이후의 초기 기독교인들의 중심적 신앙을 대변하는 고백이지만-예수를 통한 하나님의 임재와 권능을 여러 가지로 체험한 그의 체험적 신앙에 기초한 것이었다. 예수는 베드로의 고백이 하나님의 계시에 의한 깨달음에 기초한 것이라고 하면서, 이 고백과 관련하여 교회를 세운다고 말했다: "너는 베드로라. 내가 이 반석 위에 내 교회를 세우리니, 음부의 권세가 이기지 못하리라"(마 16:18).[19] 여기서 예수는 '나라'라는 말 대신 '교회'라는 말을 사용했지만, 나라와 교회는 서로 밀접하게 연결된다.[20] 여기서 교회의 의미를 이해하기 위하여 필수적으로 알아야 할 것이 '반석'이며, 반석의 이해에 따라 본문이 크게 다르게 해석되어 왔다.[21] 필자는 이 '반석'은 베드로의 체험을 통해 계시된 '살아 계신 하나님의 아들' 곧 부활의 주님을 가리키는 것으로 본다.[22] 부활의 주님이 '반석'으로 비유된 것은 "건축자들의 버린 돌이 모퉁이의 머릿돌이 되었다"는 예수 자신의 말씀들에서도 제시되었다.[23] 따라서 이 반석 위에 세워진 교회는 일차적으로 살아 계신 하나님의 아들과 베드로의 연합을 가리킨다. 베드로는 예수를 통한 하나님의 임재와 권능을 체험하고, 그 체험들에 기초하여 하나님과 연합된 존재 곧, 교회의 전형(protrtype)이 된 것이다. 교회는 하나님과 인간의 생동적 결합에 기초한 인격적 연합체이며, 현실의 실재로 나타나는 하나님의 나라를 가리키는 대용어이다.[24]

예수는 이런 베드로에게 천국의 열쇠를 주었다. "천국의 열쇠"는 비유의 언어로서 천국의 비밀을 소유하고 천국의 길을 제시하는 사람들에게 부여된 권위를 가리킨다. 베드로는 하나님의 계시를 인하여 그리스도와의 연합의 관계에 들어가는 천국의 비밀을 깨닫고 소유한 사람이 되었기 때문에, 이제 다른 사람들을 천국으로 인도할 수 있는 특권을 받은 것이다. 그러나 예수가 베드로라는 특정인에게만 이런 권세를 준 것은 아니다. 공관복음에서 베드로는 열두 제자들을 대표하는 인물로 등장한다. 따라서 특별히 베드로가 주요 인물로 등장하고 있는 사건들은 대개 모든 제자들에게 일어났던 일들을 대표하는 것들이다(14:28-31; 17:24-27). 예수가 교회의 결정과 관계된 "매고 푸는 권세"를 모든 제자들에게 주신 것을 보면(마 18:18), 여기서도 베드로는 살아 계신 하나님의 아들과의 연합을 통하여 천국에 들어가는 사람들을 대표하는 대표자적 인물인 것이다.[25]

2. 공동체적 구현

이와 같이 하나님의 나라에 들어가는 것은 일차적으로 한 개인이 예수 그리스도를 믿음을 통하여 하나님과의 생동적 연합의 관계에 들어가는 것이다. 그러나 하나님의 나라는 단순히 개인적인 것만은 아니다. 예수의 관심은 단순히 개인이 하나님과의 관계를 바르게 하는 것만이 아니었다. 예수는 자기 백성이 처한 구체적인 사회-정치적 상황에서 그들의 공동체적 삶에 깊은 관심을 갖고 있었다. 그래서 그의 교훈은 개인을 위한 것이라기보다는 하나님의 백성 전체를 위한 것이었다.[26] 예수는 자기 시대의 여러 갱신 운동들과 같은 맥락에서 하나님의 참된 백성 혹은 하나님의 참된 자녀들로서 사는 것이 무엇인가를 제시했다.[27] 이런 점에서 하나님의 나라에서 '나라'가 가리키는 또 다른 개념은 "한 나라의 백성"으로 사는 사람들의 공동체를 가리키는 공동체적 성격이다. 하나님의 나라는 하나님과의 연합을 체험한 사람들의 공동체를 가리키며, 그래서 하나님의 나라에 들어가는 것은 그런 공동체로 들어가는 것을 포함한다. 물론 이것은 흔히 교회라고 불리우는 제도적 공동체를 말하는 것이 아니라, "보편적 공동체" 즉 하나님의 임재와 권능을 체험하고 하나님과 연합된 사람들의 공동체를 가리킨다.

이와 같은 하나님의 나라의 공동체적 성격이 천국에 관한 여러 가지 말씀들에서 언급되었다. 천국에 들어간다(마 5:20; 7:21; 23:13)는 말씀과 그것과 관련된 말씀들은 물론, 천국에서 식탁에 앉는다.(마 8:11), 포도나무에서 난 것을 하나님의 나라에서 새 것으로 마신다(막 14:25), 천국에서는 극히 작은 자라도 저보다 크다(마 11:8; 눅 7:28), 천국에서 작다 혹은 크다 일컬음을 받는다(마 5:19), 하나님의 나라에 합당하지 않다(눅 9:62)는 말씀들은 어떤 종류의 공동체를 가리키는 것들이다.28) 하나님의 나라는 예수를 통한 하나님의 임재와 권능을 체험한 사람들이 하나님의 주권을 중심으로 모인 공동체이다.29) 따라서 하나님의 나라는 개인적이며 동시에 공동체적이다.30) 하나님의 나라가 이런 공동체의 형성을 목표하고 있다는 것은 예수가 그의 제자들을 불러 하나의 공동체를 형성한 것에서 명백히 보여진다. 학자들은 예수가 그의 핵심 제자들의 숫자를 열 둘로 정한 것은 이스라엘 열두 지파들과 관련된 것으로서 예수의 사역의 의도가 이스라엘의 회복에 있다는 것을 지적한다.31) 예수는 자기 시대의 다른 갱신 운동들과 같은 맥락에서 하나님의 참된 백성의 길이 어떠해야 하는가를 제시하면서 이스라엘 내에서 갱신 혹은 회복 운동을 시작했다.32) 그러나 예수가 단순히 과거의 이스라엘로 뒤돌아가려고 한 것은 아니었다. 예수의 갱신 운동은 하나님의 새로운 혹은 참된 백성을 창조하기 위한 것이었다.33)

그래서 예수의 교훈은 여러 가지 점에서 유대교 교사들의 교훈들과 충돌하는 것이었다. 예수는 성전과 율법을 중심한 유대교 교사들의 인습적 지혜와 거룩의 정신을 실현하려는 배타적이고 계급적인 사회 체제를 거부하고 하나님과의 직접적인 관계 곧 하나님과의 연합을 중심한 용서와 화해 그리고 사랑과 평화에 기초한 열린 사회의 형성을 가르쳤다. 예수가 그의 제자들을 부른 것은 용서와 화해 등 하나님의 사랑을 중심한 대안의 공동체(alternative community)를 형성함으로써 유대교 사회의 근본적인 변혁을 추구하기 위한 것이었다. 예수는 하나님과의 직접적인 대면 속에서 나온 그의 교훈들을 통하여 유대교의 지배적인 의식을 거부하고 하나님의 직접적인 인도하심을 따라 사는 대안의 공동체 형성을 시작한 것이다.[34] 따라서 하나님의 나라는 이스라엘의 변혁(transformamion) 혹은 참된 이스라엘의 건설을 위하여 예수가 세운 공동체를 가리키는 것으로서, 예수는 그 공동체가 하나님의 주권적 권능 곧, 성령의 인도함을 따라 세상에서 하나님의 뜻을 이루는 공동체가 되기를 의도했다.[35]

하나님의 나라는 하나님의 주권적 권능을 따라 하나님의 생명을 체험하면서 세상에서 하나님의 뜻을 실현하는 공동체를 가리킨다는 것이 천국과 관련된 예수의 여러 말씀들 속에서 제시된다.[36] "하나님의 계명을 저버리는 자는 천국에서 지극히 작다 일컬음을 받고 그것을 행하며 가르치는 자는 천국에서 크다 일컬음을 받는다"는 말씀은(마 5:19) 천국에 참여한 사람들이 율법 곧 하나님의 중심적인 요구를 실현하는 일에 중점을 두어야 한다는 것을 가리킨다.[37] 그러나 유대교의 전통적인 가르침을 따라 율법을 실천하는 것은 천국에서는 무의미한 것이다. 천국의 자녀들은 율법의 근본정신을 실현해야 한다. 그래서 예수는 그의 제자들의 의가 서기관들과 바리새인들보다 더 낫지 못하면 결단코 천국에 들어가지 못한다고 경고했다(마 5:20).[38] 천국의 자녀들은 율법의 자구적 순종보다도, 먼저 인간의 중심이 변화를 받아(막 7:21) 하나님을 대면하면서(마 5:8), 예수의 교훈을 통해 계시된 율법의 근본정신을 실현해야 한다는 것이다.

이런 점에서 천국의 참여자들은 요한보다 더 위대하다(마 11:11). 율법과 선지자는 요한의 때까지이지만(마 11:13; 눅 16:16), 천국의 참여자들은 율법과 선지자가 가리키며 소망했던 성취 혹은 완성에 참여하기 때문이다(마 5:17; 눅 10:24). 그래서 예수는 하나님을 사랑하고 이웃을 사랑하는 것이 전체로 드리는 모든 번제물과 기타 제물보다 낫다는 것을 깨달은 어느 서기관에게 "네가 하나님의 나라에 멀지 않다"고 하셨다(막 12:34). 하나님의 나라의 궁극적 목표는 하나님을 사랑하고 이웃을 사랑하라는 하나님의 중심적 요구를 실현하는 것이기 때문이다.

예수는 그의 제자들의 삶에서 먼저 하나님의 나라와 그의 의를 추구하라고 가르쳤다(마 6:33; 눅 12:31). 여기서 "하나님의 나라"는 하나님과의 생동적 연합의 관계를 말하며 "그의 의"는 그런 연합에 참여한 사람들에게 요구하시는 하나님의 거룩한 요구를 말한다.[39] 제자들이 세상에서 추구해야 할 것은 이렇게 하나님의 생명력을 덧입으며, 나아가 그것을 기초로 하여 하나님의 요구를 실현하는 일이다. 예수는 이렇게 하나님의 의를 실현하기 위하여 고난을 당하는 것이 복되다고 선언했다. 그 고난은 바로 그 사람이 하나님의 나라를 소유하고 있다는 구체적인 증거이기 때문이다(마 5:6, 10). 이렇게 하나님의 나라의 목적이 세상에서 하나님의 뜻을 실현하는 것이 산상 설교의 마지막 경고들의 초점이다: "나더러 주여 주여 하는 자마다 천국에 다 들어갈 것이 아니요, 다만 하늘 계신 내 아버지의 뜻대로 하는 자라야 들어가리라"(마 7:21). 이것은 일세기 기독교 운동에서 순회 전도자들의 사역과 그들로 인한 피해를 염두에 둔 것인데, 천국의 자녀들은 어떤 권능의 일들보다도 하나님의 의를 추구하고 실현하는 사람들이 되어야 한다는 것이다.[40] 천국은 세상에서 하나님의 정의와 사랑을 실현하는 공동체 곧, '세상의 소금'과 '세상의 빛'이 되어야 하는 하나님의 참된 백성의 공동체이다(마 5:13-16). 천국은 예수의 말씀을 듣고 실천하는 사람들을 통하여 이룩되는 하나님의 영원한 집인 것이다(마 7:24-27). 따라서 천국에 들어간다는 것은 살아 계신 하나님과의 인격적이고 생동적인 연합의 관계로 들어가는 개인적인 것이며 동시에 세상에서 하나님의 뜻을 실현하기 위하여 노력하는 공동체의 일원으로 천국의 실현에 참여하는 것이다.

Ⅱ. 하나님의 나라에 들어가는 조건

하나님의 나라에 들어가는 것은 하나님과의 생동적 연합의 관계에 들어가는 것이며 동시에 하나님의 뜻의 실현을 목표하는 공동체로 들어가는 것임이 밝혀졌다. 그러면 어떤 사람이 어떻게 그 나라에 들어갈 수 있는가? 이것은 천국에 참여하는 사람들의 천국에 대한 가치관과 그것에 참여하려는 결단에 관한 문제이다. 천국에 참여하려는 사람들은 어떤 가치관 곧 자기의 삶에 대하여 어떤 목적과 목표를 가져야 하는가? 천국에 참여하기 위해서는 세상적 가치관을 버리고 새로운 가치관을 가지는 가치관의 일대전환이 있어야 하며, 그 가치를 추구하려는 단호한 결단이 있어야 한다는 것이다. 하나님의 나라에서의 가치관은 세상 나라에서의 가치관과 정반대의 것이기 때문에 그것을 추구하고 얻으려는 결단과 노력이 있어야 한다.

1. 회개와 믿음

예수는 하나님의 나라에 들어가기 위한 조건을 몇 가지로 제시했다. 첫째는 회개하고 복음을 믿는 것이다. 이것은 앞에서 언급한 바와 같이, 하나님과 관계없는 삶에서 하나님의 현존과 통치로 돌아오는 것이며,[41] 부활의 주님을 영접하고 그를 통한 하나님의 구원의 권능을 신뢰하는 것이다. 하나님과의 생동적 연합에의 길은 자신이 지금까지 하나님과 직접적인 관계없이 살던 사람이었음을 깊이 자각하고, 거기에서 돌이켜 적극적으로 하나님의 현존으로 돌아와 예수 그리스도를 통해 이루시는 하나님의 종말적 구원 활동을 신뢰하는 데서부터 출발하는 것이다.[42]

따라서 하나님의 나라에 들어가기 위해서는 지금까지의 자기의 삶이 하나님 앞에서 무가치한 것이었음을 깨닫고 하나님과 연결된 삶에 참여하기 위한 회개와 믿음의 의지적 결단을 필요로 한다. '반석 위에 세워진 교회'에 관한 예수의 말씀도 천국에 들어가기 위하여 예수의 제자로 살려는 결단과 그런 따름 속에서 주시는 하나님의 계시를 필요로 한다는 것을 나타낸다(마 16:17). 여기서 그리스도에 관한 하나님의 계시가 베드로에게 임했다는 것에 유의하는 것이 필요하다. 이것은 베드로 개인의 위대함이나 특권을 나타내는 것이 아니라, 베드로가 예수를 따르는 가운데서 예수의 정체를 체험적으로 깨닫게 되었다는 것 곧, 그리스도에 관한 하나님의 계시는 예수의 제자로 사는 결단과 헌신을 기초로 한다는 것을 제시한다. 이런 점에서도 베드로는 하나님의 계시를 통해 그리스도와 연합되는 사람들을 대표하는 "대표자적 인물"(representative figure)로서 제시된 것이다.

2. 신뢰와 겸손

둘째는 어린아이와 같은 전적인 신뢰와 겸손의 마음을 가지는 것이다: "누구든지 하나님의 나라를 어린아이와 같이 영접하지[43] 않는 자는 결단코 거기에 들어가지 못한다"(마 10:15; 눅 18:17). 이것은 제자들 사이에 있었던 누가 크냐는 논쟁과 관련된 예수의 교훈과 연결된다(9:33-36). 예수 시대 유대교의 가부장 중심적 사회 체제에서 어린아이는 부모에게 예속되고 철저히 부모를 의지해야 하는 존재였다. 그래서 그런 사회 체제에서 어린아이가 된다는 것은 자기가 아무 것도 아닌 존재(nothingness)가 되는 것이다.44) 어린아이와 같이 되는 것은 자기를 아무 것도 아닌 존재로 여기는 겸손한 사람이 되는 것을 말한다. 이것은 가부장 중심적 사회 체제에서의 가치관과 정반대의 가치관을 나타내는 또 다른 표시이다. 그런 사람은, 예수의 말씀과 같이, 자기를 모든 사람의 끝이며, 모든 사람의 종으로 인정하는 사람이다(막 9:35).

뿐만 아니라 어린아이와 같이 되는 것은 어린아이가 부모를 전적으로 의지하듯이 하나님을 전적으로 신뢰하는 자세를 갖는 것이다. 하나님의 나라에 참여하는 것은 사람의 공로나 업적으로 되는 것이 아니라, 오직 하나님의 은혜를 의지하는 믿음으로 되는 것이다(눅 18:9-14). 이렇게 자기를 철저히 낮추고 하나님을 겸손히 의지하는 사람들만이 하나님의 나라를 소유하고, 그 축복에 참여하는 것이다(마 5:3; 눅 6:20).45)

3. 급진적 가치관

셋째는 하나님의 나라에 대한 급진적 가치관을 가져야 한다. 하나님의 나라는 그것을 얻기 위하여 자기의 모든 것, 심지어 자기의 재산이라도 포기할 수 있는 절대적 가치관을 가지는 사람이 얻는 것이다. 이것은 종말적 생명(영생)에 참여하는 길을 알기 위하여 예수께 나온 어느 젊은 부자와 예수의 대화 속에서 극적으로 제시된다. 그가 그의 소유를 다 팔아 가난한 사람들에게 주라는 예수의 요구에 슬픈 기색을 띠고 물러간 후에, 예수는 재물이 있는 자(부자)가 하나님의 나라에 들어가기가 얼마나 어려운가를 강조적으로 제시했다(막 10:23-25). 하나님의 나라를 위하여 모든 재물을 사용할 수 있는 급진적 가치관은 보화와 관련된 두 가지의 비유들을 통하여 제시된다. 자기의 소유를 다 팔아 보화가 묻힌 밭을 산 사람(마 13:44)이나 자기의 소유를 다 팔아 극히 값진 진주를 산 사람(마 13:45)은 보화를 얻기 위하여 자기의 소유를 다 팔 수 있는 급진적 가치관을 가진 사람들이다.[46]

하나님의 나라에 들어가는 것은 결코 쉬운 일이 아니라, 좁은 문으로 들어가는 어려운 일이다. 따라서 하나님의 나라에 참여하기 위하여 사람들은 냉정하고 차분한 고려와 결단이 있어야 한다(눅 14:28-32).[47] 그렇지 않고 쟁기를 잡고 뒤를 돌아보는 자는 하나님의 나라에 합당하지 않은 것이다(눅 9:5-62; 14:25-26). 예수를 따르는 길은 하나님의 나라에 들어가는 길이며, 하나님의 나라에 들어가는 길은 좁은 문으로 들어가는 길(마 7:13-14). 즉 자기를 부인하고 자기 십자가를 지는 길이다(막 8:34). 천국에 들어가는 것은 이렇게 천국에 관한 급진적 가치관을 갖고 거기에 참여하려는 분명한 결단과 헌신을 요구하는 것이다.

III. 하나님의 나라의 지도자들

하나님의 나라는 하나님의 뜻을 실현하는 공동체의 형성을 목표로 하기 때문에, 그런 공동체를 세우고 유지하기 위하여 지도자들의 임무가 매우 중요한 요소로 등장한다. 예수가 전파했던 천국의 실현은 천국에 참여하는 지도자들의 역할과 밀접하게 연결되기 때문이다. 그래서 예수는 천국 곧, 하나님의 참된 백성의 공동체에서 지도자의 위치와 역할에 관하여 여러 가지로 가르쳤다. 이것은 하나님의 새로운 백성의 공동체 곧 교회의 확립에 깊은 관심을 기울였던 마태가 강조한 점이다. 마태는 하나님의 종말적 백성의 공동체 안에서 지도자의 위치와 역할과 관련된 예수의 말씀을 여러 가지로 전달한다. 예수 그리스도를 통한 하나님의 구원 활동을 체험하고 소유한 사람은 천국의 비밀을 깨닫고 천국에 이르는 길을 알기 때문에, 천국의 열쇠를 소유하고 땅에서 매고 푸는 권세를 받는다(마 16:19). 그러나 그들은 그 권세를 세상 지도자들과 같은 방식으로 사용해서는 안 된다. 예수가 가르친 천국 공동체의 지도자들은 그런 계급적 위치를 차지하는 사람들이 아니었다. 그래서 예수는 예루살렘으로 올라가는 길에서[48] 제자들의 그릇된 메시아관과 그들의 권위주의적이고 계급적인 지도자관을 교정시켜 주었다.

1. 자기-낮춤

예수가 어린아이를 통하여 천국에 관한 교훈을 제시한 것은 제자들 사이에 누가 크냐는 논쟁에 대한 대답이었다는 것을 이미 언급했다(막 9:34). 마태는 이 논쟁이 "천국에서 누가 크냐?"는 논쟁이었다고 밝힘으로써(마 18:1), 교회를 천국 공동체로 보는 마태의 시각을 반영하고 있고, 따라서 이것은 천국의 지도자들 중에서 누가 으뜸이 되어야 하는가에 관한 논쟁이었다.[49] 이것은 또한 교회가 제도화되어가고 있던 A.D. 일세기 말의 교회의 상황을 반영하는 것으로서 교회의 지도자들의 위치와 역할에 관한 논쟁의 일부였다. 마태복음에서 예수의 대답은 마가나 누가와는 조금 다르게 제시된다: "너희가 돌이켜 어린아이들과 같이 되지 아니하면 결단코 천국에 들어가지 못하리라"(마 18:3). 어린아이와 같이 된다는 것은 자기를 아무것도 아닌 존재(nobody)로 여기는 자기-낮춤(self-emptying)이라는 것이 이미 언급되었다.[50]

예수는 이러한 의미를 직접적으로 제시했다: "누구든지 이 어린아이와 같이 자기를 낮추는 그 사람이, 천국에서 큰 자니라"(18:4).[51] 자기를 아무것도 아닌 존재로 여기는 겸손한 사람이, 사도 바울의 표현대로 한다면 자기가 한 사람의 죄인임을 깨닫는 사람이, 하나님의 새로운 구원 활동에 참여할 수 있으며, 자기를 모든 사람의 끝, 모든 사람의 종으로 여기는 사람이 천국에서 위대한 사람이 될 수 있다는 것이다. 천국의 지도자들은 비록 그들이 천국의 권위와 권능을 소유하고 있다 하더라도, 그것은 하나님의 은혜로 된 것이며 천국 공동체를 위하여 그렇게 된 것이지, 근본적으로 자기는 아무것도 아닌 존재요, 심지어 자기는 모든 사람의 끝이며 모든 사람의 종이라는 겸손한 자세를 가져야한다는 것이다.

예수는 그의 제자들이 세상의 통치자들과 같이 권위적이고 계급적인 지도자관을 가진 것에 도전하여, 하나님의 백성의 지도자들은 근본적으로 세상의 지도자들과는 달라야 한다는 것을 가르쳤다. 제자들의 이런 견해는 세베대의 아들들이 예수에게 권위자의 자리에 앉혀달라고 한 요구에서 절정에 이른다. 야고보와 요한은 예수가 영광에 들어갈 때에 "하나는 주의 우편에 하나는 주의 좌편에 앉게 해달라"고 요청했다(막 10:36). 예수는 그들의 마음에 세상의 지도자들과 같이 다스리며 군림하는 위치에 올라가기를 바라는 소원이 있는 것을 보았다. 다른 제자들이 두 제자들의 요구에 분을 낸 것을 보면(막 10:41; 마 20:24), 그들도 역시 그런 소원을 갖고 있었던 것을 보여준다. 여기서 예수는 천국의 지도자들은 세상의 통치자들과 근본적으로 달라야 한다는 것을 명백하게 제시했다(막 10:42-45; 마 20:25-28).[52]

천국은 세상의 가치관과 질서가 뒤집어진 곳이다. 그래서 세상의 통치자들은 백성을 주관하고 다스리고 군림하지만, 천국의 지도자들은 오히려 백성의 종이 되어 섬기는 사람들이다. 천국의 지도자들은 백성을 이용하여 자기들의 권익을 추구하는 것이 아니라, 오히려 백성을 위하여 자기들을 주는 사람들이다. 예수 자신이 다른 사람을 섬기고 다른 사람들을 위하여 자기의 목숨까지도 주는 모범을 보여준 것이다. 따라서 천국의 지도자는 근본적으로 섬김을 받기보다는 남을 섬기려는 종의 자세를 가져야 하고, 남을 위하여 자기 목숨까지도 희생할 수 있는 숭고한 사랑을 소유해야 한다.

이것과 관련하여 천국의 지도자들은 하나님의 종말적 공동체에 참여한 사람을 누구든지-그 시대의 계급적 사회구조 속에서 어떤 계급에 속한 사람이든지-귀하게 여기는 존경심과 사랑을 소유해야 한다. 그래서 예수는 천국의 지도자들이 소자 중 한 사람을 실족시키는 행위에 대하여 엄중하게 경고했다.[53] 천국의 지도자들이 예수를 믿는 사람을(마 18:6; 막 9:4, 그리스도에게 속한 사람) 실족시킨다면, 그 사람이 아무리 작게 여겨지는 사람이라 할지라도 실족시킨 그 사람이 연자맷돌을 목에 매고 바다에 빠지는 것이 낫다고 했다. 소자 중 한 사람을 실족시키는 것과 관련하여 예수는 "찍어 내버리라" 또한 "빼어 내버려라"라는 극단적인 표현을 사용하면서, 소자 중 한 사람도 업신여기지 말아야 할 것을 가르쳤다(마 18:6-10). 천국에서는 한 사람도 귀중하지 않은 사람이 없다는 것이다. 천국에서는 모든 사람이 각자가 하나님과 직접적인 연합의 관계를 가진 사람들이기 때문이다.[54] 아울러 천국의 지도자들은 잘못하여 곁길로 나간 사람들을 무관심하게 내버려두지 말고, 찾아서 천국으로 다시 인도해야 할 책임이 있다(마 18:12-14).[55] 교회에서 범죄한 사람을 징계해야 할 때에는 기도와 성경의 말씀 속에서 주님의 인도하심을 받아 신중하게 결정해야 한다(마 18:15-20). 무엇보다도 천국의 지도자들은 천국의 주인인 하나님의 용서의 사랑을 깊이 깨달아 그것을 실천하는 사람들이 되어야 한다(18:21-35). 천국은 하나님이 용서의 사랑에 기초하여 세워진 나라이기 때문이다(눅 7:36-50).[56]

2. 특별한 소명

천국의 지도자들 중에는 독신으로 지내는 사람들이 있을 수 있다

(마 19:11-12). "천국을 위하여 스스로 된 고자"는 천국을 위하여 독신으로 지내면서 자신들의 삶을 복음 전파를 위하여 온전히 헌신하던 사람들을 가리키며(마 18:12) 이 말씀이 마태에만 나오는 것은 마태 교회의 상황을 반영하는 말씀이 분명하다.[57] 이것은 모든 것(심지어 가족까지도)을 포기하고, 자기들의 삶을 복음 전파에 온전히 헌신한 순회 전도자들의 상황에서 나온 말씀인데, 마태는 그런 전통을 유지하면서도 자기의 상황에서 그 말씀을 받을 만한 사람들이 따로 있다는 것을 지적한다.[58] 아무튼 천국의 지도자들 중에는 독신으로 지내는 사람들이 있을 수 있으며, 이것이 후에는 더 높은 가치로 인정되었다.[59]

이것과 관련하여 천국의 지도자들 중에는 재산을 포기하고 천국의 위하여 온전히 헌신한 사람들도 있었다. 예수는 영생의 길을 묻는 어떤 청년과의 대화에서 그런 특별한 길을 제시했다(마 19:16-22). 마가와 누가에 따르면 예수는 그 청년에게 무조건적으로 "가서 네 소유를 팔아 가난한 자들에게 주라"고 했는데 마태의 예수는 "네가 온전하고자 할진대"라는 조건을 먼저 제시했다. 마태에 따르면, 예수는 온전해지려는 사람들을 향하여 이 말씀을 한 것이다. 학자들은 이 말씀도 마태 교회의 상황을 반영하는 것으로서, 순회 전도자들의 상황에서 나온 말씀을 마태 교회의 상황에 맞게 고친 것으로 본다.[60] 아무튼 자기의 재산도 다 포기하면서까지 천국을 위하여 헌신한 사람들이 있을 수 있다는 것이며, 이것이 후에는 더 높은 가치로 인정되었다.

사실 예수의 제자들은 모든 것을 버리고 예수를 쫓은 사람들이었다. 그들은 세상의 가치관을 버리고 예수를 따라 천국의 실현을 위하여 자신들을 헌신한 사람들이었다. 그래서 예수는 그들에게 특별한 권위를 주었다; "세상이 새롭게 되어 인자가 자기 영광의 보좌에 앉을 때에 나를 쫓는 너희도 열두 보좌에 앉아 이스라엘 열두 지파를 심판하리라"(마 19:28; 눅 22:29-30). 이 말씀은 흔히 인자의 재림과 최후의 심판과 관련된 묵시적 미래를 가리키는 것으로 해석되었다.[61] 그러나 본 연구의 전반부에서 지적되었듯이, 하나님의 나라는 반드시 시간과 역사의 끝에 일어날 일만을 말하는 것은 아니라는 것이다. 예수를 통해 나타난 하나님의 새로운 구원 활동은 예수의 부활을 인하여 그의 제자들에게 이어지고, 나아가 하나님의 정한 때까지 계속되는 것이기 때문이다.[62] 따라서 이 말씀은 예수의 부활 후에, 그의 제자들이 그리스도의 권위와 권능을 갖고 예수의 사역을 계승하게 될 것을 예고한 것이다.[63] 이렇게 모든 것을 포기해가며 천국의 건설에 참여한 사람들은 현세대에서 많은 축복에 참여할 뿐만 아니라 오는 세대에 완성될 천국에서 영생을 상속하게 될 것이다(막 10:29-30; 마 19:29).

3. 평등한 위치

예수가 이렇게 천국을 위하여 헌신한 사람들을 위하여 권위와 권세를 주셨기 때문에, 자칫하면 자기들의 업적이나 공로를 내세우며 천국 공동체에서 더 높은 지위와 권위를 내세우는 사람들이 나타날 가능성이 많이 있다. 그래서 예수는 "먼저 된 자가 나중 되고 나중 된 자가 먼저 되는" 비유를 통하여 이런 사람들의 계급주의와 권위주의를 경고했다(마 20:1-16). 포도원의 주인은 먼저 들어온 일꾼이나 나중 들어온 일꾼이나 동일하게 삯을 주었다. 그러나 먼저 들어온 일꾼들은 자기들의 수고와 노력을 내세우며 다른 사람들보다 더 받아야한다고 주장했다. 그들은 자기들의 공로와 업적을 기초로 더 높은 자리를 차지해야 한다고 생각한 사람들이었다.[64]

그러나 주인의 뜻은 모든 일꾼들을 평등하게 대우하는 것이었다. 천국은 권위주의적이고 계급주의적이며 성차별적인 것들을 극복한 평등한 공동체이다.65) 천국에 들어와 일하는 것 자체가 인간의 공로나 업적에 의거한 것이 아니라 하나님의 관대함과 은혜에 기초한 것이기 때문에, 먼저 들어왔다고 혹은 독신으로 살거나 모든 재산을 포기하면서까지 열심히 일했다고 더 높은 권위와 지위를 요구할 수 없는 것이다.66) 하나님의 인정을 받는 것이 인간의 공로나 업적에 의하지 않고 은혜로 된다는 것이 바리새인과 세리의 기도에서 극적으로 전달된다(눅 18:9-14). 바리새인은 자기의 종교적 성취를 의지한 반면에, 세리는 오직 하나님의 은혜를 의지했다. 이 비유의 문맥이 인자의 강림과 관계된 것을 고려하면(눅 17:20-38; 18:8), 완성될 천국에 참여하는 것도 천국의 일꾼으로 열심히 일한 공로나 업적에 기초한 것이 아니요, 오직 하나님의 은혜의 부르심에 기초한 것을 나타낸다.67) 천국의 지도자들 사이의 관계는 근본적으로 평등한 관계이며, 그들의 위치는 낮아지는 것이요, 그들의 역할은 섬기는 것이다.

결론

이상에서 공관복음서들에 나타난 하나님의 나라의 본질과 목적을 살펴보았다. 하나님의 나라는 인간을 하나님과 바르게 관계시키기 위한 하나님의 임재와 주권적 활동이다. 하나님의 나라는 예수의 체험과 사역을 통하여 현실의 실재로 나타났다. 그것은 예수의 사역과 함께 시작되어 완성의 때까지 계속적으로 진행되는 것이다. 하나님의 이러한 새로운 구원 활동의 목적은 개인적이며 동시에 공동체적이다. 하나님은 먼저 우리가 하나님의 통치 안으로 들어가 하나님과 연합된 존재가 되게 하신다. 나아가 하나님은 그와의 생동적 연합의 관계를 이룬 사람들의 공동체(교회)를 형성하여 세상에서 하나님의 뜻을 실현하게 하려는 것이다. 하나님의 나라는 자유와 평등과 사랑에 기초한 공동체(교회)를 통하여 이 세상에서 구현되는 것이며, 이런 공동체의 목적은 세상의 소금과 세상의 빛이 되는 것이다. 이렇게 하나님의 나라의 목적에는 개인과 교회와 세상이 모두 포함된다.

이러한 하나님의 나라에 들어가기 위해서는 가치관의 전환과 함께 천국의 길을 가는 회개와 믿음의 결단과 헌신을 필요로 한다. 지금까지 자신의 삶이 하나님과 관계없던 무가치한 것이었음을 깨닫고 하나님과 관계된 삶에 참여하기 위한 의지적 결단을 필요로 한다. 또 하나님의 나라는 세상 나라의 계급적이며 권위적 공동체가 아니다. 그래서 여기에 들어가기 위해서는 자신이 아무 것도 아닌 존재라는 겸손한 자세와 하나님의 은혜를 전적으로 의지하는 신뢰를 요구한다. 나아가 하나님의 나라는 그것을 얻기 위하여 자기의 모든 것 – 심지어 자기의 모든 재산과 자기의 생명까지 – 을 포기할 수 있는 하나님의 나라에 대한 절대적 가치관이 필요하다. 하나님의 나라에 들어가는 길은 자기를 부인하고 자기 십자가를 지는 좁은 길이다.

나아가 하나님의 나라를 실현하기 위하여 거기에 참여하는 지도자들의 역할이 매우 중요하다. 천국 공동체의 지도자들은 세상의 지도자들과 달리 공동체의 회중 밑에 낮아져서 섬기며 남을 위하여 자기 생명을 사용하는 사람들이 되어야 한다. 그들은 자기 자신들을 낮추는 겸손한 사람들이 되어야 하며 회중을 위하여 자신들을 희생할 수 있어야한다. 그들 중에는 자신의 모든 재산을 포기하고 심지어 가정도 포기하고 복음을 위하여 헌신한 사람들이 있을 수 있다. 그러나, 그렇다 하더라도, 그런 조건을 자신의 공로와 업적으로 내세워서는 안된다. 하나님은 기본적으로 하나님의 밭에서 일하는 일군들을 평등하게 대우하시는 분이기 때문이다. 예수의 사역과 함께 시작된 하나님의 종말적 구원 활동은 천국의 본질과 목적을 바르게 깨닫고 실천하는 사람들의 공동체를 통하여 지금도 여전히 계속되고 있다. 따라서 하나님의 나라는 기독교인들이 현실의 삶에서부터 전인적으로 체험하고 소유하고 구현해나가는 하나님의 역동적 구원 활동이며 그 결과로 하나님과 사람들이 하나가 되어 하나님의 뜻이 온전히 실현되는 구원의 종말적 상태를 가리키는 것이다.

주(註)

1) 김광수, "공관복음서에 나타난 하나님의 나라의 본질과 목적(1)," 「복음과 실천」, 17(1994), 38-68.
2) 천국을 하늘에 있는 대저택(mansion)으로 생각하는 기독교의 대중적 신앙은 이런 표현들을 문자적으로 이해한 결과일 것이다.
3) S. Aalen, "Reign and House in the Kingdom of God in the Gospels," *New Testament Studies*, 8 (1961/62), 215-40.
4) L. Gaston, *No Stone on Another* (Leiden: E. J. Brill, 1970), 161-243.
5) Michael H. Crosby, *House of Disciples: Church, Economics, & Justice* (New York: Orbis, 1988), 216-28.
6) 김세윤, 「우리 시대의 하나님 나라」 (서울: 한국로고스연구원, 1989), 29-30. 이것에 관한 더 구체적인 논의는 김세윤, "예수와 성전," 「개혁사상」, 2 (1989), 121-64 (특히 152-60) 참조. Richard A. Horsley, "The Kingdom of God and the Renewal of Israel," in Norman K. Gottwald and R. A. Horsely ed. *The Bible and Liberation*, rev. ed. (New York: Orbis, 1993), 420-2도 참조.
7) 마태는 이 말씀을 "너희가 만일 돌이켜 어린아이들과 같이 되지 않으면, 결단코 천국에 들어가지 못한다"로 기록했다(18:3).
8) Marcus J. Borg, *Conflicts, Holiness and Politics in the Teachings of Jesus* (New York: Edwin Mellen Press, 1984), 254.
9) 페린(Norman Perrin)은 개인의 체험이 예수를 통한 하나님의 구원 활동의 핵심이며, 이것이 하나님의 활동에 관한 유대인의 이해와 크게 달라지는 점임을 지적한다. Norman Perrin, *Rediscovering the Teaching of Jesus* (New York: Harper and Row, 1967), 67
10) 그것은 신약성서에서 "아브라함의 품"(눅 16:22), '낙원'(눅 23:43; 고후 12:4), "셋째 하늘"(고후 12:2) 등과 같은 상징적인 용어들로 표현되었는데, 이것을 대중적 신앙에서 기대하는 "지역화 된 하늘"과 같은 우주에 있는 어떤 장소로 생각하지 않아야 한다. 초월자의 세계는 비가시적이고 비물질적인 영원한 실재의 세계이기 때문이다. 따라서 우리는 죽어서 초월자의 세계에 들어가는 것이 아니라, 지금 현실의 삶에서부터 초월자이신 하나님의 현존에 들어가 하나님과 연합되는 영원한 생명에 참여할 수 있는 것이다.
11) Borg, *Conflict*, 256. 예수가 하나님의 나라를 말하면서 하나님을 '왕'으로 부르지 않고 '아빠'로 부른 것은 하나님이 두려움과 공포의 대상이 아니라 사랑과 신뢰의 대상이며, 멀리 계시면서 대리자들을 통하여 활동하시는 것이 아니라 가까이 계시면서 직접적으로 활동하시는 분으로 이해한

것을 가리킨다.
12) 이런 점에서 "하나님의 나라에 들어간다"라는 말은 바울이 말한 "구원을 받는다 혹은 그리스도와 연합한다"는 것과 요한이 말한 "생명(영생)을 얻는다"는 것과 동일한 삶의 실재를 가리키는 것이다.
13) 이런 점에서 하나님의 나라는 "하나님이나 사람 어느 한편에만 초점이 맞추어진 용어가 아니라… 주체이신 하나님과 그 사역의 대상인 사람들이 필연적으로 개입해야 한다"는 정훈택의 말은 정곡을 찌르는 지적이다. 정훈택,「하나님의 나라와 교회」(서울: 생명의 말씀사, 1993), 48.
14) 정훈택은 계속하여 "하나님의 나라는 하나님의 절대적 신적 본질을 설명하는 단어"가 아니라, "하나님과 그의 피조물인 인간과의 관계 혹은 이 관계에서 표출되는 특수한 하나님의 구속 행위를 설명하는 상관 개념 혹은 관계 개념"이라고 말한다(「하나님의 나라」, 48). Crosby도 천국은 관계적 영역을 나타내는 것으로서 "사랑의 관계성 속에서 정의가 다스리는 공동체"를 가리킨다고 말한다(*House*, 221).
15) 이 사실은 마태와 누가 사이의 비교를 통하여 분명해진다. 마태는 "회개하라 천국이 가까웠느니라"(마 4:17)는 말씀으로 기록한 반면, 누가는 아예 하나님의 나라의 도래에 관한 말씀을 생략한 대신 이사야의 예언의 성취를 기록했다(눅 4:18-21).
16) Borg, *Conflict*, 258.
17) 이것은 바울의 신학에서도 명백히 제시되는 것이다. 바울은 복음에 대한 열정적 확신을 갖고 있었는데(롬 1:16), 이 복음은 "하나님이 그의 아들에 관하여 선지자들을 통해 성경에 미리 약속하신 것"으로서, 그 아들은 "육신으로는 다윗의 혈통에서 나셨고 성결의 영으로는 죽은 자 가운데서 부활하여 능력으로 하나님의 아들로 인정되신 예수 그리스도"를 가리킨다(롬 1:2-4). 따라서 복음은, 사도 바울을 비롯한 초기 기독교인들에게 있어서는, 부활의 권능자인 예수그리스도이며, 그 부활의 주님을 통해 이루시는 하나님의 구원을 가리킨다(롬 1:16-17).
18) 이 부분은 마태의 편집적 작업에 기초한 것인데, 마태의 시각과 마태 교회의 상황을 반영하고 있는 말씀이다. 본 연구에서 이 부분을 구체적으로 다룰 수는 없고, 다만 하나님의 나라에 들어간다는 것이 어떻게 제시되고 있는가를 다루려고 한다. 다만 이것은 교회를 하나님의 종말적 백성으로 이해한 초기 기독교인들의 이해가 예수의 교훈에 암시되었던 것을 보여준다. R. H. Fuller, "Matthew," in J. L. Mays ed., *Harper's Bible Commentary* (New York: Harper and Row, 1988), 971-2.
19) 사복음서 전체에서 '교회'라는 말이 마태복음에만 세 번 나오는데, 그 중에 하나가 여기에서 언급되었고 나머지 둘은 마태복음 18:17에서 언급

되었다.
20) 이것은 다음 절에서 "천국의 열쇠"에 관한 언급에서 구체적으로 제시된다. 나라와 교회의 관계에 관하여 래드(G. E. Ladd)는 하나님의 나라가 교회를 창조하며, 교회는 세상에서 예수를 통한 하나님의 활동의 결과라고 말한다. G. E. Ladd, *The Presence of the Future* (Grand Rapids: Wm. B. Eerdmans, 1974), 263-77, 특히 264-5. 천국과 교회의 관계성에 관하여 Herman Ridderbos and Raymond O. Zorn eds., *The Coming of the Kingdom*, trans. H. de Johgte (Philadelphia: Presbyterian and Reformed Pub. Co., 1962), 334-96과 J. D. Kingsbury, *Matthew: Structure, Christology, Kingdom* (Philadelphia: Fortress, 1975), 157-60 참조.
21) 반석에 대한 다양한 견해들에 관하여, Ridderbos, *Kingdom*, 334-42 참조.
22) 여기서 마태가 '예수는 그리스도시요 하나님의 아들'이라는 초기 기독교인들의 전통적인 신앙 고백(막 1:1; 요 20:31) 위에 '살아 계신'이라는 형용사를 덧붙인 것에 유의해야 할 필요가 있다. 마태는 그리스도가 지금도 살아 교회와 함께 하시고 교회를 통하여 역사하시는 '살아 계신' 하나님의 아들로서 제시하려는 것이다. '반석'은 베드로 개인을 가리키는 것으로 보는 견해에 관하여, Daniel Patte, *The Gospel According to Matthew* (Philadelphia: Fortress, 1987), 232-3과 Daniel Harrington, *The Gospel of Matthew* (Collegeville, MN: The Liturgical Press, 1991), 251-2 참조.
23) 막 12:10; 마 21:39; 눅 20:17. 예수 그리스도가 '하나님의 집의 중심적 돌'이라는 사도 베드로의 교훈(벧전 2:4, 7)과 교회의 터(기초)가 된다는 사도 바울의 교훈(고전 3:11)은 초기 기독교인들의 가장 중심적 신앙이었다.
24) 이런 점에서 교회는 일차적으로 제도적 공동체를 가리키는 것이 아니라, 하나님과의 연합을 가리키는 인격적 연합체(하나의 교회, the Universal Church)를 가리킨다. 나아가 교회는 하나님의 나라를 소유한 개인을 가리키면서, 동시에 그런 개인들이 하나님을 중심으로 연결된 공동체(지역 교회, churches)를 가리킨다. 이런 맥락에서 사도 바울은 교회를 그리스도의 몸이라는 유기적 공동체로 제시했다(고전 12장). Borg, *Conflict*, 256 참조.
25) Robert Gundry, *Matthew*, 2nd ed. (Grand Rapids: Wm. B. Eerdmans, 1994), 334-7. Gundry는 핵심적으로 다음과 같이 말한다: "베드로는 예수를 메시아요 하나님의 아들로 고백하고, 하늘에 계신 하나님으로부터 예수의 정체에 관한 계시를 받고, 그리스도의 법의 반석 위에 세워진 교회에 속하고, 하나의 돌로서 순종하는 제자들의 상부구조를 형성하기 위하여 다른 사람들과 더불어 교회를 건설하는 일을 도우며, 부활의 확신으로 죽음의 위협에 직면하며, 기독교인 서기관으로 위임을 받은 모든 제자들을 대표한다"(*Matthew*, 334).

26) Horsley, "Kingdom," 420-2.
27) 예수 시대의 유대교 사회의 갱신 운동들 중에서 바리새파, 에센파, 그리고 열심당이 있었다. 예수 시대의 유대교 사회의 사회-정치적 상황과 갱신 운동에 관하여 Marcus J. Borg, *Jesus: A New Vision* (San Francisco: Harper Collins, 1987), 79-96 참조.
28) 이것은 앞에서 언급한 바와 같이 Aslen, Gaston, Horsley, 김세윤 등에 의하여 제시된 개념이다. 칠톤(Bruce Chilton)도 천국과 관련하여 "잔치에 참여한다," "심판한다," "문을 닫는다"는 동사들은 하나님의 나라의 사회적 국면을 가리키는 것임을 지적한다. Bruce Chilton and J. I. H. McDonald, *Jesus and the Ethics of the Kingdom* (Grand Rapids: Eerdmans 1987), 11.
29) 마태복음 16장 18절에서 언급된 교회도 일차적으로는 예수 그리스도를 통한 개인과 하나님의 연합이지만 그런 연합의 궁극적 목표는 그런 개인들이 생동적으로 연합된 공동체 곧 '교회'를 형성하는 것이다.
30) 하나님의 나라는 개인과 공동체의 불가분리적 관계성 속에서 이해되어야 한다. 하나님의 나라는 하나님과의 생동적 연합의 관계를 가지는 개인으로부터 시작하지만 그것의 궁극적인 목표는 세상에서 하나님의 뜻을 실현하는 공동체를 이루는 것이다. 또한 하나님의 나라가 공동체를 목표로 하고 공동체를 통하여 나타나지만, 그것은 개인들의 체험에 기초한 것이다.
31) G. Lohfink, *Jesus and Community* (Philadelphia: Fortress, 1984), 7-30; Borg, *Jesus*, 125-42; Horsley, "Kingdom," 420-6; E. P. Sanders, *Jesus and Judaism* (Philadelphia: Fortress, 1985), 98-106. 피오렌자(Elizabeth Schuessler Fiorenza)는 침례 요한이 하나님의 종말적 심판과 진노를 강조한 반면, 예수는 하나님의 종말적 구원과 이스라엘의 회복을 추구했다고 말한다. Elizabeth Schuessler Fiorenza, *In Memory of Her: A Femenist Theological Reconstruction of Christian Origins* (New York: Crossroad, 1983), 119.
32) Borg, *Jesus*, 125.
33) Lohfink, *Jesus*, 31; Borg, *Jesus*, 127.
34) Borg, *Jesus*, 142; Crosby, *House*, 220.
35) Borg, *Jesus*, 198-9. 김세윤은 하나님의 나라 선포에서 예수가 의도한 것은 새 이스라엘 곧, 하나님의 종말적 백성의 공동체(=교회)를 세우려는 것이었다고 말한다("하나님 나라," 30-4).
36) 이 말씀들은 주로 마태의 산상 설교에 나오는데(마 5-7장), 산상설교는 천국의 계명이라고 말할 수 있을 정도로 천국에 들어온 사람들의 삶의 원리를 제시하는 대헌장과도 같은 것이다.
37) 한국의 기독교인들은 '율법'에 관하여 사도 바울이 말한 '율법과 은혜의 대조' 때문에 율법에 대하여 부정적 자세를 가지는 일반적 경향을 갖고

있다. 필자가 말하는 율법은 주로 마태복음에서 사용된 의미를 전제하는 것이며, 마태복음에서 율법은 모세 오경에 나오는 여러 가지 제사법이나 유대교의 관습법을 가리키는 것이 아니라, 오히려 십계명을 중심하여 "하나님의 백성이 세상에서 구현해야 할 하나님의 거룩한 요구"를 말한다. 해링톤이 이 점을 정확하게 지적한다: "유대인들에게 있어서 율법(Torah)은 하나님의 뜻의 계시 곧, 행위를 위한 하나님의 청사진이다. 이 것은 이스라엘에게 선물이요, 특권이지 짐이 아니다. 토라에 기초한 행위는 이스라엘과 더불어 계약의 관계에 들어가신 창조주 하나님에게 순종하는 특권적 방식이다. 율법은(이스라엘에게) 이미 보여진 하나님의 사랑을 전제한다"(Harrington, *Matthew*, 91).

38) 예수는 율법의 참된 실현에 관하여 여섯 가지 대조를 통하여 구체적으로 제시하셨다(마 5:21-48). 더 나아가 산상 설교 전체가 유대교의 전통적인 가르침인 바리새인들과 서기관들의 실현과는 다른 하나님의 요구의 참된 실현에 관한 것이다. Harrington, *Matthew*, 90-2와 Gundry, *Matthew*, 78-100 참조.

39) 마태는 이것을 '바리새인들과 서기관들보다 더 나은 의'라고 말하며(마 5:20), 그것이 곧 '하나님의 뜻'을 실현하는 것이라고 말한다(마 7:21).

40) Crosby, *House*, 224.

41) G. Bornkamm, *Jesus of Nazareth* (New York: Harper and Row, 1960), 44; Patte, *Matthew*, 48-9, 56.

42) 이런 점에서 시몬 베드로가 예수의 권능을 체험한 후에, 예수의 무릎 아래 엎드려 "나는 죄인입니다"하고 고백한 것은(눅 5:8). 그가 지금까지 하나님의 백성이라고 하면서도 하나님과의 직접적인 관계없이 살아온 것을 자각하는 고백이었다. 침례 요한도 유대인들을 향하여 명목상의 신앙을 고집하지 말고 하나님과의 보다 직접적인 관계로 나올 것을 촉구하면서(마 3:9; 눅 3:8), 회개와 죄사함의 표시로 회개의 침례를 베풀었다.

43) 한글 개역 성경에는 "받들지 않는 자는"으로 번역되었는데, 이 단어(δεχεσθαι)는 '받들다'보다는 '받는다'(take) 혹은 '영접한다'(receive)는 의미를 갖는다. 따라서 "받아들이지 않는 자"로 번역하는 것이 적절하다. Cf. W. Bauer, W. F. Arndt, and F. W. Gingrich, *A Greek-English Lexicon of the New Testament and Other Early Christian Literature* (Chicago: University of Chicago, 1979), 179.

44) J. D. Crossan, *The Historical Jesus* (New York:Harper Collins, 1992), 269.

45) 심령이 가난한 자는 겸손한 자 곧 자기를 낮추는 자를 가리킨다. Borg, *Jesus*, 243-4, 256; Horsley, "Kingdom," 421.

46) 학자들은 이 비유들이 발견의 기쁨을 나타내는 것으로 보기도 하지만, 하나님의 나라를 소유하기 위한 가치관을 가리키는 점도 포함시킨다.

Borg, *Conflict*, 383, n. 87.

47) K. L. Schmidt, "Βασιλεία" in G. Kittel ed. *The Theological Dictionary of the New Testament*, vol. 1, trans. G. W. Bromiley (Grand Rapids: Eerdman, 1981), 588.

48) 마가는 이 기간에(막 8:27-10:52) 제시된 예수의 교훈들이 세 번에 걸친 수난 예고와 더불어 제자들의 그릇된 메시아관, 군림하는 자로서의 지도자관을 교정시키는데 집중된 것으로 보고한 반면에, 마태는 베드로의 고백과 함께 세워진 교회의 획립 곧, 교회의 질서와 조화를 위한 지도자들의 역할을 제시하는 것에 집중한다(마 16:21-20:34). 누가는 이 기간의 사역을 예수의 사역의 중심으로 제시하면서(9:51-19:27) 예수를 통해 시작된 하나님의 나라의 길이 어떤 것인가를 이곳에서 집중적으로 제시한다.

49) Crosby는 마태가 여기서 '하나님의 나라' 대신 '천국'을 사용한 것은 마태의 독특한 신학을 반영한다고 말한다(*House*, 221).

50) Crossan, *Jesus*, 269; Borg, *Conflict*, 257.

51) Harrington은 어린아이와 같이 되어야 한다는 예수의 응답은 사회적 지위에 관한 당시의 문화적 전제들에 대한 도전이었음을 지적한다: "(여기서) 어린아이는 무죄나 의존의 상징이라기보다는 '사회적으로 아무것도 아닌 존재'(social nobody)의 실례이다. 어린아이는 사회적으로 아무 지위가 없으며 중요성도 없다. 예수는 그의 제자들이(교회 내에서) 사회적 계급의 요소로 생각하지 말도록 도전하신다. 예수가 지향하는 인간은 그런 의식들을 접어두고 사회적으로 아무것도 아닌 존재가 되는 것이다"(*Matthew*, 266)

52) 천국의 지도자들이 자기를 낮추고 섬기는 사람들이 되어야 한다는 것은 마가가 강조한 점이다. 마가에 다르면 예루살렘으로 가는 길에서의 사역은 천국 지도자들이 세상의 지도자들과 달라야 하고, 그렇게 되기 위해서는 십자가를 통하여 영광에 들어가는 그리스도의 정체를 바르게 알아야 한다는 것에 집중되었다(막 8:27-10:52; 특히 10:35-45). 누가는 예수가 이 교훈을 최후의 만찬에서 유언적으로 간단하게 제시한 것으로 전달한다(눅 22:24-27).

53) 마태복음 18장 전체가 교회의 지도자들을 향한 말씀인 점에서 실족시키는 것에 대한 경고도 지도자들을 향한 것이다. 마가복음에서도 소자 중 한 사람을 업신여기는 것에 대한 극단적 경고가 제자들을 향하여 제시되었다(막 9:41-48). Harrington, *Matthew*, 265-7과 Benedict T. Viviano, "The Gospel According to Matthew," in R. E. Brown ed. *The New Jerome Biblical Commentary* (Englewood Cliffs, NJ: Prentice Hall, 1990), 661 참조.

54) Viviano("Matthew," 661)는 마태가 18장 10절의 난해한 말씀에서 나라들을 지키는 천사들의 개념(단 13:20-21)을 개인화하여 소자들과 하나님의 밀접한 관계를 나타낸다고 제시한다.

55) 마태 18장의 길을 잃은 양은 누가와는 달리, 곁길로 나간 신자들을 가리킨다. R. H. Fuller, "Matthew," in J. L. Mays ed. *Harper's Bible Commentary* (New York: Harper and Row, 1988), 971; Viviano, "Matthew," 661.
56) Borg는 예수 운동의 근본정신(ethos)은 하나님의 자비(compassion)를 실현하는 것이었다는 것을 지적한다(*Jesus*, 129-41). 그것은 "하나님의 자비하심 같이 너희도 자비하라"는 교훈(눅 6:36)과 예수가 소외자들(세리들, 죄인들, 여인들, 가난한 자들)과 가졌던 관계 속에서 생생하게 제시되었다.
57) 이것은 기독교 교회사의 후기에 등장한 수도원주의의 금욕적 독신이 아니라, 임박한 하나님의 나라를 전파하기 위하여 결혼을 거부하고 복음 역사에 자신을 헌신한 사람들을 가리킨다. Fuller, "Matthew," 972-3; Viviano, "Matthew," 662 참조. 교회 지도자들의 독신 문제는 초기 기독교인들에게 있어서 미묘한 문제들 중의 하나였는데, 사도 바울도 이 문제를 심각하게 다뤘다(고전 7장).
58) 마태의 교회는 도시에 정착한 유대인 기독교인 중심의 공동체였지만, 최근에 많은 이방인들이 그들의 교회에 참여하게 된 상황을 반영한다. Fuller, "Matthew," 962-3 참조.
59) "모든 사람이 이 말을 받지 못하고 오직 타고난 사람이라야 할지니라"는 말씀에서(마 19:12) 타고난 사람이란 "그 말씀이 주어지는 사람들"을 가리키는 것으로서, 하나님이 천국을 위하여 독신으로 지낼 수 있는 능력을 주신다는 것이다(cf. Viviano, "Matthew," 662). 이것은 나중에 수도원 제도와 천주교 사제 제도의 기본이 되었다.
60) Fullerm "Matthew," 973; Viviano, "Matthew," 662-3.
61) Viviano, "Matthew," 663.
62) Borg는 여기서 미래적 완성의 개념을 제외시키는데, 그것 또한 하나님의 나라의 진행적 개념을 충분히 반영하는 것이 아니라고 본다(*Conflict*, 260).
63) 이런 점에서 '심판하다'는 동사는 제자들이 권위자의 자리에 올라가 군림하는 것이 아니라, 이스라엘 열두 지파를 회복하여 하나님의 정의를 세우는 일을 하게 된다는 것을 가리킨다는 Horsley의 지적은 아주 신빙성이 있다고 본다("Kingdom," 422-6).
64) Borg는 그들의 유대교의 인습적 지혜를 바탕으로 기초한 예수 시대의 지배적 의식 혹은 시대 정신을 나타내는 것임을 지적한다(*Jesus*, 102).
65) Horsley, "Kingdom," 421.
66) Borg는 하나님이 은혜로우신 분이라고 말하는 것은 하나님과의 관계성이 유대교의 인습적 지혜가 가르치는 대로 인간의 성취나 업적에 기초한 것이 아님을 의미하는 것이라고 말한다(*Jesus*, 103).
67) Ibid., 106.

제 2 부
예수의 병자치유 사역

1. 병자치유 사역의 사회-문화적 배경

2. 병자치유 사역의 사회-정치적 이해

1. 병자치유 사역의 사회-문화적 배경

예수의 병자치유 사역의 사회-문화적 배경

서론

공관복음서들에 따르면 예수의 초기 갈릴리 사역은 병자치유 사역에 집중된 것으로 나타난다(막 1:32-34; 마 8:16-17; 눅 4:40-41). 예수는 하나님의 나라의 도래를 전파하는 순회 전파 활동을 하면서 병자치유 사역을 병행했다(막 1:39; 마 4:23; 눅 4:44). 예수 자신이 병자치유 사역을 귀신축출 사역과 함께 그의 공생애의 중심적 국면으로 제시했다.[1] 예수의 사역의 중심적 목적이 하나님의 나라의 도래를 전파하는데 있었다는 점을 감안하면(막 1:15; 마 4:23; 눅 4:43), 예수의 병자치유 사역은 하나님의 나라의 도래를 구체적이고 실질적으로 보여주는 사역이었음이 분명해진다. 그렇다면 예수의 병자치유 사역은 어떤 점에서 하나님의 나라의 도래의 국면을 나타내는 것인가? 예수가 사역했던 시대의 사회-문화적 상황에서 그것은 어떤 성격의 사역이었는가? 그것은 단순히 개인의 신체적 질병을 하나님의 능력이라는 초월적 방식으로 치료하는 질병의 기적적치료 사역이었는가? 예수의 병자치유 사역과 하나님의 나라의 도래를 어떻게 연결시켜야 할 것인가?

한국 교회에 성령운동이 일어나면서 예수의 치유 사역이 신유의 은사와 연결되어 크게 부각되어왔다. 성령운동가들은 예수의 치유 사역의 현재성을 부각시키면서 불치의 병자가 성령의 역사를 통하여 기적적으로 나음 받는 신체적 질병치료를 특별히 강조했다. 그들은 불치의 병자들이 기도를 통하여 혹은 성령집회 속에서 나음 받고 있다고 주장해왔다. 이렇게 그들 자신이나 회중이 경험하는 치료의 경험들을 통하여 그들은 예수를 신통력을 가진 기적적 치료자로 인식하게 만들었다. 예수 시대에 유대교 사회나 헬레니즘 세계에서도 기적적 치료를 행하던 사람들이 있었다.[2] 물론 예수의 치유사역 역시 일차적으로는 신체적으로 병든 개인이 치료를 받는 개인적 질병치료의 성격을 분명히 포함하고 있다. 그러나 예수의 치유사역의 의미가 그런 차원에만 머무른다면, 예수는 그의 시대에 널리 활동하고 있었던 기적적 치료자들 중의 한 사람에 불과했을 것이며 또 그의 사역이 유대교 지도자들의 심각한 반발이나 헤롯왕의 과민적 반응을 일으키지도 않았을 것이다.[3] 예수의 치유사역을 그렇게 개인적이고 신체적인 차원에서만 이해한다면, 문제는 더 있다. 만일 그렇다면, 그리스도인들은 오늘날에도 의학과 의술의 도움 없이 예수의 기적적 치료를 기대해야 할 것인가? 또 그러한 신체적 질병치료가 어떻게 하나님의 나라의 도래와 연결되는가? 이러한 개인적이고 신체적인 질병치료라는 피상적 이해만으로는 병자치유 사역을 통하여 하나님의 나라의 도래를 전파한 예수의 사역의 의미를 충분히 설명하기 어렵다.

예수의 병자치유 사역을 충분히 이해하기 위해서는 질병과 질환 그리고 치료와 치유라는 용어의 이해뿐 아니라, 고대 사회에서 병듦과 건강 회복에 관하여 어떤 방식으로 인식하고 대처했는가에 대한 보다 더 근본적이고 다각적인 이해가 필요하다. 예수의 치유사역을 개인적인 신체적 질병치료 사역으로 이해하려는 것은 질병과 질병치료에 대한 현대의 과학적이고 의학적인 이해를 기초하고 있다.4) 현대의 의학적 측면에서 질병과 질병치료는 순전히 개인적이고 신체적인 문제이다. 개인이 질병을 가지는 것이며 또 개인이 치료를 받는 것이다. 그러나 일세기 유대교 사회와 같은 고대 사회에서 고대인들이 질병과 질병치료에 관하여 이해한 것은 오늘날의 과학적이고 의학적인 이해와는 거리가 있었다. 그들에게 있어서 질병과 질병치료는 개인적인 문제이면서 동시에 집단적(사회적)인 문제였다.5) 따라서 그들이 병자들을 다룰 때에는 개인의 신체적 회복을 추구했지만, 더 중요한 것은 그 병듦이 공동체에 끼치는 사회심리적 부정적 영향을 해결하는 것을 더 추구했다.

예수의 치유사역을 이해하는데 있어서도 마찬가지로 일세기 유대교 사회에서 병듦을 인식하고 대처하는 방식에 대한 선이해를 필요로 한다. 다시 말하여 일세기 유대교 사회에서 병듦과 관련된 사회-문화적 문제들을 이해하는 것이 필요하다는 것이다. 이런 면에서 예수의 치유사역을 충분하게 이해하기 위해서는 고대 사회에서 병듦의 원인에 대한 고대인들의 인식은 물론, 그 병듦이 개인은 물론 사회에 미치는 영향을 이해하는 사회과학적 연구를 필요로 한다.6) 일세기 유대교 사회와 같은 고대 사회에서 사람들은 현대 사회에서 하는 것과 같은 질병 자체에 대한 병리학적 분석과 진단 그리고 그것에 기초한 치료에 관심을 두지 않았으며 또 그렇게 할 수 있는 의학적 기초도 없었다. 그들은 그것보다는 어떤 질병의 사회심리적 원인이나 그것이 가정이나 사회에 미치는 부정적 영향을 정의하고 그것을 해결하는 것에 더 많은 관심을 두었다. 이런 면에서 병자를 치료한다는 것은 단순히 개인의 신체적 질병의 치료가 아니라, 그 질병과 관계된 사회적 문제들의 해결을 추구하는 질환 치유가 된다. 예수의 치유사역도 마찬가지로 병듦과 관련하여 형성된 유대인들의 사회적 인식과 사회적 체계를 바꾸어 놓으려는 사회-정치적 성격을 포함하고 있었다.

이런 점에서 필자는 이 연구에서 예수의 병자치유 사역에 관한 다음과 같은 주제를 발전시키려고 한다. 곧 예수의 병자치유 사역은 단순히 기적적 방식에 의해 신체적 질병만을 치료하려는 질병치료(curing of disease) 사역이 아니라, 병듦과 관계된 사회-문화적 문제들의 해결을 추구한 질환치유(healing of illness) 사역이었다는 것이다. 다시 말하여 예수의 병자치유 사역은 병듦과 관련하여 형성된 유대교 사회 세계의 상징적 질서에 대한 도전이며 또 병자 관리 체계를 통한 사회적 통제와 억압과 수탈로부터의 해방사역이었다. 예수의 치유 사역은 단순한 개인적인 신체적 질병치료 사역이 아니라, 병자 개인의 신체적 치료는 물론 나아가 병자들을 냉대하고 차별하며 소외시키는 불의하고 억압적인 사회체제의 변혁을 추구한 해방사역이었다. 따라서 이 연구에서 필자는 먼저 예수의 병자치유 사역의 이해를 위한 사회-문화적 배경을 살펴보고자 한다. 곧 일세기 유대교 사회에서 병듦과 관련하여 형성된 사회적 인식과 사회적 통제에 관하여 살펴보고, 다음 연구에서 그것을 기초하여 마가복음에 나오는 세 가지 사건의 예들을 다루면서 예수의 병자치유 사역이 보여주는 저항적이며 변혁적인 성격을 살펴보고자 한다.

I. 질병과 질환, 치료와 치유의 구분

인류학자들은 성서와 같은 고대 문서에 나오는 질병과 질병치료에 관하여 고대 사회의 사회-문화적 성격을 고려하지 않고 현대의 의학적 지식만을 가지고 이해하려는 것을 비판해왔다. 현대의 의학적 시각에서 병자 치료의 주요한 관심사는 병듦의 생물학적 증상을 파악하고 그 병듦의 병리학적 원인을 찾아 그것을 제거함으로써 치료하는 것이다. 이 시각에서 병듦은 개인에게만 영향을 미치고 또 오직 병든 개인만 치료를 받는다. 이러한 의학적 시각은 서구 사회에서 과학의 발달과 함께 발전된 것으로서 과학적인 서구 의학이 건강과 병듦의 문제에 대한 유일한 해결책이라고 간주하는 서구 문화의 이해와 주장을 상당 부분 포함하고 있다.[7] 인류학자들은 문화적 차이점들을 고려하지 않고 병듦과 건강 회복에 관하여 서양의 현대적 과학에 기초한 의학적 시각을 성서 사건에 직접적으로 적용하려는 시도를 "의학적 물질주의"(medical materialism)라고 부르면서, 성서에 나오는 병듦과 건강 회복을 이해하기 위해서는 성서 기자의 문화적 시각으로 그것들을 바라보아야 한다고 주장한다.[8] 다시 말하여 성서의 치유 사건들을 현대의 의학적 시각에서만 보아서는 안 되고, 그 대신에 사회문화적 혹은 종족의학적 시각에서 보아야 할 것을 제안한다.

종족의학(ethnomedicine)이란 "원시 문화의 발전적 산물이며 또 현대 의학의 개념적 틀로부터 정확하게 유래하지 않은 질병과 관계된 신념들과 행습들"이라고 정의된다.[9] 이러한 종족의학적 시각에서 보면, 신념들과 행위들은 문화에 따라 변한다. 병듦과 건강을 정의하고 그것에 대한 적절한 행위를 하는 것은 전적으로 문화에 기초한다. 이것은 문화에 따라 한 질병이 다양하게 혹은 심지어 충돌적인 해석을 가질 수도 있음을 설명한다.[10] 종족의학의 일차적 관심사는 병듦에 대한 현대의 병리학적 진단과 치료에 있지 않고 오히려 문화적으로 해석된 원인들과 그 원인들의 해결에 있다. 따라서 종족의학에서 의학적 문제들은 사회-문화적 현상들이며 그래서 문화적으로 정의될 수 있는 것으로 본다.[11] 예를 들어, 문둥병에 대한 현대의 의학적 입장은 그 병균의 병리학적 정체를 파악하고 그 병균을 박멸함으로써 병자를 치료하는 것에 집중하는 반면, 사회-문화적 입장은 그 병의 현상학적 진단과 함께 그 병이 공동체에 끼치는 부정적 의미의 해결을 제공하는 사회-문화적 해석에 집중한다.12) 이러한 종족의학적 시각에서 보면, 한 문화에서 발전된 개념을 모든 문화에 일률적으로 적용할 수 있다는 가정은 더 이상 가능하지 않으며 또 병듦과 건강 회복에 관하여 현대의 과학적 지식에 기초한 의학적 이해를 성서 사건에 직접적으로 적용할 수 없음을 발견하게 된다. 그러므로 우리는 현대의 의학적 시각과 지식만을 가지고 병듦과 건강 회복 문제를 이해하려는 의료중심주의(medical ethnocentrism)를 벗어나서 우리가 이해하려는 문서의 배경이 되는 사회의 전통적 가치들과 규범들과 법들을 아는 것이 필요하다.13)

의학적 물질주의와 의료중심주의를 피하고 병듦과 건강을 사회 문화적으로 이해하기 위하여 필요한 것은 문화적 요소들을 이해하기 위한 탈문화적 모델들과 개념들을 발전시키는 것이다. 고대 사회에서의 병듦과 건강 회복에 관한 문화적 이해를 위하여 인류학자들은 현재 사용되고 있는 몇 가지 용어들을 구분하여 사용할 것을 제안한다. 그 용어들은 병듦(sickness), 질병(disease), 그리고 질환(illness)이다. 병듦은 병든 상태를 기술하는 테두리 용어(blanket term) 혹은 포괄적 용어인 반면, 질병과 질환은 그 병든 상태를 이해하고 해석하는 두 가지 설명적 용어들이다.14) 질병은 유기적 체계의 구조와 기능 면에서 발생한 비정상을 바라보는 생의학적(생물학적 및/혹은 심리학적) 시각을 반영하는 용어이다. 이것은 문화적으로 어떻게 이해되는가에 상관없이 존재할 수 있는 병리학적 상태를 가리킨다. 그런 것으로서 질병은 개인들에게 영향을 주며 또 오직 개인만이 치료를 받는다.15) 반면에 질환은 현대의 의학적 시각에서 질병으로 인정하는 것에 반드시 국한된 것은 아니지만, 그런 질병을 포함하여 사회적으로 가치를 상실한 상태들에 대한 개인적 및 사회적 인식에 기초한 사회-문화적 시각을 반영하는 용어이다. 질환은 병듦에 의해 발생된 삶의 문제들에 대한 사회심리적 의미부여 혹은 해석을 포함한다. 질환에는 두 가지 요소가 포함되는데, 하나는 신체적 및 생물학적 요소이며 다른 하나는 사회문화적 및 종족의학적 요소이다. 그래서 질환은 필연적으로 다른 사람들(배우자, 가족, 이웃, 마을 등)에게 영향을 끼치는 사회성을 가진다. 질병이 개인적 및 생물학적 사실들에 기초한 개념인 반면, 질환은 개인적 및 생물학적 사실들을 포함하여 사회적 및 상징적 이해와 해석이 결합된 개념이다.[16]

의료인류학적 시각에서 병듦을 질병과 질환으로 구분할 때, 그 병듦을 관리하고 해결하는 것도 두 가지로 구분할 수 있다. 그 구분은 치료(curing)과 치유(healing)인데, 치료는 질병과 관계되며 치유는 질환과 관계된다.[17] 개인적 및 생물학적 측면에서 질병을 검사하고 그 원인자를 찾아 제거할 때 그 활동은 치료(curing)라 불리운다. 반면에 질환은 병듦에 의해 야기된 개인적 및 사회적 삶의 문제들을 정의하고 설명하는 사회-문화적 시각과 해석을 반영하는 개념이기 때문에, 질환을 해결하는 것은 병듦에 대한 사회-문화적 의미를 제공하는 것이며 그 병듦의 병리학적 원인을 찾아 제거하는 것을 반드시 포함하는 것은 아니다.[18] 이렇게 병듦에 의해 발생된 삶의 문제들을 위한 의미를 제공하는 것을 가리켜 질환을 '치유한다'(healing)고 말해진다. 그래서 치유하는 것은 병듦에 수반하는 인생의 문제들에 관한 사회적인 의미를 제공하는 것을 포함하기 때문에, 모든 질환들은 치유된다고 말할 수 있다.[19] 고대인들은 병듦을 주로 질환으로 간주했으며 또 성서에 나오는 치유 사건들도 질환과 그것의 치유에 해당하는 것들이다. 따라서 성서에 나오는 병듦을 단순히 현대의 의학적 시각에서 문둥병, 간질병, 혹은 정신병으로 단정하는 것은 의료중심주의적 판정이며 병듦에 대한 고대인들의 이해를 반영하지 못하는 부적절한 이해이다.[20]

서구의 과학적 의학에 익숙해 있는 현대인들은 병듦을 주로 질병의 시각에서 바라보고 그것을 개인에게만 영향을 주는 병리학적 상태로 이해한다. 이러한 의학적 시각에서 주요한 관심은 그 질병의 병리학적 원인을 찾아 치료하는 것이다. 그러나 고대인들은 병듦을 주로 질환으로 이해했다. 질환의 시각에서 병듦은 병자 자신에게는 물론 그 사람이 소속되어 있는 집단의 여러 사람들에게 부정적 영향을 끼치는 불행의 한 실례이다. 그래서 질환으로 이해하는 입장에서는 병듦의 증상을 파악하고 분류하며 그것이 개인과 집단에게 주는 의미를 발견하는 것 혹은 그 증상을 어떻게 의미로운 삶으로 연결시키는가를 발견하는데 일차적 관심을 둔다. 이런 점에서 '질병'이란 용어는 병듦에 대한 개인적 및 병리학적 국면을 강조하는 반면, '질환'이란 용어는 개인의 병듦을 사회적으로 공유된 가치들과 규범들과 나아가 법들과의 관계 속에서 이해하고 다루려는 사회-문화적 및 종족의학적 국면을 강조한다.[21]

이러한 구분에 따르면, 신구약성서 전체를 통하여 병듦의 문제는 질병이 아니라 질환으로 이해되었다. 구약 레위기에서 문둥병으로 기술된 병듦은 단순히 현대 의학적 시각에서의 Hansen씨 병이 아니다.[22] 그 병은 현대의 의학적 시각에서 명명된 한센씨 병을 포함하여 일종의 고질적인 피부병이다.[23] 그러나 레위기에서 그 병듦의 심각성은 그것의 병리학적 요소가 아니라, 그것이 공동체의 연합과 거룩을 위협하는 것이기 때문에 반드시 공동체로부터 제거되어야 한다는 사회-문화적 해석에 있었다. 다시 말하여 성서에서 문둥병은 질병이 아니라 질환으로 이해되었다는 것이다. 레위기 기사에서 그 병듦의 치료 방식에 대한 어떤 권고도 언급되지 않았다. 다만 그 병듦에서 "깨끗하게 되었다"는 제사장의 선언이 강조된 것은 그 질병이 치료될 수 있다는 신념에 기초한 것으로 보여진다. 그러나 그 질병의 치료보다 더 중요하게 다뤄진 것은 그 질병에서 "치료받았다"라고 말하지 않고 그 병듦에서 "깨끗하게 되었다"라는 제사장의 선언이다. 그것은 그 병듦에 대한 성서 기자의 인식이 병리학적이 아니라 사회-문화적인 것을 보여준다.24) 문둥병이 언급된 레위기의 문맥(레위 11-15장)에서 다루어진 질환들-정결하고 부정한 짐승, 산후 여자의 정결과 부정, 부정한 피부와 의복과 벽, 그리고 부정한 체액-에 대한 언급은 "신체적 몸의 상징적 구멍들과 경계선들을 안전하게 지킴을 통하여 공동체와 그 구성원들의 거룩함과 온전함과 하나됨을 보존하려는 의도"를 반영하는 사회-문화적 요소들에 기초하고 있다.25) 그래서 "깨끗하게 되었다"는 선언은 그 병에서 치료받았다는 개인적 국면보다도 그 사람에 대한 사회적 인식의 중요성을 보여준다. 이런 점에서 "깨끗하게 되었다"는 선언은 현대 의학의 병리학적 해석이 아니라 사회-문화적 혹은 종족의학적 해석이다.26)

II. 병듦과 관련된 사회-문화적 문제들

성서 세계에서 병듦이 질병이 아니라 질환으로 인식되었다는 것은 예수의 치유 사역을 성서 기자의 시각으로 이해하는데 있어서 중요한 해석학적 원리를 제공해준다. 성서 세계의 사람들이 현대적 의미의 질병 치료보다는 질환의 치유에 더 큰 관심을 두었다는 것은 예수의 치유 사역 역시 단순히 현대의 의학적 의미에서 질병을 치료하는 개인적인 사역이 아니라, 병듦이 개인은 물론 공동체 전체에 부정적 영향을 끼치는 하나의 불행으로 인식되었던 질환을 치유하는 사회적 사역이었다는 것을 보여준다. 예수의 병자치유 사역은 단순히 기적적 방식에 의한 질병치료 사역이 아니라, 그 병듦과 관계된 사회-문화적 문제들의 해결을 추구한 질환치유 사역이었다. 따라서 예수의 치유 사역을 충분히 이해하기 위해서는 특정한 병듦과 관련하여 일세기 유대교의 사회-문화적 문제들 곧 예수 시대 유대교 사회에서 그런 병듦에 관하여 인식하고 대처하는 방식을 이해하는 것이 필요하다. 또한 유대교 사회에서 그런 병듦에 관련된 사회-문화적 문제들을 이해하기 위해서는 그 사회의 전통적인 가치들과 규범들과 법들을 아는 것이 필요하다. 이러한 사회-문화적 국면의 이해는 왜 예수가 문둥병자, 중풍병자, 그리고 혈루병자와 같은 병자들을 치유의 대상으로 삼았으며 또 그가 그런 사람들의 치유를 통해 추구한 것이 무엇인가를 파악하는데 중심적 요소가 된다. 따라서 예수의 치유 사역의 충분한 이해는 유대교 사회의 경계선(정체성)을 규정하고 사회적 질서를 유지시키고 있었던 사회의 구성 체계 곧 정결 체계를 이해하는 것과 직결된다.

1. 정결과 부정

인류학적 측면에서 예수 시대 유대교 사회가 정결 사회였다는 것이 지적되어 왔다. 정결 사회란 정결과 부정, 깨끗함과 더러움의 구별을 사회 구성의 중심 원리로 삼는 사회를 말하는데, 그런 구별은 인간과 사물은 물론 장소와 시간 그리고 사회의 모든 국면에 적용되었다.[27] 따라서 정결 사회에서는 정결과 부정, 깨끗함과 더러움의 구별을 법제화한 정결법이 사회 체계의 근간을 이룬다. 유대교의 정결 체계는 포로시대 이후 팔레스틴에 귀환한 유대교 지도자들이 유대교를 재건하는 과정에서 발전되었다. 그들은 "내가 거룩하니 너희도 거룩할지니라"는 레위기의 말씀(레 11:44-45)을 따라 유대인들의 삶(개인의 삶은 물론 공동체적인 삶)에서 하나님의 거룩하심을 실현하는 것을 최고의 가치로 제시했다. 레위기의 규례들에 따르면, 하나님의 거룩하심을 실현하는 것은 정결과 부정에 관한 하나님의 말씀을 실천하는 것과 밀접하게 연결되었다. 필자는 예수의 귀신축출 사역에 관한 연구에서 정결 사회로서의 유대교 사회의 모습과 특히 정결법이 유대교 사회의 정치와 경제에 끼친 영향을 제시했다.[28] 그래서 이 연구에서는 이러한 정결 체계가 유대교 사회에서 병듦을 인식하고 대처하는 방식에 끼친 영향을 이해하는 것에 집중하려고 한다.

인류학적 시각에서 정결은 인간 사회가 그 사회의 정체성을 확립하고 내적 질서를 확립하기 위하여 규정하고 구별하며 질서를 세우는 사회의 구성 원리를 말한다. 정결은 한 사회 안에 있는 모든 사람들과 모든 사물들을 제 자리에 위치시키며 또 그 사회의 내적 체계와 질서를 세우기 위하여 사회적으로 공유된 선들로 표현된다. 그 선들을 긋는 목적은 그 사회의 정체성을 확립하고 그 사회의 체제 확립과 내부 결속을 다지는 것은 물론 그 경계선을 침범하거나 체제를 위협하는 사람들을 규정하고 대처하기 위한 것이었다.[29] 문화인류학자 Mary Douglas는 정결 개념을 더러움(dirt, pollution), 외부 경계선들과 경계 지역(external boundaries and margins), 그리고 내부 선들(internal lines)을 통하여 설명한다.[30] 먼저 정결은 그것의 반대 개념인 더러움과 관련하여 표현된다. 더러움이란, 간단히 말하면, 제 자리(위치)를 벗어난 것이다. 그래서 더러움이란 사람들과 사물들을 분류하고 제 자리에 위치시키는 하나의 확립된 체계를 전제한다. 깨끗하다거나 더럽다는 것은 사람들과 사물들을 분류하고 위치시키는 체계에 달려있다. Douglas는 더러움의 개념은 "우주적이건 사회적이건 구조의 선들이 명백하게 정의되는 곳 외에서는 거의 일어나지 않는 일종의 위험"이라고 말한다.[31] 그래서 어떤 사물이나 사람을 더럽다고 규정하는 것은 사회적으로 공유된 선들과 그 선들의 위반을 전제한다. 더러운 것은 그것의 적합한 범주에 맞지 않는 것이며 그것의 합당한 자리를 벗어난 것이다. 따라서 더러움은 사회적으로 공유된 질서 안에서 혼란을 일으킨다. 이러한 더러움의

개념은 사회적 체계와 질서를 위협하는 방해자들로부터 사회를 지키려는 목적에서 유래했다.[32]

그러나 누가 혹은 무엇이 제 자리를 벗어난 것인가를 결정하는 것은 문화적 인식과 해석의 문제이다. 깨끗함과 더러움의 결정은 사람들과 사물들을 분류하며 제 자리에 위치시키는 문화적 체계에 달려있다. 문화는 사람들과 사물들을 구분하고 평가하는 가치들과 범주들과 기준들을 위한 기본 체계를 제공한다. 한 문화에서 더러움으로 간주되는 것이 다른 문화에서는 그렇지 않을 수도 있다. 그래서 중요한 것은 정결로 표현되는 질서에 대한 문화적 인식이다. 더러움을 피하려는 것은 한 사회 안에서 질서를 세우며 무질서를 줄이려는 문화적 인식 과정의 한 부분으로 볼 수 있다. 더러움에 대한 신념들은 특히 도덕적 가치들과 밀접하게 연결되었다. 이와 같이 정결과 더러움은 사회의 체계 확립과 질서 유지를 위한 기반을 제공한다.[33] 정결과 더러움은 제 자리에 있는 것과 관계하고 있기 때문에, 제 자리에 있는 것과 제 자리를 벗어난 것을 구별하는 범주들과 기준들을 필요로 한다. 그래서 깨끗한 것과 더러운 것, 내부와 외부, 그리고 속한 것과 속하지 않은 것을 구별하는 경계선들에 특별한 관심을 기울이게 된다. 경계선들은 내부자와 외부자를 구별하는 선들이다. 경계선들 안에 있으면 정결하고 깨끗한 것이지만, 경계선들 밖에 있으면 부정하고 더러운 것이다. 이런 체계에서는 경계선들 밖에 있는 것들 곧 더러운 것들이 안으로 들어오는 것에 대하여 크게 두려워하며 그것을 막는 일에 큰 관심을 기울이게 된다. 그래서 경계선들에 대한 명백한 정의는 더러운 것들의 침입을 막고 내적 질서를 유지하는데 필수적이다. 정결법은 바로 사회의 구조를 정의하고 유지하는 경계선들을 긋는 역할을 한다.[34]

또한 정결은 사회의 체계 확립과 질서 유지와 관련된 것이기 때문에, 정결에 대한 관심은 경계선들의 명확한 정의는 물론 내부 구조의 확립을 통해 표현된다. 내부 구조는 역할, 신분, 위치, 관계를 정의하며 제한하고 구별하는 여러 종류의 사회적으로 공유된 선들로 구성된다. 이 선들은 모든 사람과 모든 것을 제 자리에 위치시킬 뿐 아니라, 그들이 그 선들 안에 제대로 위치했는가에 따라 그것들을 평가하는 역할을 한다.[35] 정결법은 그런 선들을 발전시키고 또 그렇게 함으로써 사회의 질서와 연합을 유지하는 것과 관련된다. 이런 종류의 사회적으로 공유된 선들은 크게 두 가지로 구분될 수 있는데, 하나는 도덕적 선들이다. 도덕적 선들을 세우는 기반은 한 사회의 도덕적 의식과 도덕적 질서이다.[36] 다음은 계급적 선들이다. 이 선들은 사람들의 사회적 신분과 관련하여 세워지며 그래서 한 사회의 내적 질서의 기반을 이룬다. 이 선들은 많은 수평적 층들을 가진 피라미드 형태의 구조를 가진 계급적 사회를 구성한다.[37] 정결법은 이러한 내부 선들을 만들고 유지하며 확대하는 것과 관련된다. 그 선들은 엄격하게 구조화된 사회일수록 더 명백하고 엄격하며 변할 수 없게 고정된다. 이 내부 선들은 역할과 관계의 명백한 정의를 요구하며 사회의 질서정연한 관계들을 산출한다. 또한 그런 선들이 엄격하고 고정된 사회일수록 선들을 넘어서는 일들이 철저히 금지되고 통제된다.

정결은 이와 같이 경계선들에 대한 명백한 정의와 내부 선들의 확립과 관련되기 때문에, 그 정의에 충분히 맞지 않거나 제 위치에 제대로 있지 않은 사람들과 사물들 즉 경계 지역에 있는 사람들과 사물들을 대처하는 것도 정결 체계의 큰 관심사 중의 하나다. 경계 지역에 있는 사람들이나 사물들은 명백한 선들을 혼란시키며 분명한 정의를 흐리게 한다. 경계 지역에 있는 그들은 취약하며 위험하다. 그래서 경계 지역은 혼란과 갈등의 요인이 된다. 모든 문화는 이렇게 더러움과 함께 경계 지역 문제를 다루는 방식을 갖고 있다. 어떤 문화권에서는 이러한 관심이 사람들과 짐승들과 음식에 관한 규정들과 또 몸의 경계선들에서 나오는 액체(침, 땀, 정액 등)에 관한 규정들을 통하여 표현되기도 한다. 레위기에 나오는 정결 규례들과 관련된 병듦은 몸의 피부나 구멍 그리고 의복과 집의 벽과 같이 경계선들과 경계 지역과 관계된 것들임을 보여준다.

2. 정결과 몸

이와 같이 정결은 한 사회를 구성하는 가치들, 규범들, 기준들, 그리고 법들을 산출하는 근본 원리이다. 모든 사회는 그 사회의 구성원들로 하여금 그 사회가 추구하는 정결의 목표를 이룩하기 위한 방식을 갖고 있다. 이것은 개인들의 사회화로 나타난다. Douglas는 더러움에 관한 규칙들은 사회화와 밀접하게 관련되어 있으며 또 사회화는 근본적으로 인간의 신체적 몸과 관련된 것을 지적한다. 개인의 몸은 사회문화적 세계를 개인과 연결시키는 상징적 실재라는 것이다.[38] 그녀는 몸의 비유적 의미를 두 종류의 몸의 관계를 통하여 말한다:

> 사회적 몸은 신체적 몸이 인식되는 방식을 관장한다. 몸에 대한 신체적 경험은 항상 그것을 통하여 사회의 특정한 견해가 알려지고 유지되는 사회적 범주들에 의하여 조정을 받는다. 두 종류의 몸의 경험들 사이에 계속적인 의미의 교환이 있어서 각각은 상대방의 범주들을 재강화시킨다. 이러한 상호작용의 결과로 몸은 심하게 통제되는 표현의 매체이다.[39]

개인의 몸은 사회의 이상 곧 정결의 목표를 이루기 위한 통제와 교육의 주요한 대상이다. 개인적 인간의 몸은 사회적 몸의 인식들이 표현되는 주요한 통로가 된다.[40] 개인의 몸과 관계된 정결 규칙들은 사회적 이상을 구현하기 위한 구체화된 표현이다. 사회적 통제의 강도는 개인의 몸을 규정하고 통제하는 정결 규칙들을 통하여 나타난다.41) 이런 점에서 개인의 몸은 사회적 몸의 상징이다.42)

정결에 대한 사회적 관심은 구성원들의 개인적 몸에 대한 통제를 통하여 표현된다. 정결은 경계선들에 대한 명확한 정의를 통하여 표현되는데, 이 점에서도 신체적 몸과 사회적 몸은 상징적으로 연결된다. 신체적 몸의 경계선들-신체의 표면(피부, 모발, 의복)과 신체의 구멍들(입, 항문, 성기)-에 대한 관심은 사회적 몸의 경계선들에 대한 염려를 반영한다. Douglas는 신체적 몸과 관련된 제의들이 가지는 사회학적 의미를 이렇게 말한다:

> 제의들(rituals)이 몸의 구멍들에 대한 염려를 반영할 때, 이 염려의 사회학적 대응은 소수 집단의 정치적이고 문화적 일치의 유지에 대한 염려이다. 이스라엘 사람들은 그들의 역사에서 항상 심하게 억압받는 소수집단이었다. 그들의 신념에 따르면 몸 안에서 나오는 모든 것들은 오염시키는 것이다: 피, 침, 정액 등. 그들 공동체의 위협받는 경계선들은 신체적 몸의 온전함, 일치, 순결을 위한 돌봄에서 비춰진다.43)

신체적 몸의 경계선들에 대한 관심이 사회적 몸의 경계선들에 대한 관심을 상징적으로 나타내는 것은 레위기 11-15장의 정결과 부정에 관한 규례들에서 분명하게 보여진다.44) 거기서 규례들은 네 가지 범주로 다뤄진다: 정결하고 부정한 짐승(11장); 산후 여자의 정결과 부정(12장); 사람의 부정한 피부, 의복, 그리고 집의 벽(13-14장); 부정한 체액(15장). 여기서 문제는 왜 다른 것들을 제쳐두고 이것들만이 거론되었는가 하는 것이다. 왜 음식, 출산, 문둥병, 그리고 체액이 정결과 관계되었는가 하는 것이다. 정결이 경계선들과 경계 지역에 대한 관심을 반영한다는 시각에서 보면, 여기에 언급된 것들이 다 신체적 몸의 경계선들과 경계 지역과 관련된 것들임을 발견할 수 있다. 세 가지는 신체의 경계 지역에 있는 구멍과 관련되었다: 정결하고 부정한 음식(입), 출산(여성의 성기), 그리고 유출병과 체액(남성과 여성의 성기). Douglas는 음식과 몸의 구멍들이 정결의 주요한 규례들에 포함된 것의 사회-정치적 상징성을 이렇게 말한다: "소화(ingestion)의 과정들은 정치적 흡수를 묘사할 수 있다. 때때로 몸의 구멍들은 사회적 공동체에로의 출입을 묘사하는 것처럼 보이거나 혹은 몸의 완전함은 이상적 신정통치를 상징할 수 있다."45)

문둥병과 관계된 언급들(부정한 피부, 부정한 의복, 부정한 집의 벽)은 모두가 경계선들에 대한 관심을 나타낸다. 피부는 신체의 경계선이며 의복도 신체의 피부와 같이 표피 경계선들을 강화하는데 사용되는 외부적 경계선이다. 문둥병이 생긴 벽들도 집의 경계선에 대한 침입을 나타내는 첫 번째의 표시이며 따라서 위험한 것이다. 레위기 기사에서는 사람의 피부에 생긴 문둥병의 치료 방식에 대한 어떤 권고도 언급되지 않았다. 다만 깨끗하게 되었다는 제사장의 진단과 선언이 중요하게 제시되었다. 이것은 문둥병을 다루는 관심의 초점이 현대의 의학적 요소가 아니라 당시의 사회-문화적 혹은 종족의학적 요소에 있었던 것을 보여준다. 그것은 "신체적 몸의 상징적 구멍들과 경계선들을 안전하게 지킴을 통하여 공동체와 그 구성원들의 거룩, 온전함, 그리고 하나됨을 보존하려는 것"이었다.46) 레위기의 정결과 부정의 규례들은 개인의 몸의 통제를 통하여 사회적 정체성과 단결을 추구한 포로 시대 직후 유대인들의 사회-정치적 상황과 아주 밀접하게 연결된다.

3. 정결과 거룩

정결은 경계선들과 경계 지역 그리고 내부 구조의 선들에 관한 분명한 정의들을 가진 질서 체계를 가리키는 것을 보았다. 그렇다면 그런 질서 체계는 어떤 기준에 의해 형성되는 것인가? 정결 체계의 형성에 있어서 가장 필수적인 기준이 되는 요소는 무엇인가? 그것은 "핵심 가치"(core value)라는 개념을 통하여 설명된다. 핵심 가치란, Bruce J. Malina의 정의에 의하면, "사회 전체를 그 사회의 다양하고 다중적인 상호작용들과 함께 하나로 묶는 일반적 지향점, 목표, 혹은 목적이다."[47] 인간 사회의 핵심 가치는 그 사회의 정결 체계의 핵심적 기준이 된다. Jerome H. Neyrey는 정결 체계와 핵심 가치의 관계성에 관하여 다음과 같이 말한다:

> 핵심 가치는 사물들이 어떻게 분류되고 그것들이 어디에 위치하는가에 영향을 끼친다. 그것은 행위를 위한 전반적 기준, 체계의 형태를 위한 주요한 인준이다. 더구나 핵심 가치는 체계의 방향과 명료성과 일관성을 제공함으로써 체계 전체를 통하여 구체화된다. 이 가치와 그것의 구조적 표현들에 일치하는 것은 "깨끗하다"; 반면에 어떤 방식으로든지 그것에 위반되는 것은 "오염된 것이다."[48]

일세기 팔레스틴 유대교의 핵심 가치는 하나님의 거룩이었다. 하나님의 거룩은 유대인들로 하여금 그들의 삶을 개척하고 유지하도록 방향을 지시하는 궁극적 목표 혹은 지향점이었다. 어원적으로 거룩은 분리됨(separation) 혹은 성별됨(set-apartness)의 의미를 갖는다. 거룩한 것은 하나님을 위하여 분리된 것 혹은 하나님에게 성별된 것이다. 거룩은 하나님의 핵심적 본성이었다: 하나님이 거룩하시기 때문에, 그 거룩하신 하나님은 하나님의 백성의 거룩한 삶을 요구하신다. 이 경우에 하나님의 거룩은 하나님의 백성이 그들의 삶을 통하여 실현해야 할 신성한 요구가 된다. 그러므로 거룩은 유대교 정결 체계의 궁극적 기준이 되었다: 하나님의 신령한 요구들에 합당한 것은 거룩하고 깨끗하지만, 그러나 그것들에 적합하지 않은 것은 속되고 부정하다. Jacob Neusner는 성서와 랍비적 유산에 나타난 정결과 부정의 규례들을 검토한 후에 일세기 유대교의 정결 체계는 거룩이라는 핵심 가치와 밀접하게 연결되었다고 결론을 내린다.49)

Mary Douglas는 오경의 신성한 명령들 특히 레위기의 금지 규례들에서 하나님의 거룩의 개념을 발견한다. 그녀의 관찰에 따르면, 하나님의 거룩은 하나님의 백성이 그 안에서 축복과 번영을 제공 받는 신적 질서의 체계를 위한 근본적 기준이다. 구약에서 축복은 모든 좋은 것들의 근원이며 또 축복을 거두어 가심은 모든 위험의 근원이다. 하나님의 축복은 하나님의 백성이 거하는 땅을 기름지게 만든다. 하나님의 축복은 하나님의 백성이 하나님과 맺은 계약을 지키고 모든 규례들을 지킬 때 온다(신 28:1-14). 반면에, 하나님의 백성이 하나님의 명령과 규례들을 지키지 않으면, 축복은 없어지고 황폐함과 질병과 혼란이 찾아온다(신 28:15-24). 축복과 저주의 원칙은 분명하다: 계약에의 순종 곧 하나님의 거룩의 요구에 순응함은 번영을 가져오지만, 하나님의 거룩의 요구에서 빗나감은 저주와 위험을 가져온다.50) 하나님이 축복하시고 저주하시는 목적은 질서를 세우기 위함이며 이 신적 질서의 궁극적 목표는 하나님의 백성 중에 하나님의 거룩을 구현하는 것이다. 하나님의 거룩과 그것을 구현하기 위한 각종 규례들은 유대교 정결 체계의 신적 기준이 되었다.51)

Douglas는 나아가 하나님의 명령과 금지의 규례들에서 구현된 하나님의 거룩의 개념을 다음의 네 가지 용어로 제시한다: 온전함(wholeness) 혹은 하나됨(oneness), 질서정연함(orderliness), 그리고 도덕적 순결함(sexual morality). 첫째, 거룩은 개인의 신체적 몸과 사회적 몸 양자의 온전함과 하나됨으로 상징화된다. 이것은 제물들이 흠이 없어야 한다는 것과 제사에 참여하는 사람들의 신체적 온전함에서 표현된다. 흠이 있는 제물들, 제사를 집전하는 제사장들의 신체적 결함, 기르고 제사에 참여하는 사람들의 신체적 무질서는 완전함과 하나됨을 나타내지 못하며 따라서 하나님의 거룩을 구현하지 못하기 때문에 부정하다. 부정한 것과 흠이 있는 것은 단순히 온전함 곧 완전함을 나타내지 못하며 따라서 그것들은 완전하신 하나님 아래 완전한 사회에서 완전한 개인이라는 이상을 구체화시키지 못한다.[52]

둘째, 거룩은 자연 세계와 인간 사회의 질서정연함을 통하여 구체화된다. Douglas는, 하나님의 거룩을 종들과 범주들에로 확장한 다른 규례들을 검토하면서, 거룩은 하나님이 창조시에 확립한 질서와 범주들을 지키는 것임을 제시한다: "거룩은 개인들이 그들이 속하는 계급에 순응할 것을 요구한다…. 거룩은 창조의 범주들의 특성을 유지하는 것이다. 그러므로 거룩은 정확한 구분과 구별 그리고 질서를 포함한다."[53] 그녀의 논의는 깨끗하고 먹을 수 있는 짐승들과 부정하며 먹을 수 없는 짐승들을 구별하는 음식 규정들에 기초한다. 깨끗함과 더러움을 구별하는 기본적인 원리는 그것들이 그것들에게 정해진 범주들에 완전히 적합한가에 있다. 창조 이야기들(창 1:1-2:4)에서 세상은 세 개의 구별된 범주들로 구성된다: 하늘, 땅, 그리고 물. 레위기의 저자는 이 구도를 택하여 각 영역에 합당한 짐승의 생명의 형태를 부여했다: "하늘에는 두 다리를 가진 짐승이 날개를 가지고 날아다닌다. 물에는 비늘을 가진 물고기들이 지느러미를 갖고 헤엄을 친다. 땅에서는 네 발을 가진 짐승이 뛰기도 하며 걷기도 한다. 각각의 서식지에 맞는 이동 수단을 갖추지 않은 짐승들은 거룩에 위배된다."[54] 그래서 비늘과 지느러미를 갖지 않은 물에 사는 모든 것들은 부정하며(레 11:10-12), 날아다니는 네 발 가진 짐승은 부정하며(레 11:20-26), 그리고 다리가 없이 배로 기어다니는 땅의 짐승들도 부정하다. 여기서 중요한 것은 하나님이 창조 시에 확립한 질서와 분류 체계다. 이 분류 체계에 적합한 것은 거룩하고 깨끗하지만, 그 체계를 위반하는 것은 비정상이며 부정하다. 구약의 음식법은 하나님의 거룩의 신체적 구체화이며 신적 질서와 요구들에 대한 인정과 반

응의 제의적 행동으로서 역할을 감당한다.[55]

셋째, 거룩은 제사 체계와 음식법의 영역에서는 물론 사회적 도덕성의 영역에서도 구체화된다. Douglas는 거룩의 도덕적 성격에 관하여 간결하게 언급한다: "정의와 도덕적 선함은 거룩을 예증하며 그것의 일부를 이룬다."[56] 레위기 18장은 근친상간과 그 밖의 다른 빗나간 성관계의 금지들을 포함한다. Douglas는 성도덕에 관한 이 규칙들을 두 가지 점에서 이해한다. 먼저 이 규칙들은 질서로서의 거룩을 구체화한다: "근친상간과 불륜(레 18:6-20)은 단순히 올바른 질서의 의미에서 거룩에 위배된다."[57] 짐승과의 성교(bestiality)와 동성 성교(homosexuality)는 하나님이 창조 시에 확립한 구별을 파기하는 것이며 따라서 합당한 질서에서 벗어나는 것이다.[58] 이러한 맥락에서 거룩은 도덕성 보다 더 광범위한 개념이다. 성도덕에 관한 규칙들은 이스라엘 사회에 신적 질서를 증진시키는 것은 물론 결과적으로 이스라엘 사람들을 주변 국가들로부터 분리시키는 역할을 한다(레 18:1-5). 이와 같이 하나님의 거룩은 유대교 사회의 내적 구조 형성에 있어서 근본적 기초를 이루었다. 유대교의 정결 체계는 하나님의 거룩을 개인은 물론 사회 전반에 걸쳐서 구체화하기 위한 목적에서 이루어졌다.

결론

이렇게 문둥병이나 유출병과 같은 특정한 병듦에 대한 일세기 유대인들의 인식과 대처는 그들의 정결 체계와 밀접하게 관련된 것을 알 수 있다. 이것은 그들이 병듦을 질병이 아니라 질환으로 이해한 것을 보여준다. 레위기 기사에서도 치료 방식에 대해서는 어떤 권고도 제시되지 않았으며 또 예수의 치유 사건에서도 증상에 관한 것은 거의 언급되지 않았다. 유대교 지도자들은 병듦의 병리학적 원인을 파악하고 진단하는데 관심을 두기보다 오히려 병듦이 어떤 점에서 그들의 정결 체계에 부정적 영향을 끼치는가에 관심을 두었다. 그들은 그들이 추구하는 핵심가치인 거룩의 실현이라는 시각에서 병듦이 공동체의 하나됨과 온전함을 이루는데 끼치는 부정적 영향을 파악하고 그것에 대처했다. 그들은 정결 체계 곧 공동체의 경계선을 지키며 공동체 내부의 결속을 추구하는 입장에서 병듦과 병자들을 이해하고 취급했다. 그래서 병듦의 원인을 죄로 인식하게 되었고 또 병자를 죄인으로 취급하는 사회적 인식이 형성되었다. 병듦은 개인적으로나 사회적으로 온전함을 벗어나는 것이기 때문에 부정한 것이며 그래서 병자를 부정한 사람으로 낙인찍는 사회적 평가가 이루어지게 되었다. 특히 어떤 병듦은 공동체의 정체성과 결속을 저해하는 요소로 인식되었고 그래서 그런 병자들을 공동체로부터 소외시키고 격리시키게 되었다. 병자들은 공동체의 경계선을 위협하며 내부의 결속을 해치는 곧 정결 체계를 위협하는 사람들로서 냉대와 차별의 대상이 되었다. 병듦에 대한 이러한 이해는 병자들을 차별하고 소외시키는 비인간화의 주요한 원인으로 작용하게 되었다. 병듦에 대한 유대교 지도자들의 인식과 대처는 철저히 그들의 정결 체계를 확립하려는 목적에서 이루어졌다.

예수의 병자치유 사역의 대상은 바로 이러한 정결 체계의 대표적인 희생자들이었다. 문둥병자들은 철저히 소외되고 통제되었다. 그들은 그 병듦 자체로 고통당하는 것은 물론 그들을 향한 사회적 멸시와 박대와 차별이 그들에게 더 고통스런 것이었다. 또한 깨끗하다는 제사장의 인증을 받는 과정에서 제사장들의 억압과 수탈의 대상이 되었다. 중풍병은 범죄의 결과로 생기는 대표적인 질병으로 간주되었다. 중풍병자들도 그 질병 자체로 고통당하는 것은 물론 죄인이라는 사회적 평가에서 오는 차별과 냉대와 죄의식의 고통 속에서 살아야 했다. 혈루병도 레위기에서 다뤄진 것으로서 사람을 부정하게 만드는 대표적인 병이었다. 그래서 혈루병자들도 유대교 사회에서 차별과 소외의 대상이었다. 그들도 마찬가지로 그 질병 자체로 고통당하는 것은 물론 부정한 사람이라는 사회적 딱지와 소외라는 더 큰 고통을 받아야 했다. 마가복음 5장에 나오는 혈루병 여인 치유 사건에서 그 여인이 그 병에서 나음 받기 위하여 십 이 년 동안이나 필사적으로 노력한 배경은 정결 체계 속에서 병자들이 받아야 하는 심리적 압박감과 소외감과 차별 대우였다.

예수의 병자 치유 사역은 이러한 사회-문화적 상황에서 이루어졌다. 예수의 병자치유 사역은 질병 치료 사역이 아니라 질환 치유 사역이었다. 예수의 치유 사역의 목표는 단순히 개인의 신체적 질병의 치료가 아니라, 병듦과 관련된 혹은 병듦을 매개로 한 사회적 억압과 차별과 비인간화의 문제들을 해결하려는 것이었다. 예수는 병듦과 관련하여 형성된 유대교 사회의 상징적 질서 곧 그 사회의 대중적 인식과 치유 체계에 대하여 도전했다. 그런 점에서 그것은 유대교 사회 세계(상징적 질서)의 유지자들(권력자들)에 대한 저항이었다. 예수는 병듦을 매개로 이루어진 지배 이념과 치유 체계를 통한 통제와 억압과 수탈을 보았다. 그러한 지배 이념과 치유 체계의 유지자들은 바로 제사장들, 서기관들, 그리고 회당장들이었다. 예수의 치유 사역은 그러한 지배 계층과의 충돌로 이루어졌으며 또 그러한 충돌은 결국 대제사장들, 서기관들, 그리고 장로들이라는 유대교의 최고 지배 계층과의 숙명적 대결로 이어졌다(막 8:31; 9:33; 12:27; 14:1, 43, 53; 15:1, 31). 필자는 예수의 병자치유 사역의 다음 연구에서 마가복음에 제시된 예수의 치유사역의 구체적인 세 가지 예들을 통하여 그 사역의 사회-정치적 성격 곧 불의하고 억압적인 지배 이념과 지배 체제에 대한 저항과 변혁의 성격을 제시하려고 한다.

주(註)

1) 누가에 따르면, 예수는 자기를 죽이려고 하는 헤롯을 향하여 자신의 사역의 중심적 국면을 다음과 같이 표현했다: "오늘과 내일 내가 귀신을 쫓아내며 병을 낫게 하다가 제 삼일에는 완전하여지리라"(눅 13:32).
2) 사도행전에 나오는 마술사들이 대개 그런 치유자들이었던 것으로 보인다 (행 8:9-11; 13:8; 19:12). Geza Vermes는 역사적 예수는 그의 시대 유대교 사회에서 귀신축출을 행하며 병자를 치유하던 은사적 활동가들의 맥락에서 이해하는 것이 필요하다고 생각한다. Geza Vermes, *Jesus the Jew* (Philadelphia: Fortress Press, 1973), 58-82 참조.
3) Paul Hollenbach는 예수의 귀신축출 사역이 어떤 점에서 유대 사회의 당국자들 곧 바리새인들과 헤롯당과의 마찰을 일으켰는가에 주목한다. 그러나 이러한 충돌은 비단 예수의 귀신축출 사역의 결과만이 아니라, 그의 치유사역의 또 다른 국면인 병자치유 사역도 마찬가지 결과를 낳았다. Paul Hollenbach, "Jesus, Demoniacs, and Public Authorities: A Sociological Study," *Journal of American Academy of Religion*, 49/4(1981), 579-85 참조.
4) John Pilch는, Mary Douglas를 따라서, 이것을 "의학적 물질주의"라고 부른다. Pilch에 따르면, 의학적 물질주의는 "문화적 차이점들을 고려하지 않고 건강의 관심사들을 해석하기 위하여 현대의 서구적 과학적 의학적 개념들과 모델들을 활용하려는 경향을 가리키는 인류학적 개념"이다. Pilch는 나아가 이것을 성서 문서에 나오는 질병이나 치유를 이해하려는 학자들이 빠지기 쉬운 함정으로서 성서의 사건을 성서 기자 자신의 세계의 언어로 이해하려는 관심이 없이 단순히 현대적 물질적 이해의 틀을 따라 이해하려는 것이라고 비판한다. 그래서 Pilch는 성서 기자 자신의 문화에 기초하여 질병과 치유의 언어를 발견하는 것이 필요하다고 제안한다. John Pilch, "Biblical Leprosy and Body Symbolism," *Biblical Theology Bulletin*, 11(1981), 108; idem., "Sickness and Healing in Luke-Acts," in Jerome H. Neyrey ed., *The Social World of Luke-Acts* (Peabody, MA: Pendrickson Publishers, 1991), 182.
5) 고대 근동 사회에서 개인은 개인주의가 발전된 오늘날의 사회에서 말하는 "개별적 개인"(individual personality)이 아니라, 다른 사람들 특히 동일한 문화적 유산을 공유하고 있는 가족이나 마을 공동체 나아가 사회와 국가의 구성원들과의 연결 관계로 이루어지는 "연결된 개인"(dyadic personality)이었다. Cf. Burce J. Malina, *The New Testament World: Insights from Cultural Anthropology* (Atlanta: John Knox Press, 1981), 51-70; idem., "Understanding New Testament Persons," in Richard Rohrbaugh, ed., *The Social Sciences and New Testament*

Interpretation (Peabody, MA: Hendrickson Publishers, 1996), 41-61; Bruce J. Malina and Jerome H. Neyrey, "First-Century Personality: Dyadic, Not Individualistic," in Jerome H. Neyrey, ed., *The Social World of Luke-Acts* (Peabody, MA: Hendrickson Publishers, 1991), 67-96.

6) 사회과학적 연구에 기초한 성서 이해는 역사비판적 성서 연구를 보충하기 위한 차원에서 활발하게 진행되어 왔다. 필자는 예수의 귀신축출 사역의 사회-정치적 의미에 관한 연구에서 Bruce Malina, Jerome Jeyrey, Paul Hollenbach와 같은 학자들의 연구를 토대로 귀신축출 사역의 사회학적 의미, 그 중에서도 인간해방적 의미의 제시에 집중했었다. 병자치유 사역에 있어서도 필자는 개인적 질병치료의 의미보다는 사회적 질환치유의 의미에서 인간해방적 의미를 찾는 일에 집중하려고 한다. 성서해석에 있어서 사회과학의 필요성에 관하여, Robin Scroggs, "The Sociological Interpretation of the New Testament: The Present State of Research," *New Testament Studies*, 26(1980), 164-79; E. A. Judge, "The Social Identity of the First Christians: A Question of Method in Religious History," *Journal of Religious History*, 11(1980), 201-17; L. E. Keck, "On the Ethos of Early Christians," *Journal of the American Academy of Religion*, 42(1974), 435-52; Bruce Malina, "The Social Sciences and Biblical Interpretation," *Interpretation*, 37(1982), 229-42; idem., "Why Interpret the Bible with the Social Sciences," *American Baptist Quarterly*, 2(1983), 119-33 참조.

7) John Pilch, "Healing in Mark: a Social Science Analysis," *Biblcial Theology Bulletin*, 15(1985), 142; idem., "Sickness and Healing in Luke-Acts," 182.

8) Pilch, "Biblical Leprosy," 108; idem., "Healing in Mark, 142."

9) Charles C. Hughes, "Ethnomedicine," in *International Encyclopedia of the Social Sciences* (New York: Free Press, 1968), 99, cited in Pilch, "Healing in Mark," 142.

10) Pilch, "Biblical Leprosy," 109.

11) Pilch, "Healing in Mark," 142.

12) John Pilch, "Biblical Leprosy," 109; idem., "The Health Care System in Matthew: a Social Science Analysis," *Biblical Theology Bulletin*, 16(1986), 109.

13) Pilch, "Sickness and Healing in Luke-Acts," 108-109.

14) Arthur Kleinmann, *Patients and Healers in the Context of Culture* (Berkeley: UCLA Press, 1980), 72; Kleimann의 견해는 Pilch, "Healing in Mark," 143과 "Sickness and Healing in Luke-Acts," 191에 설명됨. Kleinmann에 따르면, 질병과 질환은 단지 설명적 개념들이지 병든 실재를 가리키는 것은 아니다.

15) Pilch, "Biblical Leprosy," 108; idem., "Healing in Mark," 143; idem., "Sickness and Healing in Luke-Acts," 191.

16) Pilch, "Biblical Leprosy," 108-109; idem., "Healing in Mark," 143; idem.,

"Sickness and Healing in Luke-Acts," 191. Pilch는 서구의 과학적 의학의 입장이 항상 사회문화적 혹은 종족의학적 입장을 무시해온 것을 지적한다 ("Biblical Leprosy," 108).
17) Pilch, "Sickness and Healing in Luke-Acts," 112.
18) Pilch, "Health Care System," 102.
19) Pilch, "Healing in Mark," 143; idem., "Sickness and Healing in Luke-Acts," 192.
20) Pilch, "Health Care System," 102.
21) Ibid.
22) Pilch는 구약에 나오는 문둥병이 여러 가지 면에서 현대의 문둥병과 다르다는 Hulse의 결론을 제시한다: "의학적, 역사적, 병리학적 증거에 따르면 성서에 나오는 문둥병은 현대의 문둥병이 아니다. 신약에서 문둥병(λέπρα)에 대한 임상적 묘사가 전혀 없다. λέπρα라는 단어의 사용 자체가 신약에서 문둥병은 현대의 문둥병이 아님을 강력하게 증거한다. 그리스-로마 세계에서 현대의 문둥병은 '엘레파스'(ἐλεφάς)로 불리웠다"("Biblical Leprosy," 108).
23) Pilch, "Biblical Leprosy," 111; idem., "Sickness and Healing in Luke-Acts," 191.
24) Pilch, "Biblical Leprosy," 111; idem., "Healing in Mark," 143; idem., Sickness and Healing in Luke-Acts," 192.
25) Pilch, "Biblical Leprosy," 111.
26) Ibid. 112.
27) Marcus J. Borg, *Jesus in Contemporary Scholarship* (Valley Forge, PA: Trinity Press International, 1994), 108.
28) 김광수, "예수의 귀신축출 사역의 사회-정치적 이해 (막 1:21-28)," 「성경과 신학」 23(1998), 51-60.
29) 정결이라는 인류학적 개념의 이해를 위하여 Mary Douglas, *Purity and Danger: An Analysis of the Concepts of Pollution and Taboo* (New York: Aak Paperback, 1984; orginally Routledge & Kegan Paul Inc., 1966), 29-40, 114-39; Bruce J. Malina, *The New Testament World*, 25-26, 122-25; Jerome H. Neyrey, "The Idea of Purity in Mark's Gospel," *Semeia*, 35(1986), 91-128; idem., "Unclean, Common, Polluted, and Taboo," Forum, 4/4(1988), 72-82; idem., "A Symbolic Approach to Mark 7," Forum, 4/3(1988), 63-92; idem., "Clean/Unclean, Pure/Polluted, and Holy/Profane: The Idean of Purity and the System of Purity," in Richard Rohrbaugh ed., *The Social Sciences and New Testament Interpretation* (Peabody, MA: Hendrickson Publishers, 1996), 80-105 참조.
30) Douglas, *Purity and Danger*, 114.
31) Ibid. 124.

32) Malina, *New Testament World*, 126; idem., *Christian Origins and Cultural Anthropology* (Atlanta: John Knox Press, 1986), 21; Neyrey, "Symbolic Approach," 66.
33) Douglas, *Purity and Danger*, 38-40; Malina, *New Testament World*, 11-16; idem., *Christian Origins*, 9-12; Neyrey, "Unclean," 76.
34) Douglas, *Purity and Danger*, 122-23; Malina, *New Testament World*, 125, 130.
35) Malina, *New Testament World*, 125.
36) Douglas, *Purity and Danger*, 128-29.
37) Malina, *Christian Origins*, 30.
38) Mary Douglas는 그녀의 다른 저서인 *Natural Symbols: Explorations in Cosmology* (New York: Pantheon Books, 1982; originally London: Barrie & Rockliff, 1970), 65-81에서 개인의 몸과 사회의 몸 사이의 관계를 제시했다. 그녀의 견해는 Sheldon K. Isenberg and Dennis F. Owen, "Bodies Natural and Contrived: The Work of Mary Douglas," *Religious Studies Review*, 3(1977), 1-16에서 보충 설명됨.
39) Douglas, *Natural Symbols*, 65.
40) Isenberg and Owen, "Bodies," 3.
41) Douglas, *Natural Symbols*, 70.
42) Douglas, *Purity and Danger*, 115. Douglas는 몸의 상징성에 관하여 다음과 같이 말한다: "몸은 어떤 확립된 체계를 나타내는 모델이다. 몸의 경계선들은 위협을 받거나 취약한 경계선들을 나타낸다. 몸은 복합적 구조를 갖고 있다. 몸의 서로 다른 부분들의 기능들과 그것들 사이의 관계는 다른 복합적 구조들을 위한 상징들의 근원을 제공한다. 우리는 몸을 통하여 사회의 상징을 보며 또 인간의 작은 몸에서 재현된 것으로서 사회 구조에 포함된 권력과 위험을 보도록 준비되기 전에는 분비물, 모유, 침, 그리고 그밖의 것들에 관한 제의들을 가능하게 해석할 수 없다."
43) Douglas, *Purity and Danger*, 124.
44) 이 내용은 주로 Douglas, *Purity and Danger*, 41-57과 Pilch, "Biblical Leprosy," 111에 기초한 것임.
45) Douglas, *Purity and Danger*, 4.
46) Pilch, "Biblical Leprosy," 111.
47) Malina, *Christian Origins*, 112.
48) Neyrey, "Symbolic Approach," 114.
49) Jacob Neusner, *The Idea of Purity in Ancient Judaism* (Leiden: E.J.Brill, 1973), 108.
50) Douglas, *Purity and Danger*, 50-51.

51) Ibid., Paul Hanson도 하나님의 질서의 회복은 포로시대 이후 유대교 공동체가 마련한 정결 규칙들의 궁극적 목표였으며 또 거룩은 하나님의 질서 확립을 위한 기준이었고 지적한다. Paul Hanson, *The People Called: The Growth of Community in the Bible* (SanFrancisco: Harper and Row, 1986), 224-33.
52) Malina, *New Testament World*, 137.
53) Douglas, *Purity and Danger*, 53.
54) Ibid., 55.
55) Ibid., 57.
56) Ibid., 51.
57) Ibid., 53.
58) Sean Soler, "Dietary Prohibitions for the Hebrews," *New York Review of Books*, June 14(1976), 30.

2. 병자치유 사역의 사회 – 정치적 이해

예수의 병자치유 사역의 사회 – 정치적 이해

서론

필자는 예수의 병자치유 사역의 사회-문화적 배경에 관한 연구를 통하여 성서 세계에서 병듦은 질병이 아니라 질환으로 인식되었다는 것은 살펴보았다. 이것은 예수의 치유 사역을 성서 기자의 시각으로 이해하는데 있어서 중요한 해석학적 원리를 제공해준다. 성서 세계의 사람들이 현대적 의미의 질병 치료보다는 질환의 치유에 더 큰 관심을 두었다는 것은 예수의 치유 사역 역시 단순히 현대의 의학적 의미에서 질병을 치료하는 개인적인 사역이 아니라, 병듦이 개인은 물론 공동체 전체에 부정적 영향을 끼치는 하나의 불행으로 인식되었던 질환을 치유하는 사회적 사역이었다는 것을 보여준다. 예수의 병자치유 사역은 단순히 기적적 방식에 의한 질병치료 사역이 아니라, 그 병듦과 관계된 사회-문화적 문제들의 해결을 추구한 질환치유 사역이었다. 따라서 예수의 치유 사역을 충분히 이해하기 위해서는 특정한 병듦과 관련하여 일세기 유대교의 사회-문화적 문제들 곧 예수 시대 유대교 사회에서 그런 병듦에 관하여 인식하고 대처하는 방식을 이해하는 것이 필요하다. 또한 유대교 사회에서 그런 병듦에 관련된 사회-문화적 문제들을 이해하기 위해서는 그 사회의 전통적인 가치들과 규범들과 법들을 아는 것이 필요하다. 이러한 사회-문화적 국면의 이해는 왜 예수가 문둥병자, 중풍병자, 그리고 혈루병자와 같은 병자들을 치유의 대상으로 삼았으며 또 그가 그런 사람들의 치유를 통해 추구한 것이 무엇인가를 파악하는데 중심적 요소가 된다.

필자는 일세기 유대교 사회에서 병듦을 정결 체계의 맥락에서 인식하고 대처한 것을 살펴보았다. 유대교 지도자들은 그들의 정결 체계를 확립하고 지배 이념을 강화하기 위한 목적으로 병자들을 통제하고 활용했다.[1] 병자들은 정결 체계를 위협하는 사람들이기 때문에 철저히 통제되고 소외되었다. 정결 체계 속에서 병자들은 부정한 사람 혹은 죄인으로 평가되었고 사회적 차별과 냉대와 소외의 대상이었다. 병자들이 병듦에서 나음 받는 것도 신체적으로 건강을 회복하는 것보다는 "깨끗하게 되었다"는 인증과 그 인증을 받기 위해 드리는 제의(ritual)에 더 중요성이 있었다. 이렇게 제의가 중요한 치유 수단이 되면서 병자들은 제사장들의 억압과 수탈의 대상이 되었다. 예수는 병듦과 관련하여 비인간적이고 억압적인 사회 체계를 보았다. 그런 면에서 예수가 병자치유 사역을 통해 추구한 것은 단순히 개인의 신체적 질병만을 치료하려는 것이 아니었다. 그는 그 병듦과 관계된 사회-문화적 문제들의 해결을 추구했다. 그는 병자들을 정결 체계 확립을 위한 수단으로 활용하고 있었던 유대교 지배 계층의 지배 이념과 체계를 거부하고 그러한 억압적 체계로부터 사람들을 해방시켰다. 예수의 치유 사역은 질병을 매개로 형성된 유대교의 상징적 질서에 대한 도전이며 또 제의적 체계를 통한 사

회적 통제와 억압과 수탈로부터의 해방 사역이었다.[2]

이 연구에서는 예수의 병자치유 사역의 사회-문화적 배경에 관한 앞의 연구를 기초하여 공관복음서들에 공통으로 나오는 예수의 세 가지 대표적인 치유사역의 예들을 마가복음의 이야기들을 중심으로 이해하면서 그 사역이 단순한 개인적 질병치료 사역이 아니라, 병자 개인의 건강 회복은 물론 병자들을 냉대하고 차별하며 소외시키는 불의한 사회 체제의 변혁을 추구하는 인간 해방 사역인 점을 살펴보고자 한다. 이를 위하여 이야기의 양식비판적 및 편집비판적 성격에 대한 연구를 참조하지만, 그것보다는 이야기의 배후에 나오는 유대교 사회의 정치, 경제, 그리고 종교적 체계에 관한 이해와 예수의 치유 사역의 해방적 성격을 부각시키는 저자의 이념적 의도를 파악하는데 관심을 기울인다. 이것은 예수의 사역을 "상징적 행동"(symbolic action)으로 보고 그 사역의 중요성을 그것이 일어난 사회의 상징적 질서와 관련하여 이해하려는 것이다.[3] 특히 예수의 치유 사역이 어떤 점에서 하나님의 나라의 도래의 국면을 나타내는 것인가를 이해하는데 역점을 둔다. 이러한 해석은 최근에 발전하고 있는 사회-문학적 성서 해석의 일환이라고 말할 수 있다.[4]

I. 한센병자의 치유(막 1:40 – 45)

성서에 나오는 문둥병(레 13-14장을 포함하여)은 오늘날 한센병(살이 썩고 감각이 마비되는 병)으로 알려진 질병을 포함하여 다양한 종류의 고질적 피부병(피부에 흰 반점이나 흠집 혹은 두드레기와 같은)을 가리키는 것으로 이해되고 있다.[5] 이 연구의 앞 장에서 다루어진 것으로서 질병과 질환을 구분하는 시각에서 본다면, 저자는 이 사역을 질병 치료가 아니라 질환 치유의 입장에서 사건을 기술하고 있다. 다시 말하여 저자는 이 병듦을 현대의 생물학적 및 병리학적 진단과 치료의 시각이 아니라, 문둥병과 관계된 유대교의 사회-문화적 체계의 시각에서 다루고 있다. 저자의 이러한 의도는 "깨끗하게 하다"라는 용어의 사용은 물론 제사장에게 보이고 모세의 명한 것을 드리라는 예수의 요구를 포함하여 이야기의 모든 부분에서 분명하게 표현된다. 따라서 이 사건을 저자의 의도와 입장에서 이해하려면 일세기 팔레스틴 유대인들의 문둥병에 대한 인식과 대처 방식을 이해하는 것이 필요하다.

일세기 팔레스틴 유대인들의 문둥병에 대한 인식과 대처 방식은 레위기 13-14장의 모세의 규례들에 기초했다. 그 규례들에 따르면, 문둥병자의 진단은 제사장의 권한이었다. 일단 문둥병자로 판정되면, 그 병자에게는 '부정하다'는 제사장의 진단이 선언되었다. 문둥병자로 진단을 받은 사람의 운명에 관하여 레위기에는 이렇게 기록되었다: "문둥 환자는 옷을 찢고 머리를 풀며 윗입술을 가리우고 외치기를 부정하다 부정하다 할 것이요 병 있는 날 동안은 늘 부정할 것이라. 그가 부정한즉 혼자 살되 진 밖에 살지니라"(레 13:45-46). 이러한 규례들에 기초하여 문둥병자들은 유대인 공동체로부터 철저히 격리되었고 유대인 사회에서 소외되었다.[6] 그들은 유대교 정결법에 기초한 계급 체계에서 도덕적으로 부정한 사람들과 함께 계급 체계의 맨 아래층을 차지하는 경멸받는 계층의 사람들이었다.[7] 그들은 자신들에게는 물론 그들이 속해 있는 공동체에게 신체적 및 정신적 고통을 안겨주는 부정한 사람들로 여겨졌다. 이런 점에서 문둥병은 중대한 범죄에 대한 하나님의 징벌로 간주되었으며 인간에게 역사하는 가장 흉악한 병으로 여겨졌다. 그들은 살아있으나 죽은 자와 같았으며 그 병에서 치유 받는 것은 죽은 자 가운데서 살아나는 것으로 간주되었다.[8]

레위기의 규례들에 따르면, 문둥병자의 진단이 제사장의 권한이었던 것과 같이 문둥병자가 나음 받고 깨끗함을 받는 것도 제사장의 권한이었다. 문둥병자의 정결 제의에 관한 규례들(레 14장)은 문둥병은 치유될 수 있다는 확신을 전제하고 있다. 그러나 그 규례들에는 치유 방식에 관하여는 전혀 언급되지 않았고, 다만 제사장이 행하는 정결 제의에 집중되었다. 제사장은 문둥병에서 나음 받은 사람을 진 밖으로 데리고 나가서 진찰하고 그 사람이 나음 받은 것이 확인되면 필요한 제의와 함께 그 사람이 "깨끗하게 되었다"고 선언하게 되었다(레 14:1-9). 그러나 그 사람이 완전하게 "깨끗하게 되었다"는 제사장의 선언은 처음 선언이 있은 지 제 팔일에 드리는 또 다른 제의와 함께 이루어졌다. 그 제의는 제물을 충분히 드릴 수 있는 재산을 가진 사람과 그렇지 못한 사람 사이를 구별하여 제시되었다(레 14:10-32). 여기서 "깨끗하게 되었다"는 선언은 단순한 의학적 평가만이 아니라, 정결 체계 아래에서 그 사람의 사회적 신분과 위치를 회복시켜주는 사회적 인증이었다.[9] 따라서 문둥병자가 유대인 공동체의 일원으로서 신분과 위치를 회복하기 위해서는 단순히 신체적으로 나음 받는 것으로는 부족하고 "깨끗하게 되었다"는 제사장의 선언이 절대적 기준이 되었다. 유대교의 정결 체계에서 제사장들은 이렇게 문둥병자들의 삶을 주관하는 절대 권력자들이었다. 따라서 이 사건은 유대교 사회의 근본 체제와 관계된 사건이며 나아가 제사장의 권세와 예수의 권세 사이의 충돌을 나타내는 사건이었다.

　이 사건이 유대교 사회의 근본 체제와 관계된 사건인 점은 먼저 문둥병자의 치유와 관련하여 "깨끗하게 하다"는 동사가 여러 차례 사용된 것에서 나타난다. 이 단어는 문둥병자가 예수에게 요청한 말에도 사용되었고(1:40), 그 사람을 치유하는 예수의 말씀에도 사용되었으며(1:41, 44), 그 사람이 치유 받은 상태에 관한 저자의 언급에서도 사용되었다(1:42). 그 사람은 예수의 권한과 능력에 대한 확신에 기초하여 요청했다: "당신이 원하시면, 저를 깨끗케 하실 수 있나이다"(막 1:40). 그 사람은 단순히 그 병에서 나음 받게 해달라고 요청하지 않고 깨끗함을 받게 해달라고 요청한 것이다. 여기서 "깨끗하게 하다"(καθαρίσαι)라는 동사는 신체적 깨끗함은 물론 제의적 깨끗함을 포함하는 것으로서 깨끗하게 만드는 것은 물론 깨끗하다고 선언하는 것을 포함하는 의미를 갖는다.10) 그 사람이 문둥병자의 굴레를 벗어나는 것은 전적으로 "깨끗함을 받았다"는 제사장의 선언에 달려 있었기 때문에, 그 사람의 요청에는 깨끗함을 받아야 한다는 절박한 소원이 포함되어 있었다. 그러나 제사장이 아니라 예수를 향하여 깨끗함을 받게 해달라는 그 사람의 요청에는 유대교의 정결 체계를 위반하는 심각한 문제를 포함하고 있었다. 그 사람이 예수에게 접근한 것도 정결 규례를 위반한 것이지만 또한 예수를 향하여 깨끗함을 받게 해달라고 요청한 것은 정결법에 대한 더 심각한 위반이었다.

이 사건이 유대교의 상징적 질서와 지배 체제와의 충돌인 국면은 그 사람의 요청에 응답하는 예수의 행동 속에서 분명하게 표현된다. 저자는 먼저 "예수께서 민망히 여기셨다"(σπλαγχνισθείς)라는 예수의 감정을 묘사한다.11) 이 부분에서 일부 사본들은 예수가 '분노했다'(ὀργισθείς)라고 묘사한다. 두 단어 중 어느 것이 저자가 사용한 것인지를 결정하기는 어렵다. 예수 사역의 이 단계에서 예수가 분노했을 어떤 이유를 발견하기가 어렵고 또 문둥병자가 유대인 사회에서 받아야 하는 경멸과 차별 그리고 고통스런 삶에 대한 예수의 감정을 표현한다는 면에서 "민망히 여기다"는 단어가 사용되었을 가능성이 많이 있다. 그러나 다른 한 편에서 '분노했다'는 단어가 사용되었을 가능성도 있다. 어떤 학자들은 여기서 예수의 분노는 인간에게 비참한 운명을 가져다주는 문둥병에 대한 분노일 수 있다고 지적한다.12) 그러나 본문에서 예수의 분노는 그런 개인적이고 비인간에 대한 것이 아니다. 예수의 분노는 문둥병자가 깨끗하게 되는 모세의 정결 규례들을 불의하고 억압적으로 사용하는 제사장들과 그들이 확립한 계급적이고 억압적인 지배 체제를 향한 것이었다. 그 사람을 바라보는 예수의 감정은 두 가지가 교차되었다고 볼 수 있다. 한 편에서 문둥병에 걸려 신체적으로 고통당하는 것은 물론이고 부정한 사람이라는 사회적 딱지를 받고 온갖 경멸과 차별의 대상으로 살아야 하는 그 사람의 불행한 운명을 생각하면서 예수는 민망히 여겼을 수 있다. 다른 한 편에서 예수는 그런 사람들에게 부정하다는 올가미를 씌워 차별하고 소외시킬 뿐 아니라, 정결 제의를 통하여 소외 계층의 사람들을 합법적으로 억압하고 수탈하는 제사장들과 그들이 확립한 억압적 체계에 대하여 분노했을 수도 있다.[13]

다음에 예수는 손을 내밀어 그 사람에게 댔다(ἥψατο). 사복음서 전체에 나오는 예수의 병자치유 사역에 따르면, 예수는 병자에게 손을 대지 않고도 얼마든지 병을 치료할 수 능력을 갖고 있었다. 또한 유대교 정결법에서는 문둥병자와 접촉하는 것을 엄격하게 금지하고 있었다. 그럼에도 불구하고 예수가 그 사람에게 손을 댄 것은 유대인 사회에서 소외받는 사람들과 고통 받는 사람들을 향한 동정심을 나타낼 뿐 아니라,[14] 나아가 그것은 정결법을 정면으로 위반하는 행위였다. 그것은 곧 유대교 사회 질서의 유지자들의 권위에 대한 정면 도전이었다.[15] 유대교 정결 체계에서는 부정한 것들을 철저히 분리시키고 부정한 것들과의 접촉을 금지함으로써 하나님의 거룩을 실현하게 된다고 가르쳤다. 그러나 예수는 그런 외적이고 형식적인 거룩을 거부하고 내적이고 참다운 거룩의 실현을 추구했다. 예수는 하나님의 거룩은 부정한 것들로부터 자신을 분리시킴을 통하여 얻게 된다는 유대교 지도자들의 견해를 거부하고, 오히려 하나님의 거룩은 부정한 것들과 접촉하고 그 속으로 들어가서 깨끗하게 만드는 생명력임을 제시했다.[16] 그래서 예수는 부정하다는 판단을 받은 사람들과 접촉할 뿐 아니라, 그들과 함께 식탁 교제를 나누면서 그들 속에서 하나님의 거룩을 진정으로 실현하고자 노력했다.

제사장들의 권위 체계에 대한 예수의 도전은 제사장만이 할 수 있는 것으로 여겨지던 "깨끗하게 되었다"는 선언을 예수 자신이 한 것에서도 명백하게 나타난다: "내가 원하노니 깨끗함을 받으라"(막 1:41). 예수의 이 선언에는 저자가 이 사건을 통하여 전달하려는 교훈의 핵심이 포함되어 있다. 먼저 예수의 선언은 제사장이 하는 것과 같은 단순한 제의적 정결을 선언하는 것과 달랐다.[17] 그것은 인간을 진정으로 깨끗하게 하실 수 있는 하나님의 권능의 선언이다. 이런 점에서 예수의 선언은 하나님의 나라의 도래 곧 하나님의 새롭고 결정적인 구원 활동을 나타낸다. 그것은 "하나님만이 문둥병자를 치유하실 수 있다"는 유대인들의 대중적 인식과 기대와 같이 하나님 자신이 행하시는 새로운 일을 가리킨다. 예수의 교훈에 따르면, 문둥병자의 치유는 메시야를 통한 하나님의 구원 활동의 구체화된 표시들 중의 하나였다(마 10:8; 11:5; 눅 7:22). 인간의 능력으로 치료할 수 없는 불치의 병자에게 하나님의 자비와 권능이 나타난 것이다.[18] 저자는 예수의 선언의 결과를 이렇게 표현한다: "곧 문둥병이 그 사람에게서 떠나가고 깨끗하여진지라"(1:42).

다음에 예수의 선언은 문둥병자에게 신체적 깨끗함은 물론 하나님의 백성의 정상적인 일원으로의 사회적 신분 회복에 대한 선언이었다. 이 선언을 통하여 예수는 문둥병자에 관한 전통적인 정결 체계를 거부했다.[19] 그는 제사장들이 속죄와 희생 제의들과 함께 깨끗함을 선언하는 것을 거부하고 그런 제의들이 없음에도 불구하고 예수에 대한 믿음을 기초하여 깨끗함을 선언한 것이다. 예수는 깨끗함의 옛 체계를 거부하고 하나님이 직접적으로 인간을 깨끗하게 만드시는 새로운 깨끗함의 길을 제시했다. 이것은 기존에 확립된 체계에 대한 저항이며 나아가 그런 체계의 유지자들의 권위에 대한 도전이었다. 이렇게 하나님의 나라는 제사장들이 확립한 체제와의 충돌 속에서 나타나고 있었던 것이다. 하나님의 나라는 하나님이 단순히 활동하는 것이 아니라, 하나님이 충돌의 상황에서 활동하는 것이라는 Norman Perrin의 견해가 이 사건에도 적용된다.[20] 옛 세대에서는 제사장이 짐승들을 잡아 드리는 제의들 속에서 문둥병자가 깨끗하게 되었다고 선언했지만, 메시야를 통해 활동하는 새 세대에서는 제의가 필요 없이 하나님의 긍휼하심과 권능을 통하여 오직 믿음으로 깨끗하게 된다는 것이다.[21] 이것은 유대교 정결 체계에 대한 정면 도전이며 기존 질서의 전복을 가리킨다.[22] 예수는 옛 체계의 유지자들과의 충돌 속에서 인간을 진정으로 깨끗하게 하시는 하나님의 새로운 구원을 담대하게 제시했다.

제사장들과의 충돌의 국면은 그 사람을 제사장에게 보내면서 한 예수의 말씀에서 절정에 이른다. 예수는 "엄히 경계하사 곧 보냈다"고 언급된다(1:43). "엄히 경계했다"(ἐμβριμησάμενος)는 말은 앞에서 언급된 '분노했다'는 말과 함께 해석하기 어려운 구절로 간주된다. 이 단어는 '분노하다', "심한 불쾌감을 표현하다," 혹은 "통분히 여기다"(요 11:33, 38)와 같이 내면의 격한 부정적 감정을 표현한다.[23] 예수는 왜 이러한 격한 부정적 감정을 나타냈는가? 더구나 원문에는 "엄히 경계했다"는 말 바로 다음에 '그에게'(αὐτῷ)라는 대명사가 나온다. 만일 '그에게'라는 대명사가 "엄히 경계했다"는 말과 연결된다면(문법적으로는 그것이 자연스런 연결임), 예수는 그 사람에 대하여 이런 감정을 가진 것인가? 그러나 그 사람을 민망히 여기고 그에게 손을 대면서 깨끗하게 한 후에, 이제 와서 그 사람을 향하여 그런 감정을 가졌다고는 볼 수 없다. 예수의 이러한 감정에 대한 이해는 '보냈다'는 동사에서 찾을 수 있다. 이 단어가 전치사 ἐκ와의 합성동사(ἐξέβαλεν)인 것은 예수가 "그 사람을 '그에게'(제사장에게) 돌려보냈다(αὐτῷ εὐθὺς ἐξέβαλεν αὐτόν)"는 의미일 가능성을 보여준다.[24] 만일 이런 연결이 적절하다면, 예수의 격한 부정적 감정은 정결의 판결권을 억압과 수탈의 도구로 사용하고 있는 제사장들을 향한 것이라고 볼 수 있다.[25]

제사장들을 향한 예수의 분노는 그 사람에게 당부하는 말씀에서도 표현된다: "삼가 아무에게 아무 말도 하지 말고 가서 네 몸을 제사장에게 보이고 네 깨끗케 됨을 인하여 모세의 명한 것을 드려 저희에게 증거하라"(1:44). "삼가 아무에게 아무 말도 하지 말라"는 말은 메시야 비밀의 주제와 연결된다는 견해도 있지만,[26] 그러나 제사장들과 예수 사이의 충돌을 부각시키는 저자의 입장에서는 이 사건을 기적적 치료보다 억압적 체계에 대한 대응의 국면으로 제시하려는 저자의 의도를 반영한다. 예수는 그 사람으로 하여금 기적적 치료의 내용은 공개하지 말고 다만 제사장들의 정결 체계에 대응할 것을 명령한 것이다. 예수는 이미 그 사람이 깨끗하게 되었음을 전제하고 있다. 그래서 "네 몸을 제사장에게 보이라"는 말은 깨끗하게 되었다는 제사장의 판정을 받기 위해 그렇게 하라는 것이 아니라, 이미 신체적으로 깨끗하게 된 것을 입증하기 위하여 보여주라는 말이다. "모세의 명한 것을 드려라"는 말도 일차적으로 율법에 순응하려는 자세를 보여주는 것 같지만, 사실은 제사장이 판정하고 지시해야 할 것을 예수가 판정하고 지시함으로써 제사장의 권위에 도전한 것이다.[27] 그 사람이 상대해야 할 대상이 제사장에게서 "저희들"에게로 변경된 것도 제사장들이 관장하고 있는 전체 정결 체계를 저항하고 있음을 나타낸다.[28] "저희에게 증거를 삼으라"(εἰς μαρτύριον αὐτοῖς)는 구절이 마가복음에서는 "적대적 청중 앞에서 제시하는 증거를 나타내는 전문 용어"로 사용되었다(막 6:11; 13:9).[29] 예수는 정결 제의를 위한 제물을 바치지 않고도 깨끗하게 될 수 있는 하나님의 새로운 구원의 길을 역설적으로 제시한 것이다.

이 사건에서 표현된 예수의 분노는 율법의 규례들을 자신들의 권위와 특혜 유지를 위한 억압적 수단으로 사용하고 있는 제사장들과 그들이 확립한 정결 체계에 대한 것이었다. 그 체계는 신체적 질병이나 결함을 가진 사람들에게 이중의 압박으로 작용하고 있었다: 먼저 그들은 부정한 사람들로서 유대인 공동체에서 경멸과 차별과 소외 계층의 사람들이 되었다; 다음에 그들은 그런 신분과 위치를 벗어나기 위하여 상응하는 값을 지불해야만 했다. 예수는 그런 불의하고 억압적인 비인간화의 체계에 대하여 분노하고 저항한 것이다. Ched Myers는 이런 예수의 행동이 말라기서 예언의 예화적 설명의 기능을 한다고 제시한다: 여호와께서 레위 자손들을 깨끗하게 하여 그들이 의로운 제물을 여호와께 드릴 것이다(말 3:3); 여호와는 제사 제도를 하부 계층의 사람들을 억압하는데 사용하는 사람들을 심판하는 자로 나타나실 것이다(말 3:5).[30] 예수는 율법의 규례들의 근본 의도를 알지 못하는 제사장들의 억압적이고 비인간적 체계를 비판하고 하나님의 은혜와 권능으로 이루어지는 새로운 구원의 길을 제시했다.

그러나 그 사람이 나가서 이 일을 많이 전파하여 널리 퍼지게 했다(1:45). '나가다,' '전파하다' 그리고 "퍼지게 하다"는 단어들은 초대 교회 선교의 상황에서 사용된 것들이다(막 16:15, 20). 또 "이 일"(τὸν λόγον)은 마가의 용어 사용에 따르면 예수의 선포의 종합적 내용을 가리킨다(막 2:2). 그 사람은 "삼가 아무에게 아무 말도 하지 말라"는 예수의 명령을 불순종한 것이다. 그 결과로 예수는 다시는 드러나게 동네에 들어가지 못하게 되었다. 예수는 제사장의 정결 판정을 받지 않은 문둥병자와 접촉한 사람으로서 부정한 사람으로 간주되게 되었기 때문이다. 예수는 정결에 대한 전통적 인식을 깨뜨리기 위하여 자기 자신이 전통적 의미의 부정한 사람이 되었다. 이와 같이 문둥병자 치유 사역은 단순히 기적적 방식으로 신체적 깨끗함만을 제공하는 사역이 아니었다. 그것은 하나님의 나라 곧 하나님의 새로운 구원 활동의 한 구체적인 나타남이었다. 하나님의 활동의 목적은 한 개인의 부분적인 문제만을 해결해주는 것이 아니라 그 문제의 총체적 요인을 해결해주는 것이다. 예수의 치유 사역은 인간의 능력으로 해결할 수 없는 불행한 상황에 처한 인간을 불쌍히 여기시고 구원하시는 하나님의 권능과 은혜의 역사인 동시에 그 병듦으로 인한 사회적 경멸과 차별과 소외의 문제를 해결해주는 질환치유 사역이었다. 그것은 문둥병자와 관련하여 유대교 지도자들이 확립한 상징적 질서를 거부하고 깨끗함을 받기 위한 정결 제의들과 관계된 억압적 체계에 저항하는 것은 물론 그러한 인식과 체계로부터 사람들을 해방시키는 사회-정치적 사역이었다.[31] 하나님의 종말론적 은혜의 활동은 이렇게 기존에 확립된 억압적 체계에 대한 저항과 그런 체계를 형성하고 유지하고 있는 지배 계층과의 충돌 속에서 이루어졌다.

II. 중풍병자의 치유(막 2:1-12)

문둥병자의 치유 사역에 뒤 이어 나오는 이 사역도 해방 사역의 국면을 선명하게 보여준다. 이 사건은 다섯 개의 선언 이야기 군의 첫 번째에 배열되었다(2:1-3:6). 이 군의 이야기들은 한결같이 율법의 해석과 적용을 놓고 예수와 유대교 지도자들 사이의 갈등을 다루고 있어서 "갈등 이야기"(conflict story)라 부르기도 한다. 그 이야기들은 예수의 사역이 초기부터 유대교 지도자들과의 충돌을 불러일으켰으며 급기야 그것이 예수의 폭력에 의한 죽임당함의 중심 요인으로 작용하게 된 것을 보여준다(막 3:6). 그런 점에서 이 사건은 바로 전에 나온 문둥병자 치유 사건과도 맥락을 같이하면서 예수의 사역이 어떤 점에서 유대교 지도자들과의 충돌을 불러일으켰으며 예수는 그것을 통하여 무엇을 추구했는가를 보여준다.

양식비판적 측면에서 이 단락은 두 개의 이야기가 결합되었다는 데 여러 학자들이 동의한다: 기적 이야기(2:1-5a, 10b-12)와 논쟁 이야기(2:5b-10a).32) 이 이야기는 표면적으로는 기적 사건의 배경 위에 죄사함에 대한 논쟁이 전면에 나타난다. 마가복음 2:5b-10a에서는 앞의 기적 사건과 관계된 모든 세목들이 사라지고 모든 것이 죄사함의 질문에 집중되고 있다. Vincent Taylor는 이러한 구성은 초대교회의 삶과 경험에서 형성된 것이 분명하다고 지적한다.33) 그러나 김창락은 양식비판적으로 이 단락을 '아포프테그마'(선언 이야기)로 보는 것을 반대한다. 왜냐하면 예수의 논쟁적인 말씀을 위하여 역사적인 틀이 만들어진 것이 아니라, 예수의 행동이 논쟁을 촉발시킨 원인이 되었기 때문이라는 것이다.34)

이 이야기가 어떤 과정을 통해 형성되었든지 간에, 이 단락을 전체적으로 다루는 문학비판적 입장에서 보면 저자는 기적적 치료 사건을 죄사함에 대한 논쟁과 연결시키면서 인자가 땅에서 죄를 사하는 권세자인 것을 부각시킨다.35) 저자는 기적 사건을 토대로 하여 예수와 유대교 지도층 사이의 이념과 권위의 충돌을 중심적으로 제시한다. 이 사건의 심각성과 중요성은 기적적 치료가 아니라 죄사함을 둘러싼 서기관들과 예수 사이의 신학적 충돌에 있다. 당시 유대교 사회에서 죄사함과 관계된 사회-문화적 배경을 고려하면, 이 사건은 죄사함에 대한 유대교 지도자들의 전통적인 인식과 죄사함을 위한 제의적 체계에 대한 예수의 비판과 대안을 제시하는 심각한 충돌 사건이며 또 그런 점에서 이것은 사회-정치적 사건이다. 따라서 이 사건에서도 예수의 치유 사역의 목적은 단순히 중풍병자를 신체적으로 일으키는 것만이 아니었다. 예수는 이 기회를 통하여 서기관들이 확립한 죄에 관한 상징적 질서와 죄사함의 체계를 깨뜨리고 그들의 그런 억압적 체계로부터 사람들을 해방시키려는 목적을 갖고 있었다.

Ched Myers는 이 이야기의 문학적 구조는 예수가 소외 계층과 연대해 있으면서 율법의 권위자들인 서기관들과는 갈등 관계에 있는 것을 보여준다고 지적한다.36) 이 이야기에서 예수에게 몰려온 사람들과 특별히 중풍병자를 데려온 사람들의 사회적 위치를 가리키는 단서들이 보여진다. 예수가 있던 집의 지붕이 쉽게 뜯겨진 것을 보면 지붕이 흙으로 이루어진 가난한 사람들의 집이었던 것으로 보인다. 또 중풍병자가 누워있던 상(κράβαττον)도 가난한 사람의 침대를 가리키는 라틴 계열의 단어다.37) 저자는 예수에게 몰려온 사람들을 가리켜 '무리'(ὄχλος)라는 단어를 사용했다(2:4). 이 단어는 마가복음에서 여기에 처음 사용되었다. 민중신학자 안병무에 따르면, '무리'는 유대교의 계급 체계에서 하부 계층의 사람들 곧 정치적으로는 억압받는 계층이고 경제적으로는 빈곤 계층이며 사회적으로는 소외 계층의 사람들을 가리킨다.38) Gerd Theissen은 예수에게서 기적적 치료를 기대하면서 온 사람들과 관련하여 고대 사회에서 기적에 대한 신앙은 궁지의 상황에 처한 사람들 곧 더 이상 의료 혜택을 기대할 수 없는 계층의 사람들에게서 일어난 것을 지적한다. 그래서 Theissen은 복음서의 기적 이야기들에 등장하는 사람들의 사회-경제적 위치는 더 이상 희망을 가질 수 없는 하부 계층의 사람들의 상황을 반영한다고 말한다.39)

예수는 믿음으로 그에게 나온 사람들의 기대와는 달리 먼저 중풍병자에게 죄사함을 선언함으로써 이 기회를 죄사함의 문제를 거론하는 기회로 삼았다: "소자야 네 죄사함을 받았느니라."40) 예수는 죄사함이란 용어를 사용하여 유대교 사회의 중심적인 의식세계(world of consciousness)와 질서 체계를 거론한 것이다. 유대교 사회에서 죄란 정결 체계와 밀접하게 관련되었다. 죄는 사람이나 사물을 부정하게 만드는 어떤 근원적 요인으로 이해되었다. 특히 병듦은 인간을 불완전하게 만들고 또 그래서 부정하게 만들기 때문에, 병듦은 죄의 결과라는 사회적으로 공유된 인식이 이루어졌다. 그 중에서 인간을 완전히 무력하게 만드는 중풍병은 어떤 크고 심각한 죄의 결과라는 인식이 형성되었다. 그래서 중풍병자는 문둥병자와 마찬가지로 '죄인'이라는 사회적 딱지를 받았으며 경멸과 차별과 소외의 대상이 되었다. 중풍병자는 질병 자체로 인하여 고통당하는 것은 물론 죄인이라는 손가락질 속에서 죄의식의 내면적 고통을 당해야 했다.

또한 죄는 하나님 앞에서 반드시 갚아야 할 빚(debt)으로 인식되었다. 그 빚을 갚는 방식은 정결과 희생 제의들을 통해 이루어졌다. 레위기에 나오는 죄사함을 위한 여러 가지 규례들은 죄와 빚에 대한 이러한 의식과 인식 위에서 발전했다. 이러한 빚과 빚의 탕감 체계는 제사장들에 의하여 발전되었는데, 그것은 그들이 희생 제의의 담당자들일 뿐 아니라 십일조 징수의 주관자들이었기 때문이다.[41] 기도에 관한 예수의 교훈에서 "우리 죄(παραπτώματα)를 사하여 주옵시고"(마 6:12)가 "우리 빚(ὀφειλήματα)을 탕감하여 주옵시고"로 된 사본들이 있는 것은 바로 죄와 빚을 연결하여 생각한 유대교의 대중적 인식을 배경으로 하고 있다. 이러한 죄와 죄의식을 해결하기 위하여 유대교의 정결 체계 속에는 죄사함을 위한 길이 마련되었다. 그 죄사함의 길은 문둥병자의 경우와 같이 정결과 희생 제의들과 함께 이루어졌다. 이 제의들은 상당한 양의 제물을 요구하고 있었기 때문에, 죄사함을 받기 위해서는 상당한 양의 재물이 요구되었다. 따라서 죄에 대한 인식과 죄사함의 체계는 하부 계층 사람들에게 심각한 내면적 고통을 줄 뿐 아니라 경제적으로 짊어지기 어려운 무거운 짐으로 작용하고 있었다. 예수는 이러한 억압적이고 비인간화의 원인이 되고 있는 죄사함과 관계된 정결 체계를 거론하고 타파하는 기회로 삼은 것이다.

"네 죄사함을 받았느니라"는 선언을 통하여 예수 자신이 중풍병을 죄의 결과로 인정한 것은 아니다. 예수는 병듦과 죄를 연결짓는 유대인들의 대중적 인식을 거부했다(예, 요 9:1-3). 다만 예수는 모든 인간이 기본적으로 하나님의 사함을 받아야 하는 죄인들인 것을 인정하고 있었다(막 7:21-23). 그러나 중풍병자에 대한 죄사함의 선언은 전통적인 죄에 대한 인식에 세뇌되어 죄의식에 시달리고 있는 그 사람의 내면의 문제를 먼저 해결해 준 것이다. 예수는 전통적 체계에서 그 사람에게 부여된 모든 죄(빚)의 사함(탕감)을 선포함으로써 내면적 압박으로부터의 해방과 함께 그 사람의 사회적 위치를 먼저 회복시켜 주었다.[42] 이 선언을 통하여 예수는 전통적인 죄사함의 체계를 완전히 거부했다. 그는 제사장들이 정결과 희생 제의들과 함께 죄사함을 선언하는 것을 거부하고 그런 제의들이 없음에도 불구하고 인자에 대한 믿음을 기초하여 죄사함을 선언한 것이다. 예수는 죄사함의 옛 체계를 거부하고 하나님의 새로운 죄사함의 활동을 나타냈다. 정결과 희생 제의들과 그것들을 위한 많은 제물을 드려 죄사함을 받는 것이 아니라, 오직 인자에 대한 믿음을 통하여 죄사함 받는 하나님의 종말론적 은혜의 길을 선포한 것이다.[43] 그러나 하나님의 은혜의 길은 전통적 체계와의 충돌 속에서 표현되었다. 예수의 치유 사역의 근본적인 목적은 죄사함이라는 내면적 해방은 물론 하부 계층 사람들에게 억압과 비인간화의 중심 요인으로 작용하고 있는 전통적인 죄사함의 체계로부터의 해방을 추구하는 해방 사역이었다.

예수의 이러한 해방 사역에 심각한 의혹을 제기한 사람들이 있었는데, 그들은 본문에 갑자기 등장한 서기관들이었다. 그들은 바로 전통적인 죄사함의 체계를 형성하고 유지하고 있는 사람들이었다. 필자는 예수의 귀신축출 사역의 사회-정치적 국면에 관한 연구에서 예수의 그 사역이 서기관들과의 충돌 곧 그들이 확립해온 전통적인 가치 체계와 지배 이념에 대한 비판과 저항을 나타내는 해방 사역인 것을 제시했다.44) 서기관들은 유대교의 거룩한 전승들에 관한 지식을 토대로 유대교 사회의 가치들과 규범들과 법들을 세워나간 중심인물들이었다. 그들은 대제사장들과 장로들과 함께 유대교 사회의 중심적인 지도층을 형성하고 있었다.45) 마가복음에 따르면, 그들은 예수의 활동에 대하여 처음부터 의혹을 제기하고(2:6), 비판하며(2:16), 부정적인 평가를 내렸고(3:22), 또 결과적으로 예수의 십자가 처형에 핵심적으로 가담한 사람들이었다(8:31; 10:33; 11:27; 14:1; 15:1, 31).

서기관들이 이 때 공개적인 말로 의혹을 제기한 것은 아니었다. 그들은 아직은 속으로 예수의 선언을 비판했다.46) "이 사람이 어찌 이렇게 말하는가. 참람하도다. 오직 하나님 한 분 외에는 누가 능히 죄를 사하겠느냐?"(2:6). 하나님만이 죄를 사하는 권세를 가진다는 것은 구약에 기초한 사상이다(출 14:6f.; 사 43:25; 44:22).47) '참람하다'(βλασφημεῖ)는 말은 이러한 하나님의 특권을 사칭하는 사람에 대한 죄목이며 그런 죄인에 대한 형벌은 돌로 쳐 죽이는 것이다(레 24:15f.; 왕상 21:13; cf. 요 10:33; 행 7:58). 서기관들이 예수의 선언에 대하여 내린 평가는 이처럼 심각하고 폭력적인 것이었다. 그들이 이처럼 예수의 선언에 대하여 격렬하게 반발하는 이유는 표면적으로는 하나님의 권한을 방어하려는 것으로 보이지만, 그러나 실제적으로는 죄사함에 관하여 그들이 확립해온 사회 체계가 위협받으며 또 결과적으로 그들의 권위가 위협받기 때문이었다.48) 예수의 활동을 인하여 그들의 체계와 권위가 위협을 받게 되었다는 인식은 예수의 사역을 바알세불의 활동으로 몰아붙인 그들의 평가에서 확연하게 드러난다(3:22).49) '참람하다'는 그들의 평가는 결국 예수에 대한 사형 선고로 이어진다(14:64).

서기관들의 격렬한 반발에 대응하여 예수는 하나님의 특권을 위임받은 인자의 종말론적 활동을 선언한다. 저자는 예수가 그들이 마음속으로 의논한 것을 아신다는 표현을 통하여 예수를 인간의 내면을 통찰하시는 하나님의 능력의 소유자로 제시한다.50) 예수는 그들이 속으로 의논한 것(διαλογίζονται)과는 달리 공개적으로 말한다 (λέγει): "어찌하여 이것을 마음에 의논하느냐? 중풍병자에게 네 죄 사함을 받았느니라 하는 말과 일어나 네 상을 가지고 걸어가라 하는 말이 어느 것이 쉽겠느냐?"(2:8-9).51) 예수의 질문에 포함된 말들은 인간 편에서는 어느 것이나 공개적으로 감히 말하기 어려운 말들이다. 이것들은 사실은 하나님만이 또한 하나님의 특권을 위임받은 사람만이 말할 수 있는 말들이다. 중풍병자에게 "네 죄사함을 받았느니라"는 말이 오직 하나님만이 하실 수 있는 말인 것과 같이 "일어나 네 상을 가지고 걸어가라"하는 말도 어떤 인간도 감히 말할 수 없는 오직 하나님의 창조의 권능을 소유한 사람만이 담대하게 할 수 있는 말이다. 전자가 인간의 내면(정신) 세계에서 이루어지는 하나님의 활동이라면 후자는 인간의 외부(물질) 세계에서 이루어지는 하나님의 활동이다. 예수의 이 질문은 하나님의 새로운 권능의 활동을 강조하기 위한 것으로서 예수의 활동은 바로 하나님의 권세에 기초한 것임을 나타낸다.52)

예수는 자기 자신이 바로 하나님의 그러한 특권을 위임받은 인물인 것을 공개적으로 선언한다: "그러나 인자가 땅에서 죄를 사하는 권세가 있는 줄을 너희로 알게 하려하노라"(2:10). 마가복음에서 '인자'(ὁ υἱὸς τοῦ ἀνθρώπου) 칭호가 여기서 처음 사용된다. 이 칭호는 예수가 자신의 활동과 관련하여 즐겨 사용한 것이다. '인자'는 묵시문학에서 기원한 존재를 가리키는 칭호로서 인자는 하나님의 권한을 부여받고 하나님의 종말론적 구원 활동의 대행자로 나타나는 하늘의 신비한 존재이다(단 7:13-14).53) 사복음서들에서 이 칭호는 하나님의 아들이며 그리스도이신 예수의 존재를 가리키는 것으로서

"예수의 영원한 신적 기원과 그의 수난 받는 생애와 그의 영화로운 결말 모두를 포함하는 신비한 호칭"이다.[54] 예수는 묵시문학에서 사용된 이 칭호를 사용함으로써 그의 활동이 하나님의 종말론적 구원 활동인 것을 부각시켰다. 묵시문학에서는 사죄의 권한이 인자에게 주어지지 않지만, 복음서들에서 인자는 화육하여 십자가에서 속죄의 일을 완성했기 때문에 땅에서 죄를 사하는 권세자가 되신다.[55] 인자를 통한 죄사함은 제의들과 함께 이루어지는 옛 체계의 것과 달리 오직 믿음을 통하여 값없이 이루어지는 보편적인 것이다. 예수는 현재 땅에서 죄사함의 권세를 행사하고 있는 서기관들에 대항하여 새로운 죄사함의 길을 선포하고 있는 것이다.

예수는 인자가 땅에서 죄를 사하는 권세가 있는 것을 입증하기 위하여 중풍병자를 일으킨다. 중풍병자를 일으키는 목적은 물론 개인적으로는 그 사람을 치료하는 것이 되지만, 서기관들의 억압적 체계와 대결하는 사회-정치적 국면에서는 죄사함의 새로운 길을 증명하려는 사회적 목적을 갖는다. 예수가 그 병자를 향하여 공개적으로 말한다(λέγει): "내가 네게 이르노니 일어나 네 상을 가지고 집으로 가라"(2:11). 예수의 말씀이 그 사람에게서 그대로 이루어졌다: "그가 일어나 곧 상을 가지고 모든 사람 앞에서 나갔다"(2:11). 예수의 말씀대로 중풍병자에게 이루어진 것은 크게 두 가지 의미를 제공한다. 첫째, 이것은 저는 자가 사슴같이 뛰게 된다는 하나님의 종말론적 구원의 도래를 나타낸다(사 35:6; 렘 31:8). 예수의 구원은 인간의 능력으로 어떻게 해결할 수 없는 곤경에 처한 인간을 향한 하나님의 자비와 권능의 나타남이다.[56] 예수 자신의 선포와 같이, 하나님이 자기 백성에게 가까이 오셔서 활동하시는 하나님의 나라가 임하기 시작한 것이다(막 1:15). 중풍병자를 일으키는 예수의 활동이 하나님의 활동인 것은 "그가 일으킴을 받았다"(ἠγέρθη)는 신학적 수동태의 표현에서도 보여진다.[57] 그 사람을 일으킨 것은 바로 하나님의 권능의 나타남이었다. 둘째, 이것은 "소자야 네 죄사함을 받았느니라" 하신 예수의 말씀이 이미 그 사람에게 이루어진 것에 대한 공개적인 입증이다. 예수의 말씀이 중풍병자에게 그대로 이루어진 것은 "인자가 땅에서 죄를 사하는 권세가 있는 것을 너희로 알게 하려 한다"는 말씀과 같이 죄사함을 위한 새로운 세대가 시작된 것을 극적으로 나타낸다. 이 새로운 세대에서는 서기관들이나 제사장들이 아니라 인자가 죄를 사하는 권세를 위임받았으며 또 인자를 통한 죄사함은 제의들이 필요 없이 오직 믿음으로 이루어지는 하나님의 은혜의 역사이다.

이와 같이 중풍병자 치유 사건은 단순히 중풍병자 한 사람을 신체적 불구로부터 회복시켜준 개인적 질병치료 사건이 아니다. 이것은 신체적 회복은 물론 죄사함이라는 속사람(내면)의 회복을 통한 죄의식으로부터의 해방과 함께 하나님의 자녀로서의 사회적 신분을 회복시켜주는 질환치유 사역이었다. 따라서 이것은 하나님이 자기 백성의 죄를 사하시며 회복시키는 하나님의 활동 곧 하나님의 나라의 도래를 나타내는 사역이었다. 이것을 통하여 예수는 유대교의 상징적 질서와 지배 체계를 도전했다. 그는 질병을 죄와 연결시키는 유대인들의 전통적 의식을 비판하고 제의들을 통한 죄사함의 체계를 거부했다. 이것은 유대교 지도자들의 지배 이념과 지배 체계에 대한 저항 사역이며 나아가 그들의 이념적 권위와 억압적 수탈 체계로부터의 해방을 선포하는 사역이었다.

Ⅲ. 혈루병자의 치유(막 5:25 – 34)

혈루병자 치유 사건은 문맥적으로 보면, 야이로의 죽은 딸을 살린 사건 속에 포함되어 있다(5:21-24, 25-34, 35-43).[58] 마가복음 전체를 통하여 저자는 한 이야기를 다른 이야기 사이에 끼어 넣어 결과적으로 하나의 이야기로 재구성하는 기법을 즐겨 사용한다(예, 막 11:12-14, 15-19, 20-25; 14:1-2, 3-9, 10-11). 두 이야기들은 몇 가지 점에서 서로 연결된다.[59] 첫째, 치유의 대상이 여성이라는 점이다. 마가복음 전체적으로 많은 여성들이 예수의 구원 활동의 수혜자들로 등장한다(1:29-31; 5:21-43; 7:24-30; 14:3-9). 여기서는 한 여성이 믿음으로 예수의 권능을 체험하고 그녀의 믿음은 남성이며 회당장인 야이로에게 믿음의 본보기가 된다. 둘째, 숫자 12에 의해 연결된다: 한 여인은 혈루병으로 12년 동안 앓았으며 야이로의 딸은 12살이었다. 마가복음에서 숫자 12는 이스라엘 곧 하나님의 백성 전체를 가리키는 상징적 의미로 사용된다. 그래서 예수가 그의 제자들 중에서 12사람을 따로 세웠을 때(3:13-19), 그것은 그 12사람의 개인적 중요성을 나타내는 것이 아니라 하나님의 종말론적 구원에 참여하는 새로운 백성 전체를 세우는 상징적 사건이었다.[60] 셋째, 두 사건 다 접촉에 의한 치유를 제시한다. 야이로는 예수가 자기의 딸에게 손을 얹어 살려달라고 요청했으며(5:23), 그 여인은 예수의 겉옷에 손을 대어 나음을 받았고(5:27), 또한 예수는 그 아이의 손을 잡아 일으켰다(5:41). 접촉과 관계된 유대교의 정결에 대한 대중적 의식이 반영되고 있다. 이러한 연결성을 염두에 두고 혈루병자 치유 사건을 검토하는 것이 필요하다.

혈루병자의 치유사역 역시 단순히 개인적 질병치료 사건이 아니라, 그 병자의 신체적 회복은 물론 그것을 통하여 유대교 정결 체계의 비생산성을 지적하고 믿음으로 하나님의 참다운 공동체의 일원이 되는 새로운 길을 제시하는 질환치유 사건의 국면을 보여준다. 이 사건의 사회-문화적 국면을 이해하기 위해서는 혈루병자에 대한 유대인들의 대중적 인식과 취급을 이해하는 것이 필요하다. 그 인식과 취급은 레위기에 나오는 정결 규례들에 기초하고 있었다(레위 15장). 레위기에 나오는 유출병은 현대의 병리학에서 말하는 유출병(일단 피가 흐르기 시작하면 멈추지 않는 병)을 포함하여 불규칙한 기간을 가진 여인의 월경을 포함하고 있다. 그 정결 규례들에서 유출병자는 기본적으로 부정한 사람으로 판정된다.61) 그 사람만 부정한 것이 아니라, 그 사람과 접촉하는 사람도 부정하며 그 사람이 눕는 침대나 앉는 자리 그리고 음식을 먹은 그릇들도 부정하여 그것에 접촉하는 사람도 부정하다고 판정된다. 심지어 그 사람의 침도 부정하여 그 사람이 정한 사람에게 침을 뱉으면 그 정한 사람도 부정하게 된다. 그래서 유출병자로 판정을 받은 사람은 다른 사람들에게서 당연히 배척의 대상이 되었고 유대인 공동체의 정상적인 일원으로 살지 못하고 철저하게 소외당하는 처지에 놓이게 되었다. 유출병자에 대한 정결 선언은 유출이 깨끗하여졌다는 판정과 함께 정결 의식을 치르고 그 의식을 치르고 난 후 제 팔일에 속죄제를 드려야 최종적인 정결 판정이 제사장으로부터 내려졌다.

본문에 등장하는 혈루병자는 여성으로서 남성중심적이며 계급적인 유대교 사회에서 이중으로 차별과 경멸을 받는 사람이었다. 그녀는 여성으로서 받는 차별 외에 혈루병자로서 받는 차별과 배척 그리고 소외를 인하여 이중 삼중의 고통 속에서 살아야만 했을 것이다.62) 그녀가 그 병에서 나음받기 위하여 12년 동안이나 필사적으로 노력한 배경에는 정결 규례들에 기초한 이러한 사회적 차별과 경멸 그리고 소외로부터 벗어나야 하겠다는 그녀의 열망이 있었을 것이다. 그러나 그녀의 필사적인 노력에도 불구하고 그녀는 절망적인 상황에 처해 있었다. 저자는 그녀의 절망적 상황을 다섯 개의 분사절을 사용하여 표현한다: "열두 해를 혈루증으로 앓는 한 여자가 있어(οὖσα), 많은 의원들에게 많은 괴로움을 받았고(παθοῦσα), 있던 것도 다 허비하였으며(δαπανήσασα), 아무 효험이 없고(ὠφεληθεῖσα), 도리어 더 중하여졌다(ἐλθοῦσα)."63) 그녀는 효력 없는 치료 활동을 인하여 많은 괴로움을 받았을 뿐 아니라, 있던 재산도 다 허비하게 되었다.(64) 그녀의 필사적인 노력에도 불구하고 아무 효험이 없었고 병세만 더 악화되는 처지에 놓여 있었다.

인간의 의술로 아무 효험이 없던 그녀의 병이 예수의 치유의 능력으로 치료되었다. 그녀의 치유 묘사에서 일차적으로 신체적 질병 치료의 국면이 전면에 나타난다. 그 병의 증상과 치료의 내용이 분명히 언급된다. 신체적 질병 치료의 국면이 그 여인과 예수에 의해 반복적으로 언급된다: "이에 그녀의 혈루 근원이 곧 마르매 병이 나은 줄을 몸에 깨달으니라"(5:29); "예수께서 그 능력이 자기에게서 나간 줄을 곧 스스로 아시고"(5:30a). 그 여인도 병이 나은 것을 몸으로 알 수 있었고(ἔγνω) 또 예수 역시 그 능력이 자기에게서 나간 줄을 스스로 알았다(ἐπιγνοὺς). 저자는 그녀가 치유를 받은 것이 예수에게서 기원한 능력의 결과임을 강조한다. '능력'(δύναμις)이라는 단어는 공관복음서들에서 주로 예수의 권능의 활동들을 가리키기 위하여 사용되었다. 이 단어는 예수의 권능의 활동들을 가리키기 위하여 복수형(δυνάμεις)으로 사용되었으며(마 11:20f.) 또 때로는 "하나님의 권능" 혹은 "권능의 근원인 하나님"을 가리키기 위하여 단수형으로 사용되기도 했다(막 14:62). 이것은 예수의 활동은 곧 하나님의 권능의 활동이라는 것과 예수의 권능의 근원은 바로 권능의 하나님이라는 것을 나타낸다.(65) 마가는 이러한 하나님의 권능이 예수를 통하여 나타난 것을 부각시킨 것이다.

그러나 저자는 이 사건을 단순한 질병치료가 아니라, 질환치유의 맥락에서 유대교의 정결 체계와 연결시킨다. 그녀는 그녀의 신체적 질병 치료만을 목적하고 무리 가운데 섞여 뒤로 와서 아무도 모르게 예수의 옷에 손을 대었다. 그러나 예수의 치유의 목적은 거기에만 머무르지 않았다. 예수는 이 기회를 통하여 유출병과 관계된 유대교의 정결 체계를 도전하고 그녀가 하나님의 권능과 은혜로 깨끗하게 된 것을 공중 앞에서 선언한다. 먼저 저자는 '손을 대다'(ἅψωμαι)

라는 동사를 네 번이나 사용하여 그녀가 예수의 옷에 손을 대었다는 것과 예수가 그것을 공개적으로 언급한 것을 제시한다(5:27-28, 30-31). 그녀는 혈루병자로서 다른 사람들이 그녀에게 손을 대어서도 안되고 또한 그녀가 다른 사람들에게 손을 대어서도 안되는 금기의 대상이었다. 이렇게 저자는 그녀의 치료받음이 정결 규례들의 위반과 함께 이루어진 것을 부각시켰다. 다음에 예수는 자기 옷에 손을 댄 그녀를 공중 앞에 불러 세우고 그녀에게 이루어진 모든 사실을 그들 앞에서 말하게 했다(5:32-33). 결과적으로 그녀가 예수의 옷에 손을 대었다는 사실이 회당장 야이로를 비롯하여 예수를 따라가던 모든 사람들에게 공개적으로 알려지게 되었다. 이로써 그녀의 율법 위반이 공개되었고 또 예수 자신도 부정한 사람으로 판단 받는 결과가 되었다. 예수는 왜 그녀가 정결법을 위반한 사실을 공개함으로써 그녀를 어려움에 빠뜨릴 뿐 아니라,[66] 사람들에게 자기 자신을 부정적으로 보이게 한 것인가?

예수가 그렇게 행한 목적이 그의 말씀 속에서 표현된다: "딸아, 네 믿음이 너를 구원하였으니 평안히 가라. 네 병에서 놓여 건강할지어다"(5:34). 이 말씀 속에서 예수의 치유사역의 목적이 개인적일 뿐 아니라 사회적이며 또한 신체적일 뿐 아니라 영적인 것을 나타낸다. 첫째, 예수는 먼저 하나님의 딸로서의 그녀의 신분을 회복시켜주었다. 유대교 사회에서 그녀는 부정한 여인이며 신분 체계에서 가장 밑바닥에 속하는 사람으로서 차별과 배척과 소외의 대상이었는데, 예수는 그것을 역전시켜 하나님의 아들들과 딸들의 평등한 공동체에 속하는 새로운 지위를 부여해주었다.[67] '딸아'(θυγάτηρ)라는 칭호는 마가복음에서 '소자야'(τέκνον, 2:5)와 '소녀야'(κοράσιον, 5:41)라는 칭호들과 함께 하나님의 은혜의 활동에 기초하여 세워지는 새로운 공동체를 하나님의 가족으로 제시하려는 저자의 평등주의적 이념을 반영한다. 마가복음에서 예수는 제자들의 공동체를 가리켜 "하나님의 뜻을 실현하기 위하여 노력하는 형제와 자매와 모친의 공동체"라고 제시한다(막 3:35).68) 이것이 예수가 전파한 하나님의 나라의 가장 변혁적이며 저항적인 성격이다. 하나님의 나라는 하나님의 희생적 사랑을 토대로 자유와 평등의 핵심 가치를 실현하기 위하여 노력하는 공동체 속에서 구현된다. 이렇게 이룩되는 하나님의 새로운 백성의 공동체에서는 인종과 계급과 성별의 차별이 없다.

예수는 유대교 사회는 물론 그리스-로마 사회가 형성해온 인종차별과 계급차별과 성차별을 극복한 이상적 새로운 공동체의 형성을 추구했다.69) 예수는 사회적 신분이 높고 권력의 자리에 있는 회당장 야이로의 요구보다 차별 받고 가난한 여인의 요구에 먼저 응답하심으로써, 하나님의 종말론적 구원 활동에서 높은 자와 낮은 자 그리고 남자와 여자 사이에 차별이 없다는 평등주의적 원칙을 제시했다(Cf. 갈 3:28).70) 그러나 예수는 하나님의 이러한 새로운 구원 활동을 전파하기 위하여 유대교의 정결 체계를 정면으로 거부한다. 예수는 정결 체계가 유대인 사회의 많은 사람들에게 차별과 경멸과 소외를 안겨다 주는 불행의 근원으로 작용함을 보았다. 유대교 지도자들의 주장대로 정결 체계는 하나님의 거룩을 가져다주는 것이 아니라, 오히려 많은 사람들을 인위적으로 부정하게 만들고 소외시키며 그들에게 경제적 질고와 고통과 절망만을 안겨주는 악의 근원으로 작용하고 있었다. 그래서 예수는 그녀가 부정하다거나 혹은 그녀가 예수에게 손을 대서 예수가 부정하게 되었다는 유대교의 대중적 인식을 거부한다. 그리고 하나님의 거룩하심은 오히려 그러한 여인을 값없이 정결하게 하는 생명력이 있음을 선언한다.71)

둘째, 예수는 질병 치료와 관련된 유대인들의 대중적 신앙을 교정한다. 예수는 그녀의 치유 받음이 단순히 그녀가 예수의 옷을 만졌기 때문이 아니라, 예수를 향한 믿음을 통해 이루어진 것임을 선언한다. 예수는 마술적 치료와 같은 대중적 오해를 교정하고 하나님의 권능을 체험하는 길은 오직 하나님을 향한 인격적 믿음을 통하여 이루어지는 것을 가르치신 것이다.72) 특히 마가복음에서 예수는 도래하는 하나님의 나라를 경험하고 거기에 들어가기 위하여 믿음을 강조한다(막 2:5; 5:34; 9:23; 10:52; 11:22-24). 이것은 병자들을 경제적 수탈의 대상으로 삼았던 지배 계층의 불의한 체계에 대한 정면 도전이었다. 당시 의사들은 치료의 대가를 지나치게 요구했고 제사장들은 제의들을 통하여 정결을 선언했다. 이 과정에서 병자들은 경제적인 부담을 지지 않을 수 없었다.

그러나 하나님의 치유 활동은 값없이 이루어졌다. 하나님의 깨끗하게 하시는 선언도 제의들과 상관없이 이루어졌다. 하나님의 새로운 구원은 이렇게 믿음으로 값없이 주어지는 은혜의 역사이다(Cf. 롬 3:24). 그러나 하나님의 이러한 은혜의 역사에 대한 믿음을 갖기 위해서는 기존 사회의 가치와 규범을 무시하고 확립된 질서를 깨뜨리는 엄청난 모험이 필요하다. 믿음이란 기존에 확립된 체계의 이념적 장벽을 무너뜨리는 위험한 행동이며 따라서 대단한 용기를 필요로 한다.73) 따라서 예수의 옷을 만진 그녀의 행동은 대단히 용기 있는 행동이었는데, 저자는 그녀의 그러한 행동이 예수의 능력에 대한 믿음에 기인했다고 설명한다: "이는 내가 그의 옷에만 손을 대어도 구원을 얻으리라 함일러라"(5:28). 예수도 그녀의 믿음을 공개적으로 칭찬한다. 이렇게 인간을 총체적으로 치유하시는 하나님의 새로운 구원 활동은 기존에 확립된 체계를 거부하고 도전하는 믿음을 통하여 경험되는 것이다.

셋째, 예수의 치유사역의 목적은 이렇게 그녀의 사회적 지위 회복은 물론 심리적 평화를 주시는 것까지 포함한다. "평안히 가라"는 말은 "평화에 들어가라"(ὕπαγε εἰς εἰρήνην)는 말로서 그녀에게 하나님의 평화가 임했음을 나타내는 말이다.74) 그녀는 이제 정결 체계에 따른 죄의식에 시달릴 필요가 없으며 다른 사람들이 그녀에게 부여하는 어떠한 부정적 평가에 좌우될 필요도 없다. 하나님이 그녀의 믿음을 보시고 그녀를 하나님의 딸로 인정하시며 깨끗함을 주시기 때문이다(Cf. 롬 8:33-34). 따라서 이 평화는 하나님과의 관계 회복에서 주어지는 심리적 평화의 상태를 가리킨다.[75] 심리적 평화의 회복은 신체적 질병의 치료 못지않게 하나님의 새로운 구원에서 중요한 요소다. 신체적 질병의 치료는 받았지만 심리적 평화의 회복은 받지 못한 경우가 복음서들에 나오기도 한다: 누가복음에서 문둥병자 치유 이야기(눅 17:11-19); 요한복음에서 38년된 병자 치유 이야기(요 5:1-18). 예수의 치유사역의 목적이 신체적 회복뿐 아니라 심리적 회복이라는 전인적인 국면을 포함하고 있다는 것이 예수가 사용한 동사에서도 표현된다. 예수는 그녀에게 "네 믿음이 너를 구원하였느니라"(σέσωκέν) 하고 '구원하다'는 동사를 사용했는데, 신약성서에서 '구원하다'는 동사는 주로 예수 그리스도를 통한 하나님의 구원의 전체적인 국면을 표현하기 위하여 사용되었다. 여기서도 그녀가 받은 구원은 단순히 신체적 회복만이 아니라, 영적인 회복과 사회적 회복을 포함하는 것이었다. 그녀의 신체적 회복은 마지막으로 선언되었다: "네 병에서 놓여 건강할찌어다"(ἴσθι ὑγιὴς).

이와 같이 예수의 혈루병자 치유 사역은 단순히 혈루 근원을 멈추게 하는 개인적 질병 치료 사역이 아니었다. 그것은 신체적 병듦의 문제를 해결해주는 것은 물론 그 병듦과 관련된 불의하고 억압적인 사회-문화적 문제를 해결해주는 해방 사역이었다. 그것은 그녀로 하여금 경멸과 차별과 소외의 밑바닥 신분으로부터 하나님의 백성의 정당한 일원인 하나님의 딸로서의 그녀의 신분을 회복시켜준 사역이었다. 또 그것은 정결 체계 속에서 죄의식과 두려움과 절망의 심리 상태로부터 하나님과의 관계 회복을 통해 주어지는 평화를 제공받는 사역이었다. 이것은 남성중심의 사회에서 이중으로 불행한 상황에 처한 한 여인을 총체적으로 회복시켜주는 하나님의 새로운 구원 활동이었다. 하나님의 이러한 구원 활동은 유대교의 정결 체계를 깨뜨리며 차별과 억압적 체계의 유지자들과의 충돌 속에서 이루어졌다.

결론

예수의 병자치유 사역을 당시의 사회-문화적 배경 속에서 이해하려면 현대의 의학적 지식만을 가지고 병듦과 건강 문제를 이해하려는 의료중심주의를 벗어나서 성서 사건의 배경이 되는 사회의 문화적 가치들과 규범들과 법들을 아는 것이 필요하다. 이를 위하여 먼저 병듦, 질병, 그리고 질환이라는 용어의 구분이 필요하다. 병듦은 병든 상태를 기술하는 포괄적 용어인 반면, 질병와 질환은 병든 상태를 이해하고 해석하는 두 가지 설명적 용어들이다. 질병은 병듦에 대한 생의학적 시각을 반영하는 반면, 질환은 사회적으로 가치를 상실한 상태들에 대한 개인적 및 사회적 인식에 기초한 사회문화적 시각을 반영한다. 이러한 병듦을 관리하고 해결하는 방식도 두 가지로 구분되는데, 그것은 치료와 치유이다. 치료는 질병과 관계되며 치유는 질환과 관계된다. 신구약성서의 배경이 되는 사회들에서 병듦의 문제는 질병으로서가 아니라 질환으로 이해되었다. 그 사회들에서는 병듦의 생물학적 원인을 찾아 해결하려는 것보다는 병듦의 사회심리적 원인과 그것이 공동체에 미치는 부정적 영향을 대처하려고 노력했다.

성서 세계에서 병듦이 질병이 아니라 질환으로 인식되었다는 것은 예수의 치유 사역의 이해를 위한 중요한 해석학적 원리를 제공해준다. 이것은 예수의 병자치유 사역이 단순히 개인적 질병치료 사역이 아니라, 그 병듦과 관련된 사회적 냉대와 차별 그리고 소외와 같은 문제들의 해결을 추구한 질환 치유 사역이었다는 것이다. 질환치유 사역으로서 예수의 치유 사역을 이해하기 위하여 일세기 유대교 사회의 구성 체계를 이해하는 것이 필요하다. 유대교 사회에서 병듦과 관련된 사회-문화적 문제들은 유대교 지도자들이 포로 시대 이후에 확립한 정결 체계와 관계되었다. 정결이란 인간 사회가 그 사회의 정체성을 확립하고 내적 질서를 확립하기 위하여 규정하고 구별하며 질서를 세우는 사회의 구성 원리를 말한다. 유대교의 정결 체계는 개인의 몸을 통제하는 여러 규칙들과 규정들을 통하여 표현되었다. 그래서 개인의 몸에 관한 정결법들은 사회적 몸의 정체성과 내적 질서 확립을 위하여 마련되었다. 이렇게 개인의 몸과 사회적 몸은 비유적 연결 관계를 가진다.

일세기 유대교 사회에서는 병듦을 정결 체계의 맥락에서 인식하고 대처했다. 유대교 지도자들은 그들의 정결 체계를 확립하고 지배 이념을 강화하기 위한 목적으로 병듦을 활용하고 있었다. 병자들은 정결 체계를 위협하는 사람들이기 때문에 철저히 통제되고 소외되었다. 정결 체계 속에서 병자들은 부정한 사람 혹은 죄인으로 평가되었고 사회적 차별과 냉대와 소외의 대상이었다. 병자들이 병듦에서 나음 받는 것도 신체적으로 건강을 회복하는 것보다는 "깨끗하게 되었다"는 인증과 그 인증을 받기 위해 드리는 제의(ritual)에 더 중요성이 있었다. 이렇게 제의가 중요한 치유 수단이 되면서 병자들은 제사장들의 억압과 수탈의 대상이 되었다. 예수는 병듦과 관련하여 비인간적이고 억압적인 사회 체계를 보았다. 그런 면에서 예수가 병자치유 사역을 통해 추구한 것은 단순히 개인의 신체적 질병만을 치료하려는 것이 아니었다. 그는 그 병듦과 관계된 사회-문화적 문제들의 해결을 추구했다. 그는 병자들을 정결 체계 확립을 위한 수단으로 활용하고 있었던 유대교 지배 계층의 지배 이념과 체계를 거부하고 그러한 억압적 체계로부터 사람들을 해방시켰다. 예수의 치유 사역은 질병을 매개로 형성된 유대교의 상징적 질서에 대한 도전이며 또 제의적 치유 체계를 통한 사회적 통제와 억압과 수탈로부터의 해방 사역이었다. 그런 점에서 예수의 병자치유 사역은 하나님의 나라 도래의 구체적인 국면의 하나였다. 하나님의 새로운 구원 활동은 단순히 인간의 신체적 회복만을 추구하는 것이 아니라, 불의하고 억압적인 비인간화의 체계를 거부하고 자유와 평등과 사랑에 기초한 공동체를 세우는 것이다.

공관복음서들에 나오는 예수의 병자치유 사역들이 구체적으로 이러한 사역의 모습을 보여준다. 문둥병자 치유 사역은 단순히 신체적 깨끗함만을 제공하는 사역이 아니었다. 그것은 인간의 참된 정결은 인위적인 정결 제의를 통해 이루어지는 것이 아니라 하나님 자신의 은혜와 권능으로 이루어지는 것임을 나타내는 하나님의 나라의 도래의 국면이었다. 그것은 하나님의 새로운 구원 활동의 한 구체적인 나타남인데, 하나님의 활동의 목적은 한 개인의 불행의 문제만을 해결해주는 것이 아니라 그 불행의 총체적 요인을 해결해주는 것이었다. 예수의 치유 사역은 인간의 능력으로 해결할 수 없는 불행한 상황에 처한 인간을 불쌍히 여기시고 구원하시는 하나님의 권능과 은혜의 역사인 것은 물론 나아가 그 병듦으로 인한 사회적 경멸과 차별과 소외의 문제를 해결해주는 해방 사역이었다. 그것은 문둥병자와 관련하여 유대교 지도자들이 확립한 상징적 질서를 거부하고 깨끗함을 받기 위한 정결 제의들과 관계된 억압적 체계에 저항하는 것은 물론 그러한 인식과 체계로부터 사람들을 해방시키는 사회-정치적 사역이었다. 하나님의 종말론적 은혜의 활동은 이렇게 기존에 확립된 억압적 체계에 대한 저항과 그런 체계를 형성하고 유지하고 있는 지배 계층과의 충돌 속에서 이루어졌다.

중풍병자 치유 사역도 마찬가지로 단순히 중풍병자 한 사람을 신체적 불구로부터 회복시켜준 개인적 질병치료 사건이 아니다. 이것은 하나님이 자기 백성의 죄를 사하시며 회복시키는 하나님의 활동 곧 하나님의 나라의 도래를 나타내는 사역이었다. 이것을 통하여 예수는 죄사함과 관련된 유대교의 상징적 질서와 지배 체계를 도전했다. 그는 질병을 죄와 연결시키는 유대인들의 전통적 의식을 비판하고 제의들을 통한 죄사함의 체계를 거부했다. 예수는 죄사함은 하나님의 은혜에 기초하여 값없이 인자에 대한 믿음을 통하여 제공되는 것임을 제시했다. 이것은 유대교 지도자들의 지배 이념과 지배 체계에 대한 저항 사역이며 나아가 그들의 이념적 권위와 억압적 수탈 체계로부터의 해방을 선포하는 사역이었다.

혈루병자 치유사역 또한 단순히 혈루 근원을 멈추게 하는 개인적 질병 치료 사역이 아니다. 그것은 신체적 병듦의 문제를 해결해주는 것은 물론 그 병듦과 관련된 불의하고 억압적인 사회-문화적 문제를 해결해주는 해방 사역이었다. 그것은 혈루병자로 하여금 경멸과 차별과 소외의 밑바닥 신분으로부터 하나님의 백성의 정당한 일원인 하나님의 딸로서의 그녀의 신분을 회복시켜준 사역이었다. 또 그것은 정결 체계 속에서 죄의식과 두려움과 절망의 심리 상태로부터 하나님과의 관계 회복을 통해 주어지는 평화를 제공받는 사역이었다. 이것은 불행한 상황에 처한 한 여인을 총체적으로 회복시켜주는 하나님의 새로운 구원 활동이었다. 이것은 정결 체계를 중심으로 어려움 만난 사람들을 차별하고 억압하며 비인간화시키는 옛 정결 체계로부터의 해방사역이었다.

주(註)

1) Ched Myers는 Ferdinando Belo가 사용한 "상징적 질서"라는 개념을 사용하여 정결 체계가 팔레스틴계 유대교의 지배적인 이념 체계와 그것을 구현하는 통로들이었다고 말한다. Ched Myers, *Binding the Strong Man: A Political Reading of Mark's Story of Jesus* (New York: Orbis Books, 1991), 70-71.
2) Myers는 예수의 기적적 사역들은 그것들이 자연법칙을 도전했기 때문이 아니라, 예수 시대 유대교 사회 세계의 근본 구조를 도전했기 때문에 강력한 것이었다고 말한다(*Binding the Strong Man*, 147-48).
3) Myers는 "상징적 행동"이란 그것이 단순히 비유적이라든가 혹은 구체적 역사적 사실성을 부인하는 것이 아니라, 그 사건의 근본적인 중요성이 그것이 일어난 사회의 상징적 질서와 관련되는 행동이라고 말한다(*Binding the Strong Man*, 146).
4) 사회문학적 성서 해석의 이론과 실례에 관하여, Ched Myers, *Binding the Strong Man*, 31-37; 강요섭, "예수의 성전 숙청이야기에 대한 문학적 사회학적 고찰: 마르코 복음 11장 11-17절을 중심으로,"「신학사상」, 41(1983/여름), 349-65참고. Myers는 마가복음에 나오는 예수의 치유 이야기들에 대한 사회문학적 접근은 사회-문화적 측면을 주로 고려하면서 그 이야기들의 배경이 되는 사회의 억압적인 상징적 체계를 나타내는 상징적 행동에 관심을 기울인다고 제안한다(Binding the Strong Man, 149).
5) John J. Pilch, "Biblical Leprosy and Body Symbolism," *Biblical Theology Bulletin*, 11(1981), 108; idem., "Sickness and Healing in Luke-Acts," in Jerome H. Neyrey ed., *The Social World of Luke-Acts* (Peabody, MA: Hendrickson Publishers, 1991), 191; Vincent Taylor, *The Gospel According to St. Mark* (London: MacMillan, 1957), 186; William L. Lane, *The Gospel of Mark* (Grand Rapids: Eerdmans, 1974), 84; Robert A. Guelich, *Mark 1-8:26*, WBC 34a (Dollas: Word Books, 1989), 73; Robert H. Gundry, *Mark* (Grand Rapids: Eerdmans, 1992), 101.
6) 그들은 예루살렘과 같이 성벽이 있는 도시 안으로는 들어갈 수 없었다 (Lane, *Mark*, 84; Guelich, *Mark*, 73).
7) Neyrey, "Idea of Purity in Mark's Gospel," *Semeia*, 35(1986), 101; Myers, *Binding the Strong Man*, 153. 유대교 계급 체계의 추가적인 이해를 위하여 Joachim Jeremias, *Jerusalem in the Time of Jesus* (Philadelphia: Fortress Press, 1969), 270-74; 강요섭, "예수의 성전 숙청이야기," 357-61 참조.
8) J. Gnilka,「마르코복음 I」(천안: 한국신학연구소, 1985), 115; Guelich, *Mark*, 73.

9) Pilch, "Biblical Leprosy," 112.
10) Taylor, *Gospel*, 187; Guelich, *Mark*, 73. Guelich는 그 병자의 요구는 그가 깨끗하게 되었다는 공시적 선언보다는 단순히 질병에서 치료받는 것을 의미한다고 주장한다(*Mark*, 73).
11) "민망히 여기다"(σπλαγχνίζομαι)는 동사는 한글 개역성경에서 "불쌍히 여기다"(막 6:34; 눅 7:13) 혹은 "측은히 여기다"(눅 15:20)로 번역되었는데, 불행한 운명적 상황에 처한 사람들을 향한 예수의 안타깝고 고통스런 마음을 표현한다. 이와 같이 예수가 행한 하나님의 권능의 역사는 "불쌍히 여기는" 하나님의 마음에서부터 출발한 것을 보여준다.
12) 예를 들어, Taylor, *Gospel*, 188; Lane, *Mark*, 86. Gnilka는 예수의 분노가 악에 대한 것 곧 악에 의해 파괴된 창조의 질서에 대한 분노라고 생각한다(「마르코복음」, 116). Guelich는 예수의 분노가 정결 규례를 무시하고 예수에게 접근한 그 사람의 행동에 대한 것이 아니라면, 그 질병의 상황에 대한 것 곧 악에 의해 하나님의 피조 세계가 파괴된 것에 대한 분노로 이해한다(*Mark*, 74).
13) 소외 계층의 사람들을 합법적으로 억압하며 수탈하는 유대교의 지배 계층을 향한 예수의 분노는 선언 이야기 군의 마지막 사건인 한 편 손 마른 사람의 치유 사건에서도 극적으로 표현된다: "저희 마음의 완악함을 근심하사 노하심으로 둘러보시고(περιβλεψάμενος αὐτοὺς μετ' ὀργῆς)"(막 3:5).
14) Taylor는 예수가 고통받는 사람들을 접촉한 것(막 7:33; 8:22) 혹은 그 사람들이 예수에게 손을 댄 것(막 3:10; 5:27-28, 30-31; 6:56)이 마가복음에서 특별한 점임을 지적한다(*Gospel*, 188).
15) Myers는 예수의 병자치유 사역은 귀신축출 사역과 함께 정결 체계로 대표되는 지배적인 상징적 질서와 그 지배적인 상징적 질서가 확립된 사회적 관계성들을 합리화하고 합법화하는 방식을 드러내는 기능을 한다고 주장한다(*Binding the Strong Man*, 148).
16) Neyrey, "Idea of Purity," 113; idem., "A Symbolic Approach to Mark 7," *Forum*, 4/4(1988), 78-84. Guelich는 예수가 손을 댄 것은 예수의 치유의 권능이 그 병의 부패시키는 조건을 넘어선 것을 나타낸다고 말한다(*Mark*, 74).
17) Lane, *Mark*, 88; Guelich, *Mark*, 74.
18) 예수가 선포한 하나님의 나라는 인간의 회복(개인적이며 또한 사회적 회복)을 위하여 활동하시는 하나님의 현존과 권능의 활동들을 가리키는 상징어이다. Cf. 김광수, "공관복음서에 나타난 하나님의 나라의 본질과 목적 (1)," 「복음과 실천」, 17(1994), 52-55.
19) Myers는 Ferdinando Belo가 사용한 "상징적 질서"라는 개념을 사용하여 정

결 체계가 유대교의 지배적인 이념체계와 그것을 구현하는 통로였다고 지적한다(Binding the Strong Man, 70-71).
20) Norman Perrin, Rediscovering the Teachings of Jesus (London: SCM Press, 1967), 67. Cf. 김광수, "예수의 귀신축출 사역의 사회-정치적 이해(1)," 「복음과 실천」, 19(1996), 49-54.
21) 이것은 다음 사건에서 죄사함과 관련하여 서기관들과의 충돌에서도 명백하게 나타난다. 예수는 서기관들이 확립해온 제의를 통한 죄사함을 거부하고 "인자가 땅에서 죄를 사하는 권세가 있는 것"을 선언한다(막 2:10).
22) Myers, Binding the Strong Man, 153.
23) Taylor, Gospel, 188; Myers, Binding the Strong Man, 153; Guelich, Mark, 74.
24) Myers, Binding the Strong Man, 153.
25) Myers는 만일 그 사람이 이미 제사장들에게 갔었는데, 어떤 이유로 인하여 그의 청원을 거부했다면, 그들을 향한 예수의 그런 감정을 이해할 수 있다고 말한다(Binding the Strong Man, 153).
26) Guelich, Mark, 76.
27) Guelich, Mark, 76. Guelich는 이 단락은 초대 교회가 유대교와 논쟁하던 속에서 발전된 것으로서 예수는 율법을 무시한다고 비난하는 사람들에 대한 변호의 목적을 갖고 있다고 생각한다. 그는 또 여기서 예수와 율법의 관계가 마가의 주요한 관심사는 아니지만, 논쟁 설화 모음집에서 이 단락을 취하여 예수의 초기 사역의 묘사에 활용했다고 제안한다(Mark, 77).
28) Myers, Binding the Strong Man, 153.
29) Ibid.
30) Myers, Binding the Strong Man, 153.
31) Ched Myers는 예수의 기적적 사역들은 그것들이 자연법칙을 도전했기 때문이 아니라, 예수 시대 유대교 사회 세계의 근본 구조를 도전했기 때문에 충격적인 것이었다고 지적한다(Binding the Strong Man, 147-48).
32) Rudolf Bultmann, History of the Synoptic Tradfition, trans. John Marsh(Oxford: Basil Blackwell, 1963; Reprinted by Hendrickson Publishers), 211-12. Vincent Taylor는 이야기의 생생함, 서로 다른 분위기, 그리고 편집적 언급들(2:5a, 10b) 등이 결합의 흔적들이라고 지적한다(Gospel, 192).
33) Taylor, Gospel, 192.
34) 김창락, 「새로운 성서해석과 해방의 실천」 (서울: 한국신학연구소, 1990), 75.

35) 강요섭은 문학적 구조 면에서 예수의 말씀들(2:5, 10)이 논쟁 이야기의 바깥 틀을 이루는데, 논쟁 이야기를 이 사건 전체의 중심부에 위치시킨 것은 저자의 문학적 계략에 의한 것이라고 설명한다. 강요섭,「복음의 시작: 길의 건설」(천안: 한국신학연구소, 1991), 49.
36) Myers는 이 이야기의 환구조(ring structure)가 이러한 갈등 관계를 표현한다고 지적한다(Binding the Strong Man, 154):
   2:1-5　　　　서두(무리와 중풍병자)
   2:6-10상　　　논쟁(서기관들과 예수)
   2:10하-12　　치유와 결론(무리와 중풍병자)
37) Myers, Binding the Strong Man, 154; 강요섭,「길의 건설」, 47; Gnilka,「마가복음」, 124.
38) 안병무는 서기관들이 '암하아레츠'로 부른 사람들이 대부분 이 '무리'(ὄχλος)에 속하는 사람들이었다고 지적한다. 안병무, "예수와 오클로스,"「민중과 한국신학」(한국신학연구소, 1982), 101-102; idem.,「갈릴래아의 예수」(한국신학연구소, 1990), 129-44; 황성규,「예수운동과 갈릴리」(한국신학연구소, 1995), 96-97; R. Meyer, "ὄχλος," Theological Dictionary of the New Testament (Grand Rapids: Wm. B. Eerdmans, 1975), V:589.
39) Gerd Theissen, The Miracle Stories of the Early Christian Tradition, trans. Grancis McDonagh (Edinburgh: T. & T. Clark, 1983), 249-53.
40) Taylor는 "사함을 받았다"(ἀφίενται)는 동사는 점적인 행위를 나타내는 것으로서 "이 순간 사함을 받았다"는 의미이며 또 권위적 선포의 언급임을 지적한다(Gospel, 155).
41) Myers, Binding the Strong Man, 75-78. 유대교 사회의 조세 제도와 채무 관계에 관하여, 조태연, "갈릴리 경제학," 한국신약학회 편,「신약성서의 경제윤리」, 신약논단 제4권 (서울: 한들, 1998), 72-78 참조.
42) Myers, Binding the Strong Man, 155.
43) 이 선언에 담긴 하나님의 활동의 국면은 "죄사함을 받았다"(ἀφίενται)는 신학적 수동태의 표현을 통해서도 나타난다. 죄사함의 선포는 하나님의 주권적 권능의 활동인 것이다. 따라서 죄사함의 선포는 "하나님의 나라의 도래"라는 예수의 치유 사역의 근본적 성격을 가리킨다(Guelich, Mark, 86).
44) 김광수, "예수의 귀신축출 사역의 사회-정치적 이해(1)," 56-65; idem., "예수의 귀신축출 사역의 사회-정치적 이해(막 1:21-28)," 66-72.
45) Myers, Binding the Strong Man, 155. 일세기 유대교 서기관들의 기원, 역할, 그리고 예수와의 관계에 대하여 김광수, "예수의 귀신축출 사역의 사회-정치적 이해(1)," 58, n. 64, 65, 66에 나오는 참고 문헌들을 참조.

46) '의논하다'(διαλογίζομαι)는 동사는 신약성서에서 내면적인 논의 혹은 의문을 제기한다는 의미로 사용되었다(Taylor, *Gospel*, 195).
47) Guelich는 하나님만이 유일하게 죄사함의 권세를 가진다는 것은 구약과 중간기 문헌에서 지속적으로 나타나는 사상이며 또 메시야가 그런 권세를 가진다는 기대는 어떤 문헌에서도 발견되지 않는다고 지적한다(*Mark*, 87). Cf. Lane, *Mark*, 95.
48) Myers, *Binding the Strong Man*, 155.
49) 인류학자들은 고대 사회에서 어떤 사람을 향하여 '귀신들렸다'는 평가를 내리는 것은 지배 계급이 확립한 체계에 대하여 위협적인 행동을 한다든가 혹은 위협적인 영향력을 행사하는 사람들의 활동을 막고 영향력을 차단하기 위하여 지배 계층이 주로 사용한 방식이었다고 제시한다. Cf. 김광수, "예수의 귀신축출 사역의 사회-정치적 이해(1)," 60-61.
50) 구약에서 하나님은 모든 인간의 마음을 홀로 꿰뚫어보시는 분(왕상 8:39)이며 인간의 마음의 외침을 아시는 분(삼상 16:7; 시 7:10; 렘 11:20)으로 제시된다. Cf. Guelich, *Mark*, 88; Gnilka, 「마가복음」, 126.
51) 역으로 질문하는 것은 마가복음에서 유대교 지도자들과의 충돌의 상황에서 자주 나오는 예수의 대처 방식이다(예, 막 11:29-30). Cf. Lane, *Mark*, 96.
52) 김광수, 「마가 마태 누가의 예수 이야기」(대전: 침례신학교출판사, 1997), 129. 마가는 예수의 가르침에 하나님의 권세(ἐξουσία)가 있었다고 이미 언급했다(1:22). 예수의 권세와 서기관들의 권세의 대조에 관하여, 김광수, "예수의 귀신축출 사역의 사회-정치적 이해(막 1:21-28)," 62-76 참조.
53) 김광수, 「마가 마태 누가의 예수 이야기」, 129-30. 마가복음에서 '인자' 호칭은 선언 이야기 군에서 두 번 나온 것을 제외하고는(2:10, 28), 예수의 수난과 부활을 다루는 후반부에서 집중적으로 사용된다. '인자'라는 칭호의 다섯 가지 해석의 예를 위하여 Taylor, Gospel, 197-98을 참조. 인자의 의미에 관한 보다 더 광범위한 연구를 위하여, A. J. B. Higgins, *The Son of Man in the Teaching of Jesus* (Cambridge: Cambridge University Press, 1980)과 Seyoon Kim, *The Son of man As the Son of God* (Grand Rapids: Eerdmans, 1983) 참조.
54) 김광수, 「마가 마태 누가의 예수 이야기」, 129.
55) Gnilka, 「마가복음」, 126; 김광수, 「마가 마태 누가의 예수 이야기」, 130. Guelich는 예수의 선언이 인자의 수난을 전제하고 있다고 제시한다(*Mark*, 92).
56) Lane, *Mark*, 99. 하나님의 나라의 역동적 현현에 관하여, 김광수, "하나님의 나라의 본질과 목적(1)," 37-68 참조.

57) 한글 개역 성경에서 '일어나'로 번역된 것은 이 동사의 시제와 태의 성격을 충분히 반영하지 못한다. 이것은 "그가 일으킴을 받아"로 번역하는 것이 필요하다. "일으킴을 받았다"(ἠγέρθη)는 수동태의 표현은 예수의 부활 사건에서도 사용된 대표적인 신학적 수동태의 표현이다(막 16:6; 롬 4:25). 예수가 살리심을 받은 것(ἠγέρθη)은 전적으로 하나님의 주권적 권능의 나타남이었던 것과 같이, 중풍병자가 "일으킴을 받은 것" 또한 하나님의 권능의 활동의 표현이다. 예수의 부활과 관련하여 신학적 수동태의 사용에 관하여, 김광수,「마가 마태 누가의 예수 이야기」, 34-36 참조. 강요섭은 '일어나라'는 말은 부활의 언어(막 16:6)로서 "부활의 삶 곧 죽음이 종식되고 사람됨이 수립되는 새로운 구원의 조직이 인자를 통해 발생한 것을 나타낸다"고 말한다(「길의 건설」, 51).
58) Bultmann은 두 이야기가 원래 따로 존재하다가 역사적 회상 속에서 결합되었다고 추측한다(*History*, 214-15).
59) Myers, *Binding the Strong Man*, 200-201 참조.
60) 김광수,「마가 마태 누가의 예수 이야기」, 135.
61) Gnilka는 유출병자를 부정하다고 판정한 것은 여인의 월경이 기본적으로 부정하다(겔 36:17)고 생각한 유대인들의 의식에 기초하고 있다고 제안한다(*Mark*, 274). 유출병자의 정결 선언을 위한 제의를 속죄제와 번제로 규정하고 "그 사람의 유출병을 인하여 여호와 앞에 속죄할지니라"고 한 규례에 따르면(레위 15:15, 30), 유출병의 근원을 또한 죄로 인식한 것을 보여준다.
62) Myers는 그녀의 이름이 언급되지 않고 단순히 무리의 한 사람으로 나오는 것은 엄격한 신분사회에서 신분이 분명하지 않은 존재를 가리킨다고 말한다(*Binding the Strong Man*, 201). 일세기 유대교 사회에서 여성 혈루병자에 대한 차별과 소외에 관하여, Hisako Kinukawa, *Women and Jesus in Mark: A Japanese Feminist Perspective* (New York: Orbis, 1994), 29-50 참조. 일세기 유대교 사회에서 일반적인 여성의 사회적 위치와 역할에 관하여, Jeremias, *Jerusalem*, 359-76; K. C. Hanson and Douglas E. Oakman, *Palestine in the Time of Jesus: Social Structures and Social Conflicts* (Minneapolis: Fortress Press, 1998), 19-62; Ekkehard W. Stegemann and Wolfgang Stegemann, *The Jesus Movement: A Social History of Its First Century* (Minneapolis: Fortress Press, 1999), 359-75 참조.
63) 그 여인의 상태에 대한 마가의 자세한 설명은 날카롭고 냉소적인데, 마태와 누가는 이러한 자세한 설명을 생략했다(Myers, *Binding the Strong Man*, 201).
64) Myers는 효력 없는 의료 활동을 통하여 돈을 허비하게 되는 것은 고대

사회에서 흔한 일이었다고 지적하며(*Binding the Strong Man*, 201) 또 강요섭은 고대 농경 사회에서 의사들이란 상류층 사람들만을 위하여 일하는 사람들이었다고 지적한다(「길의 건설」, 105).
65) Marcus J. Borg, *Jesus A New Vision* (New York: Harper Collins, 1987), 66-67.
66) Guelich는 그녀가 "두려워하여 떨었다"는 것은 예수의 허락 없이 행동했다든가 혹은 율법을 어겼기 때문이 아니라, 그녀에게 이루어진 기적적 치료에 대한 그녀의 경외심의 반응이었다고 설명한다(*Mark*, 298).
67) Myers는 이것을 이 사건에서 "가장 중요한 상징적 역전"이라고 말한다 (*Binding the Strong Man*, 201-201).
68) 여기서 예수는 제자들의 공동체가 혈연 공동체가 아니라 신앙 공동체이며 계급 공동체가 아니라 형제들과 자매들의 평등 공동체이며 이런 공동체에서 지도자는 어머니와 같이 생명을 공급해주고 봉사하며 희생하는 사람들인 것을 제시한다. 이것은 예수의 제자들이 새로운 세대에서 돌려받을 것의 명단에서 인간 '아버지'가 빠진 것과 맥락을 같이 한다 (막 10:29-30). Cf. 김광수, 「마가 마태 누가의 예수 이야기」, 137, 174-75.
69) 하나님의 나라의 공동체적 성격에 관하여, 김광수, "공관복음서에 나타난 하나님의 나라의 본질과 목적(2)," 「복음과 실천」, 18(1995), 31-55; idem., "예수의 귀신축출 사역의 사회-정치적 이해(막 1:21-28)," 74-76 참조.
70) 마가는 하나님의 종말론적 구원 활동에는 유대인과 이방인 사이에도 차별이 없다는 것을 부각시키는데, 그 중에서도 수로보니게 여인의 딸을 치유한 사건(막 7:24-30)이 그것을 대표적으로 제시한다. Cf. Werner H. Kelber, *Mark's Story of Jesus* (Philadelphia: Fortress Press, 1979), 36-40; 강요섭, 「길의 건설」, 121-26; 김광수, 「마가 마태 누가의 예수 이야기」, 153-58.
71) 강요섭은 예수가 이 사건을 통하여 "거룩의 이름으로 삶을 비생산적인 상태로 변질시켜 버린 유다 사회의 공해 이념을 도전했다"고 지적한다(「길의 건설」, 110).
72) Gnilka, 「마가복음」, 275; Guelich, *Mark*, 299.
73) 강요섭, 「길의 건설」, 109.
74) Taylor, *Gospel*, 293; Lane, *Mark*, 194.
75) Guelich는 "평안히 가라"는 말은 "하나님과 올바른 관계에 들어간 사람으로서 가라"는 의미로 해석한다(*Mark*, 299).

제 3 부
예수의 귀신축출 사역

1. 귀신축출 사역의 사회 – 정치적 이해
2. 회당에서 귀신들린 자의 치유
3. 거라사에서 귀신축출 사역 A
4. 거라사에서 귀신축출 사역 B

1. 귀신축출 사역의 사회-정치적 이해

예수의 귀신축출 사역의 사회-정치적 이해
(막 3:20-30)

서론

1. 문제 제기

기독교 신앙과 교훈의 핵심은 예수 그리스도께서 일세기 초반에 로마 제국의 식민지로 있었던 팔레스틴 지방의 갈릴리 지역을 중심으로 활동 하시면서 가르치셨고 행하셨던 사역에 기초하고 있다. 따라서 기독교 신앙의 본질과 목적을 바로 파악하기 위해서는 예수의 활동에 주목하는 것이 필요하다. 역사의 예수의 활동을 보고해 주는 것이 신약성서의 복음서들이며, 특히 처음 세 복음서들인 공관복음서는 제4복음서보다 더 생전의 예수에게 일어났던 역사적 사실들을 중심으로 예수의 사역과 교훈들을 전달해 주고 있다. 공관복음서 저자들은 예수의 사역 전체를 "하나님의 나라의 복음을 전파하는 일"로 제시한다.[1] 그리고 이러한 하나님의 나라의 복음을 전파하는 사역을 크게 두 가지로 분류하여, 첫째는 가르치는 사역 곧 하나님의 나라에 관한 교훈들을 전파하는 사역이고, 둘째는 치유하는 사역 곧 하나님의 나라의 도래의 가시적 측면을 제시하는 사역으로 전달한다.2) 예수의 치유 사역은 다시 둘로 나뉘어 첫째는 병자들을 치료하는 사역이고, 둘째는 귀신들을 축출하는 사역이다.3) 예수의 이러한 치료 사역과 축출 사역은 서로가 밀접하게 연결되어 있으면서도 구별되어 제시된다.4) 이 중에서도 예수의 귀신축출 사역은 그의 치유 사역에서 매우 큰 범주를 이룬다.5)

예수는 자기 자신이 귀신축출 사역을 행했을 뿐 아니라, 그가 열두제자들을 따로 세운 목적 중의 하나는 그들로 하여금 귀신축출 사역을 계승하게 하려는 것이었으며(막 3:15), 그는 그들을 내어보내면서 귀신 축출의 권세를 그들에게 주었다(막 6:7; 마 10:1; 눅 9:1; 10:17). 예수의 귀신 축출 사역은, 마가복음에 따르면, 예수의 첫 번째 공적 사역이었다(막 1:21-28; cf. 눅 4:33-37).6) 누가복음에 따르면, 예수는 자기의 중심적 사역을 귀신들을 축출하며 병자들을 치료하는 것으로 제시했다: "오늘과 내일 내가 귀신을 쫓아내며 병을 낫게 하다가 제 삼일에는 완전하여지리라"(눅 13:32). 그의 귀신축출 사역은 그의 정체를 잘 알지 못했던 일반인들과 그의 친척들에게서 오해를 일으켰던 점이며(막 3:19-21), 또한 유대교 지도자들과 날카롭게 대립하게 된 가장 직접적인 요소였다(막 3:22-30/마 12:22-30/눅 11:14-23). 이런 점에서 볼 때, 예수의 귀신축출 사역은 그의 사역에서 가장 독특하고 의미가 있으면서도 가장 이해하기 어려운 국면임을 보여준다.7) 그래서 역사적 예수를 연구해 온 학자들은 예수의 정체와 사역에 관하여 여러 가지 이견들을 갖고 있으면서도, 그가 한 사람의 유대인 귀신축출자였다는 사실에는 거의 만장일치로 동의한다.8) 그러므로 예수의 정체 이해나 그의 사역의 본질을 이해하기 위하여 그의 귀신축출 사역을 바르게 이해하는 것이 필수적인 요소가 됨을 알 수 있다.

 귀신 축출은 귀신들림을 전제로 한 행위인데, 비록 한국에서도 전통적 무속 신앙을 통하여 전승되어 왔고 지금도 하나의 종교 행위로서 드물게 행해지고 있기는 하지만, 대다수의 현대인들에게는 낯설고 이해하기 어려운 것이어서, 그것을 그의 중심 사역으로 삼았던 예수의 정체와 그가 행한 사역의 본질을 이해하는 데 있어서도 큰 걸림돌이 되고 있는 것이 사실이다. 그러나 예수 시대의 유대인들은, 동시대의 그리스-로마 사회의 일반 대중들과 마찬가지로,[9] 악령들의 존재를 믿었으며 어떤 병들은 그런 악령들에 의해 발생한다고 믿었다.[10] 그래서 유대인 사회에서도 귀신 축출은 결코 드문 일이 아니었으며 낯선 것도 아니었다.[11] 실제로 공관복음서들은 예수 이외의 다른 귀신 축출자들을 언급한다: 바리새파에 속한 사람들(마 12:27/눅 11:19)과 예수의 제자는 아니었지만 예수의 이름으로 귀신들을 축출하던 익명의 사람(막 9:38-39). 사도행전에 따르면, 사도 바울도 귀신축출의 경험을 갖고 있으며(행 16:18; 19:12), 에베소에 살던 한 유대인 제사장의 일곱 아들들도 순회하면서 귀신 축출의 일을 하고 있었던 것으로 제시된다(행 19:13-16).[12] 이와 같이 귀신 축출은 예수 시대의 유대교 문화에 익숙한 것이었으며, 비록 귀신축출과 귀신축출자를 의미하는 전문 용어는 비교적 드물게 나오지만, 그 개념과 행습은 익숙하며 광범위한 것이었다.[13]

 그렇다면 여기서 여러 가지 질문들이 제기된다. 먼저, 만일 귀신들림이나 귀신축출이 일세기 그리스-로마 사회에서는 물론 유대인 사회에서도 익숙한 것이었고 예수 외에도 다른 많은 기적적 치료자들과 마술사들이 자유롭게 활동하고 있었다면, 왜 유독 예수의 귀신축출 사역이 유대교 지배 계층의 하나였던 서기관들과 충돌을 일으켰는가 하는 문제이다. 예수는 그의 공적 사역의 초기부터 유대교 지도자들로부터 공개적인 적개심과 반발에 직면하게 되었다. 그의 치유 사역은 유대교 지도자들로부터 심각한 적개심을 불러일으켰고(막 3:1-6) 또한 귀신축출 사역은 유대교 지도자들과 심각한 충돌을 일으켰으며 그들로부터 비방과 비난의 초점이 되었다(막 3:22-30).

그러면 예수의 귀신축출 사역은 동시대의 다른 기적적 치료자들이나 마술사들의 행습과 어떤 다른 점(들)을 갖고 있었는가? 다음에, 공관복음서들은 한결같이 예수의 사역을 하나님의 나라의 복음을 전파한 것으로 요약하여 제시하는데, 그러면 예수의 치유 사역 특히 귀신축출이 하나님의 나라의 도래와 무슨 관계가 있는 것인가? 더 나아가, 그리스도인들의 실제적인 삶의 국면에서, 예수가 그의 제자들이 행하기를 원했던 귀신축출 활동과 "너희는 세상의 소금이며 세상의 빛이다"라는 교훈이 어떻게 연결되는 것인가? 오늘날 우리가 예수의 제자들로서 귀신(들)을 축출한다는 것은 무엇을 의미하는 것인가? 만일 우리가 예수는 단순히 신체적으로 병든 사람들을 기적적으로 치료해 주었고 귀신들린 사람들에게서 귀신들을 쫓아냈다고만 이해한다면, 예수의 사역의 본질적 의미와 그와 유대교 지도자들 사이에 존재했던 충돌과 갈등을 이해하는 데 있어서는 물론, 오늘날 예수의 제자가 되어 그의 삶과 교훈을 오늘의 현실에서 살아내려는 제자도의 이해에 있어서도 심각한 어려움에 직면하게 된다. 따라서 이러한 문제들은 예수의 귀신 축출 사역에 관한 보다 더 다각적이고 심층적인 이해를 요구한다.

지금까지 한국의 기독교인들은 예수의 귀신축출 사역을 이해하는 데 있어서 한편으로 많은 혼란과 오해에 빠져 있기도 하며, 다른 한편으로 그것의 보다 깊은 의미를 알려하지 않고 무관심하게 지나치고 있다고 말할 수 있다. 예수의 귀신축출 사역의 의미에 관하여 한국 기독교인들의 대중적 이해를 형성하는 데 있어서 결정적 역할을 감당했던 사람들은 성령 운동과 관계된 교회 지도자들이었다.

그들은 예수의 귀신축출 사역을 주로 영적이고 개인적이며 심리적인 측면에서 이해하여, 예수는 귀신들에게 사로잡힌 사람들에게서 사탄의 권세를 능가하는 하나님의 권능으로 귀신들을 축출했다고 이해했다. 그들 중 어떤 사람들은, 특히 한국의 무속 신앙적 귀신 이해에 기초하여, 예수가 축출한 귀신(들)의 정체를 예수 그리스도를 믿지 않고 죽은 사람의 혼(특히 한을 품고 죽은 사람)으로 이해하고, 이 혼이 공중을 배회하다가 사람에게 들어가 해를 끼치는 것으로 이해하기도 했다.[14] 따라서 기독교는 개인의 심령을 사로잡고 있는 귀신들을 예수의 이름으로 몰아냄으로써 온전함과 평안을 수여하는 종교로 간주하게 되었다.

이렇게 예수의 핵심적 사역이 영적이며 개인적인 측면에서만 이해되었기 때문에, 오늘날 그리스도인들이 예수의 귀신축출 사역을 재현하는 일에 있어서도 단순히 개인의 심령을 사로잡고 있는 귀신들을 쫓아내려고 한다든가, 모든 질병의 원인을 귀신들의 침입으로 이해하고 또한 그 귀신들을 쫓아냄으로써 질병에서 나음을 받으려는 것으로 발전하기도 했다. 그래서 많은 복음사역자들이 귀신축출의 권능을 얻기를 소원해 왔고, 또한 그런 능력을 받았다는 사람들이 그들의 능력을 과시하며 사람들의 인정을 받아오기도 했다. 또한 이런 이해 속에서 한국의 기독교인들은 예수의 발자취를 따라간다고 하면서도 예수를 믿음으로 개인의 질병을 치료받는다든가 개인의 기복에만 매달리게 되었고, 예수의 보다 더 핵심적 교훈인 세상의 소금이 되며 세상의 빛이 되는 일 곧 한국 사회를 하나님의 공의 곧 정의와 사랑에 기초한 사회로 만드는 일에는 영향력을 크게 행사하지 못하고 있는 형편이다.

여기서 우리는 예수의 귀신축출 사역에 대한 종래의 이해를 벗어나 새로운 이해의 필요성을 발견하게 된다. 따라서 필자는 예수의 귀신 축출 사역을 단순히 영적이고 개인적인 측면에서 이해하는 것을 거부하면서, 예수가 살았고 사역을 감당했던 일세기 팔레스틴 유대교 사회의 정치적, 종교적, 그리고 문화적 상황을 고려하면서 예수가 근본적으로 추구했던 목적과의 관련성 속에서 이해하려고 한다.[15] 필자는 복음서 이야기들의 삶의 자리에 관심을 기울이면서, 예수의 귀신축출 사역이 당시 유대교 사회의 종교-정치-사회적 국면들과 어떤 관계를 갖는가에 초점을 맞춘다. 따라서 필자는 본 연구를 통하여 다음과 같은 주제를 발전시키려고 한다: "예수의 귀신축출 사역은 하나님의 나라의 도래의 한 국면으로서, 인간을 비인간화시키는 모든 종류의 사회적 및 정치적 불의와 억압으로부터의 해방 사역이었다." 다시 말하여 예수의 귀신축출 사역은 악의 세력에 의해 고통당하는 사람들을 구출하는 해방 사역일 뿐만 아니라, 그런 악을 유발시키며 그런 악이 존재하도록 돕는 인간 사회의 모든 불의하고 억압적체제와 구조의 거부를 통하여 사회 전체의 변혁을 추구하고, 나아가 하나님의 정의와 자비가 실현되는 세상의 건설을 추구하는 상징적 활동임을 밝히려한다. 그렇게 함으로써 한국의 기독교인들로 하여금 예수의 귀신축출 사역의 본질을 새롭게 이해하고 세상에서 예수의 삶과 가르침을 구현하는 주체들이 되도록 돕게 되기를 바란다.

2. 연구 방법

이를 위하여 필자는 예수의 귀신축출 사역을 담고 있는 복음서의 이야기들을 좀 더 다각적인 측면에서 살펴보려고 한다. 어느 분야이든지 새로운 이해는 같은 문제를 새로운 각도에서 보는 데서부터 출발하며, 나아가 새로운 이해는 새로운 질문을 던지는 데서 얻어지기도 한다.[16] 따라서 예수의 귀신축출 사역의 이해에 있어서도 종래와 다른 이해를 위해서는 새로운 각도에서 새로운 질문을 던지면서 그 사역을 살피는 것이 필요하다. 지금까지 복음서 연구는 주로 양식비평과 편집비평의 방법론이 사용되었고, 최근에 문학비평과 사회과학의 방법론이 동원되어 보다 더 입체적이고 종합적으로 이해하려는 연구 풍토가 조성되어 왔다. 필자도, 해석은 과거(본문)와 현재(독자)의 두 지평들 사이의 상호 대화라는 Gadamer의 견해를 수용하여,17) 한편으로 본문의 삶의 자리에 관한 사회-역사적 측면 곧 사회, 정치, 문화를 고려하는 해석학의 도움을 받을 뿐 아니라, 다른 한편으로 오늘날 독자가 본문의 이해에 능동적이고 창의적으로 참여하는 해석학의 도움도 받으려 한다.18) 따라서 필자는 본문을 중심으로 과거와 현재를 동시에 다루는 입체적 이해를 목표한다.19)

공관복음서 중에서 예수의 귀신축출 사역을 가장 생생하게, 가장 현장감 있게 전달해주는 것이 마가복음이다.20) 그래서 필자는 마가복음에 나타난 예수의 귀신축출 이야기들을 연구의 주요 대상으로 삼으려고 한다―물론 마태복음과 누가복음의 편집적 내용들을 고려하면서, 마가복음에는 예수의 귀신축출 사역을 다루는 세 가지 이야기들이 생생하게 전달된다. 첫째는 예수의 공적 생애의 시작과 함께 회당에 들어가 가르치실 때 일어난 사건이고(막 1:21-28), 둘째는 예수의 갈릴리 사역이 한참 진행되던 시기에 이방인의 땅에 들어가셨을 때 일어난 사건이며(막 5:1-20), 셋째는 예수가 예루살렘을 향하여 가던 도중에 변화산 사건 후에 산에서 내려왔을 때 일어난 사건이다(막 9:14-29). 필자는 각 이야기 속에서 제시되는 예수의 귀신축출 사역의 사회-정치적 측면의 이해를 추구하고, 나아가 예수의 그 사역과 하나님의 나라의 도래가 어떻게 연관되는가를 밝히려고 한다. 이를 위하여, 마가복음서의 이야기들을 구체적으로 다루기 전에, 예수의 귀신축출 사역의 본질적 의미 곧 귀신축출과 하나님의 나라의 도래와의 관계를 살펴보려고 한다. 따라서 본 연구의 내용은 크게 네 부분으로 나눠진다: 귀신축출과 하나님의 나라; 회당에서의 귀신축출(막 1:21-28); 거라사 지방의 귀신축출(막 5:1-20); 벙어리 되고 귀먹은 귀신축출(막 9:14-29).

3. 국내외 연구 상황

한국에서 예수의 귀신축출 사역에 대한 해석학적 연구는 아직 초보적인 단계이다. 주로 성령 운동을 하는 기독교 목회자들 사이에서 혹은 귀신축출을 강조하는 어느 교파를 중심으로 목회 사역을 위하여 막연하게 혹은 교리적으로 연구되어 왔다. 국외에서는 비교적 활발하게 예수의 귀신축출 사역에 관한 해석학적 연구가 진행되어 왔는데, 예수의 치유 사역의 사회학적 측면을 다룬 대표적인 학자 두 사람을 들면 다음과 같다. 독일의 신약성서 학자이면서 사회학적 해석의 발전에 중요한 공헌을 한 Gerd Theissen이 초기 기독교 전승에 담긴 기적 이야기들을 전체적으로 연구한 책에서 예수의 귀신축출 사역을 간단하게 다뤘다.[21] 그는 사회학적 요소들에 관심을 기울이면서 설화와 삶의 자리의 관련성 속에서 기적 이야기들을 해석하려고 노력했다.

다음에 미국 학자인 Ched Myers는 마가복음의 정치적 해석에 치중하면서, 예수의 귀신축출 사역의 사회-정치적 측면을 이해하려고 노력했다. 그는 예수의 그 사역이 유대교 지도자들의 권위주의와 율법주의와의 충돌 또한 로마 제국의 패권주의와 침략주의와의 충돌임을 제시하려고 노력했다.[22] 그 밖에도 Richard Horsley와 Marcus Borg도 사회-문화-정치적 시각에서 예수의 사역을 이해하려고 노력했으며,[23] Elizabeth Schuessler Fiorenza는 여성신학적 입장에서 예수의 귀신 추방 사역을 여성의 해방을 위한 활동으로 이해하려고 시도했다.[24]

I. 바알세불 논쟁

예수의 귀신축출 사역의 본질적 의미는 예수의 사역 전체의 근본적인 목적과 밀접하게 연결된다. 이미 지적한 바와 같이, 공관복음서들은 예수의 사역을 전체적으로 하나님의 나라의 도래에 관한 기쁜 소식으로 규정하고 있기 때문에(막 1:15/마 4:17/눅 4:43), 귀신축출 사역도, 그의 다른 모든 사역과 마찬가지로, 그가 전파했으며 실현시키려고 노력했던 하나님의 나라의 도래와의 관련성 속에서 이해되어야 한다.[25] 예수 자신이 이것을 분명하게 제시한 것으로 전달되는데, 그것이 소위 "바알세불 논쟁"이라 불리우는 일련의 말씀들 속에 포함되어 있다(막 3:19b-30/마 12:22-30/눅 11:14-23). 필자는 이 논쟁을 마가복음을 중심으로 하고 마태복음과 누가복음의 변형된 내용들을 살피면서, 예수의 귀신 축출 사역과 하나님의 나라의 관계를 이해하려고 한다.

마가는 먼저 바알세불 논쟁의 배경이 되는 사건을 제시한다(막 3: 19b-21). 예수가 열두 제자들을 따로 세워 위임한 후에(막 3:13-19a), 어느 집으로 들어갔는데 무리가 다시 그에게 몰려왔기 때문에 예수와 제자들은 식사할 겨를도 없었다. 그런데 예수의 친속들이 그것을 듣고는 예수를 잡으러 왔는데, 이는 사람들이 "그가 미쳤다"고 말하기 때문이었다.[26] 그리고 나서 마가는 예루살렘에서 내려온 서기관들이 "저가(예수) 바알세불에 들렸다 또 저가 귀신의 왕을 힘입어 귀신을 쫓아낸다"고 말한 것으로 전달한다(3:22). 마가복음의 사건 진행에 따르면, 이 바알세불 논쟁은 그것의 삶의 자리가 애매한 가운데 제시되고 있음을 보여준다. 이 논쟁 자체는 예수의 귀신 축출 사역을 놓고 그것의 의미에 대하여 예수와 유대교의 한 지도층 간의 논쟁인데, 마가는 단순히 예수의 바쁜 사역을 놓고 어떤 사람들의 부정적 평가와 그것에 대하여 예수의 친속들이 동의하고 있는 상황에서 이 논쟁을 언급하기 때문이다. 이러한 문맥의 애매함을 해소하기 위하여 마태와 누가는 각각 이 논쟁을 예수의 귀신 축출 사역의 현장에서 일어난 것으로 제시한다. 마태는 귀신에 들려 눈이 멀고 벙어리 된 자를 예수가 치료해 준 것과 무리가 이것을 보고 놀라면서 "이 사람은 다윗의 아들이 아닌가?"라고 말하는 문맥에서 바리새인들과 예수 사이에 벌어진 논쟁으로 제시한다(막 12:22-23).[27] 누가는 예수가 벙어리 귀신을 축출한 것에 대하여 사람들이 놀라는 문맥에서 예수와 그들 중의 어떤 사람들 사이에 벌어진 논쟁으로 제시한다(눅 11:14).[28] 이런 점에서 보면, 이 논쟁의 삶의 자리는 예수의 귀신축출 사역이었음이 분명하다.[29]

예수의 귀신축출 사역에 대한 서기관들의 비난은, 마가에 따르면 두 가지로 제시되는데, 예수가 "바알세불에 포로가 되었다"는 것과[30] 또한 그가 "귀신의 왕을 힘입어 귀신을 쫓아낸다"는 것이었다. 여기서 마가가 '바알세불'과 '귀신의 왕'을 동일시하고 있는지는 분명하지 않다.[31] 이 점에 관하여 마태와 누가는 그 둘을 분명히 동일시하여 제시한다(마 12:24/눅 11:15). 그러나 마가도 그 후에 이 비난에 대한 응답에서 예수가 자기의 사역을 사탄과의 투쟁으로 제시한 것을 보면(막 3:23-27), 마가 역시 '바알세불', '귀신의 왕', 그리고 '사탄'을 동의어적으로 사용했을 가능성이 많은 것으로 보여진다.[32] '바알세불'은 신약성서 외의 다른 유대교 문헌에는 나오지 않는 단어이다.[33] 그래서 학자들은 그것이 아마 예수를 비난했던 자들이 지어낸 말로서 '주'(lord)를 의미하는 히브리어 '바알'(호 2:18)과 "올리운 혹은 하늘의 거처"(exalted or heavenly dwelling)를 의미하는 히브리어 '제불'(왕상 8:13)의 합성어일 가능성이 많으며, 따라서 그 말은 '귀신의 왕' 혹은 '사탄'을 가리키는 은어(euphemism)로서 사용되었을 것으로 본다.[34] 아무튼 서기관들은 묵시문학의 영상을 사용한 비난을 통하여 예수의 귀신 축출 사역이 악의 세력과의 연대를 통하여 이루어지는 마술과 같은 범주의 것으로서, 유대인 사회에서는 용납될 수 없는 비정상적이고 비합법적 활동으로 규정하려 했다.35) 이것은 서기관들도 예수의 귀신 축출의 능력 자체는 인정하면서도, 그러나 그의 능력의 근원은 악의 세력이기 때문에, 그의 사역은 결과적으로 악하다는 것을 부각시키려고 한 것을 보여준다.36)

Ⅱ. 하나님의 나라의 도래

서기관들의 이러한 비난에 대응하여 예수는 그 서기관들을 자기에게로 불러(마가복음에 따르면) 두 가지 비유로 대답했다(막 3:23-27/마 12:25-30/눅 11:17-23).37) 예수의 대답의 첫째 부분은 교차대구적 구조를 갖는다(막 3:23-26/마 12:25-26/눅 11:17-18a):

    A-사탄이 사탄을 축출할 수 없다(3:23)
     B-나라가 분열하면 그 나라가 설 수 없다(3:24)
     B'-가정이 분열하면 그 가정이 설 수 없다(3:25)
    A'-사탄이 분열하면 스스로 설 수 없다(3:26)

첫째와 넷째 줄은 사탄은 스스로 망하지 않는다는 주제로 연결되며, 둘째와 셋째 줄은 나라의 분열과 가정의 분열이라는 주제로 연결된다. 이것을 통하여 예수는 먼저 서기관들의 비난이 근본적으로 잘못되었음을 지적한다. 그들의 주장대로라면 사탄은 스스로를 파괴하고 있는 것인데, 사실은 사탄이 그렇지 않으며, 따라서 그들의 주장은 잘못이라는 것이다. 나라(거시적 정치 단위)와 가정(미시적 사회 단위)의 분열은 누구나 쉽게 알 수 있는 명확한 논증 자료이다. 문법적으로 보면, 예수의 대답의 의미가 더욱 생생해진다. 예수의 대답은 가설적 조건문(ἐάν 가정법; 3:24, 25)에서 현재 사실의 반대의 조건문(εἰ 직설법; 3:26)으로 바뀐다. 다시 말하여 논의는 가설(3:24-25)에서 실재 사실(3:26)로 변경된다. 따라서 예수의 결론은 사탄은 실제로는 스스로 분열하여 망하지 않는다는 것이다. 나아가, 이 대답에서 암시되는 또 다른 점은 사탄은 오직 그보다 더 강한 자에 의해서만 정복되며, 또한 예수의 귀신 축출 사역은 바로 사탄을 정복하는 역사라는 것이다.[38]

예수는 이 점을 보다 더 명백하게 또한 직접적으로 언급한다(마 12:28/눅 11:20): "만일 내가 하나님의 성령을[39] 힘입어 귀신을 쫓아내는 것이면, 하나님의 나라가 이미 너희에게 이르렀느니라."[40] 이 말씀에는 예수의 귀신 축출과 관계된 여러 가지 중요하고 핵심적인 의미들이 함축되어 있다. 먼저 귀신들을 축출하는 예수의 권세의 근원은 사탄이 아니라 하나님 자신이라는 것이다. 누가가 채용한 어구인 '하나님의 손가락'(δάκτυλος θεοῦ)는 출애굽기 8장19절에서 사용된 어구이다.[41] 거기서 이 어구는 하나님이 모세를 통하여 애굽에 '이' 재앙을 내렸을 때, 애굽의 마술사들이, 그들이 이전에 두 번이나 모세와 아론의 이적을 흉내낼 수 있었기 때문에(출 7:22; 8:3), 이번에도 자기들의 술법으로 '이'를 내려 하였지만 실패하고 나서, 바로에게 "이것(모세의 행사)은 하나님의 손가락입니다"하고 고백하는 문맥에서 사용된다. 예수가 하나님의 권능의 행사를 가리키는 이 어구를 사용한 것은, 마치 모세가 하나님의 권능으로 하나님의 대적자들을 징계했던 것과 같이, 예수도 하나님의 권능으로 하나님의 대적자들을 축출하고 있다는 것을 가리킨다.[42] 다시 말하여, 예수는 자기의 귀신 축출 사역이 하나님의 직접적이고 구체적인 간섭, 즉 하나님의 권능의 행사임을 주장한 것이다.[43] 그래서 마태는 구약성서와 유대교 사상에서 하나님의 권능의 활동을 의미하는 단어인 '영'(πνεῦμα)를 사용했다.[44] 예수는 자기의 사역이 악의 세력과 연대한 악한 사역이라는 서기관들의 비난에 먼저 쐐기를 박고, 자기의 사역은 하나님의 권능과 간섭으로 이뤄지는 하나님 자신의 역사임을 제시한 것이다.

다음에 예수는 이 말씀 속에서 그의 사역은 하나님의 권능으로 악의 세력을 축출하여 사람들을 악의 권세로부터 해방시키는 해방 사역임을 제시했다. 예수는 지금 악의 세력과 충동하여 전투를 벌이고 있으며, 그 세력을 무력화시키고 있다는 것이다. 유대교의 묵시적 종말 사상에서 가장 핵심적인 내용은 하나님과 사탄의 충돌 또한 하나님의 군대와 사탄의 군대의 전투인데, 이 충돌이 하나님의 백성의 역사의 현장으로 연장되고 있다는 것이다.[45] 이 시각에 따르면, 인간 사회는 초자연적 존재들의 종말적 전투장이며, 귀신 들린 사람은 바로 이 전투의 전선(battle-line)이 되는 것이다.[46] 예수는 자기의 사역을 바로 하나님과 사탄의 충돌이라는 묵시적 종말론의 시각에서 이해하면서, 자기는 하나님의 편에서 사탄의 세력과 싸워 그 세력을 물리치고 하나님의 주권을 회복하고 있는 것으로 본 것이다. 즉, 예수는 자기의 귀신 축출 사역을 하나님의 종말론적 구원 활동으로 이해했으며, 귀신들이 축출되는 것은 바로 사탄이 그 권좌에서 쫓겨난 것과 사탄에게 포로되었던 사람들이 해방되고 있는 구체적인 증거로서 제시한 것이다.[47] 이 점에서 예수의 귀신 축출 사역은 단순히 하나의 치유 활동이 아니라 하나님의 종말론적 구원 사건이며, 따라서 예수의 귀신축출은 다른 유대인 귀신 축출자들의 활동과 근본적으로 다른 것이다.[48]

예수의 귀신축출 사역의 이러한 종말론적 성격은 지금 다뤄지고 있는 말씀의 결론부인 "하나님의 나라가 너희에게 이르렀느니라"는 구절에서 결정적으로 제시된다. 이 말씀은 예수의 귀신축출 사역의 본질을 가장 명확하게 제시하며, 동시에 그 사역을 하나님의 나라의 도래라는 예수의 사역의 궁극적 목적과 직접적으로 관계시킨다. 여기서 하나님의 나라가 무엇인가에 관한 구체적인 논의를 하기는 어렵고,[49] 다만 학자들이 대체적으로 동의하는 것은 '하나님의 나라'는 "사람들을 창조주 하나님과 바르게 관계시키기 위한 하나님의 현존과 권능의 활동으로서 예수 그리스도의 사역을 통하여 현실의 실재로 나타나기 시작했고 완성의 때까지 계속되는 하나님의 종말적이며 주권적인 활동"이라는 것이다.[50] 중요한 것은 예수가 자기의 귀신축출 사역을 하나님의 나라의 도래와 직접적으로 연결시켰다는 것이다. 예수의 귀신축출은 '하나님의 나라'라는 하나님의 역동적이고 결정적이며 최종적인 구원 활동의 구체적인 표현인데, 그것이 악의 세력과의 충돌과 그것의 축출을 통하여 현실의 실재로 나타나고 있는 것이다.[51] 이런 점에서 하나님의 나라는, Norman Perrin의 말과 같이, 단순히 하나님이 활동하는 것이 아니라, 하나님이 충돌의 상황에서 활동하는 것이며,[52] 그 하나님의 나라가 예수의 귀신 축출을 통하여 역사적 실재로 나타나고 있는 것이다. 따라서 예수의 귀신축출 사역은 사탄의 권세를 멸하시는 하나님의 종말론적 통치 활동이며 동시에 그 사탄의 권세에서 인간을 구출하는 하나님의 해방적 권능의 나타남이다.[53]

또 한 가지 중요한 것은 예수의 귀신축출과 함께 하나님의 나라가 "이미 이르렀다"는 하나님의 나라의 현재적 도래에 대한 강조이다.[54] 예수는 묵시적 종말론자들이 미래의 종말론적 사건으로 예고했던 사탄의 패배를 현재적 사건으로 제시하면서 그의 귀신축출 사역을 그것의 구체적인 증거로 삼았다. 사탄의 권세를 깨뜨리고 하나님의 백성을 그 권세에서 구출하는 하나님의 종말론적 구원 활동이 예수의 사역을 통하여 현실의 실재로 나타나기 시작한 것이다.[55] 여러 학자들이 하나님의 나라의 이 현재적 도래를 하나님의 나라의 완전한 도래에 대한 하나의 예견적(anticipatory) 혹은 선취적(proleptive) 표시로서 이해한다.[56] 물론 예수의 귀신축출에는 이러한 예견적 혹은 선취적 성격이 포함되어 있는 것이 사실이지만, 보다 더 중요한 것은 악의 세력의 결박과 그 세력으로부터 사람들을 해방시키는 하나님의 종말적 권능의 활동이 지금도 역사의 현실로 나타나고 있다는 것이다. 종말론적 성령의 해방적 권능이 역사하는 곳에 하나님의 나라가 임하여 있는 것이다.[57]

예수는 이 사실을 또 다른 비유를 사용하여 더욱 생생하게 제시한다. 이 비유는 공관복음서 모두에 포함되어 있는데(막 3:27/마 12:29/눅 11:21-22), 일세기 근동 지방에서 흔히 있을 수 있는 전투의 상황을 반영한다. 이 비유는, 그것의 문맥을 고려할 때, 우화적 의미를 갖고 있음이 분명하다. 중무장을 하고 자기의 성채와 소유를 지키고 있는 '강한 자'는 사탄을 가리키며, 그 '강한 자'가 의지하던 무장을 빼앗고 그를 결박하며 그의 재물을 나누는 '더 강한 자'는 예수를 가리킨다. 예수는 묵시적 종말론의 용어를 사용하여 이 세대의 왕으로서 통치하고 있는 사탄의 세계를 공격하여 그 세력을 무력화시키고 그에게 포로된 사람들을 해방시키는 하나님의 종말적 구원 활동의 대행자로서 활동하고 있음을 설명한 것이다.[58]

예수의 귀신축출은 초자연적 영역에서 이루어진 사탄에 대한 하나님의 종말적 승리가 인간의 영역에서 가시적으로 나타나고 있음을 단적으로 보여주는 사건이다.[59] 이것은 예수가 그의 사역의 모든 부분을 통하여 전달하려고 노력했던 실재인 하나님의 나라를 가장 생생하고도 극적으로 증거하는 것이었다. 비록 마가는 Q-전승에 나오는 하나님의 나라의 도래에 관한 말씀을 활용하지 않았지만, 그는 이 비유 속에서 그것과 동일한 실재를 전달한다: "예수의 귀신축출을 통하여 이스라엘의 하나님이 사탄과 귀신들의 권세를 깨뜨리고 그의 백성을 해방시킴을 통하여 종말에 있을 그의 통치를 지금 현재에도 행사하고 있는 것이다."[60] 예수는 자기의 귀신축출 사역을 사탄과 연대한 일로 돌리면서 그를 비방하고 그의 사역을 방해하고 있는 유대교의 지도자들을 향하여 그의 사역은 사탄의 일이 아니라, 오히려 사탄을 멸하시는 하나님의 일이며 하나님의 종말적 구원 활동이 그를 통하여 역사의 현장에서 나타나고 있는 것임을 명백하게 제시했다.

Ⅲ. 서기관들과의 대립

지금까지의 논의를 종합하면, 예수의 귀신축출은 하나님의 주권적 권능을 통하여 이루어지는 하나님의 나라 곧 하나님의 종말적 해방 사역의 구체적인 나타남이라는 것이다. 그것은 한편으로는 초자연적 영역에서 이 세대의 주관자인 사탄에 대한 하나님의 승리의 표시이며, 다른 한편으로는 개인의 영역에서 사탄의 포로가 되었던 사람들이 하나님의 종말적 구원 활동을 경험하고 있는 표시이다.[61] 예수의 귀신축출 속에서 이렇게 초자연적 역사와 개인적 경험이 연결되고 있다. 지금까지 예수의 귀신축출에 관한 연구는 주로 여기까지 진행되었다. 그러나 본문의 논쟁을 자세히 살펴보면, 예수의 귀신축출을 둘러싸고 또 다른 국면에서의 대립 곧 서기관들과 예수가 대립하는 사회-정치적 대립의 상황이 반영되고 있다.

다시 말하여, 예수의 귀신축출은 단순히 개인들을 사로잡고 있는 악의 세력들을 축출하는 개인적이고 영적인 측면만 있는 것이 아니라, 그런 악을 유발시키며 그런 악의 온상이 되고 있는 사회-정치적으로 불의하고 억압적인 지배체제와의 충돌의 국면도 포함한다는 것이다.[62] 그래서 예수의 귀신축출은 단순히 개인들을 악의 세력으로부터 해방시키는 활동만이 아니라, 그런 악의 도구가 되고 있는 불의하고 억압적인 사회적, 정치적, 그리고 종교적 체제와의 대립과 변혁을 추구하는 상징적 활동이라는 것이다. 이것은 예수의 심각한 대응을 일으켰던 바알세불 논쟁에서 직접적으로 나타나지는 않지만, 그 본문의 문맥과 배경을 통하여 함축적으로 제시된다. 따라서 이 점을 파악해 내기 위해서는 서기관들과 예수의 대립의 사회-정치적 배경과 의미의 연구가 보충되어야 한다.[63]

이 논쟁은 마가에 따르면, 예루살렘으로부터 예수의 사역지였던 갈릴리까지 내려온 서기관들에 의하여 시작되었다.[64] 공관복음서들에서 그들은 예수의 사역을 반대하던 가장 중심적 인물들로 등장한다.[65] 서기관들은 본래 기원전 일세기 말경에 유대교 사회의 새로운 지배 계급으로 등장했는데, 그들의 권력의 기반은 유대교의 거룩한 전승들에 대한 지식이었다.[66] 그들은 종교적 입법과 의식에 관한 독자적인 판단과 결정을 내릴 수 있는 권한을 소유했으며 '랍비'(선생)라 칭함을 받았다(마 23:7-8). 그들은 공회(Sanhedrin) 회원이 될 수 있는 자격을 받았으며, 공회에서 바리새인들은 모두 서기관 출신이었다. 그들은 전승의 관리자일 뿐 아니라 신비한 지식(하나님의 비밀)의 관리자로서 후기 유대교의 여러 묵시 작품들은 서기관들의 신비한 교훈을 포함하고 있는데, 이것이 일반인들에 대한 지배적인 영향의 결정적 요인이 되었다.[67]

그들은 유대교의 거룩한 전승들에 기초하여 유대인 사회의 법과 질서와 전통을 세워나갔는데, 이것이 소위 '정결법'(purity rules)이라는 지배 체제와 지배 이념으로 나타났다. 정결법은 유대교 사회의 모든 국면 곧 정치, 경제, 사회, 문화 등 모든 면에서 체계와 질서와 경계선을 세우는 원리와 규칙들이었다.[68] 그들은 장소에 선을 그어 거룩한 것의 차서를 세웠고, 사람에게도 선을 그어 사람들 사이에 계급을 만들었으며, 시간에도 선을 그어 거룩한 시간과 보통 시간을 구별했고, 음식에도 선을 그어 깨끗한 음식과 더러운 음식을 구별했다.[69] 그래서 그들은 그들이 정해놓은 경계선 안에 있고 규정에 맞으면 깨끗하고 바르며 정상적인 것으로 인정하고, 그 경계선 상이나 밖에 있으면 더럽고 잘못된 비정상적인 것으로 평가했으며,

그들의 이러한 평가가 사회적 규범과 전통과 통념이 되었다.70) 이와 같이 서기관들은 예루살렘을 중심으로 유대교의 거룩한 전승들의 보존자, 전달자, 창조자들로서 정결법을 중심으로 유대교 사회를 철저히 통제하고 지배하는 계급이었다.71)

따라서 그들은 자기들의 지배 체제를 비판하거나 거기에서 벗어난 사람들에 대해서는 단호하게 대처해 나갔는데, 이런 점에서 예수의 등장과 활동은 그들의 지배 체제와 질서를 깨뜨리는 심각한 위협 요소로 부각되었다.72) 서기관들이 예루살렘에서 갈릴리에 내려온 목적은 예수의 활동 특히 귀신축출 활동을 조사하기 위한 것으로서, 아마 공회에서 파견한 조사단이었을 것이다.73) 그들은 예수의 활동에 대한 조사 결과 "예수는 더러운 귀신에 들린 사람으로서 비정상적인 행위를 하고 있다"고 발표했다(막 3:22, 30). 예수에 대한 그들의 이러한 비난은 단순히 예수의 명예에 흠집을 내어 그의 활동을 방해하려는 것이 아니라, 거기에는 지배 체제에 대한 위협 요소를 제거하려는 정치적 목적이 담겨 있었다.

인류학자들은 일세기 팔레스틴과 같은 전통적인 고대 사회에서 "귀신들렸다"는 비난은 권력의 자리에 있는 사람들이 능동적이며 긍정적이고 공세적 역할을 감당하던 귀신 축출자들을 견제하기 위하여 일상적으로 사용했던 방식이었음을 지적한다. 다시 말하여 그런 비난은 지배계급이 그들의 주도권이 위협을 받는다고 생각되었을 때, 도전자들을 악의 세력과 연대한 자들로 꼬리표를 달아줌으로써 그들의 활동을 무력화시키려는 의도에서 활용되었다.74) 이것은 마치 한국의 과거 군사정권 시절에 권력자들이 그들의 지배체제를 비판하거나 도전하는 사람들을 "용공주의자들"로 몰아 처단했던 것과 같은 맥락의 정치적 요소를 포함한다.75) 아무튼 서기관들은 묵시적 차원의 용어를 사용하여 그들의 지배체제와 질서를 위협하는 인물을 제거하려 한 것이다. 이런 점에서 예수와 서기관들의 대립은 단순히 종교적 국면의 대립이 아니라, 불의하고 억압적인 지배체제에 대한 도전을 포함하는 사회-정치적 대립이었다.

따라서 예수의 응답 속에도 이러한 정치적 요소가 반영되어 있음이 분명해진다. 예수는 그의 귀신 축출 활동이 사탄에 대한 하나님의 종말적 승리의 구체적인 나타남으로 제시했는데, 이 하나님의 승리의 나타남은 개인의 영역에서만 아니라 사회-정치적 영역에서도 나타난다는 것이다. 다시 말하여 하나님의 승리는 서기관들이 세워놓은 불의하고 억압적인 지배체제 곧 율법주의적이고 계급주의적이며 권위주의적인 지배체제와 제도 하에서 억압받고 고통당하는 사람들의 해방을 통하여 또한 그 해방을 받은 사람들이 새롭게 건설하는 자유와 평등과 사랑에 기초한 공동체의 형성을 통하여 나타난다는 것이다. 이런 시각에서 보면, 귀신들림은 단순히 개인적인 문제만이 아니라, 개인으로 하여금 그런 악의 세력에 빠지게 하는 사회적인 문제도 된다는 것이다.

따라서 귀신축출은 개인의 치유일 뿐만 아니라 사회적 불의와 병폐의 치유이기도 한데, 예수는 이러한 사회적 불의와 병폐를 치유하기 위하여 불의하고 억압적인 지배체제를 유지하고 있는 계층과 정면으로 대립한 것이다. 이렇게 하나님의 나라는 한편으로 불의하고 억압적인 지배체제에 대한 도전과 대립을 통하여 또한 다른 한편으로 하나님의 의에 기초한 사랑의 공동체의 건설을 통하여 나타난다.[76] 예수는 하나님의 종말적 성령의 활동은 악의 세력이 주관하는 모든 불의와 불법과 부패에 대한 도전과 항전으로 나타나며, 또한 하나님의 공의를 이루기 위한 헌신과 봉사와 희생을 통하여 나타나는 것임을 그의 삶을 통하여 보여주었다.

이런 점에서 예수의 도전은 서기관들의 체제에만 국한된 것은 아니었다. 예수의 도전은 유대인들을 억압하고 통제하고 있는 또 다른 불의하고 폭력적 세력인 헤롯당과 궁극적으로는 그들이 의지하고 있는 로마 제국의 패권주의와 침략주의에 대한 항전을 포함한 것이었다.[77] 예수는 넓게는 로마 제국의 패권주의와 침략주의로 인하여 또한 좁게는 헤롯당의 폭력적이고 억압적인 통치로 인하여 얼마나 많은 사람들이 말할 수 없는 고통을 당하며 가슴에 한을 품고 살아가고 있는가를 목격하고는, 그런 불의하고 억압적인 통치 세력을 향하여 하나님의 방식으로 도전했다.[78]

예수의 활동 속에서 체제 불안의 위협을 느낀 사람들은 서기관들만이 아니라, 로마를 등에 업고 갈릴리 지역을 통치하던 헤롯당 사람들도 마찬가지였다. 이것은 예수와 헤롯당의 대립을 암시하는 말씀 속에서 간접적으로 제시된다. 누가는 헤롯왕이 예수를 죽이려고 했던 사실을 언급하는데, 예수는 그 문맥에서 자기의 활동을 가리켜 한마디로 "귀신들을 쫓아내며 병자들을 치료하는 것"으로 묘사하면서, 그의 사역이 궁극적으로는 승리할 것을 예고한다(눅 13:31-32).[79] "제 삼일에 완전하여지리라"는 말씀은 일차적으로는 그의 십자가 죽음과 부활을 가리키지만, 그것은 예수가 불의하고 폭력적 통치 집단인 헤롯당과의 충돌에서도 궁극적으로는 하나님의 방법으로 승리할 것을 예고한 것이다.[80] 지금 사탄과 그의 추종 세력들이 축출되고 있는 것과 같이, 예수를 통한 하나님의 종말적 구원 활동을 통하여 로마 제국의 불의하고 억압적인 통치도 종식되고 궁극적으로는 하나님의 정의와 자비가 온전히 실현되는 하나님의 나라가 도래한다는 것이다.[81] 이것은 거라사의 광인을 치료하는 사건에서 극적으로 제시된다(막 5:1-20).

결론

예수의 귀신축출 사역에 대하여 유대교 서기관들은 예수가 귀신의 왕을 힘입어 귀신들을 쫓아낸다고 비방했다. 그러한 비방에 대하여 예수는 그의 사역은 그 반대의 것으로서 강한 자인 사탄을 결박하고 그 권세로부터 사람들을 구원하는 해방의 역사인 것을 제시했다. 예수는 마태와 누가에 따르면, 그의 귀신축출 사역은 하나님의 권능으로 사탄의 세력을 물리치고 사람들을 구원하는 하나님의 통치 활동으로서 유대교 다른 귀신축출자들의 활동과는 근본적으로 다른 것임을 제시한다. 그의 사역은 하나님의 나라가 활동하는 역동적이며 구체적인 모습으로서 악의 세력과의 대립과 축출을 통하여 표현된 것이다. 그의 귀신축출 사역은 사탄의 결박이라는 하나님의 우주적 승리가 귀신축출이라는 현실의 실재로 나타난 것이다. 따라서 예수의 귀신축출 사역은 사탄의 권세를 멸하시는 하나님의 종말론적 통치 활동이며 동시에 그 사탄의 권세로부터 사람들을 구원하는 해방 활동이다.

예수의 귀신축출 사역에는 이러한 영적이고 우주적인 국면과 함께 억압적이고 불의한 정치-사회적인 체제를 통한 비인간화의 세력을 고발하고 변혁을 추구하는 사회-정치적 국면을 포함했다. 하나님의 종말론적 통치 활동이 개인의 영역에서만 아니라 사회-정치적 영역에서도 나타나는 것이다. 예수는 서기관들이 세워놓은 불의하고 억압적인 지배체제 곧 율법주의적이고 계급주의적이며 성차별적인 지배체제에서 억압받고 고통당하는 사람들의 해방은 물론 자유와 평등과 사랑에 기초한 대안의 공동체의 실현을 추구했다. 불의하고 억압적인 지배체제에 대한 예수의 도전은 종교 권력자들을 넘어서서 헤롯과 빌라도로 대표되는 불의하고 폭력적인 정치 세력에 의해 억압적이며 폭력적인 지배체제에 대한 영적인 도전으로 표현되었다.

불의하고 억압적인 지배 체제에 대한 도전으로서의 예수의 귀신축출 사역은 일세기 유대교 사회의 가부장 중심적 사회 체제도 해당된다. 유대교의 폐쇄적이고 권위주의적이며 남성우월주의적인 가부장 중심의 사회에서 여성들과 어린아이들은 사회에서는 물론 가정에서도 억압을 당하고 있었고, 그런 속에서 마음의 고통을 당하다가 미쳐 버리는 사례들도 많았다. 예수는 이러한 억압적인 가족 제도를 거부하고, 여성들과 어린아이들도 인간으로서 대우를 받으며, 그들도 하나님의 나라에 동일하게 참여할 수 있음을 제시한다. 이것은 귀신들린 어린아이의 치유에서 암시적으로 제시된다(막 9:14-29).

이와 같이 예수의 귀신 축출 사역은 사탄의 권세에 대한 하나님의 승리라는 종말론적 사건인데, 여기에는 개인적이고 영적인 측면 외에 사회-정치적 측면이 포함되어 있다. 이런 점에서 예수의 귀신 축출 사역은 인간을 비인간화시키는 모든 종류의 불의와 억압으로부터의 해방 사역이며 나아가 그런 불의의 온상이 되는 억압적 지배 체제의 변혁을 추구하는 해방 사역이었다. 따라서 이제 필자는 이 연구의 후반부에서 불의하고 억압적인 지배 체제에 대한 도전으로서 예수의 귀신 축출의 의미를 마가복음에 나타난 구체적인 사건들을 통하여 살펴보고자 한다.

주(註)

1) 마가와 마태는 예수의 사역을 종합적으로 보도하는 말씀에서 하나님의 나라의 복음 전파와 관계시키며(막 1:15; 마 4:23; 9:35), 누가는 예수 자신이 그의 사역의 목적을 하나님의 나라의 복음을 전파하는 것이라고 말씀하신 것으로 전한다(4:43). 필자는 공관복음서에 나타난 하나님의 나라의 본질과 목적에 관한 논의를 제시한 바 있다;「복음과 실천」, 제17집(1994), 38-68과「복음과 실천」, 제18집(1995), 31-57 참조.
2) 김창길은 예수의 이러한 선포 활동을 언어활동과 신체활동으로 구분하면서 "예수의 선교 활동에서는 언어활동과 신체활동이 불가분리적으로 내용적인 통합을 이루고 있다"고 말한다. 김창길,「새로운 성서해석과 해방의 실천」, (서울: 한국신학연구소, 1990), 63-84(인용문은 73).
3) 본래 '귀신'(鬼神)이란 단어는 헬라어 "악한 영"(마 12:45/눅 11:26; 눅 7:21; 8:2), "더러운 영"(막 1:23/눅 4:33; 막 1:26/눅 4:35; 막 3:11/눅 4:41; 6:18; 막 5:2/마 8:28/눅 8:27; 막 5:13/눅 8:38; 막 7:25/마 15:22), 혹은 "악한 영"으로서의 'δαιμόνιον'(마태복음에서 10회, 마가복음에서 13회, 누가복음에서 21회 나옴)을 번역하기 위하여 한글 개역 성경에서 사용된 단어이다(마가가 '더러운 영'을 많이 사용한 반면, 마태와 누가는, 특히 누가는 '다이모니온'을 대부분 사용한다). 그러나 '귀신'이란 단어가 한국 사람들의 의식과 용어 사용에서 한국의 전통적 무속 신앙에서 사용되는 귀신 개념과 혼동되어 사용되고 있기 때문에, 그대로 원어를 따라서 '더러운 영,' '악한 영' 혹은 '다이모니온'으로 사용하는 것이 바람직하다. G. H. Twelftree, "Demon, Devil, Satan," in *Dictionary of Jesus and the Gospels* (Leicester: IVP Press, 1992), 163-5 참조.
4) 예수의 귀신축출 사역은 그의 치유 사역을 종합적으로 보도하는 구절들에서 병자 치료와 구별되어 제시된다(막 1:34; 3:10-11; 눅 7:21). Marcus J. Borg, *Jesus: A Nes Vision* (SanFrancisco: Harper Collins, 1987), 61-5와 J. M. Hull, "Exorcism in the New Testament," in Keith Crim, ed., *Interpreter's Dictionary of the Bible*, Supplumentary Volume (Nashville: Abingdon, 1976), 312-3 참조.
5) 양식비평 학자들은 예수의 병자 치료와 귀신 축출을 '기적 이야기'의 범주에서 다루어왔다. 대표적으로, Rudolf Bultmann, *History of the Synoptic Tradition*, rev. ed., trans. John Marsh (Peabody: Hendrickson, 1963), 200-43; Gerd Theissen, *The Miracle Stories of the Early Christian Tradition*, trans. Francis McDonagh (Edinburgh: T. & T. Clark, 1983), 81-118; John P. Meier, *A Marginal Jew: Rethinking the Historical Jesus*, vol. 2 (New York: Doubleday, 1994), 646-78 참조.

페린은 귀신축출은 공관복음서 전승의 모든 층에서 발견됨을 지적한다. Norman Perrin, *Rediscovering the Teaching of Jesus* (London: SCM Press, 1967), 65.
6) 마가는 이런 방식으로 예수의 귀신 축출 사역의 중요성을 부각시켰고, 예수의 귀신 축출 사역의 구체적인 실례들을 공관복음서 저자들 중에서 가장 자세하고 생생하게 전달한다(막 5:1-20; 9:14-29).
7) David G. Reese, "Demons," in David N. Freedmann ed., *The Anchor Bible Dictionary*, vol. 2(New York: Doubleday, 1992), 141.
8) Perrin, *Rediscovering*, 65; Meier, *A Marginal Jew*, 406. 보다 더 상세한 참고문헌을 위하여, James D. G. Dunn, *Jesus and the Spirit* (London: SCM Press, 1975), 372-3, n. 16을 참조. 귀신축출은 일세기 그리스-로마 사회에서는 '마술'(magic)의 이름으로 행해지던 활동의 한 국면이었고, 마술사는 영의 세계의 권세들을 조종할 수 있는 사람들로 알려졌다. 이런 맥락에서 Morton Smith는 예수의 병자 치료와 귀신 축출을 일세기 그리스-로마 사회의 마술적 행습의 보다 광범위한 국면에서 이해하려고 노력했다. Morton Smith, *Jesus the Magician* (San Francisco: Harper & Row, 1978). 신약성서 시대에 그리스-로마 사회의 마술에 관하여 Howard C. Kee, *Medicine, Miracle & Magic* (Cambridge: Cambridge University Press, 1986), 95-125도 보라. 유대교의 탈무드 전승은 예수를 그릇된 마술을 행하던 사람으로 비난하고 있다(Babylonian Talmud, Sanhedrin, 43a). 탈무드 전승과 초기 교부 문헌들에 나오는 잘못된 마술가로서의 예수에 대한 비난의 내용을 위하여, William L. Lane, *The Gospel of Mark* (Grand Rapids: Wm. B. Eerdmans, 1974), 141, n. 88 참조.
9) Dunn은 "귀신들에 대한 신앙, 특히 악령들이 사람에게 들어가서 소유하고 통제하여 그 사람을 초인간적 지식이나 능력의 도구로 사용할 있다는 신앙이 고대 세계 전체를 통하여 광범위한 것이었다"고 말한다(*Jesus*, 47). 고대 세계의 귀신들에 대한 신앙과 귀신 축출의 방법들에 관한 참고문헌을 위하여, Dunn, *Jesus*, 373, n. 29를 보라.
10) 오늘날 정신분열(schizophrenia)과 간질(epilepsy)이라고 부르는 병의 경우에 특히 그러했다. 인류학자들은 악령들의 활동에 의해서 입는다고 생각되어진 피해를 두 가지로 지적한다: 하나는 "귀신집착"(demonic obsession)인데, 이것은 악령이 외부로부터 사람에게 피해를 주는 것이며, 다른 하나는 "귀신들림"인데, 이것은 악령이 사람의 내부로 침입하여 그 사람을 지배하게 되는 경우이다. 미국의 정신과 의사인 M. Scott Peck은 현대의 심리학적 이해의 체계 내에서 귀신들림과 귀신축출을 설명할 수 있다고 믿고 그것들의 연구에 착수했는데, 그와 그의 동료들은 결과적으로 순전히 심리학적 체계 내에서 설명할 수 없는 두 가지 종류의 귀신들림이 있음을 발견하게 되었다. M. Scott Peck, *People of the Lie* (New York: Simon and

Schuster, 1983), 182-211; Borg, *Jesus*, 72, n. 16에 설명됨. 실제로 귀신들림(Possession)의 많은 경우들은 정신 분열로 불리우는 정신병과 상당한 유사성을 갖는다. 공관복음서에 나오는 귀신 들린 아이의 치료에서 마가와 누가는 그 아이의 증상을 귀신 들림으로 소개한 반면에(막 9:17; 눅 9:39), 마태는 처음에 간질로 소개한다(마 17:15).

11) 버미스(Geza Vermes)는 귀신들이 신체적인 혹은 정신적인 질병들의 원인이 된다는 사상이 바벨론 포로 이후에 페르샤 사상의 영향으로 유대인의 사상에 들어오게 되었다고 지적한다. Geza Vermes, *Jesus the Jew* (Philadelphia: Fortress Press, 1973), 61. 마이어도 중간기 유대교의 문헌에서 악령의 활동들과 그것들에 의한 피해가 자주 등장하는 주제임을 지적한다(*A Marginal Jew*, 405-6).

12) 그러나 사마리아의 마술사 시몬(행 8:9)과 구브로 총독 서기오 바울과 함께 있었던 마술사 바예수(행 13:8)가 귀신축출도 행했는지는 분명하지 않다.

13) Adella Y. Collins, *The Beginning of the Gospel* (Minneapolis: Fortress Press, 1992), 52. 그랜트(Michael Grant)는 귀신 들림의 개념이 예수의 사역지였던 갈릴리 지역에서 특히 우세했다고 언급한다(*Jesus: An Historian's Review of the Gospels* [New York: Macmillan, 1977], 32). 중간기 유대교의 문헌에 나오는 귀신 축출에 관한 내용을 위하여, Collins, Beginning, 47-51; Vermes, Jesus, 61-5; 윌리암 바클레이, 「예수의 치유 이적 해석」, 김득중, 김영봉 역(서울: 컨콜디아사, 1984), 30-2를 보라.

14) 이런 견해의 대표자가 성락교회의 김기동 목사다. 그의 마귀론과 축귀론의 기초가 되는 귀신관은 예수 그리스도를 믿지 않는 불신자의 영혼이 사후에 귀신이 된다는 것이다. 김기동, 「미혹의 영」 (서울: 도서출판 베뢰아, 1985), 69, 85, 89, 98 등. 모든 질병의 원인을 귀신에게서 찾는 그의 견해는 일세기 유대교의 대중적 이해와 맥락을 같이 하지만, 귀신의 존재 자체에 관한 그의 이해는 일세기 유대교적 이해와 더 나아가 복음서의 이해와는 근본적으로 다른 것이다. 그런 이해는 고대의 헬라인들이 인간 존재를 영혼과 육체로 나누어 생각하고, 사람이 죽으면 그 영혼이 귀신(다이몬)이 된다고 생각한 헬라적 이해에 기초한 것으로 여겨진다. Werner Foester, "δαίμων δαιμόνιον" in Gerhard Kittel ed., *Theological Dictionary of the New Testament*, vol. 2, trans. Geoffrey W. Bromiley (Grand Rapids: Wm. B. Eerdmans, 1964), 3-8 참조(이후로 약어 TDNT로 사용).

15) 린지(Sharon H. Ringe)는 모든 언어는 "그 언어가 사용되는 역사적, 문화적 그리고 사회적 국면들 속에서 의미를 갖는다"라고 말한다(*Jesus, Liberation, and the Biblical Jubilee* [Philadelphia:Fortress Press, 1985], 1). 귀신들림의 이해

에 있어서도 문화의 요소는 필수적이다. 어느 문화권의 사람인가에 따라 귀신들림에 관한 이해가 다르게 나타나기 때문이다. 이것은 같은 예수의 삶과 사역을 다루고 있으면서도, 공관복음서들은 귀신축출을 핵심적인 사역으로 다룬 반면, 요한복음은 그것을 전혀 언급하지 않고 있는 점에서, 또한 같은 사도 바울의 사역을 다루고 있으면서도 사도행전에서는 귀신축출을 다룬 반면, 바울 서신 자체에서는 그것이 전혀 언급되지 않은 점에서도 나타난다. Collins, *Beginning*, 52-8 참조.

16) 이것과 관련하여, Rudolf Bultmann은 본문의 해석에 있어서 해석자의 전제가 핵심적 요소임을 지적한다. "Is Exegesis Without Presuppositions Possible?" in *New Testament Mythology*, trans. Schubert M. Ogden (Philadelphia: Fortress Press, 1984), 145-54. 피오렌자(Elizabeth Schuessler Fiorenza)도 이해의 순환적 방식을 본문과 질문의 관계 속에서 이해하면서, 본문의 이해는 해석자의 질문들과 전제들에 의존한다고 지적한다. *Bread Not Stone: The Challenge of Feminist Biblical Interpretation* (Boston: Beacon Press, 1984), 37-8. 본문과 질문의 관계에 관하여, Juan Luis Segundo, *The Liberation of Theology*, trans. John Drury (Maryknoll: Orbig Books, 1976), 3-38도 참고하라.

17) Hans-Georg Gadamer, *Truth and Method*, trans. William Glen-Doepel (London: Sheed & Ward, 1975). Gadamer가 말한 '지평'(horizon)은 Thomas S. Kuhn이 제시한 '준거틀'(paradigm)과 밀접하게 연결된다. '준거틀'은 구체적인 역사적 상황 속에 있는 해석자의 세계관 혹은 지평(전제들, 신념들, 태도들, 핵심적 비유들, 규범들을 포함)을 가리킨다. Thomas S. Kuhn, *The Structure of Scientific Revolutions* (Chicago: University of Chicago Press, 1962).

18) 이것은 소위 '독자-반응 비평'이란 이름으로 소개되고 발전되고 있는데, 이 비평의 개괄적이고 구체적인 방법론을 위하여 "An Introduction to Reader-Response Criticism," in Jane P. Tompkins, *Reader-Response Criticism: From Formalism to Post Structuralim* (Baltimore and London: The John Hopkins University Press, 1981)을 참고하라.

19) 입체적 해석학을 위한 개략적 설명을 위하여 Michael H. Crosby, *House of Disciples: Church, Economics, & Justice in Matthew* (New York: Orbis Books, 1988), 5-10 참조.

20) 마태복음과 누가복음은 마가복음의 전승에 기초하고 있지만, 대부분 그 이야기들을 간략하게 줄였고 또한 신학적 측면에 초점을 맞추면서 그 이야기들을 자기들의 상황에 맞게 새롭게 전달한다.

21) Gerd Theissen, *The Miracle Stories of the Early Christian Tradition*, trans. Francis McDonagh (Edinburgh: T. & T. Clark, 1983), 85-90.

22) Ched Myers, *Binding the Strong Man: A Political Reading of Mark's Story of Jesus*

(Maryknoll, New York: Orbis Books, 1991), 137-52.

23) Richard A. Horsley, "The Kingdom of God and the Renewal of Israel," in Norman K. Gottwald and Richard A Horsley eds., *The Bible and Liberation: Political and Social Hermeneutics* (London: S. P. C. K., 1993), 408-27. Cf. Borg, *Jesus*, 57-75.

24) Elizabeth Schuessler Fiorenza, *In Memory of Her: A Feminist Theological Reconstruction of Christian Origins* (New Yrok: Crossroad, 1983), 97-159.

25) 예수의 귀신 축출 사역은 하나님의 나라와의 관련성 속에서 해석되었을 때 특별한 의미를 가지며(Perrin, *Rediscovering*, 66), 그것이 바로 예수가 다른 귀신축출자들과 본질적으로 달라지는 점이다(Dunn, *Jesus*, 47).

26) "그가 미쳤다"(ἐξέστη)와 관련하여 마태와 누가는 이 부분 전체(막 3:19b-21)를 생략했고, 마가 본문의 다른 사본들에서 ἐξέστη를 ἐξέστανται αὐτούς (그가 그들로부터 탈출했다; D) 혹은 ἐξήρτηνται αὐτοῦ (그들이 그를 의존했다; W)로 변형한 것을 보면, 최초의 기독교인들에게 이 말씀이 얼마나 거리끼는 내용이었는가를 보여준다. Lane, *Mark*, 138, n. 76; Robert L. Guelich, *Mark 1-8:26*, WBC (Dollas: Word Books, 1989), 172-3 참조. 그러나 서기관들이 예수를 향하여 "바알세불에 들렸다"고 말하며(3:22) 또 사람들이 "그(예수)가 더러운 귀신에 들렸다"고 말한 것들을 보면(3:30), 사람들이 예수를 귀신들린(미친 혹은 정신 나간) 사람으로 간주했다는 것이 역사적 사실일 가능성이 많다.

27) 중간기 유대교 사상에서 다윗의 아들 솔로몬은 귀신 축출의 마술과 밀접하게 연결되어 나타난다. Daniel J. Harrington, *The Gospel of Matthew* (Collegeville, MN: The Liturgical Press, 1991), 186; Collins, Beginning, 49 참조. 귀신축출과 솔로몬의 관계에 관한 충분한 논의를 위하여 D. C. Dulling, "Solomon, Exorcism, and the Son of David," *Harvard Theological Review*, 68 (1975), 235-52 참조. 따라서 "이 사람은 다윗의 아들이 아닌가?"하는 무리의 질문은 귀신 축출과 관련된 당시 유대인들의 대중적 이해를 반영하는 것이다.

28) 원문에서 "καὶ αὐτὸ ἦν κωφόν"은 문자적으로는 "그것(귀신)이 벙어리였다" 혹은 단순히 "벙어리인(귀신)"을 의미하는데, 그것은 아마 벙어리가 되게 하는 요인을 가리키는 표현일 것이다. Joseph A. Fitzmyer, *The Gospel According to Luke X-XXIV* (New York: Doubleday, 1985), 919.

29) Perrin, *Rediscovering*, 65.

30) 이 비난은 막 3:30에서 약간 다른 형태로 제시되며 요한복음 7:20; 8:48, 52; 10:20에서도 언급된다.

31) Guelich는, *Mark 1-8:26*, -175, 마가의 이 애매함이 '바알세불'과 '귀신의

왕'를 구별하려는 시도에서 나온 것이 아니라, 막 3:30과의 관계 속에서 서기관들의 첫째 비난을 발전시키려는 마가의 편집적 의도에서 비롯된 것으로 본다.

32) '귀신의 왕'은 신약성서 전체에서 나오는 '정사와 권세'(principalities andpowers-고전 2:6; 엡 2:6; 6:12)를 반영하는 용어로서, '사탄'이란 용어와 함께 묵시적 전투 영상에서 주로 사용되었다. Myers, *Binding*, 165 참조.

33) 신약성서에서도 마 10:25; 12:24/막 3:22/눅 11:5; 마 12:27/눅 11:18, 19에서만 나온다.

34) Twelftree, "Demon," 164; Fitzmyer, *Luke*, 920-1; Guelich, *Mark* 1-8:26, 174-5; Lane, *Mark*, 141-2; Myers, *Binding*, 165-6 참조.

35) Lane, *Mark*, 141-2; Borg, *Jesus*, 64 참조. 탈무드 전승과 초기 교부 문헌들에 나타나는 마술가로서의 예수에 대한 비난에 관하여 Lane, *Mark*, 142, n. 88 참조.

36) Harrington, *Matthew*, 185-6.

37) 예수는 하나님의 나라를 교훈할 때 주로 비유를 사용했다(막 4:33-34). 따라서 여기서 예수가 비유로 대답한 것은 이 대답도 본질적으로는 하나님의 나라에 관계된 것임을 암시하고 있다. 마가는 특히 서기관들이 사용한 용어인 '바알세불'을 유대인들이 익숙하게 사용했던 용어인 '사탄'으로 바꿈으로 자기의 사명이 사탄이라는 악의 세력과의 직접적인 대결임을 암시하고 있다. Lane, *Mark*, 142-3; Guelich, *Mark* 1-8:26, 175 참조.

38) Guelich, *Mark* 1-8:26, 176. Meier도 다음과 같이 말한다: "이중 비유가 암시하는 것은 귀신 축출이 귀신의 왕의 나라 혹은 궁전이 파괴되고 있음을 의미하는 것인데, 그것은 그 왕 자신에 의해서 이뤄지는 것이 아니라 그렇다면 그것은 아주 어리석은 짓이다 — 놀라운 기적을 통하여 인간을 사로잡고 있는 그 반대의 권세에 의하여 이뤄지는 것이다"(*A Marginal Jew*, 417).

39) 마태는 '하나님의 영'으로 표기한 반면, 누가는 '하나님의 손가락'으로 표기했다. 어느 것이 예수가 사용한 어구인지는 판별하기가 어렵다. 마태와 누가에 나오는 이 말씀의 자료와 전승에 관하여, Meier, *A Marginal Jew*, 407-11; Dunn, *Jesus and the Spirit*, 45-6을 보라. Dunn은 '영'과 '하나님의 손'이 동의어적으로 사용된 구약성서의 예를 제시한다(겔 3:14; 8:1-3; 37:1; cf. 시 8:3과 33:6; 왕상 18:12과 왕하 2:16; 대상 28:12과 28:19).

40) 이 말씀이 마가복음에는 나오지 않고 마태와 누가에 공통적으로 나오기 때문에, 학자들은 이것이 마태와 누가의 공통 자료였던 Q에서 왔다는데 대부분 동의한다.

41) Perrin은 '하나님의 손가락'이라는 어구가 신약성서의 어디에서도 발견

되지 않는 점에서 그것은 예수의 사용의 독특성을 보여주는 것이며, 예수는 당시에 현존하는 출애굽기 8:19에 대한 유대교의 해석(Exodus Rabba 10:7)을 의지했을 가능성이 있다고 지적한다(*Rediscovering*, 66-7).

42) Meier, *A Marginal Jew*, 411; Harrington, *Matthew*, 185; Dunn, *Jesus*, 47; G. R. Beasley-Murray, *Jesus and the Kingdom of God* (Grand Rapids: Wm. B. Eerdmans, 1986), 109.

43) Dunn, *Jesus*, 46; Heinrich Schlier, "δακτύλος," in TDNT, vol. 2, 20-1.

44) *Matthew*, 183, Harrington은 마태가 Q의 '하나님의 손가락'을 '하나님의 영'으로 바꾸었으며, 그렇게 한 이유는 "하나님에 관한 신인 동성동형주의를 회피하고 그것의 의미를 명확하게 하기 위함이었다"고 제시한다. 하나님의 권능의 활동으로서의 '영'에 관하여 Werner Wieder, "πνεῦμα," in TDNT, vol. 6, 359-72 참조.

45) Horsley, "Kingdom of God," 419-20.

46) Meier, Marginal Jew, 414; Theissen, Miracle Stories.

47) Beasley-Murray, *Jesus*, 80; Lane, *Mark*, 143; Reese, "Demons," 141; J. 칼라스,「공관복음서 기적의 의미」, 김득중, 김영봉 역 (서울: 대한기독교 출판사, 1985), 132.

48) Dunn, *Jesus*, 53; 김창길,「새로운 성서해석」, 78; George E. Ladd, *The Presence of the Future* (Grand Rapids: Wm. B. Eerdmans, 1974), 153; Juergen Moltmann, *The Way of Jesus Christ*, trans. Magaret Kohl (Minneapolis: Fortress Press, 1993), 106. 본문에서 유대인 귀신 축출자들에 대한 언급(마 12:27/눅 11:19)은 한편으로 긍정적 측면에서 예수의 귀신 축출을 다른 귀신축출자들의 활동과 나란히 위치시키며, 다른 한편에서 예수의 그 활동이 다른 사람들의 그것과 다른 것을 말하기 위한 목적을 갖는다. Harrington, *Matthew*, 183; Fitzmyer, *Luke X-XXIV*, 921-2.

49) 하나님의 나라의 본질과 성격에 관하여 수많은 연구들이 진행되었으며, 필자도 이것에 깊은 관심을 갖고 간단한 연구 결과를 제시한 바 있다(이를 위하여 본 연구의 1쪽, n. 1을 보라). 하나님의 나라에 관한 참고문헌들을 위하여 Dennis C. Dulling, "Kingdom of God," in *The Anchor Bible Dictionary*, vol. 4 (New York: Doubleday, 1992), 67-9를 참고하라.

50) 김광수, "공관복음서에 나타난 하나님의 나라의 본질과 목적(2),"「복음과 실천」 18 (1995), 31.

51) Reese, "Demons," 141; Dunn, *Jesus*, 53.

52) Perrin, *Rediscovering*, 67(밑줄은 필자의 것). 그가 계속하여 말한다: "귀신축출이 하나님의 나라의 현현일 때, 그 나라는 선과 악, 하나님과 사탄, 빛의 자녀들과 어둠의 자녀들 사이의 충돌의 형태로 나타난다."

53) Beasley-Murray, *Jesus*, 80; Ladd, *Presence*, 150; Collins, *Beginning*, 57.
54) 학자들은 이 말씀이 하나님의 나라의 현재적 도래를 가리키는 가장 명백한 말씀이라는 데 동의하면서도, 현재적 도래의 의미에 관해서는 의견이 갈라진다. 헬라어 동사 'ἔφθασεν'의 의미에 관하여 C. D. Dodd, *The Parables of the Kingdom*, rev. ed. (New York: Charles Scribner's Sons, 1961), 35-6; Beasley-Murray, Jesus, 75-80; Meier, *A Marginal Jew*, 412-3; Ladd, *Presence*, 141-5 참조. Meier는 이 동사에 관한 논의를 결론지으면서, 예수의 귀신 축출의 과거 사건을 말하고 그 사역의 의미를 설명하는 마태와 누가의 문맥에서 부정과거 동사 'ἔφθασεν'의 자연스런 의미는 "왔다"(has come)라고 제시한다(*A Marginal Jew*, 413).
55) Reese는 예수는 이런 점에서 "처음으로 귀신 축출을 새 세대의 도래와 연결시켰다"고 지적하고("Demons," 141) 또 Twelftree도 예수는 귀신 축출과 사탄의 패배를 연결시킨 최초의 인물이었다고 말한다("Demons," 168).
56) 대표적으로 Werner G. Kuemmel, *Promise and Fulfilment* (Naperville, IL: Alec R. Allenson, 1957), 105-9; 요아킴 예레미아스, 「신약성서신학」, 정충하 역 (서울: 새순출판사, 1990), 148. 이것은 마치 사도 바울이 성령의 역사를 하나님의 나라의 첫 열매(롬 8:23) 혹은 보증(고전 1:22)으로 말한 것과 맥락을 같이 한다.
57) Dunn, *Jesus*, 47; Twelftree, "Demons," 168.
58) W. Grundmann은 이 비유에서 예수의 진정한 말씀을 발견하며, 그것이 예수의 자기-이해의 핵심적 부분이라고 제시한다. 그는 예수의 이 말씀이 사탄과 사탄의 왕국에 관한 묵시적 종말관과 같은 계열에 속한 것으로서, 예수는 사탄과의 충돌 속에서 이뤄지는 하나님의 나라를 이렇게 제시했다고 설명한다. 사탄은 그의 권세와 통치를 행사하는 '강한 자'이며, 그러나 예수는 그의 나라에 들어가 그를 결박하고 그에게 포로된 사람들을 해방시키어 하나님의 통치를 실현시키는 '더 강한 자'로 묘사된다는 것이다("ἰσχυρός" in TDNT, vol. 3, 399-402). 이 말씀의 진정성에 관하여 Meier, *A Marginal Jew*, 417-22; Collins, *Beginning*, 57-8 참조.
59) Kuemmel, *Promise*, 109.
60) Meier, *A Marginal Jew*, 421. 예수는 그의 제자들이 행한 귀신 축출도 동일한 의미로 해석하여, 70인의 제자들이 귀신 축출의 임무를 감당한 것과 관련하여 사탄의 패배를 언급한다: "사탄이 하늘로서 번개같이 떨어지는 것을 내가 보았노라"(눅 10:18). 학자들은 이 말씀도 예수의 사역을 통한 사탄의 패배의 맥락에서 보아야 한다고 주장한다. 대표적으로, 예레미야스, 「신약성서신학」, 148; Ladd, *Presence*, 156-7 참조.
61) Perrin은 예수의 귀신 축출에 대한 개인의 경험이 하나님의 종말적 활동

의 핵심적 요소이며, 그것이 예수의 교훈의 놀라운 점임을 지적한다 (*Rediscovering*, 67).
62) 문화인류학자 더글러스(Mary Douglas)는 개인과 사회의 밀접한 관계가 개임의 몸에 대한 표현들, 규범들, 그리고 비유들을 통해 표현된다고 주장한다. 그녀에 따르면, 개인의 몸은 사회적 체제와 통제의 표현 방식으로 활용되며 따라서 개인의 몸과 관계된 상징들은 여러 가지 사회적 상황들과 경험들의 표현을 위하여 사용된다; 예를 들어, "몸의 통제는 사회적 통제의 표현이다." *Natural Symbols: Explorations in Cosmology* (New York: Pantheon Books, 1982), 65-81(인용문, 70). Douglas, *Purity*, 114-28도 참조.
63) 비평적 독자는 본문을 개인적이고 영적인 측면에서만 바라보지 않고, 그런 개인들이 살고 있는 사회의 문화, 정치, 종교의 다각적인 측면에서 바라보기를 원한다. 이 점에서 필자는 개인을 무역사적이고 추상적인 단독적 실존자로 보지 않고 구체적인 사회, 경제, 정치적 관계들 속에서 살아가는 구체적 인간으로 보려는 새로운 해석자들의 견해에 동의하며 예수의 귀신 축출 사역에도 예수가 살던 사회의 사회-정치적 요소들이 포함된다고 전제한다. 이러한 요소들에 관심을 기울이는 새로운 성서 해석의 기본적인 방향에 관하여 김창락, 「새로운 성서해석」, 13-42 참조.
64) 일세기 유대교 서기관들의 기원, 역할, 그리고 예수와의 관계에 관한 일반적인 설명을 위하여 Matthew Black, "Scribe," in George A. Buttrick ed., *The Interpreter's Dictionary of the Bible*, vol. 4 (Nashville: Abingdon Press, 1962), 246-8; Anthony J. Saldarini, "Scribes," in David N. Freedman ed., *The Anchor Bible Dictionary*, vol. 5 (New York: Doubleday, 1992), 1012-6을 참조하라.
65) 그들은 예수의 사죄의 선언에 의문을 제기한 최초의 사람들이었고(막 2:6), 그들 중 어떤 사람들은 바리새파 사람들로서 예수가 세리들과 죄인들과 함께 식탁 교제를 나누는 것을 비난했으며(막 2:16), 또한 그들은 바리새파 사람들과 함께 예수의 제자들이 씻지 않은 손으로 음식을 먹은 것을 비판하기도 했다(막 7:1). Anthony J. Saldarini, "Scribe," in Paul J. Achtemeier, ed., *Harper's Bible Dictionary* (San Francisco: Harper & Row, 1985), 914 참조.
66) Joachim Jeremias, *Jerusalem in the Time of Jesus*, M. E. Dahl (London: SCM Press, 1969), 233-5.
67) Ibid., 236-9.
68) 유대교의 정결(purity) 이해와 그것의 신약성서와의 관계에 관하여 Bruce J. Malina, *The New Testament World: Insights from Cultural Anthropology* (Atlanta: John Knox Press, 1981), 122-52; Jerome H. Neyrey, "The Idea of Purity in Mark's Gospel," *Semeia*, 35(1986), 91-128; idem., "Unclean, Common, Polluted,

and Taboo," *Forum*, 4 no. 4 (1988), 72-82를 보라. Bruce와 Neyrey는 영국의 문화인류학자인 Mary Douglas의 작품들, 특히 *Purity and Danger: An Analysis of the Concepts of Pollution and Taboo* (London: Routledge & Kegan Paul, 1966)과 *Natural Symbols: Explorations in Cosmology* (New York: Pantheon Books, 1982)로부터 신약성서 이해의 사회-문화적 통찰을 얻고 있다. 그들의 연구에 따르면, 정결은 인간 집단이 그 집단 안의 모든 사람들과 모든 것들을 제자리에 위치시키기 위하여 긋는 외적 경계선들과 내적 체계와 질서를 세우는 사회적으로 공유된 선들인데, 그 선들을 긋는 목적은 집단의 체제 안정과 내부 결속은 물론 그 체제를 위협하는 사람들을 규정하고 대처하기 위한 것이다. 김광수, "The Social Function of 1 Corthians 15; Resurrection as an Ideology of Purity," Ph. D. Dissertation, The Southern Baptist Theological Seminary, 1990, 26-38도 보라.

69) Neyrey, "Purity," 94-102. 심지어 그들은 '영'의 존재에도 선을 그어 거룩한(깨끗한) 영과 더러운 영을 구분했다. 거룩한 영은 하나님의 영인 반면, 더러운 영은 하나님과 적대 관계에 있는 영적 존재이며 그것이 사람으로 하여금 비정상적인 존재가 되게 하고 하나님을 거역하게 한다고 생각했다.

70) 이러한 사회에서 '더럽다,' '깨끗하다'는 말들은 일차적으로 위생적인 개념이 아니라 규범적이고 정치적인 개념이다. Douglas, *Purity*, 34-40; Malina, *New Testament World*, 125-6; Neyrey, "The Idea of Purity," 92-4 참조. 마가가 즐겨 사용한 '더러운 영'의 형용사 '더러운'은 바로 이러한 문화적이며 규범적 의미를 지닌다.

71) Jeremias는 예루살렘은 유대교의 신학적 및 법률적 지식의 산성이었다고 지적한다(*Jerusalem*, 243).

72) 마가복음 2:1-3:6에 나오는 다섯 단락의 이야기들이 예수와 유대교 지도자들 사이의 심각한 충돌을 생생하게 반영하고 있으며, 마가는 그 충돌이 얼마나 심각한 것이었는가를 다음과 같이 결론을 내린다: "바리새인들이 나가서 곧 헤롯당과 함께 어떻게 하여 예수를 죽일꼬 의논하니라"(3:6).

73) Lane, *Mark*, 141. 요한복음 1:19-28과 사도행전 5:27-40은 공회가 이런 종류의 문제들에 대하여 공식적으로 관여하고 있었음을 보여준다.

74) Myers, *Binding*, 165. Horsley는 이렇게 지적한다: "…사탄과 귀신들에 대한 신앙은 사회의 통제를 유지하기 위한 확립된 질서의 대표자들에게 유익한 것이었다. 그 질서의 방해자를 '귀신들린 자'로 고소하기만 하면 되었기 때문이다"("Kingdom of God," 418-9). 귀신들렸다는 비난에 포함된 사회-정치적 의미의 보다 더 전문적인 연구를 위하여 Paul W. Hollenbach,

"Jesus, Demoniacs, and Public Authorities; A Socio-Historical Study," *Journal of American Academy of Religion*, 99 (1981), 567-88; Mary Douglas, ed., *Witchcraft Confessions and Accusations* (New York: Tavistock, 1970) 등을 보라.

75) Theissen은 유대교 묵시 문학에서 우주적 사건들(예를 들어, 하나님의 군대와 사탄의 군대의 전투)은 정치적 사건들을 반영한다고 지적한다. Gerd Theissen, *Sociology of Early Palestinian Christianity* (Philadelphia: Fortress Press, 1978), 76. Horsley는 유대교 묵시 사상에서 하나님과 사탄 사이의 전투는 세 가지 측면들을 갖고 있다고 지적한다: 첫째는 초자연적 영역에서 하나님과 사탄의 싸움이며, 둘째는 사회-역사적 영역에서의 충돌을 반영하고, 셋째는 개인의 심령에서 일어나는 선과 악의 전투를 반영한다("Kingdom of God," 417-8).

76) 이런 점에서 예수의 귀신 축출과 병자 치유는 전자의 국면을 나타내고, 예수가 세리와 죄인들과 함께 먹고 마신 것과 같은 행위는 후자의 국면을 나타낸다. Horsley, "Kingdom of God," 411-4 참조.

77) Crossan은 악령들을 로마의 제국주의자들로 비유하고 하나님의 백성이 그 악령들에 의해 포로가 되어 있음을 가리키는 중간기 유대교의 묵시 문헌을 언급한다. John D. Crossan, *The Historical Jesus* (San Francisco: Harper & Row, 1992), 313-4. Horsley도 묵시 문학에서 하나님과 악의 세력과의 격렬한 충돌은 "하나님의 백성이 개인적으로 또한 집단적으로 거기에 갇혀 있는 폭력적인 사회-정치-종교적 충돌의 상징화 혹은 반영"이며, 그래서 악령과의 싸움은 사람들이 그런 억압자들을 대항하여 벌리는 저항의 상징적 방식이라고 지적한다("Kingdom of God," 418). Richard A. Horsley, 「예수운동」, 이준모 역 (서울: 한국신학연구소, 1993), 147-51 참조.

78) 예수 운동의 이러한 정치적 충돌의 성격에 관하여 홀슬리, 「예수운동」, 190-224를 보라. 예수 운동과 열심당 운동의 관계에 관하여 J. P. M. Sweet, "The Zealots and Jesus"; E. Bammel, "The Revolution theory from Reimarus to Brandon"; idem., "The Poor and the Zealots," in Ernst Bammel and C. F. D. Moule, eds., *Jesus and the Politics of His Day* (Cambridge: Cambridge University Press, 1984), 1-68, 109-19를 보라.

79) 이 점에서 바리새인들이 헤롯당과 함께 예수를 죽이려고 모의했다는 마가의 언급(막 3:6)은 누가의 이 언급과 맥락을 같이 한다. Douglas Oakman은 예수의 비유적 언급에 나오는 '나라들'과 '집들'은 사탄의 대행자들인 로마의 나라와 헤롯의 집을 염두에 둔 간접적이고 암시적 표현으로 제시한다. Douglas Oakman, "Rulers, Thieves, and Usurpers: The Beelzebul Pericope," *Forum* 4/3 (1988), 115.

80) Perrin은 "침례 요한의 때부터 지금까지 천국은 침노를 당하나니 침노하

는 자는 빼앗느니라"는 예수의 모호한 말씀(마 11:12)이 바로 이런 상황을 반영한다고 제시한다. 그에 따르면, 하나님의 나라는 충돌의 상황에서 이루어지는 하나님의 활동인데, 그 충돌의 상황은 승리와 함께 패배도 있는 상황 곧 궁극적 패배는 아니더라도 패배가 현실로 나타나는 고난과 고통의 상황일 수도 있다는 것이다. 침례 요한과 예수의 처참한 죽음이 이런 고통의 상황을 극적으로 반영하는데, 그런 고난에도 불구하고 또한 오히려 그런 고난을 통하여 하나님의 나라는 궁극적으로 실현되는 것이다(*Rediscovering*, 77).

81) Horsley, "Kingdom of God," 420. 이런 점에서 불의하고 억압적인 지배 세력에 대한 예수의 항전은 열심당의 그것과는 근본적으로 다른 것이었으며, 이것이 귀신 축출이라는 상징적 행위를 통하여 나타났다. 그러나 로마의 통치자들에게 예수의 활동은 열심당의 무력 항쟁과 구별하기 어려운 것이었고, 그래서 빌라도는 결국 예수를 "유대인의 왕"이라는 정치적 죄목으로 십자가에 처형했다.

2. 회당에서 귀신들린 자의 치유

예수의 귀신축출 사역의 사회
-정치적 이해(막 1:21-28)*

서론

그리스도인의 영성(spirituality)과 성화(sanctification)는 그리스도인이 소유한 정신과 그 사람이 참여하는 구체적인 삶의 자리에서 표현된다. 영성과 성화는 그리스도인의 존재를 설명하는 동전의 양면과 같은 관계를 가진 용어들로서, 영성이 정신 상태와 관계한다면 성화는 삶의 자리에서의 실천과 관계한다. 마치 개인과 사회는 불가분리적 관계를 이루는 것과 같이, 그리스도인의 영성과 성화는 그리스도인의 삶의 개인적 측면뿐 아니라 사회적 측면을 반영한다. 그리스도인의 영성은 나사렛 예수의 정신에 기초하고 있으며 또한 그리스도인의 성화는 그리스도인들이 그들의 삶의 자리에서 예수의 정신을 구현시켜나가는 실천 과정에서 형성되고 나타난다. 나사

---

* 이 논문은 1996년도 한국학술진흥원의 공모과제 연구비에 의하여 연구되었음;「성경과 신학」, 23 (1997), 15-84에 수록되어 있음.

렛 예수의 공생애는 그리스도인의 영성과 성화에 관한 이상적 표본을 제공하는데, 그의 삶은 개인적으로는 하나님과 바른 관계의 회복을 또한 사회적으로는 하나님의 의에 기초한 공동체의 형성을 추구했다. 필자는 예수의 중심적 사역의 하나로 제시된 귀신축출(exorcism)을 통하여 그리스도인의 영성과 성화의 사회-정치적 국면을 살펴보려고 한다.

예수의 공생애에서 가장 독특하면서도 가장 이해하기 어려운 국면이 그의 귀신축출 사역이다. 예수는 그 자신이 귀신축출 사역을 행했을 뿐 아니라, 그가 그의 열두 제자들을 따로 세운 목적 의 하나도 그들로 하여금 귀신축출 사역을 계승하게 하려는 것이었다(막 3:15). 그는 그들을 복음 전파자들로 내어보내면서 그들에게 귀신축출의 권세를 주었다(막 6:7; 마 10:1; 눅 9:1; 10:17). 마가복음에 따르면, 예수의 귀신축출 사역은 그의 공생애의 첫 번째 사역이었다(막 1:21-28; cf. 눅 4:33-37).[1] 누가복음에 따르면, 예수는 자기의 중심적 사역을 귀신들을 축출하며 병자들을 치료하는 것으로 제시했다: "오늘과 내일 내가 **귀신을 쫓아내며** 병을 낫게 하다가 제 삼일에는 완전하여지리라"(눅 13:32). 그의 귀신축출 사역은 그의 참된 정체를 알지 못했던 일반인들과 그의 친척들에게서 오해를 일으켰던 점이며(막 3:19-21), 또한 유대교 지도자들과 날카로운 대결을 야기시킨 직접적인 요소였다(막 3:22-30/마 12:22-30/눅 11:14-23). 이런 점에서 볼 때, 예수의 귀신축출 사역은 그의 사역에서 가장 독특하고 의미가 있으면서도 가장 이해하기 어려운 국면임을 보여준다.[2] 역사적 예수를 연구해온 학자들은 예수의 정체와 사역에 관하여 여러 가지 이견들을 갖고 있으면서도, 그가 한 사람의 유대인 귀신축출자(exorcist)였다는 사실에는 거의 만장일치로 동의한다.[3] 그러므로 예수의 정체 이해나 그의 사역의 본질을 이해하기 위해서도 그의 귀신축출 사역을 바르게 이해하는 것이 필수적인 요소가 됨을 알

수 있다.

귀신축출은 귀신들림을 전제로 한 행위이다. 귀신축출은-비록 한국에서도 전통적 무속 신앙을 통하여 전승되어 왔고 지금도 하나의 종교 행위로서 드물게 행해지고 있기는 하지만-대다수의 현대인들에게는 낯설고 이해하기 어려운 것이어서, 그것을 그의 중심 사역으로 삼았던 예수의 정체와 그의 사역의 본질을 이해하는데 있어서도 큰 걸림돌이 되고 있는 것이 사실이다. 그러나 예수 시대의 유대인들은 동시대의 그리스-로마 사회의 일반 대중들과 마찬가지로,[4] 악령들의 존재를 믿었으며 또한 어떤 병들은 그런 악령들에 의해 발생한다고 믿었다.[5] 그래서 유대인 사회에서도 귀신축출은 결코 드문 일이 아니었으며 낯선 것도 아니었다. 실제로 공관복음서들에는 예수 이외의 다른 귀신축출자들이 언급된다: 바리새파에 속한 어떤 사람들(마 12:27/눅 11:19)과 예수의 제자는 아니었지만 예수의 이름으로 귀신들을 축출하던 익명의 사람(막 9:38-39). 사도행전에 따르면, 사도 바울도 귀신축출의 경험을 갖고 있었으며(행 16:18; 19:12), 에베소에 살던 한 유대인 제사장의 일곱 아들들도 순회하면서 귀신축출의 일을 하고 있었던 것으로 제시된다(행 19:13-16).[6] 이와 같이 귀신축출은 예수 시대의 유대교 문화에 익숙한 것이었으며, 비록 귀신축출과 귀신축출자를 의미하는 전문 용어는 비교적 드물게 나오지만, 그 개념과 행습은 익숙하며 광범위한 것이었다.[7]

그렇다면 여기서 여러 가지 질문들이 제기된다. 첫째, 만일 귀신들림이나 귀신축출이 일세기 그리스-로마 사회에서는 물론 유대인 사회에서도 익숙한 것이었고 또 예수 외에도 다른 많은 기적적 치료자들과 마술사들이 자유롭게 활동하고 있었다면, 왜 유독 예수의 귀신축출 사역만이 유대교 지배 계층의 하나였던 서기관들과의 대립을 일으키게 되었는가? 예수는 그의 공생애 초기부터 유대교 지도자들로부터 공개적인 적개심과 반발에 직면했었다. 그의 치유 사역은 유대교 지도자들로부터 분노와 적개심을 불러일으켰고(막 2:1-3:6) 또한 귀신축출 사역은 유대교 지도자들과 심각한 대립을 일으켰으며 그들로부터 받은 비방과 비난의 초점이 되었다(막 3:22-30). 그렇다면 예수의 귀신축출 사역은 동시대의 다른 기적적 치료자들이나 마술사들의 행습과 어떤 다른 점(들)을 갖고 있었는가?

둘째, 공관복음서들에는 한결같이 예수의 사역의 중심적 국면이 하나님의 나라의 복음을 전파하는 것이었다고 제시된다.[8] 그렇다면 예수의 치유 사역 특히 귀신축출은 하나님의 나라의 도래와 무슨 관계가 있는 것인가? 셋째, 그리스도인들의 실제적인 삶의 국면에서, 예수가 그의 제자들이 행하기를 원했던 "귀신축출" 활동(막 3:15; 마 10:8)과 "너희는 먼저 하나님의 나라와 그의 의를 추구하라"(마 6:33)는 교훈이 어떻게 연결되는 것인가? 오늘날 우리가 예수의 제자들로서 귀신(들)을 축출한다는 것은 무엇을 의미하는 것인가? 만일 우리가 예수는 단순히 신체적으로 병든 사람들을 기적적으로 치료해 주었고 귀신들린 사람들에게서 귀신들을 쫓아냈다고만 이해한다면, 예수의 사역의 중심적 요소들 중의 하나로서 그와 유대교 지도자들 사이에 존재했던 갈등과 충돌을 이해하는 데 있어서는 물론 오늘날 우리가 예수의 제자들이 되어 그의 삶과 교훈을 오늘의 현실에서 살아내려는 제자도의 이해에 있어서도 심각한 어려움에 직면하게 된다. 따라서 이러한 문제들은 예수의 귀신축출 사역에 관한 보다 더 다각적이고 심층적인 이해를 요구한다.

예수의 귀신축출 사역에 관한 이전의 연구에서 필자는 그 사역을 단순히 영적이고 개인적인 사건으로 이해하려는 해석에 반대하고, 그것을 예수 시대 유대교 사회의 종교-정치-사회적 국면들과의 관계성 속에서 이해하기 위한 기초 작업을 시도했다.[9] 그 연구의 주제에서 언급된 바와 같이,[10] 예수의 그 사역은 하나님의 나라의 도래 곧 사탄의 세력에 대한 하나님의 종말론적 승리를 가장 생생하고도 가장 극적으로 표현하는 활동이었다. 그것은 악의 세력의 포로가 되어 고통당하는 사람들을 귀신들림의 상태로부터 온전하게 회복시키는 개인적 치유 사역일 뿐 아니라, 그런 악을 유발시키며 그런 악의 온상이 되는 불의하고 억압적인 사회의 정치-종교적 지배 체제를 드러내고 그것의 변혁을 추구하는 사회적 해방 활동을 가리키는 상징적 사건이었다. 필자는 예수의 귀신축출에 담긴 사회 정치적 의미를 예수가 그의 귀신축출 사역을 놓고 서기관들과 벌인 소위 "바알세불 논쟁"(막 3:20-27/마 12:22-30/눅 11:14-23)의 분석을 통하여 그런 국면을 제시했다.[11] 이제 필자는 예수의 귀신축출 사역을 다룬 구체적인 본문(막 1:21-27; cf. 5:1-20; 9:14-29)의 연구를 통하여 그 사역의 사회-정치적 의미를 보다 더 입체적으로 살펴보고자 한다.

예수의 귀신축출 사역을 전달하는 본문들에서 그 사역의 사회-정치적 의미가 직접적으로 제시된 것은 아니다. 그것은 해석자가 그런 의미를 찾으려는 의도를 갖고 본문을 입체적으로 이해하려는 노력 속에서 얻어지는 것이다. 그래서 그 의미를 파악해내기 위해서는 복음서 전승에 관한 기존의 역사비평적 연구-자료, 양식과 삶의 자리, 편집적 관심사-만으로는 부족하고, 본문을 다각적으로 보려는 새로운 시각과 입장을 필요로 한다. 지금까지 복음서 연구는 주로 양식비평과 편집비평의 방법론이 사용되었고, 최근에 문학비평과 사회과학의 방법론이 동원되어 보다 더 입체적이고 종합적으로 이해하려는 연구 풍토가 조성되어 왔다. 필자도 해석은 과거(본문)와 현재(독자)의 두 지평들 사이의 상호 대화라는 Gadamer의 견해를 수용하여,[12] 한편으로 본문의 삶의 자리에 관한 사회-역사적 측면 곧 사회, 정치, 문화를 고려하는 해석학의 도움을 받을 뿐 아니라, 다른 한편으로 오늘날 독자가 본문의 이해에 능동적이고 창의적으로 참여하는 해석학의 도움도 받으려 한다.13) 따라서 필자는 본문을 중심으로 과거와 현재를 동시에 다루는 입체적 이해를 목표한다.14)

성서 본문의 입체적 이해를 위하여 기본적으로 고려해야 할 몇 가지 요소들이 있다: (1) 먼저 한 사건을 단순히 역사적 측면에서 보는데 그치지 않고, 그 사건이 발생한 사회의 다양한 역학 관계 속에서 보려는 사회과학적 이해가 필요하다. 귀신축출 사역의 이해를 위해서도 사회과학적 연구가 큰 도움을 주는데, 그 중에서도 특히 문화인류학과 사회심리학의 이론들이 크게 도움을 주고 있다. (2) 다음에 고려해야 할 것은 본문을 전달하는 저자의 문학적 기교와 수사적 의도를 파악하는 것이다. 공관복음서 저자들은 같은 사건을 각각 다른 문맥에서 또한 다른 초점에 맞추어 전달한다. 그래서 같은 귀신축출 사건이라도 마가는 그 나름대로의 수사적 의도를 따라 내용을 결정하고 문맥적 배열을 고려했다. 저자의 이러한 의도를 파악하는 것은 본문의 입체적 이해를 위하여 매우 중요한 요소이다. (3) 셋째로 고려해야 할 것은 본문에 접근하는 해석자의 전제와 해석의 의도이다. 본문은 해석자가 던지는 질문에 대하여 다양하게 대답한다. 그래서 해석자가 어떤 의도를 갖고 어떤 질문을 던지는가가 본문 이해에 중요한 요소로 작용한다.15) 따라서 필자는 본문 연구를 위하여 기존의 역사비평적 연구 결과를 어느 정도 참고하겠지만, 그것보다는 최근에 발전하고 있는 문학비평적 성서 연구와 사회과학적 성서 연구를 복합적으로 다루는 사회-문학적 방법론을 의지할 것이다.16) 특히 필자는 귀신들림의 사회적 요인에 관심을 집중하면서 귀신의 정체를 불의하고 억압적인 지배 체제와의 관계성 속에서 이해하고, 그래서 예수의 귀신축출 사역을 사회-정치적 변혁을 위한 해방 사건으로 이해할 것이다.

1. 본문 분석

마가복음의 저자는 이 사건을 예수의 공적 활동의 첫 번째 사건으로 전달한다. 이 사실만으로도, 저자는 이 사건에 커다란 중요성을 부여하고 있음을 짐작할 수 있다.[17] 그에게 있어서 예수의 귀신축출 사역의 중요성은 예수가 '거라사'라는 이방인의 지역에 갔을 때에도 그가 행한 첫 번째 활동이 귀신축출이었다는 사실에서도 나타난다(막 5:1-20). 나아가 저자에게 있어서 이 사역의 중요성은 예수가 갈릴리를 떠나 예루살렘으로 여행을 시작하는 후반부[18] 사역에서 행한 첫 번째 공적 사역도 마찬가지로 귀신축출이었다는 것에서도 드러난다(막 9:14-29).[19] 저자는 이 사역의 중요성을 제자들이 계승해야 할 사역 속에서도 제시한다. 저자는 예수가 열두 제자들을 따로 세운 목적을 "자기와 함께 있게 하시고 또 보내사 전도도 하며 **귀신을 내어쫓는 권세도 가지게 하려는 것**"으로 전달한다(막 3:14-15).[20] 예수가 실제로 그의 제자들을 둘씩둘씩 내보냈을 때에도, 그는 그들에게 "더러운 귀신을 제어하는 권세"를 주었으며(막 6:7),[21] 그들은 나가서 "많은 귀신들을 쫓아내는" 사역을 감당했다(막 6:13).[22] 이와 같이 마가복음의 저자는 예수의 공생애의 중심적 국면을 귀신축출을 통하여 전달하고 있음이 분명하다.

그런데 저자는 예수의 공생애를 구체적으로 언급하기 전에 그의 사역의 중심적 국면을 나타내는 예수 자신의 요약적 선포를 제시했다: "때가 찼고 하나님의 나라가 가까웠으니, 회개하고 복음을 믿으라"(막 1:15). 이 선포를 통하여 저자는 예수의 사역의 모든 국면을 하나님의 나라의 도래와 관계시키면서, 예수가 행하는 모든 활동이 근본적으로는 때가 찬 하나님의 나라의 도래와 관계된 것임을 표현한 것이다. 이런 점에서 볼 때, 저자가 예수의 첫 번째 공적 활동을 귀신축출 사건으로 제시한 것은 그 사역이야말로 하나님의 나라의 도래를 나타내는 가장 중심적 활동인 것을 반영한다. 저자의 이러한 문맥적 의도를 고려하면, 이 사건은 단순한 귀신축출 사건이 아니라, "하나님의 나라가 가까웠다"는 예수의 선포를 구체적으로 뒷받침해주는 대단히 중요한 의미를 가진 사건임을 알 수 있다.[23]

저자는 예수의 귀신축출 사역을 그 사역의 무대과 성격에 관한 설명(1:21-22)과 그 사역의 결과에 관한 설명(1:27)의 틀 속에서 전달한다.[24] 저자의 이러한 해석적 언급들은 예수의 귀신축출 사역의 의미와 성격에 관한 저자 자신의 견해를 반영한다.[25] 이 사건은 예수와 그의 제자들이 가버나움에 들어갔을 때 일어났다(막 1:21). 가버나움은 마가복음에 언급된 소수의 지명들 가운데 하나인데(2:1; 9:33), 학자들은 그곳이 갈릴리 호수 북서쪽 해안에 있는 오늘날 "Tell Hum"으로 알려진 지역과 동일시한다. 그곳에는 A.D. 2세기 말이나 3세기 초의 것으로 추정되는 회당의 유적지가 있는데, 당시 일반 가옥과 비교하면 대단히 큰 규모의 건물이었을 것으로 추정된다. 그래서 그만한 크기의 회당 건물이 있었다는 것은 그 곳이 갈릴리 호수 북부 지역에서 유대교의 거점 도시였던 것을 보여준다.[26] 복음서 전승에 따르면, 예수는 가버나움에서 능력의 일들을 많이 행했는데(마 11:23; 눅 10:15), 그런 점에서 그곳은 갈릴리 호수 북부 지역의 도시들인 고라신과 벳세다와 함께 예수의 갈릴리 사역의 중심지들 중의 하나였던 것으로 보인다(마 4:13).[27]

저자는 이 사건의 무대를 보다 더 구체적으로 묘사한다: "즉시 예수께서 안식일에 회당에 들어가 가르치셨다"(1:21). 안식일과 회당은 예수 시대 지역 유대교 사회의 질서와 가치 체계의 핵심적 요소들이었다. 유대인들에게 안식일은 가장 거룩한 날이었고,[28] 회당은 안식일을 거룩하게 지키기 위해 사용된 가장 중요한 장소였다.[29] Ched Myers가 지적한 바와 같이, 저자는 이 한 문장을 통하여 예수를 유대교 사회의 주변으로부터 "안식일(거룩한 시간)에 회당(거룩한 장소)이라는 지역 유대교 사회 질서의 심장부"에 위치시킨다.30) 공관복음서들에 따르면, 예수는 그의 사역 초기에는 회당을 무대로 가르치는 사역을 감당한 것으로 전달되는데(마 4:23; 9:35; 눅 4:15, 16), 이 본문에서도 '안식일'이란 단어가 복수형(τοῖς σάββασιν)으로 나오고 또한 '가르쳤다'는 단어가 미완료 시제(ἐδίδασκεν)로 표현된 것은 예수가 가버나움 회당에서 여러 안식일에 가르친 것을 암시한다(1:21; cf. 눅 4:31).31) 회당은 그 지역 유대인들이 예배, 기도, 그리고 성경 교육을 위하여 모이는 장소였는데, 성경 교육은 서기관들과 장로들은 물론 회당장이 초청하는 사람들에 의하여 이루어졌으며(cf. 행 13:15) 또한 그런 측면에서 예수도 회당에서 가르칠 기회를 얻었던 것으로 보인다.32)

아무튼 저자는 예수의 중심적 공적 활동을 회당에서 가르치는 교사로서의 활동에 초점을 맞추었다. 그래서 그는 예수의 귀신축출 사역도 그의 교훈 활동에 관한 어떤 교훈을 전달하기 위한 구체적인 예로 제시한 것을 알 수 있다.33) 저자의 편집적 작업으로 간주되는 설명문들(막 1:21-22, 27)에서 이 점이 분명하게 제시된다. 먼저 서론적 설명에서 그의 교훈 활동과 관계된 단어들이 반복된다: "… 회당에 들어가 가르치시매(ἐδίδασκεν) … 그의 교훈(διδαχῇ)에 놀라니 … 그가 그들을 가르치신 것이(ἦν διδάσκων)"(막 1:21-22). 다음에 저자는 교훈의 내용을 밝힌 것이 아니라, 오히려 청중의 반응과 그 반응의 이유를 언급함으로써 예수의 교훈 활동에서 쟁점이 된 문제를 거론한다: "뭇사람이 그의 교훈에 놀라니 이는 그가 그들을 가르치신 것이 권세 있는 자와 같고 서기관들과 같지 아니함일러라"(막 1:22). 예수 시대에 서기관들은 회당을 무대로 유대교 사회에 절대적 권위를 행사하던 사람들이었는데, 여기서는 그들에 관한 아무런 수식어 없이 대조의 대상으로서 갑자기 제시된다.34)

'권세'라는 헬라어 ἐξουσία는 하나님의 권능을 의미하는 랍비적 용어인 'גְּבוּרָה'(게부라)에 상응한다. 따라서 저자는 청중이 예수가 능력의 입 혹은 성령의 권능으로 말하는 것으로 인식하게 되었음을 제시한다.35) 예수의 교훈이 서기관들과 달리 "권세 있는 자"의 교훈이라는 사실은 예수의 축출 사역의 결과에 대한 청중의 놀라는 반응에서 다시 표현된다: "그들이 다 놀라 서로 질문했다: 이것이 어떻게 된 일인가? 권세 있는 새 교훈이로다.36) 그가 더러운 귀신들을 명하자, 그것들이 그에게 순종하는구나"(막 1:27). 예수와 서기관들 사이의 대결 구도를 반영하는 이와 같은 문학적 틀은 그 중간에 언급된 귀신축출 이야기가 단순히 더러운 영들을 몰아내는 예수의 권세만을 나타내는 것이 아니라,37) 오히려 예수의 권세와 서기관들의 권세 사이의 대결을 나타내는 상징성을 가진 이야기인 것을 반영한다.38)

그 다음에 나오는 귀신축출 이야기 자체(막 1:23-26)도 이와 같은 대결 구도를 반영한다. 예수가 서기관들의 중심적 지배 영역으로 인정되는 장소에 들어가서 그들의 교훈과 본질적으로 다른 교훈을 전파하기 시작하자마자, 예수는 강한 반대에 부딪치게 되었다. 그 반대는 더러운 영에 사로잡인 자의 외침을 통하여 표현되었다: "즉시 그 회당에 더러운 영에 사로잡힌 사람이 있었는데, 그가 소리질렀다"(막 1:23).39) 이 사람의 상태에 관하여는 그가 이중 혹은 다중 인격의 소유자라는 것과 예수의 정체를 알고 있다는 것 외에는 언급되지 않았다. 그런데 그 사람이 "더러운 영에 들려 있는 사람"(ἄνθρωπος ἐν πνεύματι ἀκαθάρτῳ)이라는 언급은 일세기 유대교의 세계관을 전형적으로 반영하는데, 그 세계관의 형성에 주도적 역할을 감당했던 사람들이 바로 서기관들이었다. '더러운 영'이라는 어구에서 형용사 '더러운'은 일차적으로 위생적 개념이 아니라, 서기관들을 중심으로 한 유대교 지혜자들이 형성해온 정결 체계를 바탕으로 한 규범적 개념이다.40) '더러운 영'은 '거룩한 영'(성령)과 대조되는 개념으로서, 하나님과 적대 관계에 있는 영적 존재이며 나아가 사람으로 하여금 비정상인이 되게 하는 영적 세력을 가리킨다.

그런데 정결법을 그렇게도 중시하는 유대교의 회당에 "더러운 귀신들린 사람"으로 낙인찍힌 사람이 있었다는 저자의 언급이 선뜻 이해가 되지 않는다. 이것에 대하여 강요섭은 더러운 귀신에 들린 사람이 안식일에 회당에 있었다는 사실이 실제적으로는 가능하지 않다고 생각한다; 왜냐하면 당시 유대교 사회의 정결 체계에 따르면, 더러운 귀신에 들린 사람은 기존 사회의 울타리 밖으로 쫓겨나 있어야 하기 때문이라는 것이다. 그런데 마가복음의 저자는 "안식일에 회당 안에 더러운 귀신에 들린 사람이 있었다"는 말을 통하여 유대교 사회의 정결 이념을 무너뜨릴 뿐 아니라, 그 더러운 영과 기존 종교 제도들을 밀접하게 연결시킨다고 지적한다.[41] 그러나 Paul Hollenbach는 귀신들림에 관한 광범위한 사회과학적 연구에 기초하여 "폭력적이지 않거나 극도로 분열적이지 않은 사람들은 공중 의식 중에라도 회당과 같은 공공장소에 있는 것이 허락되었다"고 지적한다.[42] 아무튼 역사적 사실성과 관련하여 Hollenbach의 언급이 사실일 수도 있거나 혹은 그 사람이 예수와 대면하기 전까지는 귀신들린 사람이라는 정체가 아무에게도 밝혀지지 않았을 수도 있다.[43] 그러나 더 중요한 것은 예수와 그 귀신 들린 자 사이의 대결 구도와 그것의 의미이다.

그 귀신 들린 자의 외침의 첫째 부분은 번역하기가 애매한 어구이다(막 1:24a): "우리가 당신과 무슨 상관이 있나이까?"(τί ἡμῖν καὶ σοί). Vincent Taylor는 이 헬라어 어구가 구약성서 여호수아 22:24, 사사기 11:12, 그리고 열왕기상 17:18 등에 나오는 히브리어 어구ㅡ그 구절들에서 "당신이 나(우리)와 무슨 상관이 있는가?"로 번역됨ㅡ에 상응하는 하는 것으로서, 그 구체적인 의미를 "우리가 무슨 관계가 있는가?"로 번역하는 것이 좋다고 제안한다.[44] 구약의 구절들에서 그 어구는 상대방의 의견, 공격, 호의 등에 대하여 반발하는 의사 표현으로 나타나는데, 따라서 본문의 상황에서도 그것은 적대적인 침입자에 대하여 반항하는 의사 표현이며 또 그런 자세가 예수를 부르는 경멸적 호칭("나사렛 예수여")에서부터 시작된다.[45] 그러나 그 반항은 즉시 파멸의 두려움으로 변한다: "우리를 멸하러 왔나이까?"(막 1:24b).[46] 악의 세력은 예수의 등장의 결정적 중요성을 누구보다 더 명확하게 인식하고 있었는데, 그것은 그의 등장이 모든 악의 세력의 궁극적 패배를 가져온다는 것이다.[47] 여기서 귀신 들린 자의 말에서 사용된 주어인 "우리들"은 누구를 가리키는 것인가? 마가복음 1:27에서 귀신의 숫자가 복수로 표현된 것과 같이 다수인 귀신의 정체를 가리키는가(τοῖς πνεύμασι τοῖς ἀκαθάρτοις, "더러운 귀신들") 혹은 귀신들과 그 귀신 들린 자의 공동 운명을 가리키는 것인가? 이 문제의 해답도 이 사건을 예수와 더러운 귀신 사이의 대결이라는 영적인 측면에서만 보는가, 아니면 본문의 서언적 해석에서 지적된 것과 같이(막 1:22) 예수와 서기관들 사이의 대결이라는 사회-정치적 측면도 고려할 것인가에 따라 달라질 수 있다.[48]

예수의 활동의 목적을 인식하고 있었던 악의 세력은 예수의 정체를 폭로시킴으로써 예수에 대한 저항을 계속한다: "나는 당신이 누구인줄 아노니, 하나님의 거룩한 자입니다"(막 1:24c). 귀신 들린 자의 외침이 갑자기 일인칭 단수("나는 안다")로 변경된 것은 그 사람의 분열된 자아의 상태를 나타낸다.[49] "하나님의 거룩한 자"라는 호칭은 구약에서 제사장 아론("주의 거룩한 자," 시 106:16), 선지자 엘리사("하나님의 거룩한 사람," 왕하 4:9), 그리고 사사 삼손(삿 16:17)에게 붙여졌던 것으로서, 그 사람의 직무의 성별됨과 신적인 기원을 나타낸다.[50] 처음에 사용된 예수의 출신지를 가리키는 명칭("나사렛 예수")이 그의 참된 정체와 기원을 가리키는 명칭으로 바뀌었다. 따라서 이 명칭은 그 귀신이 예수의 참된 정체와 악의 세력에 대한 그의 우위성을 인식하고 있었던 것을 나타낸다.[51] 그러나 이 명칭에 기독론적 의미와 중요성이 함축되어 있음에도 불구하고 본문에서 그것은 신앙 고백적으로 사용된 것이 아니라, 예수를 통한 하나님의 나라의 공세적 현존에 대한 반항의 의도로 사용되었다. 일세기 유대교 귀신축출 이야기들에서 귀신이 축출자의 이름을 부르는 것은 그 축출자에 대한 반항의 일환으로서 그 축출자에 대한 우위를 확보하기 위하여 사용되었다.[52] 따라서 귀신 들린 자의 외침은 전체적으로 예수의 갑작스런 등장에 대한 놀라움과 반발과 반항을 표현한다.

그 귀신 들린 자의 반항은 즉시 더 우월한 권세자에 의하여 진압된다: "예수께서 꾸짖어 가라사대 '잠잠하고 그 사람에게서 나오라'"(막 1:25). 예수는 어떤 주문을 외우거나 어떤 마술적 행동을 하거나 신들의 이름을 의지하던 동시대의 축출자들과 달리 몇 마디의 직접적인 명령어로 말했다. 예수의 말씀의 간략하면서도 강경한 어조는 그의 치유 방식의 일부분이었을 뿐 아니라, 귀신들림이 존재하는 것에 대한 그의 분노와 귀신의 반항을 허용하지 않으려는 그의 단호함을 나타낸다.[53] '꾸짖었다'는 말($\epsilon\pi\iota\tau\iota\mu\hat{\omega}\nu$)은 마가복음에서 자주 사용되었다(3:12; 4:39; 8:30, 32; 9:25; 10:13, 48). 이 단어는, Howard C. Kee의 연구에 따르면,[54] 본문의 맥락에서는 하나님 자신이나 하나님의 대변자가 악의 세력을 정복하고 하나님의 의로운 통치를 세상에 확립하기 위하여 발한 명령적 언급을 가리킨다. Kee는, 결론적으로, 예수가 꾸짖었다는 것은 "하나님의 대행자가 그의 원수들을 물리치고, 또 그렇게 함으로써 하나님의 나라의 도래를 준비하는 명령의 말씀"으로서, 하나님을 대항하는 세력의 대표자인 귀신들과 그들의 지배하는 활동이 마감된 것을 가리킨다고 설명한다.[55]

"잠잠하라, 그 사람에게서 나오라"는 간결하면서도 단호한 명령은 귀신축출에서 전형적 과정을 나타내는데, 그것은 인간을 지배하는 악의 통치를 마감하는 선언이며, 그래서 하나님의 새로운 통치를 준비하는 명령이다. 따라서 이 명령은 하나님의 대적자들과의 대결의 국면 속에서 악의 세력을 물리치고 하나님의 주권을 회복하는 하나님의 나라의 도래를 구체적으로 나타낸다.56) 저자는 악의 세력에 대한 예수의 단호한 명령의 결과를 구체적으로 묘사한다: "더러운 귀신이 그 사람으로 하여금 경련을 일으키게 하고 큰 소리를 지르며 나오는지라"(막 1:26). 악의 세력의 반항은 마지막까지 그 세력의 희생자를 고통스럽게 만드는 악의 파괴적 본성을 나타낸다. 저자는 그 사람으로 하여금 경련을 일으키게 하고 큰 소리를 지르게 한 주체를 '더러운 귀신'으로 밝힌다.

저자는 귀신축출 이야기의 전형적 양식인 그 축출의 결과를 회당 청중의 반응을 통하여 표현한다: "그들이 다 놀라면서 서로 물어 가로되 '이것이 어떻게 된 일인가, 권세 있는 새 교훈이로다. 더러운 귀신들을 명한즉 순종하는도다' 하더라"(막 1:27). '놀랐다'(θαμβέομαι)는 말은, 이 사건의 서론적 언급에서 예수의 교훈에 대한 청중의 놀라는 반응을 나타낸 말(ἐκπλήσσω)과 함께(막 1:22), 저자가 예수의 교훈과 관련하여 자주 사용한 단어이다(막 6:2; 10:24, 26, 32; 11:18). 이것은 단순한 호기심에 기초한 놀라움이 아니라, 지금까지 확립된 질서가 깨어지는 것과 관계된 일종의 광란과 같은 커다란 놀라움을 표현한다.57) Taylor는 귀신축출이 유대인들에게 낯선 것이 아니었는데도, 이 단어가 사용된 것에 주목한다. 청중의 놀라움은 예수가 어떤 마술적 기술을 사용하지 않고 말씀으로만 귀신을 축출한 것뿐 아니라, 청중의 언급에서 표현된 것과 같이 예수의 교훈의 새로움과 그것의 초월적 능력에 따른 것이었다.58) 귀신축출의 방식이 다른 축출자들과 전혀 다른 것과 같이, 예수의 교훈은 권세가 있고 새로운 것으로 인식되었다. "권세 있는 새 교훈"이라는 청중의 언급은 예수의 교훈과 서기관들의 교훈 사이를 대조시킨 저자 자신의 언급과 연결되며(막 1:22), 또한 "새로운 교훈"의 새로움은 때가 찼고 하나님의 나라가 가까웠다는 저자의 종말론적 입장을 반영한다.[59] 청중은 예수의 정체와 그의 사역의 의미를 충분히 알지는 못했지만, 그의 교훈 활동 속에서 전통적 교사들인 서기관들과는 다르게 더러운 귀신들을 명하여 순종시키는 그의 교훈의 권세와 새로움을 발견할 수 있었다.[60]

2. 해석의 종류

그러면 이 사건의 의미가 무엇인가? 이 사건의 해석이 지금까지 크게 두 갈래로 진행되어 왔다. 첫째는 영적인 해석이다. 이 해석은 예수와 더러운 영 사이의 대결이라는 초자연적 측면에 초점을 둔 것으로서, 귀신축출은 귀신이라는 악의 세력을 물리치고 사람들을 그 세력으로부터 구원하는 종말론적 구원 사건이라는 것이다. 여기서는 악의 세력의 물리침이라는 종말론적 성격과 그런 종말론적 구원의 실행자인 예수의 권세가 강조된다.[61] 이것은 예수 자신의 언급에서도 제시된 점으로서, 예수의 귀신축출 사역은 하나님의 권능으로 강한 자(사탄)를 결박하고 그 강한 자의 세간(귀신들)을 늑탈하는 하나님의 나라의 도래를 가리킨다(막 3:27; cf. 마 12:28; 눅 11:20).[62]

둘째는 사회-정치적 해석이다. 이 해석은 이 사건을 하나의 상징적 사건으로 보면서, 그 상징성을 이해하는 것에 초점을 맞춘다.[63] 여기서는 귀신들림이라는 하나의 질병으로부터 치유하는 개인적 치유의 국면이 간과되는 반면, 귀신들림이 존재하는 구체적인 삶의 자리에서 일어나는 사회-정치-종교적 갈등의 상징성이 강조된다. Richard Horsley는 인간이 하나님과 사탄 사이의 대결에 갇혀 있다는 묵시적 세계관은 당시의 사회-정치적 대결의 상황을 반영하는 것으로서, "하나님과 귀신의 세력 사이의 격렬한 투쟁은 사람들이 개인적으로 또한 집단적으로 빠져있는 격렬한 사회-정치-종교적 갈등의 상징화"라고 제시한다.64) 그런 상황에서 등장하는 귀신은 어떤 영적 실재라기보다는 예수가 대결하고 있는 사회-정치적 지배 세력을 상징한다. 그래서 회당에서 존재하는 귀신은 유대교의 주도적 사회 질서를 확립하고 있었던 서기관들의 권세를 가리키며 또한 거라사 광인의 경우는 어느 누구도 대결할 수 없었던 로마 제국의 막강한 군사력을 가리킨다.65) 따라서 예수의 귀신축출은 기존의 불의하고 억압적인 지배 세력에 대한 저항과 극복의 활동이었고, 그런 점에서 예수의 축출 사역은 유대교 사회의 종교-정치적 지배 계층에게는 심각한 체제 위협으로 간주되었다.66)

두 해석이 다 예수의 귀신축출 사역의 한 면만을 강조한다. 첫째 해석에서는 예수와 사탄(귀신들)의 대결이라는 영적인 측면이 강조되었지만, 귀신들림이라는 개인적 질병 현상과 그런 비인간화가 이루어지고 있는 삶의 자리에서의 의미가 간과되었다. 그래서 귀신축출은 개인을 악의 세력으로부터 구원하는 개인적 측면만이 부각된다. 이것은 하나님의 나라가 개인적이면서 동시에 사회적 국면을 포함한다는 것 곧 하나님의 나라의 도래는 이스라엘의 회복 혹은 하나님의 의에 기초한 공동체의 건설을 목표한다는 것을 충분히 설명하지 못한다.67) 반면에 둘째 해석에서는 사회-정치적 충돌의 상황이 강조되었지만, 귀신들림이라는 개인적 질병 치유의 요소가 간과되었다.68) 그런 해석에서 악령은 예수 시대의 유대인들이 생각했던 하나의 영적인 실재가 아니라, 비인간화를 만들어내는 불의하고 억압적인 사회의 지배 체제와 세력을 가리키는 상징적 존재가 된다. 그러나 예수와 함께 그의 동시대 유대인들은 인간을 사로잡아 지배하는 영(들)의 실제적인 존재를 당연하게 생각했으며, 그런 점에서 예수의 귀신축출 사역은 일차적으로는 귀신에 들려 있는 곧 미쳐버린 한 인간을 불쌍히 여기시고 치유해주시는 하나님의 구원 활동이었다.[69] 거라사의 군대 귀신에 들려 있는 자의 치유 사건에서 이 점이 분명하게 언급되었다: "집으로 돌아가 주께서 네게 어떻게 큰 일을 행하사 너를 불쌍히 여기신 것을 네 친속에게 고하라"(막 5:19). "불쌍히 여긴다"($\sigma\pi\lambda\alpha\gamma\chi\nu\acute{\iota}\zeta o\mu\alpha\iota$)는 말은 예수의 권능의 활동과 관련하여 그 활동의 근원을 가리키는 단어로서, 불행하고 비참한 환경에 처한 인간을 바라보시는 하나님의 안타깝고 아픈 심정을 나타낸다(막 1:41; 6:34; 8:2; 9:22; cf. 눅 7:13; 15:20).

　예수의 귀신축출 사역은 일차적으로 어떤 이유에서건 귀신들림이라는 비인간화의 상태에 빠진 인간을 불쌍히 여기고 치유하는 개인적 치유 활동이었다. 그런데 예수의 치유 활동에서 공통적으로 보여지는 점은 그 활동의 목적이 단순히 개인의 질병 치료에만 있었던 것이 아니라, 그 질병과 관계된 사회적 문제의 해결도 추구했다는 것이다.[70] 이런 점에서 예수의 귀신축출 사역도, 예수의 치유 사역에 포함되는 것으로서 귀신들림으로부터의 해방이라는 개인적 치유의 국면과 함께 귀신들림이 존재하게 만드는 사회적 문제의 해결이 포함되어 있다고 보아야 한다. 그러므로 하나님의 나라 도래의 첫 번째 구체적 나타남인 귀신축출 사역의 충분한 이해를 위해서는 귀신들림이라는 개인적 질병 치유의 국면은 물론, 그런 질병을 유발시키는 사회적 문제의 해결을 포함하는 입체적 해석이 필요하다. 이러한 입체적 이해를 위하여 필요한 것은 무엇보다도 귀신들림이라는 일종의 정신 질환이 어떤 것인지 또한 왜 그런 귀신들림이 생기는 것인지에 대한 사회-심리학적 이해이다.

3. 귀신들림의 상태

그러면 복음서들에서 제시된 귀신들림이란 무엇이며 또한 왜 그런 귀신들림이 존재하는 것인가? 귀신들림이란 거룩한 영과 함께 악한 영(들)이라는 비가시적이며 비물질적이면서도 인격적 생명력을 갖고 있어서 가시 세계와 상호 교통을 할 수 있는 영의 세계의 실재를 전제한다.[71] 예수 시대의 유대인들은 동시대의 그리스-로마 사회의 일반 대중과 마찬가지로 악령(들)의 존재를 믿었으며 또 어떤 병들은 그런 악령들에 의하여 발생한다고 믿었다.[72] 오늘날 정신분열(Schizophrenia)과 간질(epilepsy)과 같은 질병의 경우에는 특히 그러했다. 인류학자들은 악령들의 활동에 의하여 입는다고 생각되어진 피해를 두 가지로 설명한다. 하나는 '귀신집착'(demonic obsession)으로서, 이것은 악령이 외부로부터 사람에게 피해를 주는 것이다. 다른 하나는 '귀신들림'(demonic possession)으로서, 그것은 악령이 사람의 내부로 침입하여 그 사람을 소유하고 지배하게 되는 경우이다.[73] 귀신에 들린 사람은 그 사람 자신과 다르게 되며 또 그 사람보다 더 우월한 능력을 가진 어떤 존재가 그 사람을 통제하는 제이의 인격 체계를 형성하게 된다. 그래서 그 사람은 때때로 자신의 의식을 상실하고 제이의 인격이 그 사람을 대신하는 혼란(무질서)의 상태에 들어간다.[74] 그 때는 그 사람에게서 이중 혹은 다중 인격이 나타나기도 하고, 광란의 파괴적 행동을 하기도 하며, 혹은 경련을 일으키고 입에서 거품을 흘리기도 한다.

인류학자들과 심리학자들의 연구에 따르면, 귀신들림을 인정하는 동서고금의 문화권에서는 자기 나름대로 귀신들림을 규정하는 일정한 기준들이 있었다는 것에 동의한다. 한 사람이 비정상이라고 규정하는 것은 그 사람이 속한 사회 집단이 정상과 비정상에 관하여 일반적으로 확립해 놓은 사회적이고 문화적 요소들에 의거한 사회적 판단이다.75) 그래서 귀신들림은 한 사회 집단의 가치 체계와 질서 의식 곧 정결 개념과 밀접하게 연결된다. 정결은 한 사회 집단의 체계와 질서를 세우는 근본 원리인데, 이 정결 체계에서 파생되는 것이 더러움(dirt)과 비정상(anomaly)이다.76) 사회적으로 공유된 체계와 질서에서 벗어나면 더러움과 비정상으로 간주되는 것이다. 유대인들이 비정상적 정신 상태를 보이거나 비정상적 행동을 하는 사람을 가리켜 "더러운 귀신에 들린 사람"으로 규정한 것도 유대교의 정결 체계에 기초한 것이다. 한 사람이 귀신에 들려 있다는 판단은 그 사람의 정신적 상태뿐 아니라, 그 사람의 외적 행위도 포함되었다. 그래서 비정상적 행동을 하거나 인간에게 정상적이지 않은 능력을 행사하는 사람들은 위험한 인물들로 간주되었다.77) Hollenbach는 정신적 비정상에 관한 분류가 다양한 것은 정상과 비정상을 결정하는 선이 항상 쉽게 결정된 것이 아님을 보여준다는 것과 또한 한 사람이 정신적으로 병들었다고 간주되는 것은 그 사람의 행동이 다른 사람에게 방해를 주는 정도와 그가 속한 사회 집단이 그의 빗나간 행동에 대하여 갖는 태도들에 달려있다는 것을 지적한다.78) 따라서 "귀신들린 사람"이란 비정상적 정신 상태를 보이면서 그 사회의 기본적인 질서 체계를 벗어나는 행동을 하는 사람들에게 붙여진 사회적 딱지(social label)였다.

  귀신들림이 이렇게 비정상적 정신 상태 및 비정상적 행동과 관계되었기 때문에, 그것은 때때로 사회의 지배 계급이 사회를 통제하는데 사용되기도 했다. 지배 계급은 그 사회에서 바람직하지 않다고 판단되는 사람들 특히 그 사회의 기존 체제와 질서를 깨뜨리는 사람들을 "귀신들린 자들"로 규정했는데, 이것은 그들의 영향력을 축소시키고 나아가 그들을 그 사회에서 매장하려는 의도에서 나온 표식이었다. 유대교 지도자들이 유대인들의 회개와 메시야의 도래를 선포하던 침례 요한의 금욕적 식사 태도를 인하여 그가 귀신 들렸다고 말한 것이나(눅 7:33) 또한 하나님의 나라의 도래를 선포하고 귀신축출의 능력을 행사하던 예수를 가리켜 "바알세불에 지폈다 혹은 귀신의 왕을 힙입어 귀신을 쫓아낸다"고 말한 것(막 3:22)도 요한이나 예수가 유대교 사회의 확립된 체제와 질서를 위반하는 사람들로 평가되었기 때문이었다. 예수 외에도 유대인 사회에서 귀신축출자들이 활동하고 있었는데, 유독 예수만이 "귀신들린 자"로 매도된 것은 예수의 활동의 사회-정치적 성격을 반영해준다. 이러한 "귀신들린 자" 혹은 마녀(witchcraft) 비방은 사회의 혼란기에 증가하며, 특히 계급적이고 억압적 사회들에서 사회통제의 방식으로 사용되는 수가 많았다.[79] Hollenbach는 정신과 의사인 Thomas Szasz의 연구를 토대로 사회의 지배 계급은 항상 기존에 확립된 가치와 이념을 방어하려고 하며, 그래서 다른 가치와 이념을 제시하는 반항자들(deviants)에게 적대적이었다는 것을 지적한다. 그는 계속하여 이러한 사회 통제의 방식은 인간성을 파괴하는 비인간화의 전형이며, 그래서 그런 사회 체제는 인간을 다른 인간에게 종속시키며 노예화하는 결과를 낳는다고 결론짓는다.[80]

공관복음서들에는 일세기 유대교 사회에서 더러운 영에 들린 사람으로 분류된 사람들의 상태가 몇 가지로 제시된다. 첫째, 한 인격 안에 다른 인격이 들어와 공존하고 있는 "정신 분열" 혹은 "정신 갈등"의 상태이다. 그 사람의 말에는 '나'와 '우리'가 동시에 사용되고, 그래서 그 사람 자신의 말인지 혹은 그 사람 안에 있는 또 다른 존재의 말인지 불분명하다(막 1:24; 5:7-9). 그 사람을 사로잡고 있는 영은 그 사람과 분리되기도 하지만 또한 그 사람 자신이기도 한 것으로 나타난다. 그 사람의 자아가 이렇게 심각하게 분열된 것과 함께, 그 분열의 정도는 종종 그 사람을 사로잡고 있는 귀신들의 숫자로 표현되기도 한다. 그래서 거라사의 귀신들린 자의 경우는, 그의 미친 정도가 보여주는 것과 같이(막 5:3-4), '레기온'이라는 한

떼(숫자로는 이천)의 귀신들이 들어가 있는 것으로 묘사된다(막 5:10).[81]

둘째, 자기 자신에게나 다른 사람들에게 피해를 줄 수 있는 난폭하고 괴상한 행동을 하는 것이다. 거라사의 귀신들린 자의 경우가 대표적인 예이다. 그는 괴상하고 난폭한 발작을 일으켰기 때문에, 사람들이 그의 발작을 막으려고 쇠사슬로 묶고 고랑을 채웠는데, 그는 쇠사슬을 끊고 고랑을 깨뜨리는 초인간적 능력을 행사했다. 그리고 그는 자기를 얽매려는 사람들을 벗어나 무덤가에서 살고 있었다. 그는 밤낮 무덤 사이에서나 산에서나 늘 소리 지르며 돌로 자기 몸을 상하고 있었다(막 5:2-4).

셋째, 보다 온건한 형태의 반사회적 행동을 하는 것으로서 간질과 같이 엎드러져 경련을 일으키는 것이나 입에서 거품을 흘리는 호흡경련의 상태이다. 벙어리 되고 귀먹은 귀신에 들린 어린아이의 경우가 대표적인 예이다(막 9:20, 25-26).[82] 이와 같이 유대교 사회에서도 한 사람이 귀신에 들렸다는 것은 그 사람의 비정상적 정신 상태와 그것으로부터 연유된 비정상적 행위를 규정하는 사회적 판단이었다. 이러한 병리적 현상의 측면에서 볼 때, 귀신들림은 오늘날의 소위 정신 질환과 밀접하게 연결되었고, 따라서 귀신들림의 요인은 어느 정도 정신 질환의 요인과 관계가 있음을 보여준다.

4. 귀신들림의 요인

그러면 귀신들림이라는 일종의 정신 질환은 왜 일어나는가? 한국의 전통 무속 신앙에서는 한을 품고 죽은 사람의 혼이 귀신이 되어 공중을 배회하다가 사람에게 들어간다고 생각한다.[83] 이런 이해는 다분히 개인적이고 심리적 측면만을 부각시키고 있어서, 귀신들림과 귀신축출에 담긴 사회-정치적 이해에 도움을 주지 못한다. 인류학자들과 사회-심리학자들은 정신 질환과 그것의 치료는 개인적이면서 동시에 사회적인 것을 발견한다.84) 한 사람이 정신적으로 병드는 것은 그 사람 자신의 문제이기도 하지만, 그 사람을 그렇게 만드는 사회적 상황도 대단히 중요한 요소라는 것이다.85) 그들의 연구에 따르면, 정신 질환은 경제적 수탈에 기초한 계급 간의 불화, 신뢰되었던 전통들이 침몰하는 사회적 격변, 그리고 식민지 지배와 그것에 대항하는 혁명과 같은 사회적 긴장들에 의하여 발생하거나 혹은 적어도 더 악화된다는 것이다.86) 이 견해는 헬레니즘 시기를 거쳐 로마 제국의 식민지 지배의 상황에서 벌어졌던 정치-경제적 억압과 수탈, 전통적 관습과 신념의 침몰, 그리고 사회-경제적 격변을 경험하던 예수 시대 유대인 사회에 귀신들린 사람들이 많이 있었던 이유에 대한 한 가지 중요한 설명이 될 수 있다(막 1:34; 3:11).87) 또한 이것은 귀신들림이 사회 환경에 존재하는 여러 종류의 폭력, 억압, 혹은 차별과 밀접하게 관계한다는 것을 보여준다.

    Hollenbach는 프랑스의 식민지였던 알제리에서 독립전쟁 기간에 존재했던 정신질환에 관한 Franz Fanon의 연구를 전달한다. Fanon은 억압적 식민주의와 그것에 대항하는 혁명전쟁의 상황이 얼마나 많은 사람들 - 알제리인들은 물론 프랑스 사람들 중에서 - 로 하여금 정신질환을 앓게 했는가를 묘사한다.88) John D. Crossan은 귀신들림과 사회적 억압 사이의 밀접한 관계를 연구한 Ioan M. Lewis의 견해를 전달한다. Lewis에 따르면, 여자들이 가정이나 사회에서 남자들에 의하여 받는 신체적 그리고 심리적 억압 혹은 한 민족이 다른 민족에 의하여 받는 인종차별적 그리고 식민주의적 억압이 귀신들림의 주요한 요인이 된다.89) 식민지 사회에 존재하는 정치-경제적 억압은 식민지 백성에게 증오와 분노의 감정을 유발시켰는데, 그들은 그런 감정을 밖으로 표출할 수 없었고 다만 속으로 눌러야했다. 억압과 착취의 억울한 상황에서 불화같이 일어나는 증오와 분노의 감정과 그것을 다만 속으로 눌러야 하는 좌절의 심리적 긴장 상태가 계속되다가, 자기가 자신의 감정을 통제할 수 없는 어느 선을 넘어서면 자기-통제력을 상실하고 귀심들림의 상태에 들어가게 된다.90)

예수 시대 유대인 사회에서 귀신들린 많은 사람들은 로마 제국의 정치-경제적 억압과 수탈의 비참한 경제 상황에 직면했던 낮은 계층의 사람들이었다.91) 거라사의 귀신들린 자는 억압자들에 대한 분노와 그 분노를 속으로 눌러야 하는 좌절 사이의 심리적 긴장 속에서 살아야 했던 식민지 백성을 대표적으로 상징한다.92) 이런 점에서 Crossan은 예수의 귀신축출 사역의 논의에서 반드시 고려해야 할 두 가지 요소를 지적한다. 첫째는 식민지 백성의 분열된 인격의 상태이다. 그들은 한 편으로는 그들의 억압적 지배자들을 증오하고 멸시하지만, 그들보다 우위의 권세 앞에서 좌절하면서 그들의 분노와 울분을 속으로 눌러야 한다. 둘째는 이러한 식민지 상황에서 귀신축출은 개인적으로는 치유의 기능을 갖지만, 사회적으로는 저항의 기능을 갖는다; 다시 말하여, 귀신축출은 "개인화된 상징적 혁명"(individuated symbolic revolution)이다.93)

귀신들림과 사회적 억압의 관계에 있어서 Hollenbach, Crossan, 그리고 Wink 등이 거의 다루지 않은 부분이 있다. 그것은 본문의 사건과 직접적으로 관계되는 것인데, 예수 시대 유대인 사회에 존재하던 종교적 억압과 그것으로 인한 귀신들림이다. 이것은 지역 유대교 사회의 종교적 중심지였던 **회당**에 귀신들린 자가 있었다는 표현에서 암시되고 있으며,94) 저자가 이 사건을 예수의 권위와 지역 유대교의 중심적 지도자들이었던 서기관들의 권위 사이를 대조시키는 문맥에서 전달하는 점에서 반영된다. 로마 제국의 억압적 지배가 식민지 백성에게 말할 수 없는 신체적 및 정신적 상처와 고통을 주었고 또 그 결과로 미쳐버린 사람들이 많이 나왔던 것과 같이 서기관들이 중심이 되어 확립한 유대교 사회의 엄격한 율법적이고 계급적인 종교 체계는 하부 계층의 유대인들에게 종교적으로 또한 경제적으로 지기 어려운 무거운 짐을 지웠으며 그 결과로 정신 분열의 상태에 빠진 많은 사람들이 생겨나게 되었다. 하부 계층의 유대인들은 한 편으로 서기관들이 가르치는 그들의 종교적 전통을 존중하고 지키려는 마음을 가졌지만, 다른 한 편으로 그것을 지키기 어려운 정치-경제적 현실에 부닥치고 있었다. 회당의 귀신들린 자는 서기관들의 교훈에 순종할 수도 없고 안 할 수도 없는 상황에서 심리적 압박감을 갖고 살아가면서 정신적 갈등과 나아가 정신적 분열을 경험하던 하부 계층의 유대인들을 대표한다.[95]

그러면 서기관들이 세운 종교 체계가 어떤 점에서 하부 계층의 유대인들에게 감당하기 어려운 억압의 요소로 작용했는가?[96] 일세기 유대교 사회는 정결과 부정 곧 깨끗한 것과 더러운 것의 구별을 중심으로 하는 정결사회였으며, 그 사회의 종교체계는 정결법(purity laws)으로 대표된다. 유대교의 정결체계는 유대교의 거룩한 전승들에 기초하여 유대교 사회의 모든 국면 곧 정치, 경제, 사회, 문화 등 모든 국면에서 체계와 질서와 경계선을 세우는 원리들과 규칙들이었다. 문화인류학자들의 연구에 따르면, 일세기 유대교와 같은 종교 중심의 사회에서 정결은 인간 집단이 그 집단 안에 있는 모든 사람들과 모든 것들을 제 자리에 위치시키기 위하여 긋는 외적 경계선들과 또한 내적 체계와 질서를 세우는 사회적으로 공유된 선들을 가리키는데, 그 선들을 긋는 목적은 그 집단의 체제 안정과 내부 결속은 물론 그 체제를 위협하는 사람들을 규정하고 대처하기 위한 것이었다.[97] 따라서 정결은 그 집단의 사회세계를 구성하는 원리로서, 그 사회의 체계와 질서 확립에 깊이 결부되어 있고, 나아가 정결법이라는 하나의 지배 체계와 이념을 형성한다.[98] 유대교 정결법(purity laws)은 장소, 사람, 시간, 음식 등 유대교 사회의 모든 것을 구분하고 체계와 질서를 세우는 규칙들이었다. 따라서 정결법에서 규정한 경계선 안에 있고 규정에 맞으면 깨끗하고 바르며 정상적인 것으로 인정되지만, 경계선상에 위치하거나 경계선 밖에 있으면 더럽고 잘못된 것이며 비정상적인 것으로 평가되었으며, 이러한 평가가 사회적 규범과 전통과 통념이 되었다. 따라서 이런 정결 사회에서 '더럽다' 혹은 '깨끗하다'는 말들은 일차적으로 위생적 개념이 아니라, 규범적이고 정치적인 개념이다.[99]

유대교 정결 체계의 두 바탕은 성전과 율법 해석에 관한 조상들의 전통이었다. 유대교 지도자들이 이 두 바탕을 중심으로 한 정결 체계를 통하여 이룩하려 했던 핵심가치는 '거룩'(holiness)이었다.[100] 그것은 "내가 거룩하니 너희도 거룩할지니라"는 레위기의 말씀(11:44, 45; 19:2; 20:7, 26; 21:28)에 기초한 것으로서, 거룩은 바벨론 포로 이후 팔레스틴에 귀환한 유대교 지도자들이 유대교를 재건하는데 있어서 정결의 중심원리였다. 그들은 '거룩하다'는 것을 모든 더러운 것들 곧 그들의 전통적 교훈에 부적합하고 또 그래서 비정상적인 것들로부터 자신들을 분리시키는 것(separation)으로 간주했다. 그래서 거룩을 실현하기 위한 정결 체계는 하나님의 백성의 삶을 규정하고 구별하며 질서를 세우는 하나님의 활동과 요구로 이해되었다.[101] 이 거룩은 유대교 문화의 중심적 상징이었던 성전과 그것의 제사 체계를 통하여 표현되었다.

유대교의 재건자들은 거룩을 실현하는 것이 하나님께 대한 충성의 가장 핵심적 표현이며 또한 주변 문화의 침입으로부터 자신들을 지키는 가장 중요한 방법으로 간주했다. 분리로서의 거룩은 율법을 해석하는 근본지침이 되었고, 성경 중에서 거룩에 관한 부분 곧 이스라엘을 다른 민족들과 분리시키며 이스라엘 안에서 모든 부적합하고 비정상적인 것들을 더러운 것으로 규정하는 말씀들이 가장 중요하게 간주되었다.[102] 특히 창세기의 창조 이야기는 거룩의 근본 개념을 제공했다. 유대교의 재건자들은 모세오경으로부터 하나님의 축복의 활동은 근본적으로 질서를 세우는 것이며, 하나님의 질서 안에서만 인간이 번성할 수 있음을 발견하게 되었다; 그래서 하나님의 축복이 사라지면, 혼란과 무질서와 자연 재해들이 나타난다는 것이다(신 28:15-24). 하나님의 창조는 세상의 질서와 체계를 위한 하나님의 활동으로서 거룩은 창조의 범주들을 구별되게 유지하는 것이며 정확한 규정, 구분, 그리고 질서를 포함한다.[103]

거룩이라는 핵심가치는 유대교 사회의 모든 면에서 구체적인 체계와 질서를 통하여 표현되고 설명되었다. 성전의 지성소는 가장 거룩(정결)한 장소로서 유대교 정결지도의 지리적이고 제사적 중심이 되었다. 거기로부터 거리가 멀어질수록 거룩(정결)의 정도가 낮아지면서, 유대인의 거주지 ("거룩한 땅") 경계선에서 거룩이 끝난다.[104] 성전의 이러한 거룩성은 사람들의 정결을 분류하는 기준으로 사용되었다.[105] 성전의 제사 체계는 하나님의 창조에서 확립된 거룩 곧 정확한 체계와 구분과 질서의 가장 중요한 표현이 되었다.[106] 거룩을 구현하는 정결 체계(purity system)는 예수 시대에 이르기까지 수 세기동안 유대교 사회 세계를 형성하는 '시대정신'(Zeitgeist)이 되어 유대인의 정신세계의 형성과 삶의 방식에 결정적 영향을 주었고 유대교 사회를 유지시키는 중심 이념이 되었다.[107]

유대교의 이러한 정결 체계는 유대인 사회의 철저한 계급화를 낳았다. 그 계급의 상층부에는 최고 통치자(대제사장)와 "대제사장들"로 불리우는 지배 계급이 위치했다. 그들은 정결 체계의 상층부에 위치할 뿐 아니라, 정치-경제적으로 특권을 누리는 계층이었다.[108] 정치적으로, 팔레스틴 유대교 사회의 내부 문제는 대제사장과 공회의 주관아래 있었다.[109] 경제적으로, 대제사장 가문들은 대토지 소유자들이었다. 이것은 제사장의 토지 소유를 금지하고 있는 율법의 요구를 위반하는 것이었다. 그들은 그 율법이 제사장의 토지 소유를 금지한 것이 아니라 토지를 경작하지 말라는 것으로 해석했다. 그래서 그들은 토지를 소유하지만, 일하지 않아도 되는 권리를 법적으로 부여받았다. 이런 방식으로 그들은 정치적 및 경제적 특권을 소유한 종교 귀족 계층을 형성했다. 정결 체계의 다음 계층은 서기관들이었다. 그들은 제사장 지배 계층과 함께 정결 체계를 발전시킨 장본인들이었다. 그들은 정결 규정을 율법 해석의 중심 원리로 도입하여 정결 체계를 확립하고 회당을 중심으로 그것을 유대인들에게 가르쳤다.[110] 정결 체계의 하층부에는 생산에 직접 참여하던 많은 수의 농민들이 위치했는데, 그들은 정결의 경계선에 위치하고 있었다. 그들 중에는 정결법에 충실한 사람들(정결의 경계선 안에 있는 사람들)이 있었는가 하면, 그것을 지키지 않거나 지킬 수 없는 사람들(정결의 경계선 밖에 있는 사람들)도 있었다. 정결 체계의 밑바닥에는 정결 체계에 들어올 수 없는 사람들이 위치했다.[111]

그들이 발전시킨 정결 체계 중에서 가장 중심적인 것들은 성전의 제사 제도, 안식일 준수, 그리고 십일조에 관한 규정들이었다.[112] 이와 같이 정결 체계에는 경제적인 측면이 많이 포함되어 있었고, 그래서 정결 체계의 상층부 사람들은 그것으로 인하여 많은 경제적 유익을 취하고 있었다. 예를 들어, 십일조는 세금 문제이면서 또한 정결 문제였다.[113] 십일조를 바치지 않은 곡물은 부정한 것이어서, 시장에 내다 팔 수도 없었고 토지의 주인에게 토지 사용료로도 낼 수 없었다. 정결법을 준수하지 않은 유대인들은 더러운 사람으로 낙인찍히고, 사회적으로 매장되었으며, 심지어 유대인 공동체에서 추방되는 경우도 있었다. 이런 점에서 정결 체계는 유대교 사회세계의 구성 원리였으며 지배계층의 지배이념이었다.[114] 그러나 이것은 일반 유대인들에게는 감당하기 어려운 무거운 짐이었다(마 23:4). 예수가 서기관들과 벌린 충돌의 내용은 대부분 정결 체계와 관련된 것이었고(막 2:1-3:6; 7:1-23), 그런 점에서 그 충돌들은 사회-정치적

으로 기존 체제에 대한 심각한 위협적 요소가 되었다.115)

유대교의 정결 체계가 일반 유대인들에게 감당하기 어려운 무거운 짐으로 작용한 또 다른 이유가 있었는데, 그것은 일세기 팔레스틴 유대인 사회가 로마 제국의 식민지로서 조공생산방식의 농업 사회였다는 것이다.116) 조공생산방식(tributary mode of production)이란 피지배 계급인 생산자가 생산물의 많은 부분을 지배자들에게 세금으로 바치는 것을 말한다. 이런 사회는 근본적으로 두 가지 기본적인 사회계급이 존재하는데, 하나는 도시의 소수 지배계급이고 다른 하나는 농촌의 대다수 피지배계급의 농민들이다.117) 도시의 지배계급은 땅에서 일하지 않으면서도, 땅의 소산의 대부분을 차지했다. 그 결과로 그런 사회에는 근본적인 사회적 불평등이 존재하고 있었는데, 그 중에 가장 심각한 것이 부의 불공평한 분배였다. 그런 사회체제는 고대 사회의 전형적 현상이었으며 일세기 팔레스틴 유대인 사회도 예외는 아니었다.

유대인 농민들은 두 가지 방식으로 그들의 생산물을 수탈당했다. 첫째는 과다한 소작료였다. 많은 농민들이 대토지 소유자들인 지배계급의 주인들에게서 땅을 빌려 농사를 짓는 소작농들이었고, 소작료는 대개 생산의 1/4 혹은 1/3이었다.118) 둘째는 각종 세금이었다. 그들은 로마 정부에 여러 가지 세금을 내야했는데(토지세, 곡물세, 인두세, 관세, 조세), 그 중에 주요한 것이 곡물세로서 그 액수는 대략 생산의 12.5%였다.119) 그 외에 유대인들은 종교세인 십일조를 내야했는데, 각종 십일조를 합하면 대략 생산의 20%에 달했다. 이런 세금들을 다 합하면 농민들은 생산물의 2/3를 각종 세금의 명목으로 지배 계층에게 바쳐야했다.120) 이것은 일세기 유대인 계급 사회에서 하층민들이 겪었던 심각한 경제적 착취와 억압과 그것으로 인한 고통의 상황을 보여준다.121)

이런 상황에서 농민들이 각종 세금을 다 내며 산다는 것은 대단히 힘든 일이었다. 조금이라도 세금을 덜 내야 그들의 산업과 생존을 유지할 있었다. 그런데 소작료와 로마에 내는 세금은 피할 수 없었다. 그것들은 강제로 징수되었을 뿐 아니라, 그것들을 내지 않으면 땅을 몰수당하고 살 수가 없었기 때문이었다. 그러나 유대교 정결 체계에서 부과한 세금은 강제로 징수된 것은 아니었다. 그 세금을 안낸다고 로마 정부가 법적 제제를 가한 것도 아니었다. 이런 경제적 궁지의 상황에서 하부 계층의 유대인들은 종교적 충성을 시험받게 되었다: 로마에 내는 세금 외에 율법에 규정된 십일조를 꼭 내야하는가? 한 편으로 많은 농민들이 로마 정부가 요구한 세금을 내지 못하여 땅을 빼앗기고 일일 노동자들로 전락하거나 이민을 가거나 혹은 거지와 도둑으로 변하고 있었다. 다른 한 편으로 많은 농민들은 율법이 규정하는 십일조를 내지 않음을 통하여 땅을 보존하고 생업을 유지할 수 있었다. 이렇게 이중 과세가 낳은 경제적 궁지의 상황은 조상들의 유전인 정결 체계를 불순종하는 많은 유대인들을 만들어냈는데, 그 이유는 그들이 정결 체계에 무관심해서가 아니라 식민지 상황에서 오는 심각한 경제적 압박 때문이었다. 따라서 로마의 정치-경제적 억압 속에서 유대인 사회는 그들의 중심적 체계가 흔들리는 위기를 맞고 있었다.[122]

이런 위기 상황을 극복하기 위하여 유대교 지도자들은 그들의 정결 체계를 강화했다. 특히 바리새인들은 성전에서 제사장들에게 요구되었던 거룩(정결)의 내용을 일반 유대인들에게 확대 적용하려고 노력했다. 특히 그들이 강조했던 정결의 내용은 십일조였다. 그들은 모든 생산물의 십일조를 드리는 것은 물론, 십일조를 드리지 않은 곡물은 더러운 것으로서 먹을 수 없게 만들었다. 그런 방식으로 그들은 십일조를 하나님께 대한 충성의 시금석으로 만들었다.[123] 나아가 그들은 그들의 체계에 불순종하는 유대인들을 더러운 사람들로 낙인찍고 죄인들로 분류했다. 정결 체계 내에서 범죄란 때때로 정결 규정들을 지키지 못하여 불결하게 되는 것을 가리켰다. 조상들의 유전을 불순종하는 사람들은 유대인으로서의 종교적 및 사회적 권리들을 박탈당했으며, 그래서 그런 사람들은 함께 상종하지 말아야 할 대상으로 간주되었다. 그들의 불결에 오염될 수 있다는 정결 체계에 따른 사회적 의식 때문이었다.[124] 이러한 종교적 및 사회적 추방은 함께 음식 먹는 것을 거부하는 것에서 가장 구체적으로 표현되었다. 어떤 사람과 함께 식사하는 것은 신뢰와 영접의 표현이었으며, 반대로 함께 식사하는 것을 거부하는 것은 불인정과 거부의 상징적 표현이었다. 복음서들은 예수 시대에 이러한 상종하지 말아야 할 대상들로 분류되었던 사람들이 많이 있었던 것을 보여준다.[125] 이와 같이 정결 체계는 유대인의 정체성 확립과 유대인들의 결속을 위하여 마련되었지만, 로마 제국의 정치-경제적 억압 속에서 유대교 사회의 긴장과 그로 인한 사회의 분열을 증가시키는 요인으로 작용했다.

5. 귀신축출과 해방 사역

로마 제국의 식민지 지배의 유대교 계급 체계에서 하부에 속한 유대인들은 로마 제국의 식민지 수탈과 유대교 지도자들(주로 서기관 계층)의 종교적 억압 속에서 경제적 빈곤은 물론 정결 체계에 순종해야하는 심리적 중압감을 갖고 살아야 했다. 로마의 식민지 지배는 경제적으로 견딜 수 없는 혹독한 착취와 수탈을 초래했다. 그런 속에서 유대교 지도자들은 거룩의 정신을 구현하는 정결 체계를 강요했다. 하부 계층의 유대인들은 경제적 빈곤의 현실과 조상들의 전승에 순종해야 한다는 종교적 요구 사이에서 심각하게 심리적 압박감과 갈등을 겪어야했다. 로마가 요구하는 세금을 내지 않으면 로마 정부로부터 즉각적으로 제재를 당했으며, 그렇다고 십일조를 내지 않으면 유대교 지도자들로부터 낙인찍히며 유대인 사회에서 소외되는 불명예와 불이익을 당해야 했다. 그런 갈등의 상황에서 억울함과 분노 그리고 소외와 절망감으로 고민하고 괴로워하다가 미쳐버린 사람들이 많았을 것이다. Hollenbach는 복음서들에 나오는 귀신들린 사람들 중에 유대인 사회의 상층부에 속한 사람들이 일부 있기는 하지만(예, 눅 8:1-3), 그들 대부분은 낮은 계층의 사람들로서 그 시대의 비참한 경제적 상황에 기인한 것임이 분명하다고 지적한다.[126]

한 편으로 로마 정부에 재산과 땅을 몰수당한 사람들의 원통한 상황과 다른 한 편으로 죄인으로 낙인찍히고 유대인 사회로부터 추방당한 사람들의 비참한 현실이 그들로 하여금 미치게 만들었을 것을 얼마든지 추측할 수 있다. 회당에서 등장하는 귀신들린 자는 로마의 식민지 통치와 정결 체계의 강요에 따른 경제적 착취와 수탈의 상황에서 심리적 중압감과 정신적 갈등을 겪고 있었던 하부 계층의 유대인들을 대표한다. 그런 면에서 그 귀신의 정체는 회당을 중심으로 절대적 권위를 행사하며(마 23:2) 또 정결 체제의 강요를 통하여 하부 계층의 유대인들을 억압하고 착취하던 유대교 지배계층의 억압적 권위와 지배이념(마 23:4-7)과 밀접하게 연결된다.[127] "더러운 영" 혹은 "악한 영"이라는 비인간화의 악의 세력은 사회-정치적 상황과 상관없이 그저 공중을 배회하다가 사람들에게 들어가는 것이 아니다. 그것은 억압적 지배체제와 이념과 함께 비인간화가 이루어지는 구체적인 사회-정치적 상황 속에서 활동한다.[128] 일세기 유대교 사회에서 모세를 등에 업은 서기관들의 절대 권위와 정결에 관한 이념의 강요는 대다수 하부계층 유대인들의 정신에 자기 자신들보다 더 우월한 또 따른 인격으로 작용하고 있었고, 따라서 유대인 사회는 지배계층의 억압적 권위와 지배적 이념에 집단적으로 사로잡혀 있었다.[129]

이와 같이 회당에서 등장하는 귀신들린 자는 유대교 사회의 억압적 권위와 강압적 지배체제와 연결되기 때문에, 예수의 귀신축출 사역도 또한 그런 사회 체제의 변혁과 밀접하게 연결된다. 예수는 자신의 귀신축출 사역이 하나님의 나라의 도래 곧 하나님 자신의 권능으로 이루어지는 인간과 세상의 회복을 위한 활동이라고 규정했다(막 3:27; cf. 마 12:28; 눅 11:20).130) 따라서 하나님의 나라의 도래가 개인적 회복의 국면과 동시에 사회적 회복의 국면을 포함하는 것과 같이,131) 귀신축출 사역 역시 개인적이며 동시에 사회적 국면을 갖는다. 귀신축출 사역은 일차적으로 귀신에 들려있는 사람에게서 그 사람을 사로잡고 있는 귀신을 축출하여 그 사람을 회복시키는 개인적 치유 사역이다. 그러나 귀신들림이 개인의 문제이면서 동시에 사회적 요인에 의거한 문제인 것과 같이, 예수의 귀신축출은 귀신들린 개인의 치유는 물론 인간을 그렇게 비인간화시키는 사회적 요인의 해결을 추구한다.

Crossan의 말과 같이, 귀신축출은 개인적으로는 치유의 기능을 갖지만 사회적으로는 저항의 기능을 갖는다.132) 하나님의 나라는 단순히 하나님의 통치라는 막연한 추상적 개념이 아니라 하나님이 대립(conflict)의 상황에서 활동하는 것이라는 Norman Perrin의 말과 같이, 귀신축출은 하나님의 나라를 이루기 위하여 하나님과 사탄의 대결(confrontation)의 행위를 나타낸다.133) 하나님의 나라가 하나님 자신의 주권적 권능의 개입을 통하여 하나님의 의(dikaiosu,nh) 곧 자유, 평등, 사랑에 기초한 공동체의 형성을 목표하는 것과 같이(마 6:33), 예수의 귀신축출 사역은 유대교 사회의 계급적이고 억압적 체제의 변혁을 위하여 유대교 지배계층의 불의하고 억압적 권위와 지배 이념에 대한 저항과 대결을 나타내는 상징적 사건이었다. 이런 점에서 예수의 귀신축출 사역은 하나님의 나라라는 이상적 공동체의 형성과 관계된 사회-정치적 사건이었다.134) 예수의 귀신축출 사역의 이러한 사회-정치적 의도는 본문의 문맥에서 발견되는 저자의 문학적 의도에서 암시적으로 반영되었고 또한 마가복음 전체 속에서 예수와 유대교 지배계층(특히 서기관들과 바리새인들) 사이의 대립 속에서 직접적으로 표현되었다.

먼저 이 사건을 전달하는 저자의 문학적 의도에서 이 의도가 반영된다. 저자는 이 사건을 예수의 사역의 중심적 내용을 교사로서 가르치는 활동에 초점을 맞추면서 그의 권세 있는 교훈 활동을 설명하는 틀 가운데 위치시켰다(막 1:21-22, 23-26, 27). 예수의 공생애는 회당에서 가르치는 일로부터 시작했는데, 가르치는 사역은 그의 공생애의 중심적 내용이었다. 그런데 저자는 예수의 교훈의 구체적인 내용을 전달하지 않았는데, 마가복음 전체 속에서 보여지는 예수의 교훈의 핵심은 하나님의 백성의 합당한 삶의 길 특히 하나님의 나라가 도래하는 상황에서 그 나라에 합당한 변혁의 길(역전된 가치관과 질서)이었다.[135] 저자는 예수의 교훈의 구체적인 내용보다는 그의 교훈 활동에 권세가 있었다는 것을 강조하면서 예수의 교훈의 권세를 두 가지로 제시한다: 첫째는 저자 자신의 설명으로서, 예수는 서기관들과 다르게 권세를 가진 자로서(ὡς ἐξουσίαν ἔχων) 백성을 가르쳤다는 것(막 1:22하)과 둘째는 예수의 권세를 목격한 청중의 반응으로서, 예수의 교훈은 더러운 귀신들을 명하여 순종시킬 정도로 권세 있는 새 교훈이라는 것이다(막 2:27하). 저자는 백성을 가르치는 교사들인 서기관들과 예수 사이의 차이점을 권세의 유무에 두고 또 예수가 가진 권세를 더러운 귀신들을 명하여 순종시키는 것으로 소개한다. 권세(ἐξουσία)라는 말은 어원적으로는 권리(right)와 능력(ability)이 결합된 의미를 갖는데, 그래서 어떤 일을 반드시 해야 하는 근거(warrant)와 그것을 할 수 있는 역량(capacity)을 나타낸다. 그 단어는 "필수적이다"(it is necessary) 혹은 "허용되었다"(it is permitted)를 의미하는 동사 ἔξεστιν의 여성 분사로부터 형성되었는데, 따라서 어떤 행동에 대한 법적 제약이나 외적 방해가 없이 행동하는 적법성(legitimacy) 혹은 자유(freedom)를 의미한다.136)

신약성서에서 이 단어는 일반적으로 권능(power)보다는 권위(authority)의 의미로 사용되었다.137) 주목할 것은 마가복음에서 그것은 예수와 유대교 지배계층 사이의 대립의 상황에서 주로 사용된 점이다(막 1:22, 27; 2:10; 3:15; 6:7; 11:18^2, 29, 33; 13:34). 예수가 그의 공생애 마지막에 예루살렘에 가서 성전청결 사건을 일으켰을 때, 서기관들이 포함된 유대교 최고 권력자들이 예수에게 질문했다: "네가 무슨 **권세**로 이런 일들을 하느냐? 누가 네게 이런 일들을 행하도록 이 **권세**를 주었느냐?"(막 11:28). 이 질문에서 "이런 일들"(ταῦτα)이라는 복수가 사용된 것은 유대교 지배계층이 문제 삼고 있는 것이 성전청결 사건뿐 아니라,138) 예수가 그의 사역 내내 지역 유대교 지도자들과 대립하면서 행해온 여러 가지 일들을 가리킨다(대표적으로, 막 2:1-3:6; 3:22-30; 7:1-23).139) 이 두 가지 상호보완적 질문을 통하여 그들은 유대교 사회의 확립된 질서체계 내에서 예수의 활동의 개인적 적법성과 그 적법성을 보장해주는 근원의 문제 곧 그의 사역의 진정성의 문제를 제기한 것이다.140)

사실 유대교 지배계층 편에서 예수의 사역의 적법성에 대한 의문은 그의 사역 내내 제기되었다. 예수가 중풍병자의 죄사함을 선언했을 때, 서기관들이 그들의 마음속에서 강한 분노와 의문을 제기했다(막 2:6-10). 예수가 유대교 사회에서 추방된 사람들과 식사 교제를 나눴을 때, 바리새인 서기관들이 강하게 이의를 제기했다(막 2:16). 예수가 안식일법을 어겼을 때, 바리새인들은 그를 유대교 사회에서 그대로 내버려두어서는 안 될 인물로 간주하여 그를 처치하려는 계획을 세웠다(막 3:6). 예수의 귀신축출 사역을 놓고 예루살렘에서 내려온 서기관들은 그가 귀신의 왕을 힘입어 귀신을 쫓아낸다고 공개적으로 선언했다(막 3:22-30). 예수와 그의 제자들이 음식에 관한 정결 규례들을 지키지 않았을 때, 바리새인들과 서기관들이 이의를 제기했다(막 7:1-5). 마지막으로 예수가 예루살렘 성전에 왔을 때 유대교의 최고 권위 기구인 공회(대제사장들과 서기관들과 장로들로 구성됨)가 예수의 사역의 적법성과 진정성의 문제를 직접적으로 제기했다(막 11:28). 이와 같이 권위의 문제는 유대교 사회의 기본 체제와 관계된 정치적 쟁점(political issue)으로서 예수와 유대교 지배계층 사이의 갈등과 대립의 핵심적 요소였다.[141]

예수는 유대교 최고 지도자들의 질문에 대한 대답에서 침례자 요한과 관계된 역질문을 통하여 권위의 두 가지 근원을 대조시켰다: "요한의 침례가 하늘로부터 온 것이냐 혹은 사람들로부터 온 것이냐?"(막 11:30). 하늘은 유대인들이 즐겨 사용하던 표현 방식으로서 하나님을 가리키는 대용어들 중의 하나다.[142] 예수는 이 역질문을 통하여 하나님께로부터 위임받고 하나님의 뜻에 적합하게 행사하는 권위(ἐξ οὐρανοῦ)와 사람들이 만든 권위 체계로부터 나오는 권위(ἐξ ἀνθρώπων)를 대조시켰다. 예수는 그 논쟁 전체를 통하여 자신의 권위가 사람들의 기관이나 전승에 기초한 것이 아니라 하나님 자신에 기초한 것을 간접적으로 선언한 것이다. 예수는 바로 이어지는 포도원 세농들의 비유(막 12:1-12)에서 자신의 정체를 하나님의 종말적 사역을 위하여 보냄을 받고(ἀπέστειλεν αὐτὸν ἔσχατον) 또 농부들에 의하여 죽임을 당하는 "사랑받는 아들"(υἱὸν ἀγαπητόν)로 제시한다(막 12:6; cf. 1:11).

공회 지도자들의 질문과 예수의 대답을 통하여 저자는 예수와 유대교 지도자들 사이에 벌어진 권위에 대한 논쟁의 결론을 내린다. 서기관들이 유대교의 최고 권위 기관인 공회로부터 위임받은 권위로 가르쳤던 것과 달리,[143] 예수는 요한의 침례 사역이 하나님께로부터 기원한 "죄사함을 얻게 하는 회개의 침례"(막 1:4, 7-8)였던 것과 같은 맥락에서 하나님의 종말적 사역을 위하여 보냄을 받은 사랑받는 아들로서 "하나님께로부터 나온" 적합하고 진정한 권위로 가르쳤다. 전자가 사람들로부터 기원한 권위의 대표자들이었다면, 후자는 하나님께로부터 기원한 권위의 대표자였다. 이런 점에서 예수가 서기관들이 가르치는 것과 달리 권세 있는 자로서 가르쳤다는 저자의 언급은 예수가 서기관들보다 더 우세한 권위로 가르쳤다는 것이 아니라, 그는 서기관들이 갖지 않은 혹은 가질 수 없는 권위 곧 하나님께로부터 나오는 참된 권위로 가르쳤다는 것을 가리킨다.144)

저자는 예수의 권세를 목격한 백성의 반응을 통하여 예수의 교훈을 악령을 명령하여 순종시키는 정도로 "권세 있는 새 교훈"으로 제시한다. 여기서 "새로운" 교훈이란 서기관들이 가르치는 옛 교훈과는 근본적으로 다른 것으로서 하나님의 직접적인 개입과 활동을 나타내는 종말론적 성격을 반영한다.145) 예수의 교훈의 이러한 종말론적 새로움은 예수의 권세와 서기관들의 권세의 대조를 통하여 분명하게 나타난다. 인습적 삶의 길을 가르치던 서기관들의 권위는 정결 체계를 중심으로 철저히 계급적이고 율법적인 사회를 구성했다. 정결을 위한 규칙들과 규정들은 하부 계층의 유대인들이 감당하기에는 너무나 무거운 경제적 부담이었고 심리적 압박이었다(마 23:4). 이러한 불공평하고 억압적인 사회체제는 한 편에서 하나님(야훼)을 믿는 신앙을 가시적이고 외형적인 것에 충실하도록 만들었고, 다른 한 편에서 유대교 사회에서 정죄 받고 소외되며 추방당하는 많은 "주변화된 유대인들"(marginalized Jews)을 만들어냈다.146) 회당에 등장하는 귀신들린 사람은 유대교의 거룩한 전승의 전달자인 서기관들의 권위에 눌려 경제적 빈곤과 심리적 압박에 시달리면서도 지배계층의 체제와 이념에 의식화되어 어쩔 수 없이 그 체제에 순응하면서 고통당하는 하부계층의 유대인들을 상징한다. 정결 체계를 중심한 서기관들의 인위적이고 억압적 권위는 이렇게 비인간화의 근원적 세력으로 작용하고 있었다.

그러나 예수의 권위는 그런 비인간화의 권위 아래에서 희생당하는 사람들을 해방시키고 회복시키는 해방의 권위였는데, 그의 그러한 권위는 억압적 권위와 대립하는 상황에서 표현되었다. 그래서 예수의 귀신축출은 개인적으로는 인간을 비인간화시키는 악의 세력을 몰아내는 영적 사건이었지만, 사회-정치적으로는 비인간화의 세력의 도구가 되고 있었던 서기관들의 억압적 권위와 정결 체계에 대한 직접적 도전이며 승리를 나타내는 상징적 사건이었다.147) 이러한 상징성은 이 사건을 예수의 공생애의 첫 번째 사역으로 제시한 저자의 의도에서 분명히 암시되고 있다. 회당에서의 귀신축출 사건을 통하여 예수는 앞으로 그의 사역이 서기관들의 억압적 지배체제를 변혁시키기 위한 도전과 대립의 사역이 될 것을 예시한 것이다.148) 이러한 예시는 그 후에 이루어진 예수의 사역에서 구체적인 실천으로 나타났다. 이런 대립의 각도에서 보면, 예수의 공생애는 유대교 지배계층의 억압적 권위와 지배 이념에 대한 대립의 연속이었다.149)

예수는 그의 공생애의 두 번째 사건에서 열병으로 누워있는 여인의 손을 잡아 일으킴을 통하여 유대교의 관습을 어겼고(막 1:29-31),150) 세 번째 사건에서는 문둥병자에게 손을 대심으로 정결 규정을 정면으로 위반했다(막 1:40-45).151) 예수의 사역은 곧 정결체계를 놓고 서기관들과의 정면 대립으로 나타난다. 마가복음 2:1-3:6은 예수가 유대교 정결 체계의 중심적 내용을 놓고 유대교 지배계층과 정면으로 대립하면서 제시한 대안의 공동체를 위한 교훈들을 포함한다. 예수는 죄사함, 식사 교제, 금식, 그리고 안식일에 관한 유대교 전승에 반대하면서 대안의 길을 제시했다. 예수의 이러한 가르침은 확립된 유대교 사회의 근본을 흔들어놓는 것이었기 때문에, 유대교 지도자들은 예수의 사역 초기부터 예수를 제거할 계획을 꾸미기 시작했다(막 3:6). 급기야 유대교 지도자들은 예수를 귀신들린 자로 비방하면서 그의 사역을 심각하게 방해했다. 그러나 예수는 오히려 자기의 사역이 하나님의 권위를 힘입어 악의 세력을 물리치는 하나님의 종말적 구원 활동인 것을 선포했다(막 3:22-30).

그 결과로 예수는 유대교 사회에서 확립된 체제를 거부하고 질서를 무너뜨리는 부정적 인물로 비쳐지게 되었고, 심지어 그의 고향에서도 배척을 받게 되었다(막 6:1-7). 그는 음식과 관계된 정결법을 놓고 서기관들과 다시 충돌했다. 그는 사람들이 만든 전승 때문에 하나님의 계명 자체를 저버리는 서기관들을 비판하고 하나님 앞에서 참된 정결이 무엇인가를 가르쳤다(막 7:1-23). 이것은 그가 더 이상 유대인 사회에서 사역을 할 수 없게 만드는 결정적 요인이 되었다. 그 이후에 예수는 두로와 시돈 등 갈릴리 북부 이방인 지역을 여행했다(막 7:24-8:10). 마지막으로 그는 유대교 최고 지도층에 의하여 폭력적으로 죽임당할 것을 예감하면서(막 8:31; 9:31; 10;33-34), 그의 제자들과 함께 유대교의 중심지였던 예루살렘에 가서 거기서 유대교의 최고 권력자들과 대결했다. 거기서 예수는 유대교 지배 계층의 권위의 근원이었고 대표적 상징이었던 예루살렘 성전의 기능 중지를 선언하고(막 11:15-17), 그리고 나아가 성전의 완전한 파멸을 예고했다(막 13:2). 그의 공생애 내내 예수는 유대교 사회의 기존체제의 유지자들과 대립했으며, 그런 대립의 결과는 그의 폭력적 죽임 당함으로 나타났다. 따라서 십자가 처형이라는 예수의 폭력적 죽임 당함은 그의 사역 초기부터 예상된 것이었고, 또한 예루살렘에서 성전을 둘러싼 대립은 그의 죽음의 직접적 원인이 되었다.[152]

이와 같이 예수의 공생애는 유대교 지배계층과 대립의 연속이었는데, 그 대립의 핵심은 권위의 문제 곧 사회 형성과 관계된 정치적 문제였다. 그는 지배계층의 억압적 체제와 지배이념을 거부하고 하나님의 참된 백성의 공동체 형성을 위한 해방적 권위와 새로운 공동체 형성의 중심적 내용을 제시했다. 그는 서기관들이 가르치는 외적 정결과 물질주의적 가치와 계급주의적 질서를 거부하고 하나님과의 직접적 만남을 통한 내적 변화와 참된 정결과 평등주의적 질서의 길을 가르쳤다.[153] 그는 그의 제자들의 공동체가 인습적 계급체계를 거부하고 자유와 평등과 사랑에 기초한 평등주의적 공동체가 되어야 함을 제시했다(막 3:31-35; 9:33-37; 10:35-45). 그는 주변 사회의 계급주의적 질서체계를 거부하고 모든 사람이 하나님의 용서의 바탕 위에서 서로 용납하고 관용하고 서로를 위해 희생하는 사랑의 공동체를 추구했다(막 10:45). 특히 그는 하나님의 백성의 공동체에서 지도자들은 군림하고 지배하며 억압하는 자들이 아니라, 오히려 낮아지고 봉사하며 희생하는 자들임을 강조했다.

예수는 인종(유대인과 이방인), 계급(주인과 종), 그리고 성(남성과 여성)의 차별을 극복한 새로운 하나님의 백성의 공동체 이상을 제시했다. 유대교 지배 계층이 하나님의 거룩하심의 구별성만을 강조한 전통적 정결 체계로 유대교 사회를 계급적이고 율법적 공동체로 만들었던 것과 다르게, 예수는 하나님의 거룩하심의 또 다른 측면인 사랑을 중심으로 용서와 화해와 영접과 하나됨의 길을 제시했다(막 12:28-34).[154] 예수는 서기관들의 억압적 지배 권위가 낳은 경직되고 분열시키며 비인간화시키는 유대교 사회의 기존 체제를 거부하면서, 하나님의 해방적 권위를 따라 모세와 예언자들을 통해 제시된 하나님의 의를 근원적으로 실현하는 대안의 공동체를 제시했다.[155] 이와 같이 예수의 귀신축출 사역은 인간을 비인간화시키는 불의하고 억압적 지배 세력에 대한 대결과 승리를 나타내는 상징적 사건이었다. 이 사건의 이러한 상징성은 귀신축출 사건을 예수의 공생애의 첫 번째 사건으로 또한 예수의 권세와 서기관들의 권세를 대조시키는 문맥에서 전달하는 저자의 문학적 의도를 대변한다.

결론

마가복음에 따르면, 유대인의 지역에서 뿐 아니라 이방인의 지역에서도 예수의 첫 번째 공적 활동은 귀신축출이었다. 예수의 귀신축출 사역은 단순히 귀신들린 사람들에게서 귀신들을 쫓아내는 개인적 치유 사건이 아니었다. 그 사역은 귀신들림이라는 비인간화를 유발시키는 불의하고 억압적인 사회-정치적 체제의 고발과 그런 억압적 체계에 대한 하나님의 의로운 심판을 포함한다. 서기관들이 중심이 되어 세운 유대교 사회의 지배적이고 억압적인 정결 체계는 로마 제국의 식민지 지배 상황에서 많은 유대인들의 비인간화를 낳았다. 회당에 등장하는 귀신들린 사람은 그런 억압적 지배 체제 하에서 고통당하는 하부 계층의 유대인들을 대표한다. 하나님의 백성의 지도자들이 사람들에게 자유와 평화와 소망을 주는 대신 그들을 지배하고 얽어매며 군림하는데 하나님의 계명을 사용하고 있었던 것이다. 예수는 서기관들의 인위적 지배 권위와 그 권위가 낳은 비인간화의 현실을 경험하면서 유대인 사회의 변혁을 추구했다.

예수가 행한 모든 사역과 교훈들은 그가 선포한 하나님의 나라의 도래와 밀접하게 연관된 것이었다. 하나님의 나라(통치)는, 인간을 지배하고 군림하며 비인간화시키는 인간의 나라(통치)와 달리, 억압적 권위 아래에서 상처받고 고통당하는 사람들을 해방시키며 하나님의 생명 곧 자유와 평등과 사랑에 기초한 새로운 공동체의 형성을 목표한다. 예수의 귀신축출은 하나님의 종말적 구원 활동의 가장 극적인 표현으로서 그런 비인간화의 세력과 대결하여 몰아내는 하나님의 해방시키는 권위(liberating authority)의 나타남이었다. 그 사역은 하나님 자신이 불의하고 억압적인 세력과의 충돌 속에서 활동하여 그 세력에 희생된 사람들을 회복시킬 뿐 아니라, 비인간화를 유발시키는 사회를 변혁시키는 하나님의 종말적 구원 활동의 가장 극적이고 상징적인 표현이었다. 예수의 관심은 귀신들림을 유발시키는 사회-정치적 요인은 그대로 놔두고 귀신들린 사람들의 개인적 치유에만 있지 않았다. 그의 보다 더 깊은 관심은 그런 비인간화를 낳는 사회의 근본적인 문제의 해결 곧 인간이 개인적으로든 집단적으로든 자기들의 유익을 위하여 다른 인간을 지배하고 군림하며 이용함으로써 비인간화시키는 불의한 인간 사회의 억압적인 지배 체제의 변혁이었다. 예수는 이 사역을 통하여 악의 세력으로부터 개인의 회복은 물론 하나님의 공의에 기초한 인간 사회의 회복을 추구했다.

이런 점에서 예수의 귀신축출 사역은 그리스도인들의 영성과 성화가 어떤 방식으로 형성되고 표현되어야 하는가에 관한 새로운 표본을 제시한다. 예수가 그의 제자들을 따로 세운 목적에서 제시된 것과 같이(막 3:15) 오늘날에도 예수의 제자들은 그가 행하신 귀신축출 사역을 재현해야 하는데, 그것은 귀신들린 사람들의 개인적 치유는 물론 사회의 여러 국면들에서 그런 비인간화를 유발시키는 억압적 체제와 지배 이념에 대한 저항과 변혁의 추구를 통하여 나타나야한다. 우리 사회의 강자들과 가진 자들에 의한 불의한 억압과 횡포 속에서 저질러지는 비인간화를 고발하며 또한 하나님의 공의에 기초한 체제로의 변혁을 위한 투쟁과 노력 속에서 예수의 귀신축출 사역이 재현되는 것이다(마 10:8). 예수의 귀신축출 사역이 지배 계층에게 위협이 되었던 것과 같이, 우리가 하나님과 공의에 기초한 사회의 형성을 위하여 노력할 때 비인간화의 악의 세력과 충돌하지 않을 수 없을 것이다. 그러나 그 충돌과 그것의 결과로 주어지는 핍박은 하나님의 나라를 구현하는 밑거름이 된다(마 5:10). 예수의 정신을 소유하고 그것을 오늘의 삶의 자리에서 재현하는 과정에서 표현되는 그리스도인들의 참된 영성과 성화는 불의하고 억압적인 비인간화의 세력을 고발하고 하나님의 방식으로 대결하는 현장 곧 의에 주리고 목마른 사람들에 의하여 실천되며 나아가 의를 위하여 핍박을 받는 현장에서 나타나게 될 것이다(마 5:6).

주(註)

1) 마가는 예수가 이방인의 지역에서 행한 첫 번째 사역도 귀신축출이었다고 전한다(막 5:1-20). 그는 이런 방식으로 예수의 귀신 축출 사역의 중요성을 부각시켰고, 예수의 귀신축출 사역의 구체적인 실례들을 공관복음서 저자들 중에서 가장 자세하고 생생하게 전달한다(막 1:21-28; 5:1-20; 9:14-29).
2) David G. Reese, "Demons," in David N. Freedmann ed., *The Anchor Bible Dictionary*, vol. 2 (New York: Doubleday, 1992), 141.
3) Norman Perrin, *Rediscovering the Teachings of Jesus* (London: SCM Press, 1967), 65; John P. Meier, *A Marginal Jew: Rethinking the Historical Jesus*, vol. 2 (New York: Doubleday, 1994), 406. 보다 더 상세한 참고문헌을 위하여, James D. G. Dunn, *Jesus and the Spirit* (London: SCM Press, 1975), 372-73, n. 16을 참조. 귀신축출은 일세기 그리스-로마 사회에서는 '마술'(magic)의 이름으로 행해지던 활동의 한 국면이었고, 마술사는 영의 세계의 권세들을 조종할 수 있는 사람들로 알려졌다. 이런 맥락에서 Morton Smith는 예수의 병자 치료와 귀신 축출을 일세기 그리스-로마 사회의 마술적 행습의 보다 광범위한 국면에서 이해하려고 노력했다. Morton Smith, *Jesus the Magician* (San Francisco: Harper & Row, 1978). 신약성서 시대에 그리스-로마 사회의 마술에 관하여 Howard C. Kee, *Medicine, Miracle & Magic* (Cambridge: Cambridge University Press, 1986), 95-125도 보라. 유대교의 탈무드 전승은 예수를 그릇된 마술을 행하던 사람으로 비난하고 있다(Babylonian Talmud, Sanhedrin, 43a). 탈무드 전승과 초기 교부 문헌들에 나오는 잘못된 마술가로서의 예수에 대한 비난의 내용을 위하여, William L. Lane, *The Gospel of Mark* (Grand Rapids: Wm. B. Eerdmans, 1974), 141, n. 88 참조.
4) Dunn은 "귀신들에 대한 신앙, 특히 악령들이 사람에게 들어가서 소유하고 통제하여 그 사람을 초인간적 지식이나 능력의 도구로 사용할 있다는 신앙이 고대 세계 전체를 통하여 광범위한 것이었다"고 말한다(*Jesus*, 47). 고대 세계의 귀신들에 대한 신앙과 귀신 축출의 방법들에 관한 참고문헌을 위하여, Dunn, *Jesus*, 373, n. 29를 보라.
5) 오늘날 정신 분열(schizophrenia)과 간질(epilepsy)이라고 부르는 병의 경우에 특히 그러했다. 인류학자들은 악령들의 활동에 의해서 입는다고 생각되어진 피해를 두 가지로 지적한다: 하나는 "귀신집착"(demonic obsession)인데, 이것은 악령이 외부로부터 사람에게 피해를 주는 것이며, 다른 하나는 "귀신들람"(demonic possession)인데, 이것은 악령이 사람의 내부로 침입하여 그

사람을 지배하게 되는 경우이다. 실제로 귀신들림의 많은 경우들은 정신분열로 불리우는 정신병과 상당한 유사성을 갖는다. 공관복음서들에 나오는 귀신들린 아이의 치료에서, 마가와 누가는 그 아이의 증상을 귀신들림으로 소개한 반면에(막 9:17; 눅 9:39), 마태는 처음에 간질로 소개하고 다음에 귀신들림으로 진단한다(마 17:15, 18).

6) 그러나 사마리아의 마술사 시몬(행 8:9)과 구브로 총독 서기오 바울과 함께 있었던 마술사 바예수(행 13:8)가 귀신축출도 행했는지는 분명하지 않다.

7) Adella Y. Collins, *The Beginning of the Gospel* (Minneapolis: Fortress Press, 1992), 52. Grant는 귀신들림의 개념이 예수의 사역지였던 갈릴리 지역에서 특히 우세했다고 언급한다. Michael Grant, *Jesus: An Historian's Review of the Gospels* (New York: Macmillan, 1977), 32. 중간기 유대교의 문헌에 나오는 귀신 축출에 관한 내용을 위하여 Collins, *Beginning*, 47-51; Vermes, *Jesus*, 61-5; 윌리암 바클레이, 「예수의 치유 이적 해석」, 김득중, 김영봉 역 (서울: 컨콜디아사, 1984), 30-2를 보라.

8) 마가와 마태는 예수의 공생애를 총괄적으로 보도하는 말씀에서 예수의 사역의 중심적 국면을 하나님의 나라의 도래와 관계시키며(막 1:14-15; 마 4:17), 누가는 예수의 사역의 목적을 하나님의 나라의 복음을 전파하는 것이라고 전달한다(눅 4:43).

9) 김광수, "예수의 귀신축출 사역의 사회-정치적 이해(1)," 「복음과 실천」, 19 (1996), 34-68.

10) Ibid., 42: "예수의 귀신축출 사역은 하나님의 나라의 도래의 한 국면으로서, 인간을 비인간화시키는 모든 종류의 사회적 및 정치적 불의와 억압으로부터의 해방사역이다."

11) 필자는 전반부 연구의 결론을 다음과 같이 내렸다: "이런 점에서 예수의 귀신축출 사역은 인간을 비인간화시키는 모든 종류의 불의와 억압으로부터의 해방 사역이며, 나아가 그런 불의의 온상이 되는 억압적 지배 체계의 변혁을 추구하는 해방 사역이었다"(Ibid., 65).

12) Hans-Georg Gadamer, *Truth and Method*, trans. William Glen-Doepel (London: Sheed & Ward, 1975). Gadamer가 말한 '지평'(horizon)은 Thomas S. Kuhn이 제시한 '준거틀'(paradigm)과 밀접하게 연결된다. '준거틀'은 구체적인 역사적 상황 속에 있는 해석자의 세계관 혹은 지평－전제들, 신념들, 태도들, 핵심적 비유들, 규범들을 포함하여－을 가리킨다. Thomas S. Kuhn, *The Structure of Scientific Revolutions* (Chicago: University of Chicago Press, 1962).

13) 이것은 소위 '독자-반응 비평'이란 이름으로 소개되고 발전되고 있는데, 이 비평의 개괄적이고 구체적인 방법론을 위하여 "An Introduction to Reader-Response Criticism," in Jane P. Tompkins, *Reader-Response Criticism: From*

Formalism to Post Structuralim (Baltimore and London: The John Hopkins University Press, 1981)을 참고하라.

14) 입체적 해석학을 위한 개략적 설명을 위하여 Michael H. Crosby, *House of Disciples: Church, Economics, & Justice in Matthew* (New York: Orbis Books, 1988), 5-10 참조.

15) 해석자의 전제와 질문의 중요성에 관하여 Rudolf Bultmann, "Is Exegesis Without Presuppositions Possible," in *New Testament Mythology*, trans. Schubert M. Ogden (Philadelphia: Fortress, 1984), 145-54와 Elisabeth Schuessler Fiorenza, *Bread Not Stone: The Challenge of Feminist Biblical Interpretation* (Boston: Beacon, 1984), 37-40, 130-6 참조.

16) 최근에 마가복음에 관한 사회-문학적 연구가 활발하게 진행되고 있다. 대표적으로, Vernon K. Robins, *Jesus the Teacher: A Socio-Rhetorical Interpretation of Mark* (Philadelphia: Fortress, 1984)와 Ched Myers, *Binding the Strong Man: A Political Reading of Mark's Story of Jesus* (New York: Orbis, 1991) 참조.

17) 복음서 저자들은 예수의 공생애의 첫 번째 사건을 각각 다르게 전달한다: 마가는 가버나움 회당에서의 귀신축출 사건으로(막 1:21-28), 마태는 갈릴리의 어느 산에서 행한 산상 설교로(마 5:1-7:29), 누가는 예수의 자라나신 곳 나사렛 회당 설교로(눅 4:16-30), 그리고 요한은 예루살렘에서 성전청결 사건으로(요 2:13-22) 전달한다. 그들은 그들 각자가 이해한 예수의 공생애의 중심적 사역을 그가 행한 첫 번째 활동을 통하여 전달하려 했음이 분명하다.

18) 마가는 예수의 공생애를 뚜렷하게 두 부분으로 구분한다. 첫째 부분은 갈릴리를 중심한 사역이 다뤄지는데(1:1-8:21), 여기서는 예수가 행한 여러 가지 권능의 활동들과 함께 유대교 지도자들과의 사이에 일어난 충돌의 내용이 제시된다. 둘째 부분은 갈릴리를 떠나 예루살렘으로 가는 길에서 또한 예루살렘에서 행한 사역이 다뤄진다(8:22-16:20). 여기서는 예수의 수난과 부활이 제기되고 제자들을 향한 교훈이 집중되었으며 마지막으로 예루살렘에서 유대교 지도자들과 충돌하고 십자가에 못박혀 죽는 사건으로 이어진다. 마가복음의 구조에 관하여 Myers, *Binding the Strong Man*, 109-21과 김광수, 「마가, 마태, 누가의 예수 이야기」 (대전: 침례신학대학교 출판부, 1997), 107-19 참조.

19) 강요섭은 마가복음 저자의 이러한 의도에 착안하여 가버나움 회당에서의 귀신축출과 거라사에서의 귀신축출을 악령과의 대결이라는 하나님의 나라의 도래의 측면에서 연결시키지만, 귀신들린 소년의 치유에 있어서는 귀신축출의 의미보다는 부활 사건으로서의 의미에 치중한다. 강요섭, 「복음의 시작: 길의 건설」 (서울: 한국신학연구소, 1991), 39-44, 97-9,

145-7. 김득중, 「복음서의 이적 해석」 (서울: 컨콜디아사, 1996), 75-6, 145-53 도 참조.

20) 마가는 이것을 예수가 열두 제자들을 따로 세운 사건 속에서 그것의 근본 목적으로 제시한 반면, 누가는 열두 사도들을 위임한 사건을 언급하지만 그들을 세운 목적에 관한 언급을 생략했고(눅 6:12-13), 또한 마태는 아예 그 사건 자체를 다루지 않았다. 따라서 마가에 따르면, 귀신축출은 제자직의 중심적 위치를 차지한다.

21) 마가는 예수가 그들에게 준 것을 "더러운 귀신을 제어하는 권세"라고만 언급했는데, 마태와 누가는 귀신 축출의 권세와 함께 병자를 치유하는 능력을 첨가시켰다(마 10:1; 눅 9:1). 이것은 마가가 제자들의 사역에서 귀신축출을 강조한 반면, 마태와 누가는 그것과 함께 다른 치유 사역도 고려한 것을 보여준다.

22) 마가는 제자들의 활동 내용을 언급하는 가운데 특히 "많은 귀신들을 축출했다"고 언급한 반면, 누가는 그들의 활동 내용을 "복음을 전파하고 치유했다"고만 언급하면서 귀신축출의 내용을 생략했고(눅 9:6), 마태는 아예 그들의 활동 내용에 관한 언급 자체를 생략했다. 여기서도 마가는 제자들의 활동을 귀신축출로 부각시킨 것을 볼 수 있다.

23) Myers는 가버나움에서 행한 예수의 공적 사역의 취임식과 같은 귀신축출 사역이 "메시야 선교의 핵심적 특성들" 중의 하나라고 말한다(*Binding the Strong Man*, 141). 김득중도 이 사건에 관하여 유사한 견해를 제시한다: "마가는 예수가 하나님의 아들로, 능력이 많으신 이로 이 세상에 오셔서 사탄과 그의 세력들인 귀신들을 진압함으로써 이 땅에 하나님의 통치를 확립하고 있다는 것을 강조하고 있는 것이다"(「복음서의 이적 해석」, 77). Kee도 예수의 사역의 요약적 진술과 관련하여 예수의 공생애의 첫째 사역을 귀신축출로 제시한 것에서 저자의 명백한 의도를 파악할 수 있다고 말한다. "귀신축출에서 예수의 권세가 최고도로(supremely) 현시되고, 또한 귀신축출을 통하여 하나님의 나라가 가까웠다는 것이 보여질 수 있다. 귀신축출에서 예수의 말씀의 권세와 그의 활동의 권세가 하나로 연합되었다." Howard C. Kee, "The Terminology of Mark's Exorcism Stories," *New Testament Studies*, 14 (1968), 242.

24) 불트만과 슈미트 등 양식 비평의 개척자들이래로 학자들은 이 이야기의 틀을 형성하는 서론(1:21-22)과 결론(1:27)을 저자의 편집적 작업의 결과라고 생각한다. Rudolf Bultmann, *History of the Synoptic Tradition*, rev. ed., trans. John Marsh (Peabody, MA: Hendrickson, 1963), 209. Cf. Vincent Taylor, *The Gospel According to St. Mark* (London: MacMillan, 1957), 171; Graham H. Twelftree, *Jesus the Exorcist* (Peabody, MA: Hendrickson, 1993), 58-9; Paul J.

Achtemier, *Mark*, 2nd ed. (Philadelphia: Fortress, 1986), 77; Richard J. Dillon, "'As One Having Authority' (Mark 1:22): The Controversial Distinction of Jesus' Teaching," *Catholic Biblical Quarterly*, 57 (1995), 92-5; 김득중, 「복음서의 이적 해석」, 78.

25) Myers는 저자의 이러한 언급들이 "이야기의 양식이 어떻게 그 이야기의 내용을 이해하는 열쇠로서 작용하는가에 관한 좋은 예를 공급한다"고 지적한다(*Binding the Strong Man*, 141).

26) Taylor, *Mark*, 171-2.

27) 예수는 가버나움에서 백부장의 아들(종)을 치유했으며(마 8:5-13; 눅 7:1-10; cf. 요 4:46-54) 또한 그밖에 치유와 설교 그리고 축출 사역을 감당했다(마 17:24; 막 2:1; 눅 4:23, 31; 요 2:12; 6:17, 24). "Capernaum," in Paul J. Achtemeier, ed., *Harper's Bible Dictionary* (SanFrancisco: Harper Collins, 1985), 154-5 참조 (이후로 HBD라는 약어로 사용).

28) Neyrey는 유대교의 핵심적 경전인 미쉬나(Mishnah)의 둘째 책인 Moed로부터 서열화된 거룩한 시간의 목록을 제시한다. 그것에 따르면, 안식일은 하나님 자신이 창조시에 제정한 것이기 때문에 가장 거룩한 시간이다. 두 번째 거룩한 시간은 유월절 기간이고, 그 다음에는 속죄일 순으로 진행한다. Jerome H. Neyrey, "The Idea of Purity in Mark's Gospel," *Semeia*, 35 (1986), 99.

29) 안식일과 회당에 관하여, Emil Schuerer, *The History of the Jewish People in the Age of Jesus Christ*, vol.2, rev. ed. (London: T. & T. Clark, 1979), 467-75, 423-54; "Sabbath," in HBD, 888-89 참조.

30) Myers, *Binding the Strong Man*, 141.

31) 누가는 과거 진행형인 미완료 분사를 사용하여 마가의 의미를 유지했다 ($\mathring{\eta}\nu$ διδάσκων, 눅 4:31).

32) Taylor, *Mark*, 172.

33) Achtemeier, *Mark*, 77. Robins는 막 1:21-28에서 예수의 기본적인 사회적 역할은 선생으로서의 역할인 것을 보여주며, 따라서 청중은 종교의 교사라는 예수의 사회적 정체성의 맥락에서 그의 귀신축출 활동을 인식하게 되었다고 지적한다(*Jesus*, 108).

34) Dillon, "As One Having Authority," 94. 나아가 Dillon은 이것은 마가의 독자가 그들을 연합된 교사들의 집단으로 잘 알고 있었던 것을 전제한다고 지적한다. 일세기 유대교 사회에서 서기관들의 위치와 역할에 관하여 Schuerer, *History of the Jewish People*, vol.2, 322-36; Joachim Jeremias, *Jerusalem in the Time of Jesus*, trans. M. E. Dahl (London: SCM Press, 1969), 233-43; A. J. Saldarini, *Pharisees, Scribes and Sadducees in Palestinian Society, a Sociological*

Approach (Collegeville, MN: Liturgical Press, 1988), 241-76 참조.
35) Marcus J. Borg, *Jesus A New Vision* (San Francisco: Harper Collins, 1987), 46. Samuel P. Tregelles, Gesenius, *Hebrew and Chaldee Lexicon to the Old Testament Scriptures* (Grand Rapids: Eerdmans, 1980), 154.
36) "κατ' ἐξουσίαν"을 앞에 나오는 "διδαχὴ καινή"에 연결할 수도 있거나(권세 있는) 혹은 그 다음에 나오는 "τοῖς πνεύμασι"에 연결할 수도 있다(권세로 명했다). RSV가 후자로 번역한 반면("그가 권세로 더러운 귀신들을 명하자"), Taylor는 막 1:22과 관계하여 "διδαχὴ καινή"와 연결하는 것이 더 낫다고 생각하는데, 그 이유는 청중의 놀라움을 일으킨 것은 예수의 교훈의 새로움만 아니라 그 교훈의 권세에 있었기 때문이라는 것이다(Taylor, *Mark*, 176).
37) Achtemeier는 저자의 이러한 편집적 해석이 분명히 예수의 교훈의 권능을 가리키기 위하여 의도되었고, 따라서 귀신축출 이야기는 예수가 소유한 권위와 권능의 한 예를 나타내기 위한 것으로 이해한다(*Mark*, 77).
38) Myers, *Binding the Strong Man*, 141-2; Dillon, "As One Having Authority," 93-4.
39) 한글 성경에 '귀신'으로 번역된 단어는 헬라어로 πνεῦμα인데, 이 단어의 일반적인 번역어는 '영'(spirit)이다. '귀신'이란 단어는 한국의 전통적 무속 신앙에서 사용되는 용어나 개념과 혼동되기 쉽기 때문에, πνεῦμα라는 헬라어 단어의 본래적 의미를 살리기 위하여 '영'이라는 단어를 그대로 사용하는 것이 바람직하다.
40) '더러운 영'은 유대교 문화에서 사용된 용어이며 '귀신'(δαιμόνιον)은 헬레니즘 문화에서 사용된 용어인데, 그것은 인간을 지배할 수 있는 권세를 가진 것으로 믿어지는 의인화된 세력을 가리키기 위하여 사용되었다. 마가복음에는 이 두 가지 용어들이 다 사용되었다. Bruce J. Malina and Richard L. Rohrbaugh, *Social-Science Commentary on the Synoptic Gospels* (Philadelphia: Fortress, 1992), 182; G. H. Twelftree, "Demon, Devil, Satan," in *Dictionary of Jesus and the Gospels* (Leicester: IVP Press, 1992), 163-5 참조.
41) 강요섭, 「복음의 시작」, 41.
42) Paul W. Hollenbach, "Jesus, Demoniacs, and Public Authorities: A Sociololgical Study," *Journal of American Academy of Religion*, 49/4 (1981), 571.
43) Twelftree, *Jesus*, 60.
44) Taylor, *Mark*, 174. Cf. Lane, Mark, 73; Guelich, *Mark*, 56-7.
45) Myers, *Binding the Strong Man*, 142. Guelich는 그 질문이 방어적 기능을 가지며 따라서 두 관계자 사이에 양립할 수 없는 간격을 만든다는 것과 또한 그 질문은 예수의 권세의 빛에서 더러운 영 자신의 지위에 관한 그 자신의 인식을 반영한다고 지적한다. Robert A. Guelich, *Mark 1-8:26*,

WBC 34a (Dollas: Word Books, 1989), 57. Lane도 그 질문은 방어와 저항의 의미를 포함하는 것으로서, 그 더러운 영은 예수를 무력화시키려는 의도에서 대중적 반항의 용어를 사용한다고 설명한다(*Mark*, 73). '나사렛'이란 용어의 의미와 신학적 암시에 관하여 다양한 견해들이 제시되어 왔지만, 유력하게 동의를 받고 있는 견해는 그것이 일차적으로는 예수의 출신지 성읍－가버나움이나 벳세다와 같은 성읍 이름－을 가리킨다는 것이다. Taylor, *Mark*, 177-8; Robert H. Gundry, *Mark* (Grand Rapids: Eerdmans, 1992), 82-3; Geulich, *Mark*, 57 참조.

46) 학자들은 이 문장이 의문문 보다는 선언문으로 간주하는 것이 더 바람직하다고 제안한다: "당신이 우리를 파멸시키려고 왔구려!" Cf. Taylor, *Mark*, 174; Lane, *Mark*, 73.

47) Lane, *Mark*, 73. 메시야 시대가 되면, 모든 악의 세력이 멸망당한다는 것은 묵시문학의 중심적 주제였다(에녹1서 49:27; 눅 10:18; 계22:10). Cf. Taylor, *Mark*, 174.

48) Myers는 그들은 예수의 등장으로 그들의 사회적 역할과 권세에 위협을 받게 된 서기관 계층을 가리킨다고 말한다(*Binding the Strong Man*, 142).

49) 거라사의 귀신들린 자도 이러한 자아의 분열상을 보여준다: "내 이름은 군대니 우리가 많기 때문입니다"(막 5:9). Cf. Taylor, *Mark*, 174; Hollenbach, "Jesus," 570.

50) Taylor, *Mark*, 174; Guelich, *Mark*, 57; Lane, *Mark*, 73-4 참조.

51) 이 사실은 그 사건 이후에 귀신 들린 자들이 사용하는 명칭들에서 확인된다: "하나님의 아들"(막 1:34; 3:11), "지극히 높으신 하나님의 아들"(막 5:7). Guelich, *Mark*, 57; Lane, *Mark*, 74 참조. Procksch는 "하나님의 거룩한 자"라는 명칭은 예수를 더러운 영과는 근본적으로 다른 거룩한 영 곧 하나님의 영을 부여받은 존재로서, 예수와 그 귀신 사이에는 그 귀신도 알고 있는 결정적 간격이 있음을 나타낸다고 말한다. O. Procksch, "ἅγιος," in Gehard Kittel ed., TDNT, vol.1, trans. G. W. Bromiley (Grand Rapids: Eerdmans, 1964), 102. Neyrey도 이 명칭은 예수의 유일한 정체성과 권위 그리고 그의 직무가 악의 세력과의 치명적 대결을 벌리는 일인 것을 가리킨다고 언급한다("Idea of Purity," 105-6).

52) 일세기 유대교의 세계관에서 어떤 사람이나 영의 이름을 부르는 것은 그 사람이나 존재에 대한 통제력을 확보하는 것이었다. Lane, *Mark*, 74; G. H. Twelftree, "Demon, Devil, Satan," in *Dictionary of Jesus and Gospels* (Leicester: IVP, 1992), 166; 윌리암 바클레이, 「예수의 치유 이적 이해」, 김득중/김영봉 역 (서울: 컨콜디아사, 1984), 64; Myers, *Binding the Strong Man*, 142 참조. Bruce와 Rohrbaugh도 그 귀신이 예수의 참된 정체를 밝힌 것은 자기

들보다 더 우위의 존재로부터 자기들을 보호하려는 것이었다고 지적한다(*Social-Science Commentary*, 183). 그러나 Guelich는 이것이 귀신과 축출자 사이의 통제력을 둘러싼 대결보다는 축출자의 신성에 관한 인식과 그런 축출자에 대한 귀신의 종속 관계를 가리킨다고 주장한다(*Mark*, 57).

53) Taylor, *Mark*, 175.
54) Kee, "The Terminology of Mark's Exorcism Stories," 232-46. 따라서 Kee는 "꾸짖는다"(rebuke)는 말은 부적합한 번역이라고 말한다(244).
55) Ibid, 242-6(인용문은 244).
56) Lane, *Mark*, 75-6; Guelich, *Mark*, 58 참조. "잠잠하라"는 명령은 풍랑을 잠잠케 한 사건에서도 유사한 상징적 의미로 사용되었다(막 4:39).
57) Myers, *Binding the Strong Man*, 142. Taylor, *Mark*, 175-6 참조.
58) Taylor, *Mark*, 176.
59) Guelich, *Mark*, 58. Dwyer도 예수의 행적에 대한 사람들의 놀라움과 관련하여 마가가 즐겨 사용한 단어(θαυμάζω)는 하나님의 종말론적 개입을 가리키기 위한 마가의 편집적 의도를 반영한다고 논의한다. Timothey Dwyer, "The Motif of Wonder in the Gospel of Mark," *Journal for the Study of the New Testament*, 57 (1995), 49-59.
60) Borg는 청중이 단순히 그렇게 생각한 것이 아니라, 그 사람을 사로잡았던 영적 세력을 축출하는 사건으로 경험한 것을 부각시킨다(*Jesus*, 64).
61) 대부분의 주석가들이 예수의 귀신축출의 의미와 관련하여 이 점을 첫 번째로 언급한다. 예를 들어, Achtemeier는 저자가 이 사건을 통하여 사탄의 종인 귀신을 단순히 말씀으로 굴복시키는 예수의 권세를 가리키는 예화라고 언급한다(*Mark*, 77). Horsley도 귀신축출은 일차적으로 초인간적 영역에서 하나님과 사탄의 대결을 표현한다고 제시한다. Richard A. Horsley, *Jesus and the Spiral of Violence* (Philadelphia: Fortress, 1993), 186.
62) 김광수, "예수의 귀신축출 사역," 45-56 참조.
63) Myers가 제일 구체적으로 이런 해석을 제시하는데, 그는 '상징적 행위'(symbolic action)라는 용어를 사용하여 예수의 기적 활동의 상징성의 이해에 역점을 둔다. 그에게 있어서 상징적 행위란 그 사건의 구체적 역사성을 부인하면서 단순히 비유적으로만 이해하는 것이 아니라, 그 사건에 담겨있는 사회-정치적 상징성을 가진 행위라는 것이다(*Binding the Strong Man*, 146-48). 그가 결론적으로 말한다: "예수의 상징적 활동들은 그것들이 자연 법칙들을 위반했기 때문이 아니라, 기존 사회의 체계 자체를 도전했기 때문에 강력한 것이었다"(147-8).
64) Horsley, *Jesus*, 187-9.
65) Myers, *Binding the Strong Man*, 142, 193-4; Horsley, *Jesus*, 189-190. 강요섭은

악령이란 타락한 인간들의 영성으로서 사회의 억압적 제도와 그것을 유지하는 이념으로부터 나오는 악한 숨결 곧 인간을 비인간화시키는 제도와 이념의 숨결이며, 그래서 예수의 축출 사역은 억압적이고 속박시키는 제도와 이념을 가진 사람들의 파괴적 영성으로부터 인간의 회복을 위한 사역이라고 말한다(「복음의 시작」, 42-3).

66) Myers, *Binding the Strong Man*, 143; Horsley, *Jesus*, 190.
67) Richard A. Horsley, "Kindom of God and Renewal of Isreal," in Norman K. Gottwald and Richard A. Horsley, eds., *The Bible and Liberation* (New York: Orbis Books, 1993), 422-6; Crossan, *Jesus*, 91.
68) 예를 들어, 강요섭은 마가복음에 나오는 귀신 축출 설화를 정신분열과 같은 심리적 현상과 관계시키는 심리학적으로 보아서는 안되고 그 설화의 사회학적 환경에 주목하면서 초인간적 억압적 권력으로부터 인간 해방이라는 측면에서 보아야한다고 주장한다. 강요섭, "귀신축출 설화와 다국적기업,"「기독교 사상」, 27(1982), 112-4. Myers도 귀신축출 사건을 간질이나 어떤 정신 질환의 치료 행위로 보는 것은 기적 이야기들의 사회-문학적 기능과 관계가 없다고 말한다(*Binding the Strong Man*, 142).
69) Borg, *Jesus*, 64. 그런 사회의 세계관에 관한 유익한 설명에 관하여 Mary Douglas, *Natural Symbols* (New York: Patheon Books, 1982; 본래 1970년에 출판), 107-24 참조.
70) 대표적으로, 문둥병자의 치유(막 1:40-45)에서는 제사장의 확인을 받는 것을 포함하고, 중풍병자의 치유(막 2:1-12)에서는 죄사함의 요소를 포함하며, 또한 혈루병 여인의 치유(막 5:25-34)에서는 여인의 치유의 공개적 선언을 포함한다.
71) Borg, *Jesus*, 62. 합리적이고 과학적 사고에 익숙한 현대인들은 이러한 영의 실재를 수긍하기 어렵다. 그러나 더러운 영이든 거룩한 영이든 영의 존재를 다루는 본문의 이해를 위해서는 그런 존재를 인정했고 경험했던 사람들 편에서 보는 것이 필요하다. 영의 존재와 원시 전승에 관하여 Borg, *Jesus*, 25-38과 거기서 제시된 W. T. Stace, *Religion and the Modern Mind* (Philadelphia: Lippincott, 1952)과 Huston Smith, *Forgotten Truth: The Primordial Tradition* (New York: Harper & Row, 1976)을 참조. Crossan은 자기 자신은 외부로부터 사람 안에 들어오는 인격적 초자연적 영들의 존재를 믿지 않는다고 말하면서도, 귀신들림의 증상 자체를 부인하는 것은 아니라고 전제하면서 그 증상을 사회-심리적으로 설명하려고 노력한다. John D. Crossan, *Jesus A Revolutionary Biography* (New York: Harper Collins, 1994), 85.
72) Dunn은 "귀신들에 대한 신앙, 특히 악령들이 사람에게 들어가서 소유하고 통제하여 그 사람을 초인간적 지식이나 능력의 도구로 사용할 수 있

다는 신앙이 고대 세계 전체를 통하여 광범위한 것이었다"고 말한다 (*Jesus*, 47). 고대 세계의 귀신들에 대한 신앙과 귀신축출의 방법들에 관한 참고 문헌을 위하여, Dunn, *Jesus*, 373, n. 29를 보라. Vermes는 악령들이 신체적인 혹은 정신적인 질병들의 원인이 된다는 사상이 바벨론 포로 이후에 페르샤 사상의 영향으로 유대인의 사상에 들어오게 되었다고 지적한다. Geza Vermes, *Jesus the Jew* (Philadelphia: Fortress, 1973), 61. Meier도 중간기 유대교 문헌들에서 악령들의 활동과 그것들에 의한 피해가 자주 등장하는 주제라고 밝힌다(*A Marginal Jew*, 2:405-6 참조).

73) Collins, *Beginning*, 46-8. Borg는 미국의 임상 정신과 의사인 M. Scott Peck의 임상 실험의 예를 전달한다. Peck은 그의 동료들과 함께 현대의 심리학적 이해의 체계 내에서 귀신들림과 귀신축출을 설명할 수 있다고 믿고 그것들의 연구에 착수했는데, 그들은 결과적으로 순전히 심리학적 체계 내에서 설명할 수 없는 두 가지 종류의 귀신들림이 있음을 발견하게 되었다. M. Scott Peck, *People of the Lie* (New York: Simon and Schuster, 1983), 182-211; Borg, Jesus, 72, n. 16에 설명됨.

74) Collins, *Beginning*, 48.

75) Dietmar Neufeld, "Eating, Ecstasy, and Exorcism (Mark 3:21)," *Biblical Theology Bulletin*, 26 (1996), 155-6.

76) Mary Douglas, *Purity and Danger: An Analysis of the Concepts of Pollution and Taboo* (New York: Routledge and Kegan Paul, 1966), 35; Bruce J. Malina, *New Testament World: Insights from Cultural Anthropology* (Atlanta: John Knox Press, 1981), 125-31; Neyrey, "The Idea of Purity," 93.

77) John J. Pilch and Bruce J. Malina, eds., *Biblical Social Values and Their Meaning. A Handbook* (Peabody, MA: Hendrickson, 1993), 119-25.

78) Hollenbach, "Jesus," 570-1.

79) Ibid., 577.

80) Ibid., 578-9.

81) 누가복음 8:2에는 갈릴리에서 예수를 따르던 여자들의 이름이 언급된다. 거기서 막달라 마리아라는 여자는 "일곱 귀신이 나간 자"로 표현되었는데, 그것도 역시 그 여자가 예수의 치유를 받기 이전에 귀신들림의 상태가 아주 심했던 것을 가리킨다(cf. 마 12:43-45).

82) Hollenbach, "Jesus," 570-2; John D. Crossan, *The Historical Jesus* (SanFrancisco: Harper Collins, 1991), 317 참조. 일세기 유대교 사회에서 귀신들림은, 바알세불 논쟁에서 보여지는 바와 같이, 반사회적 행동을 하는 사람들을 통제하기 위한 수단으로도 사용되었다; 예를 들어, 떡도 먹지 않고 포도주도 마시지 않은 것과 같은 금욕적 태도(눅 7:33)나 예수와 같이 유대교

사회의 기본 체제를 깨뜨리는 행동(막 2:1-3:6)과 그의 초인간적 능력이 귀신들림으로 간주되기도 했다(막 3:21). Neufeld는 마가가 예수가 귀신 들렸다는 유대교 지도자들의 주장에 반대하여 그가 사탄이나 어떤 더러운 영에 들린 것이 아니라 하나님의 영을 소유한 사람인 것을 제시하는데 역점을 둔다고 지적한다("Exorcism," 156).

83) 한국 교회의 일부 목사님들이 이러한 무속 신앙적 개념에 기초하여 귀신관을 형성하고 있는데, 그 대표자가 성락침례교회의 김기동 목사님이다. 김기동의 귀신관의 핵심은 예수 그리스도를 믿지 않고 불신자의 영혼이 사후에 귀신이 된다는 것이다. 김기동, 「미혹의 영」 (서울: 도서출판 베뢰아, 1985), 69, 85, 89, 98 등. 그러나 성서의 귀신관은 결코 그런 개념이 아니다. 그런 개념은 고대의 헬라인들이 인간 존재를 영혼과 육체로 나누어 생각하고, 사람이 죽으면 그 영혼이 귀신(다이몬)이 된다고 생각한 헬라적 이해에 기초한 것이다. Werner Foester, "δαίμων(δαιμόνιον" in Gerhard Kittel, ed., *Theological Dictionary of the New Testament*, 10 vols. (Grand Rapids: Eerdmans, 1964), 2:3-8 참조.

84) Ari Kiev, ed., *Magic, Faith, and Healing: Studies in Primitive Psychiatry Today* (New York: Free Press, 1964), 230-2, 260-3; Hollenbach, "Jesus," 573에 인용됨. Hollenbach는 계속하여 정신 질환의 현상들과 그것의 치료가 얼마나 사회적이며 사회 체계의 일부분인가를 길게 제시한다("Jesus," 572-9).

85) 사회-심리학자들은 인간의 심리와 행동이 그 사람이 속한 사회의 환경과 밀접하게 관계되어 있다고 생각한다. 특히 비정상적 행동과 그것의 사회 환경적 요인에 관하여, 이인정, 최해경 공저, 「인간행동과 사회환경」 (서울: 나남출판, 1995), 261-333; William A. Rushing, ed., *Deviant Behavior and Social Process* (Chicago: Rand McNally & Co., 1969), 359-411; 최순남, 「인간행동과 사회환경」, 개정판 (오산: 한신대학교출판부, 1993), 410-45 참조.

86) Hollenbach, "Jesus," 573; Borg, *Jesus*, 64; Crossan, *Jesus*, 88-91.

87) Borg는 예수 시대 유대인의 사회 세계가 로마의 정치-경제적 억압 속에서 전통적 신념과 관습 체계가 무너지는 심각한 위기 상황이었음을 설명한다(*Jesus*, 79-96). Riches는 예수 시대에 갈릴리는 경제의 중심지로서 전통적 농업 경제에서 시장 경제로 전환하는 전환기였다고 지적한다. John K. Riches, "The Social World of Jesus," *Interpretation*, 50/4 (1996), 383-93.

88) Hollenbach, "Jesus," 573-5.

89) Ioan M. Lewis, *Ecstatic Religion: An Anthropological Study of Spirit Possession and Shamanism* (Baltimore: Penguin Books, 1971), 31, 32, 35, 88, 127; Crossan, *Jesus*, 88에 설명됨.

90) Hollenbach는 귀신들림은 이와 같이 "억압의 결과이며 동시에 그 억압에

대한 저항의 표현"이라고 말한다. 그 사람은 "자신의 내면세계로 후퇴하여 거기서 억압의 세력에 대하여 상징적으로 대항한다"는 것이다 ("Jesus," 581).

91) Ibid., "Jesus," 580-81. 일세기 팔레스틴 유대교 사회의 제국주의적 억압과 수탈의 상황에 관하여, Horsley, *Jesus*, 1-58; idem., 「예수운동」, 이준모 역 (서울: 한국신학연구소, 1993), 105-51; Borg, *Jesus*, 79-96; idem., *Jesus in Contemporary Scholarship* (Valley Forge, PA: Trinity Press International, 1994), 97-126 참조.

92) Hollenbach, "Jesus," 580-4; Crossan, *Jesus*, 89-91; Walter Wink, *Unmasking the Powers: The Invisible Forces That Determine Human Existence* (Philadelphia: Fortress, 1986), 43-50. 강요섭은 마가복음에 나오는 귀신들린 자 곧 철저하게 비인간화된 한 개인은 지배 계층의 억압적 권위와 이념에 의하여 착취당하고 억압받는 공동체 전체를 나타낸다고 지적한다("귀신축출 설화와 다국적 기업," 116).

93) Crossan, Jesus, 91; idem., *The Historical Jesus*, 317-8.

94) 이런 점에서, 마가복음의 저자가 안식일에 회당 안에 더러운 귀신에 들린 사람이 있었다는 표현을 통하여 유대교 사회의 정결 이념을 무너뜨릴 뿐 아니라, 그 더러운 영과 기존 종교 제도들을 밀접하게 연결시킨다는 강요섭의 통찰은 매우 중요하다(강요섭, 「복음의 시작」, 41).

95) 이런 점에서 신체적 몸은 사회적 몸의 축소판으로서 한 사회 집단에서 개인과 사회는 변증적 관계를 이룬다는 Mary Douglas의 견해는 귀신축출 사역을 사회-정치적으로 이해하는데 중요한 도움이 된다: "… 개인의 몸은 항상 사회의 영상으로서 간주되며 또한 사회적 국면을 포함시키지 않고 개인의 몸을 중립적으로 다루는 길은 없다" (Douglas, *Natural Symbols*, 63-81, 인용문은 79). 개인의 신체적 몸과 사회적 몸의 관계에 관하여, Douglas, *Purity and Danger*, 114-28; Sheldon R. Isenberg and Dennis E. Owen, "Bodies, Natural and Contrived: The Work of Mary Douglas," *Religious Studies Review*, 3 (1977), 1-17; Neyrey, "Idea of Purity," 102-4; idem., "A Symbolic Approach to Mark 7," *Forum*, 4 (1988), 71-74; Crossan, *The Historical Jesus*, 313 참조.

96) 강요섭은 회당에 있던 더러운 영을 기존 종교(유대교)의 비인간화시키는 제도와 이념과 관계시키지만, 그 비인간화의 요소를 구체적으로 설명하지 않는다(「복음의 시작」, 41-2).

97) 유대교 정결 이해와 신약성서와의 관계에 관하여 Bruce J. Malina, *The New Testament World*, 122-52; idem., *Christian Origins and Cultural Anthropology* (Atlanta: John Knox Press, 1986), 20-27; Jerome H. Neyrey, "The Idea of

Purity," 91-128; idem., "Symbolic Approach," 63-92; idem., "Unclean, Common, Polluted, and Taboo," *Forum*, 4/4 (1988), 72-82를 보라. Malina와 Neyrey는 영국의 문화인류학자인 Mary Douglas의 작품들, 특히 *Purity and Danger*와 *Natural Symbols*로부터 신약성서 이해의 문화인류학적 통찰들을 얻고 있다.

98) Borg, *Jesus in Contemporary Scholarship*, 108. Mary Douglas는 정결은 한 사회 집단의 가치, 질서, 체계를 세우는 상징적 원리인데, 그것은 그 집단의 문화적 체계를 규정하는 지도들을 제공하며 모든 것을 그것의 자리에 위치시킨다고 지적한다(*Purity and Danger*, 34-35).

99) Douglas, *Purity and Danger*, 34-40; Malina, *New Testament World*, 125-6; Neyrey, "The Idea of Purity," 92-4; Borg, *Jesus in Contemporary Scholarship*, 112-6 참조.

100) 핵심가치(core value)는 사회 전체를 하나로 묶어 한 방향으로 나가게 하는 일반적 목표 혹은 목적을 가리킨다. 이 핵심가치는 사회의 체계를 형성하기 위한 전반적 근거와 원리를 제공한다. 때때로 보다 더 구체적이고 세부적인 가치들 혹은 규범들로 표현되고 설명되는데, 이러한 핵심가치의 구체적 표현을 이념(ideology)이라 부른다. Malina, *Christian Origins*, 112; Jereome H. Neyrey, "A Symbolic Approach to Mark 7," *Forum*, 4 (1988), 66. 이념의 순기능과 역기능에 관하여, Myers, *Binding the Strong Man*, 17-9도 참조.

101) Jean Soler, "The Dietary Prohibitions of the Hebrews," *New York Review of Books*, June 14 (1979), 24-30. Neyrey, "A Symbolic Approach," 67 참조.

102) Borg, *Jesus*, 86-7.

103) Douglas, *Purity*, 50.

104) Neyrey는 미쉬나, Kelim 1.6-9로부터 땅의 거룩성의 등급을 열 가지로 열거한다("The Idea of Purity," 95; "A Symbolic Approach," 67-8).

105) Neyrey는 Tosefta, Megillah에 나타난 정결 체계에 따른 이스라엘 사람들의 분류와 등급을 제시한다("The Idea of Purity," 94-5; "A Symbolic Appraoch," 68). 그는 계속하여 신약성서에서 정결 체계에 따른 사람들의 분류도 제시한다("The Idea of Purity," 101).

106) Malina, *New Testament World*, 134-43; Neyrey, "The Idea of Purity," 94.

107) Borg, *Jesus*, 87; idem., *Jesus in Contemporary Scholarship*, 109-10.

108) 한글 성경에 "대제사장들"로 번역된 헬라어 단어는 대제사장이라는 단어의 복수형(ἀρχιερεῖς)이다(막 8:31; 10:33; 11:18, 27; 14:1, 53; 15:1, 31 등). 당시에 대제사장은 한 사람 뿐이었기 때문에, "대제사장들"이라는 말이 대제사장이 여러 사람이 있었다는 말이 될 수는 없다. 그것은 "이전 대제사장들" 혹은 전통적으로 대제사장들이 임명되었던 대제사장 가문들 중에 속한 제사장들을 가리키는 말일 수도 있다. Schuerer, *The*

History of Jewish People, II: 227-36; Jeremias, *Jerusalem*, 147-80.
109) 유대교 사회의 정치와 사법 문제의 최고 의결 기관이었던 공회(Sanhedrin)는 대제사장들과 장로들과 서기관들로 구성되었다. Schuerer, *The History of Jewish People*, II: 200-26; Everett Ferguson, *Backgrounds of Early Christianity* (Grand Rapids: Eerdmans, 1987), 451-4 참조.
110) Borg, *Jesus in Contemporary Scholarship*, 109-10.
111) Ibid., 110. 정결 체계 밖에 있는 사람들 곧 "더러운 사람들"로 평가되는 사람들에 관하여, Jeremias, *Jerusalem*, 303-44; Neyrey, "The Idea of Purity," 95-96; Richard L. Rohrbaugh, "The Social Location of the Marcan Audience," *Biblical Theology Bulletin*, 23 (1993), 120 참조.
112) 그러한 정결 규칙들을 유대인의 일상생활에까지 확대하려고 노력했던 사람들이 바리새인들이었는데, 그들 중에는 서기관들이 포함되어 있었다(막 2:16). 바리새인들의 체계에 관한 설명을 위하여, Neyrey, "A Symbolic Approach," 74-84; Schuerer, *Jewish People*, II: 388-402; Jeremias, *Jerusalem*, 246-70; A. J. Saldarini, "Pharisees," in David N. Freedman, ed., *Anchor Bible Dictionary*, 6vols. (New York: Doubleday, 1992), 5: 289-303; J. D. Dunn, "Pharisees, Sinners and Jesus," in Jacob Neusner et al. ed., *The Social World of Formative Christianity and Judaism* (Philadelphia: Fortress, 1988), 264-89 참조.
113) Borg는 유대인 농민들이 종교세로 내는 각종 십일조를 합하면 생산물의 약 20%에 달했다고 언급한다(*Jesus*, 84; *Jesus in Contemporary Scholarship*, 103). 일세기 유대교의 십일조법에 관한 유익한 설명을 위하여, E. P. Sanders, *Judaism: Practice and Belief, 63 B.C.E.-66C.E.* (Philadelphia: Trinity Press International, 1992), 146-69 참조.
114) Borg, *Jesus in Contemporary Scholarship*, 110-11. Borg는 이념이 기존 사회 질서를 합법화하는 기능을 가질 수도 있거나("지배 이념") 혹은 기존 사회 질서를 저항하는 기능을 가질 수도 있음을 언급하고("저항 이념") 또 율법의 계급적 해석과 성전에 중심을 둔 정결 체계는 일세기 유대교 사회의 지배 이념이었다고 주장한다(*Jesus in Contemporary Scholarship*, 122). 나아가 Borg는 정결 체계가 조공 생산 방식의 농업 사회였고 가부장제 사회였던 일세기 팔레스틴 유대교의 "지배 체계"(domination system)였다는 Walter Wink의 견해를 제시한다. Wink는 "그 지배 체계"가 그 시대 이후 수 천년동안 사회 구성의 가장 공통된 형태였다고 지적한다. Walter Wink, "Jesus and the Domination System," *Society of Biblical Literature Seminar Papers* (1991), 265-86; Borg, *Jesus in Contemporary Scholarship*, 123에 인용됨.
115) Borg, *Jesus in Contemporary Scholarship*, 111.
116) 그런 사회는 "산업화 이전의 농업 사회"를 말하는데, 그것은 Gehard

Lenski가 구분한 다섯 가지 사회 형태 중의 하나이다. Gehard E. Lenski, *Power and Privilege: A Theory of Social Stratification* (New York: McGraw-Hill, 1966); Borg, *Jesus in Contemporary Scholarship*, 101-5에 설명됨. 산업화 이전 농업 사회의 특성에 관하여, Pilch and Malina, *Biblical Social Values*, 4-7 참조. 조공 생산 방식에 관한 유익한 설명을 위하여, Itumeleng J. Mosala, *Biblical Hermeneutics and Black Theology in South Africa* (Grand Rapids: Eerdmans, 1989), 80-84; Fernando Belo, *A Materialist Reading of the Gospel of Mark* (New York: Orbis Books, 1981), 7-33 참조.

117) 사회 계층에 대한 사회학적 분석을 활용한 학자들에 따르면, 이와 같은 사회는 피라미드식 계급 구조로 구성되는데, 거기에는 크게 네 가지 계층이 있었다. 최정상에는 도시의 소수 지배 계층이 위치한다. 그들의 숫자는 전체 인구의 3%를 넘지 않는 극히 소수이지만, 정치-경제적 특권과 유익을 독점했다. 그 다음 계층은 "가신들"(retainers)로서 관료, 공무원, 군인, 종교인들로 구성되었는데, 그들은 지배 계층의 권력 유지와 확장의 도구로 활동하면서 지배 계층의 필요를 충족시켜주는 정치-경제-사회 체계를 유지하는데 기여했다. 그 다음에는 도시의 상인들과 기술자들이었는데, 그들도 역시 지배 계층의 필요를 충족시켜주는 일들에 관계했다. 피라미드 구조의 맨 밑에는 농민들과 또 그들과 유사한 처지에 있는 "농촌 프롤레타리아"(rural proletariat)가 있는데, 그들이 전체 인구의 80%-90%를 차지했다. Sean Freyne, *Galilee from Alexander the Great to Hadrian, 323 B.C.E. to 135 C.E.: A Study of Second Temple Judaism* (Wilmington: Michael Glazier, 1980), 194-200; Gerhard Lenski and Jean Lenski, *Human Societies: An Introduction to Macrosociology* (New York: McGraw-Hill, 1974), 207-62; 캐롤라인 오시에크, 「신약의 사회적 상황」, 김경진 역 (서울: 기독교문서선교회, 1996), 57-62; Rohrbaugh, "Social Location," 116-7 참조.

118) Borg, *Jesus in Contemporary Scholarship*, 103. 농민들 중에는 자영 농민들이 일부 있었는데, 그들은 농사 관계로 빚을 지었고, 그 결과로 땅을 잃고 소작농으로 전락하는 경우가 많았다.

119) Borg, *Jesus*, 84-5; idem., *Jesus in Contemporary Scholarship*, 103.

120) Borg, *Jesus in Contemporary Scholarship*, 103; Crossan, *The Historical Jesus*, 45-6. Borg와 Crossan은 16세기 일본의 조세 제도를 근거로 조공 생산 방식의 농업 사회에서는 일반적으로 생산물의 2/3 정도를 지배 계급에게 바쳤다는 Lenski, *Power and Privilege*, 267에 의존한다. 로마의 세금 징수에 관하여, Everett Ferguson, *Backgrounds of Early Christianity* (Grand Rapids: Eerdmans, 1987), 72 참조.

121) 일세기 갈릴리 지역에서 지배 계층에 의한 착취와 수탈의 상황에 관하

여, 황성규, 「예수운동과 갈릴리」(천안: 한국신학연구소, 1995), 92-101 참조. Riches는 예수가 갈릴리의 정치-경제의 중심지였던 디베랴(Tiberias)나 세포리스(Sepphoris)에 갔었다는 기록이 없는 점과 그의 비유들은 그가 그 시대에 이뤄지고 있었던 토지 소유권의 변화와 부의 불공평한 분배로 인한 경제적 역경과 사회적 분열을 알고 있었음이 분명하다고 지적한다("The Social World of Jesus," 89-91).

122) Borg, *Jesus*, 85-86.

123) Ibid, 89.

124) Borg, *Jesus in Contemporary Scholarship*, 109.

125) Borg, *Jesus*, 85, 89 참조. 예수가 식탁 교제를 둘러싸고 유대교 지도자들과 벌인 논쟁에 등장하는 "죄인들"(막 2:16)은 정결 규칙에 충실하지 않은 사람들, 특히 십일조 법을 준수하지 않은 사람들을 가리킨다. 따라서 마가복음에서 바리새인의 서기관들이 "죄인들"이라고 규정한 사람들은 정결 체계에 따라 유대교 사회에서 더러운 사람들로 낙인찍힌 사람들과 동일시된다. Horsley, *Jesus*, 178-84; Lane, *Mark*, 103-4; Guelich, *Mark*, 102-4; Borg, *Jesus*, 92; E. P. Sanders, *Jesus and Judaism* (Philadelphia: Fortress, 1985), 174-211; Idem., "Jesus and the Sinners," in Craig A. Evans & Stanley E. Porter ed., *The Historical Jesus* (Sheffield: Academic Press, 1995), 29-60 참조.

126) Hollenbach, "Jesus," 581.

127) 강요섭은 구약 가경인 에녹서 6-7장에 나오는 "거인들"에 관한 언급에 기초하여 악령은 타락한 인간들의 영성으로서 인간을 비인간화시키는 사회적 제도와 이념의 숨결이라고 제시한다(「복음의 시작」, 41-2; "귀신축출 설화와 다국적 기업," 113-8). Myers는 회당 안에 있는 귀신은 유대교의 주도적 사회 질서를 확립하고 있었던 서기관들의 권위와 지배 체제를 대표한다고 제시한다(*Binding the Strong Man*, 143). 공관복음서 전승들에서 유대교 사회의 억압적 권위와 지배적 이념 자체가 "더러운 영" 혹은 "악한 영"과 동일시된다고 보기는 어렵다. 그러나 "더러운 영"이라는 비인간화의 악의 세력이 그런 억압적 체제와 지배적 이념을 통하여 활동한다는 것은 분명하다.

128) 이것은 인간 존재를 무역사적 무풍지대에서 살아가는 추상적이며 개인적 존재로 보지 않고, 구체적인 사회-정치적 대립과 갈등의 관계 속에서 살아가는 사회적이며 집단적 존재로 보려는 해석학자들의 이해를 반영한다. 김창락, 「새로운 성서해석과 해방의 실천」(서울: 한국신학연구소, 1990), 19-20, 30; Gustavo Gutierrez, *A Theology of Liberation*, rev. ed., trans. Caridad Inda and John Eagleson (New York: Orbis Books, 1988), xxi-xxv 참조.

129) 강요섭, 「복음의 시작」, 42. 집단적 귀신들림(collective possession)에 관하

여, Wink, *Unmasking the Powers*, 50-52 참조. 히틀러 시대의 독일 사회, 천황을 중심으로 한 제국주의의 일본 사회, 그리고 김일성-김정일 부자의 독재 권력과 주체사상에 의식화되어 있는 오늘날의 북한 사회가 집단적 귀신들림의 좋은 예들이다.

130) 예수의 귀신축출 사역과 하나님의 나라의 도래에 관하여, 김광수, "예수의 귀신축출 사역(1)," 50-56 참조.

131) 하나님의 나라의 공동체적 성격에 관하여, 김광수, "공관복음서에 나타난 하나님의 나라의 본질과 목적(2),"「복음과 실천」, 18 (1995), 31-57; Horsley, "Kingdom of God," 420-6 참조. Horsley는 하나님의 나라는 하나님의 의로 통치되는 일종의 사회 혹은 공동체를 가리키는데, 그 공동체는 "평등적이고 비착취적이며 비권위주의적 사회관계를 요구한다"라고 말한다(421). Elizabeth S. Fiorenza도 예수가 전파한 하나님의 나라는 가부장제 체제의 모든 차별을 극복한 평등한 제자들의 공동체를 목표한다고 주장한다. Elizabeth Schuessler Fiorenza, *In Memory of Her: A Feminist Theological Reconstruction of Christian Origins* (New York: Crossroad, 1983), 103-59.

132) Crossan은 예수의 병자치유 사역이나 귀신축출 사역에서 사회적 저항 기능(socially subversive function)을 간과해서는 안됨을 강조한다: "예수의 활동에서 급진적으로 저항적이며, 사회적으로 혁명적이며, 또한 정치적으로 위험한 요소를 제거하는 것은 예수의 삶을 무의미하게 만드는 것이며 그의 죽음을 설명하지 못하게 만든다"(Jesus, 93).

133) Norman Perrin, *Rediscovering the Teachings of Jesus* (London: SCM Press, 1967), 21. Myers, *Binding the Strong Man*, 143 참조.

134) Borg는 "정치적"(political)이란 말에는 크게 두 가지 의미가 있음을 지적한다: 하나는 협의의 의미로서 정부의 정책과 관계된 것이며, 다른 하나는 광의의 의미로서 헬라어 어근인 πόλις(도시)와 연결된 의미 곧 도시의 형성과 사회(공동체)의 형성에 관한 것이다. 전자의 의미에서 예수는 기본적으로 비정치적이었다. 그러나 예수의 관심은 단순히 개인이 하나님과 바른 관계를 맺는 것에만 있지 않았다. 그는 기존 사회의 지배적 철학과 체제를 비판했으며 나아가 대안의 공동체의 이상을 제시한 점에서 그는 깊은 정치적 관심을 갖고 있었다. Borg는 계속하여 구약의 많은 전승들도 후자의 의미에서 정치적이라고 지적한다. 이스라엘이 바로의 폭력적 지배에서 해방되어 하나님의 법에 기초한 계약의 공동체 이상을 제시하는 모세의 전승들과 이스라엘 지배 계층(정치, 경계, 그리고 종교)의 억압과 착취를 비판하면서 하나님의 공의에 기초한 대안의 공동체 이상을 제시한 예언자들의 전승들은 대단히 정치적이라는 것이다. 예수가 유대교 지배 계층과 벌인 논쟁의 사건들은 그런 점에서 대단히 사회-

정치적 사건이었다. Cf. Borg, *Jesus*, 125-49; *Jesus in Contemporary Scholarhsip*, 98-101; *Conflict, Holiness & Politics*, 248-63. 복음서의 정치적 국면에 관하여, Gutierrez, *A Theology of Liberation*, 106-40 참조.

135) Borg, *Jesus*, 97-124; idem., *Meeting Jesus Again for the First Time* (New York: Harper Collins, 1994), 69-118. Borg는 예수가 자기 시대의 대중적 지혜를 도전하고 저항했던 저항적 예언자들과 지혜자들의 전통 속에서 부의 소유 중심의 가치 체계와 계급적 질서를 가르치던 유대교 사회의 인습적 지혜에 도전하고 진정으로 하나님을 중심으로 사는 변혁의 길을 가르치던 변혁적 지혜자였다고 제시한다. 마가복음에서 제자들의 공동체를 위한 예수의 급진적 교훈들은 예수가 갈릴리 사역을 중단하고 예루살렘으로 가는 길에서 세 번에 걸친 인자의 수난과 부활 예고와 함께 제시된다 (막 8:22-10:52).

136) Dillon, "As One Having Authority," 95-6. Malina는 사회과학적 측면에서 그 단어의 의미를 설명한다: "권세는 사회의 유지를 위하여 어떤 구속력을 가진 의무나 임무를 이행하도록 단순히 요구함으로써 실천의 결과를 얻는 능력(ability)을 가리킨다. 권세의 소유자들은 어떤 의무를 이행하도록 다른 사람들에게 요구할 권리를 가진 것으로 인정되는데 왜냐하면 그것이 그 집단의 선을 위하여 필수적이라고 간주되기 때문이다"(*Christian Origins*, 82).

137) Taylor, *Mark*, 173.

138) 대부분의 학자들은 "이런 일들"을 성전청결과 그것과 관계된 일들을 가리키는 언급으로 간주한다(예를 들어, Lane, *Mark*, 413). 그러나 20세기 초반 학자들인 H. B. Swete와 A. Plummer는 그것이 예수의 전체 경력도 포함한다고 언급한다. Taylor, *Mark*, 469-70 참조.

139) Dillon, "As One Having Authority," 100; Jack D. Kingsbury, *Conflict in Mark: Jesus, Authorities, Disciples* (Minneapolis: Fortress, 1989), 79.

140) Dillon, "As One Having Authority," 99-100.

141) Ibid., 102. 그런 점에서 Kingsbury는 막 1:22의 언급이 예수와 유대교 당국자들 사이의 갈등을 전체적으로 표현하는 핵심 구절이며 또 모든 논쟁 이야기들의 중심에 권위의 쟁점이 들어있다고 설명한다. Jack D. Kingsbury, "The Religious Authorities in the Gospel of Mark," *New Testament Studies*, 36 (1990), 46-7, 50-3. Kingsbury, *Conflict in Mark*, 66-7도 참조.

142) 하나님을 가리키는 대용어로는 "하늘"외에 "찬송 받을 자"(the Blessed One), "권능자"(the Powerful One), "전능자"(the Almighty One), "지존자"(the Most High God) 등이 있었다. 김광수, "공관복음서에 나타난 하나님의 나라의 본질과 목적(1)," 「복음과 실천」, 17(1994), 41-2 참조.

143) 저자는 예수의 사역에 의문을 제기했던 서기관들을 가리켜 두 번이나 "예루살렘으로부터 내려온 사람들"이라고 구체적으로 명시한다(막 3:22; 7:1). 또한 저자는 음식에 관한 정결 논쟁에 관한 이야기에서 유대교 지도자들이 하나님의 계명을 저버리고 사람들의 유전을 더 존중한다는 예수의 비판을 집중적으로 언급한다: "사람의 계명으로 교훈을 삼아 가르치니 나를 헛되이 경배하는도다"(막 7:7); "너희가 하나님의 계명은 버리고 사람의 유전을 지키느니라"(막 7:8); "너희가 너희 유전을 지키려고 하나님의 계명을 잘 저버리는도다"(막 7:9); "너희의 전한 유전으로 하나님의 말씀을 폐하며 또 이 같은 일을 많이 행하느니라"(막 7:13). 예루살렘에서 행한 예수의 성전 강화의 결론은 서기관들을 조심하라는 경고였다(막 12:38-40). 이와 같이 예수의 비판에 따르면, 서기관들은 사람들로부터 기원한 권위를 가지고 사람들의 유전을 가르치는 사람들이었다.

144) Dillon, "As One Having Authority," 103. Borg는 예수의 교훈의 형태가 사람들의 전승에 기초하지 않고 하나님의 직접적인 권위에 기초한 것을 보여준다고 지적한다. "내가 너희에게 말한다" 혹은 "진실로 내가 너희에게 말한다" 혹은 "… 것을 너희가 들었으나, 나는 너희에게 말한다"(마 5:21-22, 27-28, 31-32, 3-34, 38-39, 43-44)는 엄중하고 선포적 형태가 구체적인 예들이다. 그래서 예수의 언어는 하나님께로부터 직접적으로 나온 말씀으로서 인간의 전승을 초월하는 권위의 인식을 가리킨다(*Jesus*, 47). "진실로 …" 형태의 말씀에 관하여, Joachim Jeremias, *New Testament Theology* (New York: Scribner, 1971), 35-6 참조.

145) Dillon, "As One Having Authority," 103.

146) John P. Meier는 역사적 예수의 탐구인 그의 놀라운 작품에서 예수를 그런 주변화 된 유대인들 중의 한 사람으로 간주한다. 그는 예수의 직업이 '목수'(τέκτων)였다는 전승에 근거하여 예수의 사회적 지위를 노동자 계층에서도 하부에 속한 것으로 추정한다. Meiers, *A Marginal Jews: Rethinking the Historical Jesus* (New York: Doubleday, 1991), 1:278-85. 한편 John D. Crossan은 예수를 헬레니즘 시대에 한 사람의 유대인 농민으로 간주한다 (The Historical Jesus 및 Jesus: A Revolutionary Biography 참조). 그는 일세기 지중해 세계의 농민 계층은 그들을 억압하는 종교-정치적 지배 계층에 대하여 저항적이며 급진적 평등주의에 대한 꿈을 갖고 있었다는 것 그리고 그것이 예수의 하나님의 나라 선포에 나타난 상호성, 평등, 정의에 대한 열망으로 나타났다고 생각한다(*Jesus: A Revolutionary Biography*, 71-3).

147) Myers는 예수의 귀신축출 사역은 영적 전쟁의 상황에서 예수가 "그의 대안의 권위(alternative authority)를 행사한 대결의 행위(act of confrontation)를 나타낸다"고 설명한다(*Binding the Strong Man*, 143).

148) Hollenbach는 예수가 자신의 귀신축출 활동을 하나님의 종말적 구원 활동으로 제시했기 때문에 귀신들림과 귀신축출에 관한 기존 사회 체계의 범위를 벗어났고, 그래서 그것이 유대교 당국자들에게는 귀신들린자들과 관계된 사회적 및 정치적 현상 유지를 전복시키는 위협으로 간주되었다고 제안한다("Jesus, Demoniacs, and Public Authorities," 582-3). 그는 귀신축출을 둘러싼 예수와 유대교 당국자들 사이의 대결을 귀신축출과 관계된 주도적 사회 체계와 가치 체계에 대한 갈등에만 국한시킨다. 그러나 그런 견해는 이 사건의 상징성과 이 사건을 보도하는 저자의 의도를 고려하지 않은 것이다.
149) Dillon, "As One Having Authority," 102-12; Kingsbury, "The Religious Authorities," 42-65; Elizabeth S. Malbon, "The Jewish Leaders in the Gospel of Mark: A Literary Study of Marcan Characterization," *Journal of Biblical Literature*, 108 (1989), 259-81; Marcus J. Borg, *Conflict, Holiness & Politics in the Teachings of Jesus* (New York: Edwin Mellen Press, 1984) 참조.
150) Jeremias는 남녀관계에 대한 유대교 관습이 대단히 엄격했던 것으로 전달한다: 남편은 자기의 부인하고도 말을 많이 말하지 말도록 규정한다; 하물며 다른 부인과 대화는 엄격하게 규제되었다. 남자가 다른 결혼한 부인과 단 둘이 있다거나, 결혼한 여자를 쳐자본다거나, 혹은 그녀에게 인사하는 것조차 금지되었다. 랍비가 길거리에서 여인네와 이야기하는 것을 수치스러운 일로 간주되었다(*Jerusalem*, 360; 359-76 참조). 이와 같은 남녀관계에 대한 엄격한 관습에도 불구하고 예수가 처음 만난 여자(베드로의 장모)의 손을 잡은 것은 유대교의 관습에 크게 어긋난 행위였다.
151) 문둥병자의 격리와 치료에 관한 유대교 전승에서 보여지는 사회 체제와 관계된 상징성에 관하여, John J. Phich, "Biblical Leprosy and Body Symbolism," *Biblical Theology Bulletin*, 11 (1981), 100-3; idem., "Healing in Mark: A Social Science Analysis," *Biblical Theology Bulletin*, 15 (1985), 142-50 참조.
152) 예수의 심문 때에, 그에 대한 고소의 내용 중에서 유일하게 구체적으로 언급된 것은 성전 파멸과 관계된 것이었다(막 14:57-58). 예수의 십자가 처형에 포함된 정치적 성격에 관하여 Borg, *Jesus*, 172-89; idem., *Conflict, Holiness & Politics*, 201-28; John D. Crossan, *Who Killed Jesus?* (New York: Harper Collins, 1996); R. J. 카시디, 「예수, 정치, 사회」 (서울: 대한기독교출판사, 1983), 69-115 참조.
153) Borg는 예수의 교훈의 핵심을 인간 중심의 삶 곧 외적 정결을 추구하고 인습적 가치를 추구하는 옛 삶의 길에서 죽음과 부활을 통한 하나님 중심의 삶으로 전환하는 것으로 제시한다. 예수는 인습적 종교 체계로부터 진정으로 하나님과 연합된 하나님 중심의 삶으로의 전환을 촉구한 저항적

교사이며 동시에 변혁적 교사였다(*Jesus*, 97-116; *Meeting Jesus Again*, 69-118).
154) Borg는 예수가 거룩의 정치학으로 유대교 사회를 건설한 유대교 지배 계층과는 달리 사랑의 정치학을 그의 제자들의 공동체 형성의 원리로 제시했다고 지적한다(*Jesus*, 129-37). 거룩의 정치학과 사랑의 정치학의 대조에 관하여, Borg, *Conflict, Holiness & Politics*, 73-128; *Meeting Jesus Again*, 46-68 참조. 이것과 유사한 맥락에서 Neyrey는 유대교 지배 계층의 핵심 가치가 "하나님의 거룩"이었던 반면(레 11:44), 예수의 핵심 가치는 "하나님의 자비"(출 33:19)이었다고 제시한다; 그래서 유대교 지배 계층이 외적 정결에 관심을 기울인 반면, 예수는 내적 정결 곧 마음의 정결에 관심을 집중했다("A Symbolic Approach," 79-86).
155) Borg는 사회 운동의 측면에서 예수는 갱신 운동(revitalization movement)의 창시자로서 외적 형식에 치중하는 인습적 가치와 계급적 질서를 거부하고 하나님 자신의 활동을 통하여 정결하게 된 마음을 갖고 하나님의 뜻을 실현하는 대안의 공동체(alternative community)를 추구했다고 지적한다(*Jesus*, 124-49). Elizabeth S. Firornza도 예수 운동은 유대교 내에서의 갱신 운동(renewal movement)으로서 가부장체적 차별의 체계를 거부하고 모든 사람들을 포용하는 평등한 공동체의 이상을 제시했다고 설명한다 (*In Memory of Her*, 105-59).

3. 거라사에서 귀신축출 사역 A

거라사의 귀신들린 자 치유(막 5:1-20) A

서론

예수의 귀신축출 사역은 그의 공생애에서 가장 독특하면서도 격렬한 전투적 의미를 가진 사건이었다. 복음서 저자들 중에서 특별히 마가가 이것을 예수의 중심적 사역으로 부각시켰다. 마가에 따르면, 귀신축출 사역은 예수가 그의 공생애를 시작하면서 유대인 지역에서 행한 첫 번째 사역이었으며(막 1:21-28), 또 그가 이방인 지역에 가서 행한 첫 번째 사역이기도 했다(막 5:1-20). 예수는 더러운 귀신을 축출하는 이 사역을 그의 제자들이 감당해야 할 일들 중에서 중심적인 사역의 하나로 제시했다(막 3:15; 6:7, 13). 따라서 예수의 이 사역에 관한 바른 이해는 예수의 사역의 본질을 이해하는 것은 물론 예수의 사역을 계승하고 재현해야 하는 제자도의 이해에 있어서 필수적 요소이다.

필자는 예수의 이 독특한 사역을 이해하는데 있어서 전통적이고 대중적 이해인 개인적이고 영적인 국면 중심의 해석을 벗어나서, 예수 시대 유대인 사회의 사회-정치적 상황 속에서 입체적으로 이해하기 위한 시도를 두 번에 걸쳐 했다.[1] 필자는 그 두 번의 작업을 통하여 예수의 귀신축출 사역은 하나님의 나라의 도래 곧 악의 세력에 대한 하나님의 승리를 가장 생생하고도 가장 극적으로 표현하는 상징적 활동으로서 인간을 비인간화시키는 모든 종류의 불의하고 억압적 세력으로부터의 해방 사역이라는 주제를 발전시켰다.[2] 특히 두 번째 연구인 마가복음 1장 21-28절에 관한 연구에서 필자는 귀신들림의 사회적 요인에 관심을 기울이면서 예수가 가버나움 회당에서 행한 귀신축출 사역은 귀신에 들려 폐인이 된 한 사람을 회복시키는 치유 사역만이 아니라, 유대교의 서기관들이 그들의 정결 체계를 중심으로 세운 유대인 사회의 불의하고 억압적인 지배 체제의 변혁을 추구하는 해방 사역이라는 상징적 사건임을 제시했다.[3]

마가복음에서 예수의 귀신축출 사역에 대한 묘사는 그가 거라사인의 땅에서 행한 귀신축출 사건(5:1-20)에서 절정에 이른다. 이 사건에 대한 마가의 묘사는 복음서들 중에서 귀신축출에 관한 가장 길고 또 가장 생생한 묘사이며,[4] 또한 마가복음에서 수난 설화 이전에 단일 사건에 대한 묘사로서 가장 구체적이고 가장 상세하게 묘사되었다.[5] 그만큼 마가는 이 사건을 중요하게 다루면서 예수의 사역에서 이 사건이 가지는 특별한 의미를 부각시켰다. 따라서 우리는 이 사건을 통하여 예수의 귀신축출 사역의 의미를 다각적으로 분석할 수 있으며 또 실제로 여러 학자들이 예수의 이 사역의 의미를 제시함에 있어서 주로 그 사건을 중심으로 내용을 전개했다.[6]

필자 역시 해방 사역으로서 예수의 귀신축출 사역의 사회-정치적 의미도 역시 이 사건에서 가장 생생하고도 가장 극적으로 표현되었다고 본다. 그래서 필자는 예수의 이 사역의 해방신학적 의미를 마가복음 1장 21-28절의 연구에서와 같은 해석학적 방식으로 이해하려고 한다.7) 이를 위하여 본문에 관한 연구가 다음과 같은 절차를 따라 진행될 것이다. (1) 먼저 본문의 구조적 성격을 살펴본다. 여기서는 이 사건이 예수의 공생애에서 차지하는 위치와 첫 번째 귀신축출 사건(막 1:21-28)과의 관계성이 고려된다. 나아가 치유 이야기의 양식적 국면을 따라 이 사건의 구성을 살펴본다. (2) 다음에 귀신들림의 사회-정치적 요인을 살펴본다. 여기서는 사회적 억압과 귀신들림의 관계에 관심을 기울이면서, 군대(λεγιών)라는 귀신의 정체와 로마 제국의 폭력적 억압의 관계를 살펴볼 것이다. 또한 로마 제국 군대의 폭력적 억압과 관련하여 유대인 항쟁의 상황과 이것과 관계된 마가 교회의 삶의 자리를 살피려 한다. (3) 마지막으로 예수의 귀신축출 사역의 해방적 의미를 마가의 이념적 의도와 관련하여 고려한다. 여기서는 마가의 이념적 의도가 두 가지 측면에서 제시된다. 먼저 로마 제국의 식민지 지배의 종결을 희망하고 로마 제국의 식민지 상황에서 비인간화를 묵인하는 세력을 고발하는 것이다. 다음에 비인간화의 세력에 의하여 폐인이 되었던 한 인간을 회복하여 해방의 복음을 전파하는 전도자로 만드시는 예수의 해방시키는 권세가 부각된다.

복음서 본문에 대한 연구에서 양식비평 학자들은 우선 본문의 양식을 파악하고 그런 양식을 산출한 초대 교회의 삶의 자리를 이해하려고 노력했다.8) 다음에 편집 비평학자들은 저자의 편집적 의도 곧 저자가 속한 교회의 사회-종교적 상황과 그런 상황에 대응하기 위한 저자의 신학적 관심사와의 관련성 속에서 본문의 의미 이해를 추구했다.9) 반면에 복음서에 대한 문학-비판적 연구를 시도하는 학자들은 각 복음서를 하나의 독립되고 통일된 문학 작품으로 보면서 그 작품 전체 속에서 나타나는 여러 가지 문학적 요소들(내포 저자, 등장인물, 플롯, 수사적 의도 등)을 발견하고 그런 요소들을 통하여 본문을 이해하려고 시도한다.10) 이러한 문학적 시각에서 보면, 복음서 본문의 의미는 그 본문 자체의 구성은 물론 저자의 전체적인 구성 원리와 전후 문맥과 밀접하게 연결된다. 따라서 복음서 본문의 의미를 입체적으로 이해하려는 필자 역시 이러한 문학적 이해를 부분적으로 수용하여 일차적으로 본문의 문맥과 이야기의 구성을 살피려고 한다.

I. 문학적 문맥

마가복음의 전체적인 내용이 갈릴리와 예루살렘을 중심으로 크게 두 부분으로 구분되는 것에 대하여 많은 학자들이 동의한다. 전반부(1:1-8:21)에서는 예수가 갈릴리에서 행한 사역이 제시된다. 후반부(8:22-16:20)에서는 예수가 갈릴리를 떠나 예루살렘으로 가면서 또한 예루살렘에서 행한 사역이 제시된다.[11] 전반부 내용도 역시 두 부분으로 구분되는데, 먼저 예수가 갈릴리 중심부인 유대인의 지역에서 행한 사역이 제시되고(1:14-5:43),[12] 다음에 예수가 이방인의 지역인 두로와 시돈을 포함하여 갈릴리 북부 지역에서 행한 사역이 제시된다(6:1-8:21).[13]

갈릴리의 유대인 지역에서 행한 예수의 사역을 다루는 전반부의 첫째 부분에서 예수의 사역은 세 가지로 제시된다. (1) 먼저 예수의 대표적 사역이 주로 치유 사역을 중심으로 제시되며, 또 그의 사역이 유대인 사회에 미친 영향 곧 유대교 지도자들과 충돌하게 된 사건들이 다뤄진다(1:14-3:6). (2) 다음에 예수의 사역의 본질에 관한 유대인 대중의 무지와 예수에 대한 유대교 지도자들의 배척이 점증하는 상황에서 하나님의 나라의 비밀의 계시라는 예수의 사역의 본질이 비유를 통하여 제시된다(3:7-4:34). (3) 그리고 하나님의 권능으로 이루어지는 예수의 구원 활동의 절정에 이르는 내용이 세 사람의 기적적 치유 사건을 통하여 묘사된다(4:35-5:43).[14]

마가복음 5:1-20은 이와 같이 유대인 지역에서 예수의 활동이 치유 사역을 중심으로 활발하게 진행되고 있었고, 또 그것과 함께 예수의 활동에 대한 유대인들의 거부와 배척이 점증하는 상황에서 일어난 사건임을 보여준다. 특히 저자는 이 사건을 풍랑을 잠잠케 한 사건(4:35-41) 바로 다음에 배열함으로써 두 사건을 자연스럽게 연결시킨다. 이야기의 진행 차원에서 풍랑을 잠잠케 한 사건은 거라사 광인의 치유 사건에 대한 지리적 연결성을 제공한다. 예수와 그의 제자들이 거라사인의 지방에 간 것은 예수가 제자들에게 "우리가 저편으로 건너가자"고 요구했기 때문이었다(4:35). '저편'(εἰς τὸ πέραν)이란 어구는 일반적으로 동편을 가리키는데,[15] 한글 성경에는 문맥에 따라 '건너편'(5:1; 6:45; 8:13) 혹은 '저편'(4:35; 5:21)으로 번역되었다. 예수의 요구에 따라 제자들이 배를 타고 저편으로 건너가다가 풍랑을 만나기도 했지만, 결과적으로 바다 건너편 거라사인의 지방에 다다르게 되었다(5:1).

그런데 마가복음에서 이 지리적 연결은 단순히 지역의 연결만을 가리키는 것은 아니다. 마가복음 전체를 통하여 저자는 지리적 장소들을 그 장소들을 포함한 사회 세계의 정치-종교적 국면과 밀접하게 관계시켜 사용했다.[16] 그래서 예수가 가리킨 '저편'은 단순히 갈릴리 바다 건너편이 아니라, 유대인들과는 전혀 다른 상징적 세계를 가진 이방인의 지역을 가리킨다. 따라서 마가복음에서 이 지리적 연결에는 유대인의 지역과 이방인의 지역의 연결이라는 인종적이고 문화적 요소가 포함된다.[17] 예수와 그의 제자들은 유대인의 지역에서 바다를 건너 처음으로 이방인의 지역으로 넘어갔다. 그들은 유대인의 상징적 세계로부터 그것과 전혀 다른 새로운 상징적 세계로 넘어간 것이다.[18]

그런 의미에서 바다는 유대인과 이방인을 갈라놓고 있는 의식 세계의 차이를 가리킨다. 바다의 이러한 상징적 의미는 구약에 기초한 히브리적 개념인데, 바다는 이방인의 세계를 지배하고 있는 악의 세력의 본 고장으로 또 하나님의 백성을 위협하는 혼돈과 무질서와 불의의 세력으로 의인화되어 표현되기도 했다.[19] 말본(Elizabeth S. Malbon)은 마가는 내륙에 있는 '호수'(λίμνη, 눅 5:1; 8:22, 33; 계 20:14, 15)를 '바다'(θάλασσα)로 지칭한 첫 번째의 사람인데, 그 목적은 구약의 상징적 개념을 전제로 하여 악의 세력에 대한 하나님의 승리를 제시하기 위함이었다고 지적한다.[20] 하나님의 종말적 구원 활동의 실행자인 예수가 그의 제자들과 함께 유대인의 지역을 넘어 이방인의 지역으로 들어가려고 했을 때, 바다 곧 이방인 세계의 궁극적 지배자인 악의 세력이 길을 막았다.[21] 그러나 예수는 바람을 꾸짖고[22] 바다를 명하여 순종시켰다.[23] 이방 세계의 궁극적 지배자인 악의 세력을 진압시킨 예수는 이제 거라사라는 구체적인 이방인의 지역에서 왕노릇하던 군대 귀신을 악의 세력의 본 고장인 바다로 내어쫓았다. 이와 같이 풍랑 진압 사건과 거라사 광인의 치유 사건은 하나님의 종말적 구원 활동이 이방인의 지역으로 확대되어 나가는 과정에서 벌어진 하나님과 악의 세력 사이의 충돌과 하나님의 승리라는 점에서 연결된다.

예수가 이렇게 하나님의 구원 활동을 방해하는 악의 세력을 진압하고 이방인의 지역에 들어가서 맨 먼저 행한 사역은 귀신을 축출하는 일이었다(5:1-20). 마가복음에 따르면, 예수가 그의 공생애를 시작하면서 맨 먼저 행한 사역은 가버나움 회당에서 귀신을 축출하는 일이었다(1:21-28). 이렇게 마가복음에서 예수의 귀신축출 사역은 하나님의 나라의 도래를 알리는 첫 번째 사역이라는 위치를 차지하고 있으며, 이런 점에서 거라사에서의 귀신축출 사건은 가버나움 회당에서의 귀신축출 사건과 밀접하게 연결된다. 가버나움 회당에서의 귀신축출 사건이 예수가 유대인 지역에서 행한 첫 번째 공적 활동이었다면, 거라사에서의 귀신축출 사건은 예수가 이방인 지역에서 행한 첫 번째 공적 활동이었다. 이러한 방식으로 마가는 하나님의 나라의 도래를 선포하는 예수의 활동이 유대인의 지역에서는 물론 이방인의 지역에서도 동일하게 일어난 것을 부각시킨다.[24]

그래서 거라사에서의 귀신축출 사건의 묘사에는 그 지역의 이방인적 색채가 농후하다. 먼저 마가는 그 사건이 일어난 지역을 거라사인의 지역(5:1)과 데카폴리스(5:20)와 연결시켰다. 본문에 따르면(5:1-2상), 예수와 그의 제자들이 갈릴리 호수를 건너 배에서 내린 곳이 바로 거라사인 것 같은 인상을 받는다. 그러나 실제로 거라사는 갈릴리 호수에서 남동쪽으로 약 50Km 떨어진 지역으로서, '데카폴리스'라는 "열 도시 연맹체"에서 수위적 위치에 있는 도시였다.[25] 거라사를 포함하여 데카폴리스는 알렉산더의 동방 정복 후에 전략적인 목적으로 세워진 도시들인데, 로마 시대에는 아라비아 왕국과 접경을 이루는 로마 제국의 동쪽 최전방에 위치한 이방인 지역이었다. 이 사실은 복음서들에서 설화 세계와 실제 세계가 차이가 나는 구체적인 실례이며 또 그것은 복음서의 사건 묘사를 하나의 사진이 아니라 하나의 그림으로 이해해야 할 필요성을 제시한다.[26] 그래서 이 사건을 역사적-사실적 측면에서 보면, 이천 마리나 되는 돼지 떼가 50Km나 되는 먼 거리를 질주하여 호수에 빠져 몰살당한 것이 되어 그 사건을 문자적으로 그렇게 일어난 사건으로 보기에 큰 무리가 따른다. 또 그렇게 이해하는 경우에는 본문에서 "바다를 향하여 비탈로 내리달아 바다에서 몰사했다"(5:11)는 본문의 묘사—돼지 떼가 있던 지역이 갈릴리 바다에서 비교적 가까운 거리에 있는 산비탈로 묘사됨—와도 잘 맞지 않는다.[27]

'거라사'라는 지명과 관련하여 여러 사본들에서 여러 다른 지명이 사용되었는데, 그 중에는 '게르게사'(γεργεσήνων)라는 지명이 나온다. 게르게사는, Dalman에 의하면, 갈릴리 호수의 남동 해안에 위치한 비교적 알려지지 않은 지역인데, 호수에로 급경사를 이루고 있는 점에서 본문의 장소에 대한 서술과 일치한다.[28] 그것과 같은 맥락에서 마태는 거라사를 갈릴리 호수에 비교적 가까운 지역인 '가다라'(γαδαρήνων)로 바꾸었는데(마 8:28), 가다라는 갈릴리 호수 남동쪽으로 약 10Km 떨어진 지역이었다.[29] 이러한 증거들은 이 사건에 관한 전승의 형성 과정에서 처음에는 거라사가 아닌 게르게사나 가다라로 표기되어 있었는데, 마가가 그것을 거라사로 변경했을 가능성을 시사해 준다.[30] 만일 그것이 마가의 편집적 작업의 결과라면 마가가 그렇게 변경한 의도를 짐작할 수 있다. 마가는 이 사건을 거라사를 포함하여 데카폴리스와 연결시킴으로써 이 사건이 명백하게 이방인의 지역에서 일어난 것임을 부각시켰다.[31]

이 사건의 무대에서 보여지는 이방인적 색채는 귀신들린 자의 거처인 무덤과 돼지 떼의 등장으로 더 강열해진다. 유대인의 문화적 의식에서 무덤은 가장 불결한 장소이며 돼지는 가장 불결한 짐승이다.[32] 이방인들을 기본적으로 불결하게 간주하는 유대인들의 견해는 여호와 하나님을 구하지 않고 찾지도 않는 사람들의 불결에 대한 선지자 이사야의 언급에서 선명하게 보여진다: "그들이 <u>무덤</u> 사이에 앉으며 은밀한 처소에서 지내며 <u>돼지고기</u>를 먹으며……"(사 65:4). 그 귀신들린 자가 사용한 예수에 대한 호칭도 이교적 성격을 반영한다. 가버나움 회당의 귀신들린 자가 "하나님의 거룩한 자"라고 부른 반면(1:24), 가라사의 귀신들린 자는 "지극히 높으신 하나님의 아들"이라고 부른다(5:7). 거라사의 귀신들린 자가 사용한 호칭은 헬라 문화권에서 사용된 것으로서 신약성서에서는 오직 히브리서 7장 1절과 누가 문서에만 9번 나온다.[33] 이와 같이 이 사건은 하나님의 나라의 도래를 전파하는 예수의 활동이 유대인의 지역을 넘어서 이방인의 지역으로 확대된 것을 부각시킨다. 예수가 이방인의 지역에서 행한 첫 번째의 일은, 유대인의 지역에서 행한 것과 마찬가지로, 먼저 이방 세계의 불결의 근원을 제거함으로써 이방인들

도 역시 하나님의 나라에 들어올 수 있는 길을 여는 것이었다.[34]

가버나움 회당에서의 귀신축출 사건과 거라사에서의 귀신축출 사건은 이렇게 신학적으로 밀접하게 연결될 뿐 아니라, 내용 면에서도 두 사건에는 많은 공통점이 보여진다. (1) 사건이 일어난 장소가 '들어가다'와 '나오다'라는 틀 속에서 표현된다. 가버나움 사건에서는 예수가 회당에 들어가서, 그 사역을 행하고 회당을 나왔다(1:21, 29). 거라사 사건에서는 예수가 배를 타고 거라사인의 지방에 이르러, 그 사역을 행하고 배를 타고 그곳을 떠나 건너편으로 갔다(5:1, 21). 그래서 가버나움 사건은 안식일에 회당이라는 지역 유대교의 심장부에서 일어난 사건인 것을 가리키는 반면, 거라사 사건은 무덤과 돼지 떼가 등장하는 이방인의 영역에서 일어난 사건인 것을 가리킨다. (2) 귀신들린 자에 대한 묘사가 동일하다: 두 사건에서 모두 "더러운 귀신 들린 사람"(ἄνθρωπος ἐν πνεύματι ἀκαθάρτῳ)으로 묘사되었다(1:24; 5:2). (3) 예수를 향한 귀신들린 자의 항의도 유사하다. 가버나움 사건에서는 귀신들린 자가 <u>소리질러</u> 말했다: "나사렛 예수여 <u>우리가</u> 당신과 무슨 상관이 있나이까? <u>나는</u> 당신이 누구인줄 아노니 하나님의 거룩한 자니이다"(1:24). 거라사 사건에서는 귀신들린 자가 <u>큰 소리로 부르짖어</u> 말했다: "지극히 높으신 하나님의 아들 예수여 <u>나와</u> 당신과 무슨 상관이 있나이까? 원컨대 하나님 앞에 맹세하고 <u>나를</u> 괴롭게 마소서"(5:7). (4) 귀신에 대한 예수의 명령도 유사하다. 가버나움 사건에서는 예수가 꾸짖어 말했다: "잠잠하고 그 사람에게서 나오라"(1:25). 거라사 사건에서는 예수가 단순히 말했다: "더러운 귀신아 그 사람에게서 나오라"(5:8).[35] (5) 귀신의 항복과 사람들의 반응도 유사하다. 가버나움 사건에서는 더러운 귀신이 큰 소리를 지르며 "나왔다"(ἐξῆλθεν, 1:26), 그래서 사람들이 그 결과를 보고 "크게 놀랐다"(ἐθαμβήθησαν, 1:27)고 언급되었다. 거라사 사건에서는 더러운 귀신들이 "나와"(ἐξελθόντα), 돼지들에게로 "들어가"(εἰσῆλθον), 바다에 "몰사했다"(ἐπνίγοντο), 그래서 사람들이 그 결과를 보고 두려워했다(ἐφοβήθησαν, 5:15)로 묘사되었다. 이와 같이 내용 면에서 두 사건은 동일한 성격의 사건인 것을 시사해 준다. 마가는 귀신축출이라는 동일한 형태의 사건을 통하여 예수의 사역의 중심적 국면을 표현한 것이다.

II. 이야기의 구성

본문의 이야기는 전형적인 치유 이야기의 양식을 취한다. 복음서들에서 치유 이야기들은 대개 세 가지 내용으로 구성된다.[36] (1) 먼저 치유 받을 사람의 고통스럽고 불행한 상황이 묘사된다. 여기에는 그 치유 받을 사람의 질병의 심각성과 치료의 어려움 등이 묘사된다. (2) 다음에 그 사람에 대한 예수의 치유 활동이 제시된다. 예수의 치유활동 자체는 다양하게 나타난다. (3) 그리고 예수의 그 치유 활동에 대한 사람들의 반응이 언급된다. 사람들은 인간의 능력을 넘어서는 놀라운 권능의 나타남을 경험하면서 크게 놀라는 것으로 언급된다. 본문의 이야기도 이러한 내용으로 전개된다.

1. 귀신들린 사람의 상태(5:1-5)

먼저 귀신들린 사람의 비정상적이고 비참한 상태가 묘사된다. 그 사람은 "더러운 귀신들린 사람"으로 불려진다(5:2). 귀신들림에 대한 정의가 문화권에 따라 다르지만, 한 사람이 귀신들렸다는 것은 그 사람의 행동이 다른 사람들에게 방해나 피해를 주는 정도와 그 사람이 속한 사회 집단이 그 사람의 빗나간 행동에 대하여 가지는 태도에 달려 있다. 그래서 귀신들린 사람이란 비정상적 정신 상태를 보이면서 그 사람이 속한 사회의 일반적인 규범을 벗어나는 폭력적 행동을 하는 사람들에게 붙여지는 사회적 딱지이다.[37] 귀신들린 사람의 상태는 대체로 오늘날 정신분열증을 심하게 앓고 있는 사람에 해당한다고 볼 수 있다.[38] 특히 귀신을 "더러운 귀신"으로 규정한 것은 '더러움'의 개념을 통하여 사회적 체계 확립과 질서 유지를 추구한 유대교의 문화적 개념을 반영한다.[39] 그 사람은 무덤 사이에 거처하고 있었다.[40] 그가 무덤 사이에 거처하고 있었다는 것은 그의 비정상적 정신 상태를 단적으로 표현해 주며 또 그가 사람들 사이에 정상적으로 살 수 없었던 결과를 설명해 준다.

그 사람이 귀신들림의 상태에 이르기 전에는 아마 사람들 사이에서 살았을 것이다; 곧 그 사람의 행위와 정신 상태가 사회적으로 수용되었을 것이다. 그런데 어느 때부터인가 그 사람이 비정상적 정신 상태가 되면서 사회적으로 수용될 수 없는 비정상적 행동-빗나간 혹은 폭력적 행동-을 하는 것이었다. 그 사람의 비정상적 행동은 아주 과격한 것이어서, 사람들은 그 사람을 쇠사슬로 묶고 고랑을 채우는 것으로 그 사람을 잠잠케 하려고 했다(5:3).[41] 그러나 그 사람에게 초인적 능력이 있어 쇠사슬을 끊고 고랑을 깨뜨리는 것이었다. 그것도 그 사람은 한 번만 아니라 여러 번 괴력을 발휘하여 사람들이 자기를 얽어매는 것에 대하여 항거했다. 그래서 이제는 아무도 그 사람을 통제할 힘이 없게 되었다.[42] 그 사람은 자기를 얽어매려는 사람들을 떠나 사람들이 살지 않는 곳(광야의 동굴이나 산)으로 갔다. 그 사람은 밤낮으로 무덤 사이에서나 산에서나 늘 소리지르며 돌로 제 몸을 상하고 있었다(5:5).[43]

여기서 그 사람의 비정상적 상태에 관한 두 가지 중요한 단서가 발견된다. 먼저 비정상적 정신 상태이다. "늘 소리지르고 있었다"는 말은 심리적으로 그 사람의 내면에 있는 답답함, 괴로움, 고통스러움 그리고 분노를 나타낸다. 그 사람은 자기의 마음을 짓누르는 그런 괴로움과 고통과 분노가 너무 커서 자기 스스로 통제하지 못하고 소리지르는 것으로 발산하는 것이었다. 이것은 그 사람으로 하여금 심히 괴롭게 하고 고통스럽게 하며 분노하게 하는 어떤 일을 당했고, 또 그것이 그 사람의 내면에 깊은 원한으로 작용하고 있었던 것을 나타낸다. 그 사람의 이러한 심리 상태는 "나를 괴롭게 마옵소서" 하는 부르짖음을 통하여 구체적으로 표시된다(5:7). 다음에 비정상적 행동이다. "돌로 제 몸을 상하고 있었다"는 말은 폭력을 자기 자신에게 행하는 것을 가리킨다. 이것은 그 사람의 상태가 이 지경에 이른 원인이 폭력에 의한 것임을 암시한다. 그 사람은 폭력에 의해 마음에 깊은 상처를 받게 되었고 그것이 그 사람에게 원한이 되었다. 그 사람은 한편으로는 같은 폭력으로 복수하고 싶은 마음이 불같이 일어나면서도 그렇게 할 수 없는 자신의 처지에 좌절하면서 자기 자신에게 그 폭력을 행사하는 것이었다. 이러한 심각한 정신 분열의 상태에서 그 사람이 예수를 만나게 된 것이다.

2. 예수의 귀신축출 활동(5:6-13)

본문의 이야기는 예수의 치유 활동을 묘사하는 것으로 진행한다. 본문에서 예수의 치유 행위는 그 귀신들린 사람과의 대면(5:6-10)과 귀신축출 행위로 구분된다(5:11-13). 예수가 귀신들린 자와 대화를 나눈 것은 복음서 전승에서 유일하게 이 사건에 나온다.[44] 그 사람이 멀리서 예수를 보고 달려와 절하며 큰 소리로 부르짖어 말했다: "지극히 높으신 하나님의 아들 예수여 나와 당신과 무슨 상관이 있나이까? 원컨대 하나님 앞에 맹세하고 나를 괴롭게 마소서"(5:6-7). 그 사람의 행동은 여러 가지 점에서 마가가 앞에서(막 1:23-24; 3:11) 귀신들린 자들의 행동으로 표현한 것과 유사하다:큰 소리로 외친 것(1:23; 3:11), 엎드린 것(3:11), 예수에 대한 호칭(1:24 -하나님의 거룩한 자, 3:11- 하나님의 아들), 예수와 자기가 상관이 없다는 것(1:24),

그리고 멸망에 대한 두려움(1:24). "나와 당신과 무슨 상관이 있나이까"라는 말은, 구약 전승에 따르면(수 22:24; 삿 11:12; 왕상 17:18 등), 상대방의 의견, 공격, 호의에 반발하는 의사표현으로서 예수의 공격에 대하여 반항하는 의미를 갖는다.45)

마가는 그 사람이 그렇게 반항적으로 행동한 이유는 예수가 이미 그 사람을 향하여 "더러운 귀신아 그 사람에게서 나오라"고 말했기 때문이었다고 설명한다(5:8). 예수는 그 사람을 사로잡고 있는 악의 세력을 축출하기 위한 행동을 이미 시작했고 또 그 귀신은 반항하고 있었던 것이다. 이 사건에서 그 귀신의 반항이 완강했던 점이 가버나움 사건과 비교할 때 분명해진다. 가버나움 사건에서는 예수가 단번에 그 귀신을 축출한 것으로 묘사되었다. 그래서 거기서는 예수의 명령이 일회적 행위를 나타내는 단순과거 시제(ἐπετίμησεν)로 표시되었고(1:25), 그 귀신도 단번에 복종한 것으로 나온다(ἐξῆλθεν, 1:26). 반면에 이 사건에서는 예수의 명령이 계속된 혹은 반복된 행위를 나타내는 미완료 시제(ἔλεγεν)로 표시되었다. Vincent Taylor는 ἔλεγεν이 여기서 과거완료의 의미("He had been saying")로 사용된 것으로 보면서, 미완료 시제의 완료적 혹은 진행적 의미를 부각시키는 해석은 마가는 예수가 반복적으로 "나오라"고 말하고 있었다는 것을 의미한다는 견해를 뒷받침한다고 지적한다. 이것은 군대 귀신의 저항이 완강하여 한 번의 명령만으로는 충분하지 않았고, 예수와 귀신 사이에 얼마간 지속된 씨름이 있었던 것을 암시한다는 것이다.46) 군대 귀신의 완강한 저항은 귀신들린 자의 외침에 대한 묘사에서도 비교된다. 가버나움 사건에서는 단순히 "소리질렀다"(ἀνέκραξεν)로 묘사된 반면, 거라사 사건에서는 "큰 소리로 부르짖었다"(κράξας φωνῇ μεγάλῃ)로 묘사되었다. 그 귀신은 예수의 명령을 완강하게 반항하고 있었다.

예수와 그 귀신들린 사람의 대면은 그 사람의 이름을 묻고 대답하는 것으로 진행한다(5:10). 예수가 "네 이름이 무엇이냐?"고 물었고, 그 사람은 "내 이름은 군대니 우리가 많기 때문입니다"라고 대답했다. 예수는 지금 그 사람과 대화를 하고 있지만, 더 정확하게는 그 사람을 사로잡고 있는 더러운 귀신과 대화를 하고 있는 것이다. "네 이름이 무엇이냐"는 질문은 이름을 아는 것이 상대방-적대자이든 혹은 적대적 영의 존재이든-에 대한 우위의 권세를 나타내는 것이라는 고대 근동의 신념과 관련된다.[47] 예수는 완강하게 반항하는 귀신의 이름을 밝힘으로써 그 귀신의 정체를 폭로하고 그 반항하는 존재보다 우위의 권세자인 것을 나타냈다.[48] 그 귀신은 어쩔 수 없이 이름을 밝힘으로써 예수에게 복종한다. '군대'라는 이름은 헬라어로 λεγιών(레기온)인데, 그것은 일차적으로는 그 귀신의 말과 같이 '많다'는 의미의 단어이다. 그런데 이 단어는 일세기 헬라어와 아람어 문헌들에서 로마 제국의 군대와 관련하여 사용된 라틴어에서 차용한 외래어이다. 군사적 용어로서 레기온은 보병과 기병 그리고 그 밖의 보조부대들로 구성된 로마제국의 군단을 가리키는데, 아우그스투스 황제 시대에 한 레기온은 대략 육천 명으로 구성되었다.[49] 따라서 이 단어는 로마 제국의 군대와 관계된 이 사건의 사회-정치적 의미를 밝히는데 매우 중요한 단서가 된다.

그 귀신은 어쩔 수 없이 예수에게 복종하면서도 끝까지 자기의 권세를 과시한다. 그 과시는 '우리'라는 복수형의 사용과 '많다'라는 숫자 개념을 통하여 표현된다.[50] 그러면서도 그 귀신은 결국 예수의 우위적 권세를 인정하기 때문에, 자기가 쫓겨나갈 것을 두려워하면서 "자기를 이 지방에서 쫓아내지 마시기를 간절히 구했다"(5:10).[51] 그 귀신들의 거만한 과시의 자세가 다급한 탄원으로 바뀐 것이다.[52] "이 지방에서" 쫓아내지 말아달라는 간청도 귀신들을 어느 특정 지역과 관계시키는 고대 근동의 개념을 반영한다. 예를 들어, 누가복음 11장 24절에는 축출된 귀신들이 거처를 찾기 위하여 방황하는 내용이 나온다.53) 그 귀신(들)은 그 사람에 대한 지배권을 주장하면서 예수의 명령을 끝까지 불순종하고 있었다.

예수와 그 귀신(들) 사이의 긴장된 대결은 결국 예수의 승리로 막을 내린다(5:11-13). 마침 그곳에 돼지의 큰 떼가 산 곁에서 먹고 있었다(5:11). 산은 그 귀신들린 사람이 거처했던 장소를 가리키며(5:5) 또 돼지 떼가 비탈로 질주할 것을 예견한다(5:13). 유대인들이 가증히 여기는 돼지 떼의 언급은 그 곳이 이방인의 지역임을 부각시킨다.54) 특히 돼지의 큰 떼라고 말한 것을 보면, 그 지방 사람들이 단순히 돼지고기를 먹을 뿐 아니라, 상업적이고 종교적 목적으로 돼지를 키우던 이방적 분위기가 강조된다.55) 그 귀신들이 다시 간구했다: "우리를 돼지들에게로 보내어 그것들 안으로 들어가게 하소서"(5:12).56) 그 귀신들은 그 사람에게서 나오라는 예수의 단호한 요구 앞에서 그 지방에 남아 있기 위한 마지막 타협을 시도한다. 그 귀신들이 자기들의 새로운 거처로 돼지 떼를 선택한 이유가 분명하게 드러나지 않는다.57) 아마 그 귀신들은 그렇게 해서라도 새로운 거처를 얻는다면, 그들이 그 지방에서 남아 있게 되리라고 예상했던 것으로 보인다. 그러나 그 귀신들의 예상은 빗나갔다.58)

예수는 그 귀신들의 요청을 허락했다. 예수는 귀신들을 축출할 뿐 아니라, 그들이 어디로 가야 하는지에 대하여 지시할 권세를 가진다. 예수의 허락은 그가 가진 그런 권세의 표현이며 또 나오라는 명령을 대신한 것이다.59) 예수가 허락하자, 그 더러운 귀신들이 나와서 돼지들에게로 들어갔다. 그런데 갑자기 거의 이천 마리나 되는 떼가 바다를 향하여 비탈로 내리달아 바다에 몰사했다. 이러한 결말은 이 이야기에 해학적 요소를 더해 준다: 그 귀신들의 바램이 성취되었으나, 그들이 예상하지 못했던 결과가 일어난 것이다.60) 이 구절에서 '바다'가 두 번 나오는데, 그것은 이 사건의 무대와 관련되며(5:1-2), 또 풍랑 진압 이야기에서 제시된 바다의 상징성과도 관계된다. 돼지 떼의 숫자인 이천은 마가복음에만 나오는데(마 8:32 과 눅 8:33에는 생략됨), 사람들이 일반적으로 치던 돼지 떼의 숫자 보다 훨씬 많은 숫자이다.[61] 그것은 마가의 의도를 반영하는 상징 적 숫자로서 그 귀신들의 정체인 레기온에 상응한다. 이러한 상징 성은 '내리달았다'는 동사의 의미에서도 반영된다.[62] 따라서 이천 이라는 숫자도 이 사건을 사회-정치적 측면에서 이해하기 위한 중 요한 단서이다.[63]

3. 귀신축출에 대한 사람들의 반응(5:14 – 20)

본문의 이야기는 예수가 행한 귀신축출에 대한 사람들의 반응을 전달하는 데로 나아간다. 이 부분은 돼지와 관계된 사람들의 반응 (5:14-17)과 귀신들렸던 사람의 반응(5:18-20)으로 구분된다.[64] 돼지 떼를 치던 자들이 현장에 있던 사람들로서 이야기의 무대에 등장한 다. 그들이 도망하여 그 도시와 주변 마을들에 그 사건을 알렸다 (5:14상).[65] 사람들이 그 어떻게 된 것을 보려고 그 사건 현장에 왔 다(5:14하). 어떤 사람들이 거기에 왔는지 분명하게 언급되지 않았 지만, 그 돼지 떼의 소유주들도 포함되었을 것이다. 그들이 예수께 와서 그 귀신들렸던 자 곧 군대 지폈던 자가 옷을 입고 온전하여 앉아 있는 것을 보고 두려워했다(5:15).[66] '옷을 입다,' '온전하다' 그리고 '앉아 있다'는 단어들은 합하여 그 귀신들렸던 사람이 온전 하게 치유 받은 상태를 표현한다. 그러나 하나님의 이러한 온전케 하는 권능의 역사를 바라보는 거라사 사람들의 반응은 두려움이었 다. 마가의 용어 사용에서 '두려워하다'($\phi o \beta \acute{e} o \mu \alpha \iota$)는 단어는 예수가 행하는 권능의 역사를 불신의 태도로 바라보는 사람들이 가지는 놀 라움과 불안함과 초조한 마음 상태를 표현한다(막 4:41; 5:33; 6:20, 50; 9:32; 10:32). 그들의 두려움은 그 귀신들렸던 사람이 온전하게 된 것 뿐 아니라, 돼지 떼의 몰사에 대한 반응이었다.

이에 귀신들렸던 자의 당한 것과 돼지의 일을 목격한 자들이 그들에게 설명했다(5:16). 여기서 그들에게 설명한 사람들이 누구인지 분명하지 않다. 그들이 앞에서 언급된 돼지를 치던 자들이라면, 그들은 도시와 마을들에서 말한 것을 다시 말한 것이 된다.[67] 그러나 사실 그들은 그 귀신들렸던 자의 당한 일에 대하여는 잘 알지 못했을 수도 있다. 왜냐하면 그들은 산에 있었던 반면(5:14), 그 귀신 들렸던 자의 일은 해안에서 일어났기 때문이다(5:2). 그래서 Robert Gundry는 여기서 설명한 사람들은 예수의 제자들을 포함하여 예수와 함께 있던 사람들이라고 말하면서, 마가는 그들의 설명의 신빙성을 강조하기 위하여 그들을 "본 자들"(οἱ ἰδόντες)로 표현했다고 주장한다.[68] Gundry의 주장과 같이 이 목격자들이 돼지를 치던 자들과 다른 사람들인 면들이 본문에서 보여진다. 먼저 돼지를 치던 자들은 도시와 마을들에 가서 그들이 경험한 것을 단순히 알렸다(ἀπήγγειλαν, 5:14). 그러나 그들의 보고를 듣고 현장에 온 사람들에게 이 목격자들은 돼지 떼의 일은 물론 그 귀신들렸던 자에게 일어난 일을 자세히 설명했다(διηγήσαντο, 5:16). 다음에 돼지를 치던 자들의 보고를 듣고 온 사람들은 "그 되어진 일이 <u>무엇인가</u>"(τί ἐστιν τὸ γεγονός, 5:15)를 보기 위하여 곧 사실을 확인하러 왔는데, 이 목격자들은 "<u>어떻게</u> 그 일들이 되어졌는가"(πῶς ἐγένετο)하는 구체적인 내용까지 설명했다.

목격자들의 설명을 듣고 상황을 이해하게 된 거라사의 사람들은 예수에게 그들의 지경에서 떠나기를 간구했다(5:17). 그들이 예수에게 떠나 달라고 간청하게 된 이유에 관하여 우선 단순히 돼지 떼의 손실에 따른 피해의식 때문이었을 것으로 생각하는 견해가 있다. 만일 그렇다면, 그들은 귀신들린 사람의 회복보다 돼지 떼의 손실을 더 아깝게 생각했다고 볼 수 있다. 그러나 돼지에 관한 일에는 단순히 경제적 손실의 문제만 아니라, 종교적인 문제가 포함된다.[69] Paul Hollenbach는 이것을 정치적인 국면에서 이해한다. 그에 따르면 그 이유는 돼지 떼의 손실과 직접적으로 관계된 것이 아니라, 그 귀신들렸던 사람의 치유가 로마인들에 대한 그 사람과 그 도시 사람들의 증오심을 격발시켰기 때문이라는 것이다.[70] 아무튼 이 문제도 역시 예수에 대한 배척을 다룬 마가의 의도 속에서 고려하는 것이 필요하다.

본문의 이야기는 그 귀신들렸던 사람의 반응에 대한 묘사로 끝난다(5:18-20). 예수가 배를 타고 떠나려고 할 때에 그 귀신들렸던 사람이 예수와 함께 있기를 간청했다(5:18). 그의 반응은 그 도시의 사람들의 반응(5:17)과 또 그 사람 자신의 이전 반응(5:7)과 정반대의 것이다. 예수와 함께 있다는 것은 마가복음에서 예수가 열두 제자들을 따로 세운 목적에 포함된다(막 3:14). 그래서 그 사람은 예수의 제자가 되기를 바랬던 것으로 보인다.[71] 그러나 예수는 그의 간청을 허락하지 않았다. 대신에 예수는 그 사람을 집으로 돌려보내면서 그가 해야 할 일을 말했다: "집으로 돌아가 주께서 네게 어떻게 큰 일을 행하사 불쌍히 여기신 것을 네 친속에게 고하라"(5:19).

이 말에서 예수의 치유 사역의 목표가 제시된다. 예수의 치유의 목표는 전인적(육적이며 동시에 영적)이며 또한 통전적(개인적이며 동시에 사회적)이다.[72] 그 사람은 예수와 함께 있기를 원하는 데까지 영적인 건강을 얻었다. 그러나 예수는 그 사람을 그의 가족과 친지들에게로 돌려보냄으로써 지금까지 단절되었던 사회적 관계의 회복을 통하여 사회적 치유까지 목표한다. 비정상적 정신 상태와 비정상적 행동으로 인하여 어느 누구와도 관계를 맺을 수 없어서 무덤과 산으로 나갔던 그가 이제는 정상적인 인 관계로 돌아갈 수 있게 된 것이다. 예수는 이것이 주께서 행하신 큰 일이며 주께서 그 사람을 불쌍히 여기신 결과인 것을 지적한다.[73] '주'(κύριος)라는 호칭은 70인역 성서의 전통을 따라 하나님의 대용어로 사용되었다(참고, 막 1:3; 11:9; 12:11, 29, 36; 13:20). 그래서 누가는 '주'를 아예 '하나님'(θεός)이란 직접적인 호칭으로 바꾸었다(눅 8:39). '고한다' (ἀπάγγειλον)는 단어가 초대 교회에서 선교 활동을 가리키는 용어로 사용되었기 때문에(예, 행 15:27; 27:20), 예수의 말을 선교의 임무에 대한 암시로 볼 수도 있다.74) 그러한 암시는 다음에 묘사된 그 사람의 행동에서 명시적으로 나타난다.

그 사람이 가서 예수께서 자기에게 어떻게 큰 일 행하신 것을 데카폴리스에 전파했는데, 그러자 모든 사람들이 기이히 여겼다(5:20). '전파하다'(κηρύσσειν)는 단어는 마가복음에서 예수의 제자들이 감당해야 할 핵심적 임무의 하나를 가리키기 위하여 사용되었다(3:14; 6:12). 이 단어 사용을 통하여 앞에서 예수가 그 사람에게 당부했던 '고하라'는 임무(5:19)의 본질이 명확해진다.75) 그 사람은 주님(하나님)이 그를 위하여 행하신 일을 알리라고 위임을 받았는데, 마가는 그가 예수의 일을 전파했다고 전달한다. Vincent Taylor는 그런 차이는 이 전승이 매우 초기의 것을 나타내며 마가가 사용한 전승에서 주라는 호칭이 아직 예수에게 적용되지 않았던 때에 속한다고 지적한다.76) 마가만이 데카폴리스라는 지명을 사용한다. 이 지명을 사용함으로써 마가는 그 사람의 선포의 범위가 가족과 친지들과 거라사를 넘어서 보다 더 큰 지역으로 확대된 것을 표현한다. 이것은 복음 곧 예수의 활동에 관한 소식이 이방인의 지역에 확대되어 나갈 것을 희망하는 저자의 기대를 반영하며 또 그러한 복음의 역사가 예수의 공생애에서 이미 시작되었다는 것을 가리킨다.77)

결론

거라사에서 귀신들린 자의 치유 이야기는 마가의 문학적이면서도 신학적인 의도 속에서 표현되었다. 마가는 예수의 사역을 갈릴 와 예루살렘을 중심으로 크게 두 부분으로 나누어 제시했는데, 이 사건은 갈릴리 사역 중에서도 유대인의 지역을 넘어서서 두로와 시돈을 포함한 이방인의 지역에서 행한 사역의 첫 번째 사건으로 제시되었다. 전반기 갈릴리 사역의 문맥에서 볼 때, 이 사건은 예수의 사역에 대한 유대인들의 거부와 배척이 점증하는 상황에서 일어난 것을 보여준다. 마가는 이 사건을 풍랑진압 사건 바로 다음에 배열함으로써 예수의 사역이 유대인의 상징세계에서 이방인의 상징세계로 넘어간 것을 보여주며, 그래서 하나님의 구원활동이 이방인의 지역으로 확대되어 나가는 과정에서 일어난 하나님과 악의 세력 사이의 대립과 하나님의 승리라는 점을 보여준다. 예수는 이렇게 영적인 세계에서 하나님의 구원활동을 방해하는 악의 세력을 진압하고 이방인의 지역에서 들어가 그 악의 세력에 포로가 되어있는 자를 구원하신 것이다.

마가는 예수가 유대인의 지역에서 행한 첫 번째 사역을 가버나움 회당에서 행한 귀신축출 사역으로 제시한 것과 같이 이방인의 지역에서 행한 첫 번째 사역을 귀신축출 사역으로 제시함으로써 예수의 사역에서 귀신축출 사역의 중요성을 부각시킨다. 마가는 거라사 귀신축출 사역의 묘사에서 그 지역의 이방인적 색체를 강조한다. 이 사건이 거라사인의 지역에서 일어났다는 것은 갈릴리 호수에서 비교적 가까운 거리에 있는 산비탈로 묘사하는 본문의 묘사와 다른 지명을 말하는 사본들에 따라 마가의 편집적 작업의 결과일 가능성을 보여준다. 마가는 이 사건을 거라사를 포함하여 데카폴리스와 연결함으로써 이방인적 요소를 강조한다. 이 사건의 무대에서 보여지는 이방인적 색채는 귀신들린 자의 거처인 무덤과 돼지 떼의 등장으로 더 강렬해진다. 마가는 이런 묘사를 통해 예수는 유대인의 지역에서는 물론 이방인의 지역에서도 이방 세계의 불결의 근원을 제거함으로써 이방인들도 하나님의 나라에 들어올 수 있는 길을 여신 것을 나타낸다.

본문의 이야기는 전형적인 치유 이야기의 양식을 따라 묘사된다. 먼저 치유의 대상이 되는 사람의 고통스럽고 불행한 상황이 묘사되고, 다음에 예수의 치유 활동이 제시되며, 그리고 예수의 치유 사역에 대한 사람들의 반응이 언급된다. 그 사람의 상태에 관한 묘사에서 "더러운 귀신들린 자"라는 표현은 정결과 부정의 개념을 통해 사회적인 체계를 세우고 질서를 유지해온 유대교의 문화적인 개념을 반영한다. 더러운 귀신들린 자란 그 사회의 규범과 가치와 질서에서 벗어난 사고를 갖고 행동하는 사람의 비정상적인 상태를 단적으로 표현해주는 유대교적인 표현방식이다. 그 사람의 비정상적인 상태는 무덤 사이에 거처하고 있었다는 것과 비정상적인 폭력적인 행동을 통해 묘사된다. 그 사람의 묘사에서 "늘 소리 지르고 있었다," "나를 괴롭게 마소서," 그리고 "돌로 제 몸을 상하고 있었다"라는 것은 공통적으로 그 사람이 어떤 폭력에 의해 희생되었고 그것이 그에게 사무치는 원한이 되었지만 복수할 수 없는 자기 자신의 연약한 처지를 한탄하며 그 폭력을 자기 자신에게 행사하는 심각한 정신분열의 상태를 보여준다.

예수의 치유행위는 그 귀신들린 자와의 대면과 귀신축출 행위로 구분된다. 예수는 그 사람을 사로잡고 있는 더러운 귀신을 향하여 그 사람에게서 나오라고 명령한다. 그 귀신은 처음에는 예수의 명령에 불응하며 저항한다. 그 귀신의 저항이 예수가 "말하고 있었다"라는 미완료시제의 표현과 그 사람이 "소리 질렀다"라는 동사의 점증적인 반복을 통해 묘사된다. 예수는 그 귀신의 이름을 물었으며 그 이름은 군대였다. 군대란 많다는 의미의 단어이면서 동시에 로마의 군단을 가리키는 군사적 용어였다. 로마의 군단은 보병과 기병 그리고 보조부대들로 구성된 대략 육천 명으로 구성되었다.

이 이름은 이 사건이 로마의 군단과 관련된 사회-정치적 의미를 밝히는데 중요한 단서가 된다. 그 귀신의 저항은 끝나고 그 대결은 예수의 승리로 끝난다. 그 사람은 온전하게 치유를 받았지만, 그 도시의 사람들은 두려워하면서 예수가 떠나주기를 요청한다. 예수는 그 사람에게 집으로 돌아가 하나님의 은혜를 전파하도록 전도자의 사명을 준다.

주(註)

1) 김광수, "예수의 귀신축출 사역의 사회-정치적 이해(1)," 「복음과 실천」, 제19집(1996), 34-68; idem., "예수의 귀신축출 사역의 사회-정치적 이해" (막 1:21-28), 제30차 한국복음주의신학회 논문 발표회(1997년 10월), 9-57 (이 논문은 한국복음주의신학회논문집인 「성경과 신학」 23호에 출판될 예정임).
2) 김광수, "예수의 귀신축출 사역의 사회-정치적 이해(1)," 42; idem., "예수의 귀신축출 사역의 사회-정치적 이해"(막 1:21-28), 12.
3) 김광수, "예수의 귀신축출 사역의 사회-정치적 이해"(막 1:21-28), 41-51 참조. 이 점과 관련하여 필자의 결론은 다음과 같이 제시되었다: "… 예수의 관심은 귀신들림을 유발시키는 사회-정치적 요인은 그대로 놔두고 귀신들린 사람들의 개인적 치유에만 있지 않았다. 그의 보다 더 깊은 관심은 그런 비인간화를 낳는 사회의 근본적인 문제의 해결 곧 인간이 개인적으로든 집단적으로든 자기들의 유익을 위하여 다른 인간을 지배하고 군림하며 이용함으로써 비인간화시키는 불의한 인간 사회의 억압적인 지배체제의 변혁이었다. 예수는 이 사역을 통하여 악의 세력으로부터 개인의 회복은 물론 하나님의 공의에 기초한 인간 사회의 회복을 추구했다"(52).
4) 누가는 이 사건을 전체적으로 약간 줄이고 변경한 반면(눅 8:26-39), 마태는 내용을 크게 줄이고 변경하여 간단한 사건으로 제시했다(마 8:28-34).
5) Ched Myers, *Binding the Strong Man: A Political Reading of Mark's Story of Jesus* (New York: Orbis Books, 1991), 190; John P. Meier, *A Marginal Jew: Rethinking the Historical Jesus*, vol. 2 (New York: Doubleday, 1994), 650.
6) John D. Crossan, *The Historical Jesus: The Life of a Mediterranean Jewish Peasant* (New York: Harper Collins, 1991), 313-9; idem., *Jesus: A Revolutionary Biography* (New York: Harper Collins, 1995), 84-93; Walter Wink, *Unmasking the Powers: The Invisible Forces That Determine Human Existence* (Philadelphia: Fortress Press, 1986), 43-9; idem., "Jesus and the Domination System," *Society of Biblical Literature Seminar Papers* (1991), 265-86; Richard Horsley, *Jesus and the Spiral of Violence* (Philadelphia: Fortress Press, 1993), 184-90; Meier, *A Marginal Jew*, 650-61; Paul Hollenbach, "Jesus, Demoniacs, and Public Authorities: A Sociological Study," *Journal of American Academy of Religion*, 49/4(1981), 581-4.
7) 필자가 사용한 해석학적 방법에 관하여, 김광수, "예수의 귀신축출 사역의 사회-정치적 이해"(막 1:21-28), 13-4 참조.
8) 막 5:1-20에 대한 양식비평적 연구의 예가 Rudolf Bultmann, *History of the*

Synoptic Tradition, rev. ed., trans., John Marsh (Peabody, MA: Hendrickson, 1963), 218-32과 Graham H. Twelftree, *Jesus the Exorcist* (Peabody, MA: Hendrickson, 1993), 72-87에서 발견된다.

9) 막 5:1-20에 관한 이러한 연구의 한 예를 김득중, 「복음서의 이적 해석」 (서울: 컨콜디아사, 1996), 97-103에서 볼 수 있다. 마가복음의 편집비평적 연구를 위하여 Norman Perrin, *What is Redaction Criticism?* (Philadelphia: Fortress, 1969)와 Robert H. Stein, *Gospels and Tradition: Studies on Redaction Criticism of the Synoptic Gospels* (Grand Rapids: Baker Book House, 1991) 참조.

10) 마가복음의 서사비평적 연구로는 David Rhoads and Donald Michie, *Mark As Story: An Introduction to the Narrative of a Gospel* (Phildelphia: Fortress, 1982) 와 Elizabeth Struthers Malbon, "Narrative Criticism: How Does the Story Mean?," in Janice C. Anderson and Stephen D. Moore ed., *Mark & Method: New Apporaches in Biblical Studies* (Philadelphia: Fortress, 1992), 23-49; Jack D. Kingsbury, ed., *Gospel Interpretation: Narrative-Critical and Social-Scientific Approaches* (Harrisburg, PA: Trinity Press International, 1977), 65-124 등이 있다.

11) 마가복음의 이러한 구조는 마가복음을 주요 자료로 사용한 마태복음의 구조에서 더욱 뚜렷하게 나타난다. 마태는 "이 때로부터"라는 표시어를 통하여 예수의 갈릴리 사역의 시작(마 4:17)과 예수가 갈릴리를 떠나 예루살렘을 향하여 여행을 시작한 것(마 16:21)을 표시했다. Ched Myers는 마가복음의 전체적인 내용을 책 I(1:1-8:21)과 책 II(8:22-16: 20)가 순환적으로 연결된 설화 체계로 분석한다(*Binding the Strong Man*, 109-17). 마가복음의 구조에 관하여 Paul J. Achtemeier, *Mark*, 2nd ed. (Philadelphia: Fortress Press, 1986), 30-40과 김광수, 「마가, 마태, 누가의 예수 이야기」 (대전: 침례신학대학교 출판부, 1997), 114-7 참조.

12) 물론 본 연구의 본문인 5:1-20은 거라사를 포함하여 '데카폴리스'라는 이방인의 지역에서 이루어진 사역이었다.

13) Werner Kelber도 마가복음 전반부의 내용을 둘로 나누지만 구분을 달리 한다: 먼저 하나님의 나라의 비밀이 제시되고(1:1-4:34), 다음에 예수의 제자들의 무지의 주제가 제시된다(4:35-8:21). 특히 Kelber는 전반부에서 예수는 유대인의 지역에서 활동하지만, 후반부에서는 유대인의 지역과 이방인의 지역을 오고가면서 활동한 것을 부각시킨다. Werner Kelber, *Mark's Story of Jesus* (Philadelphia: Fortress Press, 1979), 15-42.

14) 이 부분에는 네 개의 기적 이야기들이 나오는데, 네 이야기들 모두 생생하고 현장감이 넘치게 묘사되었다. Vincent Taylor, *The Gospel According to St. Mark* (New York:St Martin's Press, 1957), 272 참조.

15) *Ibid.*, 274.

16) Myers, *Binding the Strong Man*, 188-9 참조.
17) 풍랑 진압 사건과 거라사 광인의 치유 사건에 포함된 인종적이고 문화적 요소를 설득력 있게 제시한 사람은 Werner H. Kelber (*The Story of Jesus*, 30-42)였다. Kelber는 마가복음 4:35-8:21은 예수의 갈릴리 사역의 두 번째 국면을 다루는데, 그 사역의 중심적 내용이 두 번의 바다를 건넌 사건(4:35-41; 6:45-53)을 중심으로 예수가 유대인의 지역에서 이방인의 지역으로 오가면서 행한 하나님의 구원 활동의 보편적 성격을 부각시킨 것으로 이해한다(Myers, *Binding the Strong Man*, 187-9 참조).
18) Kelber는 마가의 종교적 개념에서 바다를 건넌다는 것은 경계선을 넘어 가는 것이며 또 이렇게 경계선을 넘어가는 것은 새로운 영역의 열림과 새로운 정체성에로의 개방을 상징한다고 제시한다(*Mark's Story of Jesus*, 31).
19) Myers, *Binding the Strong Man*, 196; 김득중, 「복음서의 이적 해석」, 94-5, 99-101. 김득중은 풍랑 진압 사건은 출애굽 때 홍해 바다 사건에서 나타난 하나님의 구원 활동에 기초하여 마련된 구원 이적으로서 풍랑 진압 사건과 거라사 광인의 치유 사건은 하나님의 이러한 기적적 구원 활동의 측면에서 연결되고 있다는 Otto Betz의 견해를 제시한다(그러나 김득중은 Otto Betz의 견해에 관한 출처를 밝히지 않았다). 김득중은 나아가 두 이야기가 역사적 혹은 연대기적 관심 때문에 연결된 것이 아니라, 악의 세력을 물리친 하나님의 구원 활동의 측면에서 연결된 것이라는 Hoskins and Davey (*The Riddle of the New Testament*, 69-71)와 Alan Richardson (*Miracle Stories of the Gospels*, 91-2)의 견해도 소개한다(김득중, 「복음서의 이적 해석」, 97, n. 32).
20) Elizabeth S. Malbon, "The Jesus of Mark and the Sea of Galilee," *Journal of Biblical Literature*, 103(1984), 364; Myers, *Binding the Strong Man*, 190, 196에 제시됨. 풍랑을 진압시킨 사건에서 "바람을 꾸짖으셨다"와 "잠잠하여졌다"는 표현들(4:39)은 가버나움 회당에서의 귀신축출 사건에서 귀신을 향하여 "잠잠하라"고 "꾸짖었다"(1:25)는 표현들과 연결되는데, 이것도 역시 바다를 악의 세력으로 이해하는 마가의 전제에서 비롯되었다고 볼 수 있다.
21) Myers는 Kelber(*The Story of Jesus*, 30-42)의 연구를 분석하면서, 예수와 그의 제자들이 건너편으로 항해할 때에는 풍랑이 일어났지만, 그러나 반대로 돌아올 때에는 풍랑이 없었던 것을 지적한다(*Binding the Strong Man*, 188). 이것은 유대인의 지역과 이방인의 지역에 관한 마가의 상징적 세계를 반영한다.
건너편으로 첫 번째 항해 ⟶   4:35-5:1 (풍랑이 일어남)

　　　　　　　돌아옴 ←————— 5:21 (풍랑이 없음)
　　건너편으로 두 번째 항해 ————→　　6:45-53 (풍랑이 일어남)
　　　　　　　돌아옴 ←————— 8:13, 22 (풍랑이 없음)

22) 예수가 바람을 꾸짖었다는 것은 "주의 견책에 (물들이) 도망했다"는 시편 104:7과 "이에 (여호와께서) 홍해를 꾸짖으시니 곧 마르매"라는 시편 106:9을 반영한다. Cf. Myers, *Binding the Strong Man*, 196; 김득중, 「복음서의 이적 해석」, 100.

23) 이것은 "바다의 흉용과 물결의 요동과 만민의 훤화까지 진정시키나이다"(시 65:7), "주께서 주의 능력으로 바다를 나누시고 물 가운데 용들의 머리를 깨뜨리셨나이다"(시 74:13), "주께서 바다의 흉용함을 다스리시며 그 파도가 일어날 때에 평정케 하시나이다"(시 89:9), 그리고 "여호와께서 명하신 즉 광풍이 일어나서 바다 물결을 일으키시는도다. … 광풍을 평정하사 물결로 잔잔케 하시는도다"(시 107:25-29)는 구약의 말씀들을 반영한다.

24) Myers는 두 이야기들의 정밀한 비교를 통하여 두 이야기들은 마가의 의도 속에서 밀접하게 연결되었다고 지적한다: "각 경우에 예수가 새로운 상징적 영역에 들어서자마자 그는 귀신들린 사람의 형태로 즉각적인 반대에 직면한다"(*Binding the Strong Man*, 192-3, 인용문은 192); 강요섭, 「복음의 시작:길의 건설」 (천안: 한국신학연구소, 1991), 99 참조.

25) Taylor, *The Gospel of St. Mark*, 278; William L. Lane, *The Gospel of Mark* (Grand Rapids: Eerdmans, 1974), 181; Meier, *A Marginal Jew*, 651; Walter Wink, *Unmasking the Powers*, 44; Emil Schurer, *The History of the Jewish People in the Time of Jesus*, vol. 2, rev. ed. (London: T. & T. Clark, 1979), 149-55; David N. Freedman, ed., *The Anchor Bible Dictionary*, vol. 2 (New York: Doubleday, 1992), 116-21, 991-2.

26) 복음서의 사건 묘사를 사진으로 보지 않고 그림으로 본다는 것은 그 사건의 역사성을 부인하는 것은 아니다. 그것은 복음서의 사건이 그 사건에 대한 역사주의적이며 사실주의적으로 기록된 것이 아니라, 저자의 의도 곧 저자의 신앙과 신학과 관심사에 따라 목적을 갖고 묘사된 사건이라는 것을 의미한다. 복음서 사건들은 오늘날 신문사 기자들이 사건을 보도하는 것과 같은 객관적이며 가치중립적으로 의도된 기록이 아니라, 예수 그리스도의 주되심을 믿는 신앙적 입장에서 역사적 예수의 행적들을 회상하면서 그것들을 복음으로 선포하려는 목적으로 기록된 것들이다. 따라서 복음서 사건들과 관련하여 설화 세계와 실제 세계의 차이는 복음서의 이러한 문학적 성격에 따라 이해하는 것이 필요하다. 복음서 설화의 역사성에 관하여, Elizabeth Schüssler Fiorenza, *Bread Not Stone: The*

Challenge of Feminist Biblical Interpretation (Boston: Beacon Press, 1984), 93-115; Norman R. Peterson, *Literary Criticism for New Testament Critics* (Philadelphia: Fortress Press, 1978), 9-48 참조.

27) 이 사건의 사실성에 대한 의문에 관하여, 강요섭, 「복음의 시작」, 97-8 참조. 강요섭은 이 이야기 속에 담긴 그런 의문을 가질만한 점들은 저자의 문학적 의도와 계략을 나타낸다고 본다.

28) J. 그닐카, 「마르코복음(1)」 (천안: 한국신학연구소, 1985), 257.

29) Taylor, *The Gospel of St. Mark*, 278; Wink, *Unmasking the Powers*, 44; 그닐카, 「마르코복음」, 258; Freedman, ed., *The Anchor Bible Dictionary*, vol. 2, 866-7; Paul J. Achtemeier, ed., *Harper's Bible Dictionary* (New York: Harper Collins, 1985), 326-7.

30) 그닐카는 막 5:1에서 거라사로 표기된 것은 마가 이후의 필사자에 의하여 게르게사가 거라사로 대체되었기 때문이라는 견해를 정당한 것으로 본다(「마르코복음」, 258). Meier는 본문비평 학자인 Bruce M. Metzger의 견해를 따라 거라사가 마가가 사용했을 가장 타당한 지명이라고 간주한다 (*A Marginal Jew*, 651). 거라사에 관한 자세한 논의를 위하여, Robert H. Gundry, *Mark: A Commentary on His Apology for the Cross* (Grand Rapids: Wm. B. Eerdmans, 1993), 255-7 참조.

31) 강요섭, 「복음의 시작」, 98; Kelber, *The Story of Jesus*, 31; idem., *Kingdom in Mark* (Philadelphia: Fortress Press, 1974), 51. 그러나 거라사라는 지명을 사용한 마가의 의도는 여기에만 그치지 않는다. 거라사인들은 역사적으로 유대인들에 의해 피해를 입었기 때문에 그들에 대한 적개심을 갖고 있었으며 또 유대인-로마인 전쟁 때에 유대인과 로마인 사이에서 큰 피해를 입었다. 그래서 그 지명의 사용에는 그 전쟁의 맥락에서 이 귀신축출 사건을 재해석하려는 마가의 정치적 의도도 숨어 있다(Wink, *Unmasking the Powers*, 44-5 참조).

32) Myers, *Binding the Strong Man*, 190; 강요섭, 「복음의 시작」, 98; Marcus Borg, *Jesus: A New Vision* (New York: Harper Collins, 1987), 72, n.12. Borg는 이 이야기 속에는 불결의 영상이 가득 차 있다고 지적한다: 그 귀신들린 사람이 이방인의(더러운) 지역에 있는 것, 그가 불결의 가장 큰 요인인 무덤에 거처하고 있는 것, 그가 불결한 짐승인 돼지 옆에 있었다는 것, 그리고 그가 더러운 귀신에 들려 있었다는 것.

33) "지극히 높으신 하나님"이란 호칭은 70인역 성서에서 거의 모두 이방인들의 입에서 혹은 이방적 환경에서 사용되었다(예, 창 14:18-20; 민 24:16; 사 14:14; 단 3:26, 42 등). Robert A. Guelich, *Mark 1-8: 26*, WBC 34a (Dollas: Word Books, 1989), 279; Myers, *Binding the Strong Man*, 191.

34) Kelber, *The Story of Jesus*, 32; idem., *Kingdom*, 51.
35) 예수의 명령이 가버나움 사건에서는 단순과거 시제(ἐπετί μησεν)로 표시된 반면, 거라사 사건에서는 미완료 시제(ἔλεγεν)로 표시되었다.
36) 기적 이야기의 일반적 구성에 관한 쉬운 설명을 위하여 Daniel J. Harrington, *Interpreting the New Testament: A Practical Guide* (Collegeville, MN: The Liturgical Press, 1979), 75-9; John H. Hayes and Carl R. Holladay, *Biblical Exegesis: A Beginner's Handbook*, rev. ed. (Atlanta: John Knox Press, 1987), 83-91 참조; 보다 더 전문적인 설명을 위하여 Bultmann, *Synoptic Tradition*, 209-44 참조.
37) John J. Pilch and Bruce J. Malina, eds., *Biblical Social Values and Their Meanings: A Handbook* (Peabody, MA: Hendrickson, 1993), 119-25; Paul Hollenbach, "Jesus, Demoniacs, and Public Authorities: A Sociological Study," *Journal of American Academy of Religion*, 49(1981), 570-1.
38) 인류학적 혹은 정신의학적 시각에서 본 귀신들림의 상태에 관하여 김광수, "예수의 귀신축출 사역의 사회정치적 이해(1)," 37-8, n. 10; idem., "예수의 귀신축출 사역의 사회정치적 이해"(막 1:21-28), 27-8; Dietmar Neufeld, "Eating, Ecstasy, and Exorcism" (Mark 3:21), *Biblical Theology Bulletin*, 26(1996), 156-7 참조.
39) 유대교의 정결 체계에 관한 이해를 위하여, 김광수, "예수의 귀신축출 사역의 사회-정치적 이해"(막 1:21-28), 33-41 참조.
40) 당시에 지하 동굴들이 때때로 무덤이나 가난한 사람들의 거처로 사용되었다. Taylor, *The Gospel according to St. Mark*, 279; Lane, *The Gospel of Mark*, 182; Gundry, *Mark*, 248 참조.
41) 막 5:3-5은 묘사의 형태나 어휘 사용에서 독특하다. 다른 귀신축출 사역과는 다르게 그 귀신들린 사람의 상태에 대하여 상세하게 묘사되었으며 또 마가복음에서 여기에만 나오는 여러 단어들이 사용되었다(κατοίκησις ἅλυσις πέδη διασπᾶν δαμάζειν). 그래서 여러 학자들이 이 부분을 사 65:4-6과 시 67:7에 기초한 미드라쉬적 발전으로 보기도 한다. Taylor, *The Gospel of St. Mark*, 279; Guelich, *Mark 1-8:26*, 277 참조.
42) 일련의 헬라어 부정어들(οὐδέ οὐκέτι οὐδείς)은 사람들의 거듭된 노력에도 불구하고, 결과적으로 그 문제를 해결할 수 없게된 상황을 반영한다 (Gundry, *Mark*, 249).
43) 막 5:3-5에서 묘사된 이 사람의 행동은 유대교의 Talmud 전승에서 제시하는 미친 사람의 네 가지 행위를 다 포함한다: (1) 밤중에 달리면서 돌아다니는 것(5:5); (2) 무덤에서 밤을 지새우는 것(5:3); (3) 자기의 옷을 찢는 것(5:4); (4) 자기의 것을 파괴하는 것(5:5). Lane, *The Gospel of Mark*, 182, n. 7; Guelich, *Mark 1-8:26*, 278; Bruce J. Malina and Richard L. Rohrbaugh,

Social-Science Commentary on the Synoptic Gospels (Philadelphia: Fortress Press, 1992), 208 참조.

44) 특히 예수와 그 귀신들린 자 사이의 긴 대화를 기록한 것은 이 이야기의 풍부함과 역동성을 반영한다. Myers, *Binding the Strong Man*, 192; Donald H. Juel, *A Mater of Surpirse:Mark Interpreted* (Minneapolis: Fortress Press, 1994), 69.

45) Myers, *Binding the Strong Man*, 142; Lane, *The Gospel of Mark*, 73; Guelich, *Mark 1:1-8:26*, 57; 김광수, "예수의 귀신축출 사역의 사회-정치적 이해"(막 1:21-28), 20-1. 강요섭은 5:7의 부르짖음은 "예수와 대결하는 악령의 항변"이라고 말한다(「복음의 시작」, 100).

46) Taylor, *The Gospel of St. Mark*, 481. Lane도 5:8의 ἔλεγεν은 역사적 미완료로서 과거완료의 의미("He had said")를 갖는다는 것에 동의한다(*The Gospel of Mark*, 184).

47) 특히 귀신축출에서 귀신의 이름을 아는 것은 그 귀신에 대한 우위적 권세를 획득하는 것으로 인정되었다. Taylor, *The Gospel according to St. Mark*, 281; Guelich, *Mark 1-8:26*, 281-2; Malina and Rohrbaugh, *Social-Science Commentary*, 208; Juel, *Mark Interpreted*, 69; 김광수, "예수의 귀신축출 사역"(막 1:21-28), 22, n.53.

48) 그닐카, 「마르코복음」, 262.

49) Taylor, *The Gospel of St. Mark*, 281; Guelich, *Mark 1-8: 26*, 281; 강요섭, 「복음의 시작」, 100; 그닐카, 「마르코복음」, 262, n. 30; Myers, *Binding the Strong Man*, 191; Freedman ed., *The Anchor Bible Dictionary*, vol. 5, 789-98; Achtemeier ed., *Harper's Bible Dictionary*, 555; George A. Buttrick ed., *The Interpreter's Dictionary of the Bible*, 5 vols (Nashville: Abingdon Press, 1962), III: 111.

50) Bultmann, *Synoptic Tradition*, 210; Juel, *Mark Interpreted*, 70. 강요섭은 Bultmann의 이러한 이해는 마가의 문학적 의도를 충분히 파악하지 못한 결과라고 평가한다. 마가는 단수와 복수의 혼용을 통하여 한편으로는 그 귀신들린 사람 개인의 분열상을 제시하며, 다른 한편으로는 그렇게 비인간화된 전체 집단을 가리키는 상징으로 사용했다는 것이다(「복음의 시작」, 100-1). Lane은, Jeremias 의 견해에 의지하여(*Jesus' Promise to the Nations*, 30-1, n.5), "우리가 많다"는 의미의 이름은 한편으로는 군대와 같이 많은 수가 연합된 자기의 정체를 과시하면서도, 다른 한편으로는 그 귀신이 예수의 권세를 끝까지 받아들이지 않으려는 의도에서 자기의 참된 이름을 숨기려는 방식이었다고 설명한다(*The Gospel of Mark*, 185, 특히 n. 18).

51) "간구하고 있었다"라는 의미의 미완료 시제(παρεκάλει)와 '간절히' 혹은 '많이'라는 의미의 부사어(πολλά)가 사용된 것은 다급해진 귀신들이 반복

적으로 간청한 것을 부각시킨다(Guelich, *Mark* 1-8:26, 281).
52) Gundry, *Mark*, 251.
53) Taylor, *The Gospel of St. Mark*, 281-2; Guelich, *Mark* 1-8:26, 281; Lane, *The Gospel of Mark*, 185. 그 시대의 민담에 따르면, 귀신들의 본래적인 거처는 광야 혹은 무저갱이었다. 그래서 누가는 마가의 어구를 '무저갱'(ἄβυσσον)으로 바꾸어(눅 8:31), 귀신들이 두려워 한 것은 그들의 영원한 파멸이었던 것으로 제시했다(그닐카, 「마르코복음」, 262-3; Taylor, *The Gospel of St. Mark*, 282).
54) Taylor, *The Gospel of St. Mark*, 282; Lane, *The Gospel of Mark*, 185; Guelich, *Mark* 1-8:26, 281; Gundry, *Mark*, 252; 그닐카, 「마르코복음」, 263.
55) Guelich, *Mark* 1-8:26, 281; Gundry, *Mark*, 252.
56) 그 귀신들의 간청은 문법적으로 전형적인 중복 표현이다. 마태와 누가는 각각 이 중복 표현을 피하는 어구로 수정했다: "만일 우리를 쫓아내실진대 돼지 떼에 들여 보내소서"(마 8:31); "귀신들이 그 돼지들에게로 들어가게 허락하심을 간구하니"(눅 8:32).
57) Robert Gundry는 "대개 영들은 짐승을 자기들의 거처로 삼는 것을 싫어하는데, 귀신축출자들은 영들을 짐승에게로 들어가게 하기도 한다"는 R. Pesch의 견해를 전달한다(Gundry, *Mark*, 252). Robert Guelich는 그것은 예수의 이 사역이 그 더러운 귀신들린 사람뿐 아니라, 불결한 짐승들이 있는 불결한 땅의 정결을 목표한다는 마가의 의도를 나타낸다고 말한다(Guelich, *Mark* 1-8:26, 282). 그러나 이 문제는 돼지 떼가 바다에 몰사했다는 결과와 함께 귀신들과 돼지들의 운명을 연결시키는 마가의 의도 속에서 고려하는 것이 필요하다.
58) 이런 점에서 Bultmann은 그것이 귀신들을 속이기 위한 계략이었으며 그래서 그 귀신들은 속임수에 의해 거처를 빼앗겼다고 생각한다(Bultmann, *Synoptic Tradition*, 210). L. Schenke는 이것이 돼지 떼의 파멸에 대한 예수의 책임을 완화시키기 위한 의도에서 추가된 부분이라고 생각한다(Guelich, *Mark* 1-8:26, 282).
59) Gundry, *Mark*, 252. Robert Guelich는 예수의 허락이 귀신축출의 명령의 기능을 한다고 말한다. '나오라'는 명령 대신 예수는 그 귀신들의 요구를 허락함으로써 그 귀신들린 사람을 구원했다. 명령하든 혹은 허락하든 예수는 그 귀신들보다 우위의 권세를 행사한다(Guelich, *Mark* 1-8:26, 282).
60) 그닐카, 「마르코복음」, 263.
61) Robert Gundry는 당시에 일반적인 돼지 떼의 숫자는 대개 100-150마리 정도이며, 많아야 300마리를 넘지 않는다고 지적한다(Gundry, *Mark*, 252).
62) Duncan Derrett은 이 동사가 전투 부대가 전투장으로 달려가는 영상을 전

달한다고 지적한다. Derrett, "Contribution to the Study of the Gerasene Demoniac," *Journal for the Study of the New Testament*, 3(1979), 5-7; Myers, *Binding the Strong Man*, 191에 설명됨.

63) 예수가 결과적으로 돼지 이천 마리의 손실을 초래한 것과 관련하여 이 사건에 담긴 도덕성에 관한 의문이 제기되어 왔다. 그 귀신들린 사람을 고쳐주는 것은 대단히 좋은 일이지만, 그 결과로 돼지 이천 마리를 희생시킨 경제적 손실을 야기시킨 것은 문제가 있다는 것이다. 돼지 떼의 몰사를 설명하려는 몇 가지 견해들이 제시되었다. 첫째, 그것은 그 더러운 귀신들의 파괴적 본성을 드러낸다는 것이다(Gundry, *Mark*, 252; Lane, *The Gospel of Mark*, 186; 강요섭, 「복음의 시작」, 101). 둘째, 그것은 그 더러운 귀신들의 궁극적 멸망의 때가 아직 이르지 않았기 때문에, 그들의 파괴적 활동이 계속될 수 있음을 나타낸다는 것이다(Lane, *The Gospel of Mark*, 186). 셋째, 그것은 정결의 주제를 발전시키기 위한 저자의 의도를 반영하기 때문에 그런 도덕적 질문은 그 이야기의 핵심을 놓치게 한다는 것이다(Guelich, *Mark 1-8:26*, 282). 이 문제 역시 그 귀신들과 돼지 떼의 운명을 연결시킨 저자의 의도 속에서 이해하는 것이 필요하다.

64) 이 부분의 전승의 발전을 놓고 여러 가지 논란이 있어왔다. 어떤 이들은 원래의 귀신축출 이야기는 5:15에서 끝난다고 보면서, 그 나머지 부분은 기적 이야기들의 수집 과정에서 그것들을 선교 이야기에 접목시키기 위하여 후대에 확대된 것으로 본다. 전승의 그러한 발전을 "귀신들렸던 자"(δαιμονιζόμενος, δαιμονισθείς, 5:15, 16, 18; 참조 5:2) 혹은 "군대 지폈던 자"(τὸν ἐσχηκότα τὸν λεγιῶνα, 5:15; 참조 5:9) 등의 용어의 변경에서 추정한다(Guelich, *Mark 1-8:26*, 283). Vincent Taylor는 그런 변경은 거라사인들의 시각을 반영하는 것으로 이해한다(Taylor, *The Gospel of St. Mark*, 283).

65) 누가는 그 돼지를 치던 자들이 현장에서 일어난 일을 보고 도망했다고 보충하여 설명한다(눅 8:34). 그들이 간 도시의 이름이 분명하게 제시되지 않았다. 그러나 독자는 그 도시를 저자의 의도를 따라 거라사와 데카폴리스와 연결시켜 생각할 수 있다. 돼지를 치던 자들이 전달한 내용도 분명하게 언급되지 않는다. 그것은 사람들이 사건 현장에 갔을 때 말한 것으로 제시된다(5:16). Taylor, *The Gospel of St. Mark*, 283; 그닐카, 「마르코 복음」, 263.

66) 저자는 시제의 변경을 통하여 그들이 와서 보고 놀라는 장면을 생동감 있게 전달한다. 5:14에서는 그들이 보려고(ἰδεῖν) 왔다(ἦλθον)는 부정과거 시제를 사용한 반면, 5:15에서는 와서(ἔρχονται) 본다(θεωροῦσιν)는 동사들을 현재 시제를 사용하여 그 광경을 바라보면서 놀라는 장면을 생생하게 묘사한다(Gundry, *Mark*, 253).

67) Lane(*The Gospel of Mark*, 186)과 Guelich(*Mark 1-8:26*, 284)는 돼지 치던 자들이 그들의 말한 것을 다시 말했거나 자세히 말한 것으로 이해한다.
68) Gundry, *Mark*, 253. 그러나 그닐카는 여기서 제자들까지 목격자들로 보기 어렵다고 말한다. 예수의 제자들은 예수와 무리 사이에서 목격자의 의미로 정보를 전달하는 역할을 하고 있지 않다고 보기 때문이다(그닐카,「마르코복음」, 263-4).
69) Gundry, *Mark*, 254. Vincent Taylor는 목격자들의 설명을 들은 사람들이 한편으로는 그 귀신들렸던 자의 회복에 큰 감명을 받으면서도, 돼지에게 되어진 일을 듣고는 예수를 공적인 위험인물로 인정하게 되었다고 생각한다(Taylor, *The Gospel of St. Mark*, 284).
70) Hollenbach, "Jesus," 581.
71) Taylor, *The Gospel of St. Mark*, 284; Guelich, *Mark 1-8: 26*, 284; Gundry, *Mark*, 254.
72) 예수의 치유 사역의 전인적이며 통전적 의미가 김지철, "예수의 치유,"「교회와 신학」, 28(1996), 191-219에 잘 제시되었다(특히, 204, 211 참조).
73) '불쌍히 여기다'(ἐλεέω)는 동사는 어원적으로는 하나님이 요구하는 것으로서 사람이 사람에 대하여 가져야 할 태도를 가리키기 위하여 사용되었다. 사도 바울은 이 단어(특히 명사형 ἔλεος)를 그리스도 안에서 나타난 하나님의 종말론적 구원 활동으로 제시했다(롬 9:15-18, 23; 딛 3:5 참조, 벧전 2:10). 마가 역시 이 단어를 그런 종말론적 구원 활동의 의미로 세 번 사용했다(막 5:19; 10:47, 48). 그래서 "하나님이 불쌍히 여긴다"는 것은 거라사 광인의 치유와 소경 거지 바디매오의 치유에서와 같이 참담하고 불행한 운명의 사람들을 구원하여 온전한 사람이 되게 하는 하나님의 구원 활동을 가리킨다. 마가는 예수 그리스도를 통한 하나님의 이러한 구원 활동을 표현하기 위하여 이것과 유사한 의미를 가진 '불쌍히 여기다'는 또 다른 단어(σπλαγχνίζομαι)를 문둥병자의 치유와 오병이어 기적 사건과 같은 예수의 기적적 활동과 관련하여 사용했다(막 1:41; 6:34; 8:2; 9:22). 예수의 기적적 구원 활동은 불행한 상황에 처한 인간을 근본적으로 불쌍히 여기시는 하나님의 긍휼의 마음에서부터 나오는 하나님의 권능의 활동이다. Gerhard Kittel, ed., *Theological Dictionary of the New Testaments*, 10 vols., trans. Geoffrey W. Bromiley (Grand Rapids: Wm. B. Eerdmans, 1971), II: 482-85와 VII: 553-5 참조.
74) Lane은 '고한다'는 단어가 가이사랴 본문들에서는 헬라어 διάγγειλον이 사용되었는데, 그 단어도 역시 초대 교회에서 선교 활동을 가리키는 것으로 사용되었다(눅 9:60; 행 21:26; 롬 9:17)는 것을 지적한다(*The Gospel of Mark*, 188, n. 29). 그러나 그닐카는 예수의 말을 선교의 명령으로 보아서

는 안 된다고 말하며(「마르코복음」, 264) 또한 Guelich도 예수의 말이 그 사람을 이방인들을 향한 첫 번째 선교사로 임명하는 것이라든가 혹은 그의 임무가 초대 교회의 선교 활동을 가리키는 충분한 근거가 되기 어렵다고 말한 사람들의 견해를 전달한다(Mark 1-8:26, 285).

75) 원문에서 전파하기 '시작했다'(ἤρξατο)는 표현도 그 사람이 감당하기 시작한 공적인 선교 활동의 국면을 나타낸다.
76) Taylor, *The Gospel of St. Mark*, 285.
77) Guelich는 막 5:20은 예수의 위임(5:19)의 결과를 나타내며 또 복음이 이방인 중에 전파될 무대를 마련한 것으로 본다; 그래서 데카폴리스 전역에로 퍼진 그 사람의 증거의 영향은 이방인 지역에서 있을 예수의 이후의 사역(7:31-8:9)을 준비한다(*Mark 1-8:26*, 286).

4. 거라사에서 귀신축출 사역 B

거라사의 귀신들린 자 치유(막 5:1-20) B

서론

성서 본문의 입체적 이해를 추구하는 필자는 이 본문에 관한 첫 번째 연구에서 본문의 문학적 문맥을 살펴보았다.[1] 그 연구를 통하여 거라사의 귀신축출 이야기는 바로 앞 단락인 풍랑 진압 이야기 (4:35-43)와 지리적으로 또한 신학적으로 연결되었을 뿐 아니라, 마가복음에서 예수의 첫 번째 공적 활동인 가버나움 회당에서의 귀신축출 사건(1:21-28)과도 밀접하게 연결된 것을 보았다. 또한 그 이야기는 전형적인 치유 이야기의 양식을 따라 구성된 것도 살펴보았다.

이 본문에 관한 두 번째 연구에서는 귀신들림의 사회-정치적 요인을 검토하는 것이다. 필자는 그 요인을 저자가 속해 있던 교회의 사회-정치적 상황과 연결하여 이해하기를 추구한다. 이 부분의 연구는 세 가지 내용으로 진행될 것이다. (1) 먼저 사회적 억압과 귀신들림의 관계를 살펴본다. 이 작업을 통하여 거라사의 귀신들린 사람의 비인간화의 상태가 근본적으로 사회-정치적 폭력에 의한 결과임을 밝히려 한다. (2) 다음에 그 사람을 사로잡고 있는 더러운 귀신의 정체를 살펴본다. 여기서는 레기온이라는 로마제국 군대와 그 군대의 폭력적 억압의 상황이 고려될 것이다. (3) 끝으로 레기온의 폭력적 억압의 역사적 자리인 유대인 항쟁과 그 항쟁과 연결된 마가 교회의 삶의 자리를 연구한다. 여기서는 귀신축출의 장소를 거라사로 제시한 저자의 교회가 유대-로마 전쟁과 관련하여 처했던 상황에 대한 이해가 추구될 것이다.

1. 사회 – 정치적 억압과 귀신들림

본문에서 예수의 치유 행위의 수혜자로 등장하는 사람은 "더러운 귀신들린 사람"으로 불리운다(5:2). 귀신들림에 대한 정의가 동서고금의 문화권에 따라 조금씩 다르게 나타나지만, 한 사람이 귀신들렸다고 판단하는 것은 그 사람의 행동이 다른 사람들에게 방해나 피해를 주는 정도와 그 사람이 속한 사회 집단이 그 사람의 빗나간 행동에 대하여 가지는 태도에 달려 있다. 그래서 귀신들린 사람이란 비정상적 정신 상태를 보이면서 그 사람이 속한 사회의 일반적인 규범을 벗어나는 비정상적 혹은 폭력적 행동을 하는 사람들에게 붙여지는 사회적 딱지이다.[2] 귀신들린 사람의 상태는 여러 가지로 표현되지만, 본문에 등장하는 사람의 상태는, 오늘날의 의학적 용어를 사용하자면, 정신분열증을 심하게 앓고 있는 사람에 해당한다고 볼 수 있다.[3] 특히 그 사람을 사로잡고 있는 귀신을 "더러운 귀신"이라고 규정한 것은 정결과 불결에 관한 규칙들과 규정들을 통하여 사회적 체계 확립과 질서 유지를 추구한 유대교의 문화적 개념을 반영한다.[4] 그 사람은 무덤 사이에 거처하고 있었는데, 그가 무덤 사이에 거처하고 있었다는 것 자체가 그의 비정상적 정신 상태를 단적으로 표현해주고 있으며 또 그가 사람들 사이에서 정상적으로 살 수 없었던 결과를 설명해준다.

그 사람이 귀신들림의 상태에 빠지기 전까지는 사람들 사이에서 살았을 것이다; 곧 그 사람의 행위와 정신 상태가 사회적으로 수용되었을 것이다. 그런데 어느 때부터인가 그 사람이 비정상적 정신 상태가 되면서 사회적으로 수용될 수 없는 비정상적 행동-빗나간 혹은 폭력적 행동-을 하는 것이었다. 그 사람의 비정상적 행동은 매우 과격하게 나타났으며 또 다른 사람들에게 피해를 주는 것이어서, 사람들은 그 사람을 쇠사슬로 묶고 고랑을 채우는 것으로 그 사람의 발작을 잠잠케 하려고 했다(5:3). 그러나 그 사람에게서 초인적 능력이 나와서 쇠사슬을 끊고 고랑을 깨뜨리는 것이었다. 그것도 그 사람은 한 번만 아니라, 여러 차례 괴력을 발휘하여 사람들이 자기를 얽어매는 것에 대하여 항거했다. 그래서 이제는 아무도 그 사람을 통제할 힘이 없게 되었다. 그 사람은 자기를 얽어매려는 사람들을 떠나 사람들이 살지 않는 곳(매장지로 사용하는 장소)으로 갔다. 그 사람은 밤낮으로 무덤 사이에서나 산에서나 늘 소리 지르며 돌로 제 몸을 상하고 있었다(5:5).

그 사람의 상태에 관한 묘사에서 그에 관한 이해를 돕는 두 가지 중요한 점이 발견된다. (1) 먼저 그 사람의 비정상적 정신 상태이다. 그 사람은 언제 어디서나 "늘 소리 지르고있었다"고 묘사된다. 사람이 이렇게 지속적으로 소리를 지른다는 것은 심리적으로 그 사람의 내면이 심히 답답하고 괴로우며 고통스럽고 분노로 가득 찬 상태를 나타낸다. 그 사람은 자기의 마음을 짓누르는 그런 괴로움과 고통과 분노가 너무 커서 자기의 내면을 스스로 통제하지 못하고 소리 지르는 것으로 발산하는 것이었다. 이것은 그 사람으로 하여금 심히 괴로움을 당하게 하고 고통스럽게 하며 분노하게 하는 어떤 일을 그가 당했고 또 그것이 그 사람의 내면에 해결되지 않는 깊은 원한으로 작용하고 있었던 것을 나타낸다. 그 사람의 이러한 심리 상태는 "나를 괴롭게 마옵소서"(μή με βασανίσῃς)하는 부르짖음을 통하여 구체적으로 표시된다(5:7).[5] 그 사람은 자기 자신도 어떻게 할 수 없는 내적 괴로움으로 고통을 당하고 있었다.

(2) 다음에 그 사람의 비정상적 행동이다. 그 사람은 "돌로 제 몸을 상하고 있었다"라고 묘사되는데, 그것은 폭력을 자기 자신에게 가하는 것을 나타낸다. 이것은 그 사람이 이러한 비참한 지경에 이른 원인이 폭력에 의한 것임을 암시한다. 그 사람은 폭력에 의한 어떤 피해를 받았는데, 그것이 그의 마음에 고통과 괴로움과 분노를 일으켰다. 그것은 그의 마음에 깊은 상처가 되었고 또 그 상처가 해결되지 않고 쌓이면서 그 사람에게 깊은 원한으로 작용했다. 그 사람은 자기가 받은 것과 같은 폭력으로 복수하고 싶은 마음이 불같이 일어나면서도, 자기보다 강한 상대방으로 인하여 그렇게 할 수 없는 자신의 처지에 좌절하면서 그 폭력을 자기 자신을 향하여 행사하는 것이었다. 그 사람의 이러한 행동은 전형적인 정신 분열의 상태를 보여준다. 한 편으로는 자기에게 피해를 준 상대방에 대한 증오와 분노가 불같이 일어나면서도, 다른 한 편에서는 더 큰 피해를 피하기 위하여 상대방에게 직접적으로 보복하지 못하고 괴로움과 증오와 분노를 자기 마음 속에 눌러두어야 하는 상황이 그의 내면을 분열하게 만든 것이다.

그러면 그 사람은 왜 이렇게 분열된 인격의 소유자가 되었는가? 무엇이 그 사람으로 하여금 이렇게 처참하게 파괴된 사람이 되게 했는가? 필자는 예수의 귀신축출 사역의 목적이 귀신들린 개인의 치유에만 있는 것이 아니라, 나아가 그런 비인간화의 근본 원인의 해결에 있다는 주제를 발전시키고 있다. 그래서 본문의 사건에서도 그 사람을 그렇게 미치게 만든 근본 원인을 밝히는 것이 이 사건의 사회-정치적 의미를 이해하는 핵심적 요소가 된다. 필자는 이미 예수의 첫 번째 귀신축출 사역의 연구에서 귀신들림이라는 일종의 정신질환은 사회적 환경에 존재하는 여러 종류의 억압과 그것에 의한 사회적 긴장과 밀접하게 관계되었다는 사회심리 학자들과 인류학자들의 지적에 기초하여 예수 시대 유대인 사회에 서기관들의 권위의 행사장이었던 회당을 중심으로 존재하던 정치-종교적 억압과 그것으로 인한 귀신들림을 제시했다.[6] Paul Hollenbach는 그러한 사회적 긴장의 원인들로서 경제적 수탈에 기초한 계급간 적대감, 존경받던 전통들이 침몰하는 곳에서 벌어지는 전통 사이의 갈등, 그리고 식민지 지배와 그것에 대항하는 저항운동의 상황과 같은 것들이 제기되었음을 지적한다.[7] 그는 프랑스의 식민지였던 알제리에서 알제리 독립전쟁 기간에 존재했던 정신질환에 관한 Franz Fanon의 연구를 전달한다. Fanon은 억압적 식민주의와 그것에 대항하는 혁명전쟁의 상황이 얼마나 많은 사람들로 하여금-알제리 사람들은 물론 프랑스 사람들을 포함하여-정신질환을 앓게 했는가를 제시했다.[8]

John D. Crossan도 식민지 백성에 대한 억압과 그것에 의한 정신질환이 귀신들림으로 해석되었을 가능성에 주목하면서, 사회적 억압과 귀신들림의 관계를 세밀하게 연구한 Ioan M. Lewis의 연구를 전달한다.[9] Lewis는 여자들이 가정이나 사회에서 남자들에 의하여 받는 신체적 그리고 심리적 억압 혹은 한 민족이 다른 민족에 의하여 받는 인종차별적 그리고 식민주의적 억압이 귀신들림의 주요한 원인이 된다고 지적한다.[10] 이러한 논의에 기초하여 Crossan은 예수의 귀신축출 사역의 이해에서 반드시 고려해야 할 두 가지 요소를 지적한다: 하나는 더 우위의 기술과 지식과 권세에 기초한 억압적 지배 속에서 식민지 백성이 겪는 분열된 인격의 상태이며, 다른 하나는 이러한 식민지 상황에서 귀신축출은 개인적으로는 치유의 기능을 갖지만 사회적으로는 저항의 기능을 갖는 것이다.[11]

이러한 사회과학적 통찰에 따라 본문에 묘사된 귀신들림도 식민지 지배, 더 구체적으로 말한다면, 로마제국의 식민지 지배의 억압적 상황과의 관련성 속에서 바라볼 수 있다. 이러한 시각은 이 사건을 단순히 개인적 치료 사건으로만 보지 않고 그런 귀신들림이 존재하는 사회 환경과의 관계 속에서 이해하려는 시도에서는 필수적인 것이다. 이것은 또 본문을 단순히 문자적 사건으로만 보지 않고 그것의 상징성을 이해하려는 것과도 연결된다. 인류학자들은 개인적 몸에 대한 묘사는 사회적 몸에 대한 묘사의 축약임을 발견해왔다. 개인에 대한 묘사를 통하여 그 사람이 속한 사회의 환경을 볼 수 있다는 것이다. 대표적으로 영국의 문화인류학자 Mary Douglas는 개인적 몸은 사회적 몸의 상징이 되어왔다고 제시한다.[12] 몸의 상징성에 대한 Douglas의 이해는 Marcel Mauss를 따른 것인데, Mauss는 인간의 몸은 항상 사회의 축약된 영상으로 간주되었다는 것과 인간의 몸을 사회적 국면을 고려하지 않고 보려는 중립적 방식은 없다는 것을 주장했다.[13]

본문의 사건에 담긴 사회-정치적 암시는 하나님의 대리자와 악의 세력의 대결이라는 묵시문학적 구도에서도 반영된다. Richard A. Horsley는 하나님과 사탄 사이의 대결을 세상을 바라보는 중심축으로 삼았던 유대교의 묵시문학에서 하나님과 사탄 사이의 대결 혹은 하나님의 대리자와 사탄의 추종자 사이의 대결에 대한 묘사는 "사람들이 살고 있는 상황에 관한 묘사이면서 동시에 그것의 상징화"라고 말한다.[14] 나아가 그는 묵시문학에 나오는 "하나님과 귀신의 세력 사이의 격렬한 투쟁은 사람들이 개인적으로 또한 집단적으로 갇혀 있는 격렬한 사회-정치-종교적 갈등의 상징화이거나 혹은 반영"이라고 주장한다.[15] Gerd Theissen은 정치와 종교가 엄밀하게 구분되지 않았던 예수 시대의 유대교 사회에서 외국 세력의 침입과 그것으로 인한 억압이 하나님을 대적하는 악의 세력(귀신)의 활동으로 해석되고 상징화되었으며 또 그런 점에서 로마 제국의 통치와 억압도 악의 세력의 위협으로 해석되었다고 설명한다.[16] Ched Myers는 이 사건을 이해하는데 있어서 사회적 억압이 정신 질환을 발생시킬 수 있다는 Hollenbach와 Crossan의 견해를 인정하면서도, 그런 개인적 측면보다는 이 사건에 담긴 정치적 상징성에 더 주목하면서 "그 귀신들린 자는 로마의 제국주의에 대한 집단적 불안을 나타낸다"고 주장한다.[17] 강요섭도 마가복음에 나오는 귀신들린 사람은 지배 계층의 억압적 권위와 지배 이념에 의하여 착취당하고 억압받는 공동체 전체를 나타낸다고 지적한다.[18]

2. 거라사 귀신의 정체

이 사건을 로마 제국의 강압적 식민지 지배와 그것으로 인한 억압적 환경과의 관련성 속에서 볼 수 있게 하는 결정적 단서가 그 더러운 귀신의 이름에서 발견된다. 그 귀신의 이름은 군대로 제시된다. 군대로 번역된 헬라어는 λεγιών인데, 본문에서 그 단어의 일차적 의미는 수가 많다는 것이다(πολλοί). 그러나 본문의 사회-정치적 상황에서 그 단어는 로마제국의 군단을 가리키는 함축적 의미를 포함한다. 헬라어 λεγιών은 라틴어 λεγιο에서 유래한 외래어로서 다른 군사 용어나 정부 용어와 마찬가지로 헬라어 문헌들에서는 물론 아람어 문헌들에서도 사용되었다.[19] 군사 용어로서 λεγιών은 로마 제국의 군대 편제에서 단위 부대를 나타내는 용어로 사용되었다.[20] 오거스투스 황제 시대에 로마 군대의 레기온은 보병과 기병 그리고 그 밖의 보조 부대들로 구성된 약 육천 명 정도의 단위 부대였다.[21]

그 사람을 사로잡고 있는 귀신의 이름이 레기온이라는 사실은 귀신들림이라는 비인간화를 일으키는 사회 환경이 로마 제국의 억압적이고 폭력적 지배와 직결됨을 가리킨다. 여러 학자들이 레기온의 이와 같은 사회-정치적 성격이 가리키는 것은 로마 제국의 억압적 식민지 지배라는 것에 동의한다.22) Paul Winter는 유대-로마 전쟁 중에 로마의 한 레기온이 갈릴리에 주둔해 있었다고 말한다.23) 레기온의 군사적 의미는 돼지 떼에 대한 묘사에서도 나타난다. 마가는 돼지 떼의 숫자를 이천 마리라고 구체적으로 밝힌다. 돼지 떼의 숫자가 이천 마리였다는 것은 마가복음에만 나오는데(마태복음 8:32과 누가복음 8:33에는 생략됨), 그것은 당시 사람들이 일반적으로 치던 돼지 떼의 숫자보다 훨씬 많은 숫자이다.24) 마가가 돼지의 숫자를 구체적으로 밝힌 것은 그 귀신의 정체를 레기온과 관계시킨 저자의 정치적 의도를 반영한다. 그래서 그 숫자도 역시 본문의 사건을 사회-정치적 측면에서 이해하기 위한 중요한 단서가 된다.25) Duncan Derrett은 돼지 떼에 관한 마가의 묘사에서 군사적 영상을 지적한다. 그에 따르면, '떼'(ἀγέλη)라는 단어는 돼지 떼를 나타내는 것으로는 부적절하다; 왜냐하면 돼지들은 떼로 이동하지 않기 때문이다. Derrett은 "허락하신대"(ἐπέτρεψεν)라는 단어도 군대에서 사용되는 명령을 가리키며 또 돼지 떼가 비탈로 "내리달았다"(ὥρμησεν)는 표현도 병정들이 전투장으로 돌진하는 영상을 나타낸다고 제시한다.26) 이런 점에서 레기온으로 밝혀진 그 귀신은 로마 제국의 군사적 권세를 나타낸다.27)

로마 제국의 레기온이 식민지 백성에게 끼친 억압과 그것으로 인하여 식민지 백성이 받은 원한 맺힌 상처와 고통과 아픔에 대하여 구체적으로 알기는 어렵다. 그런데 저자는 본문에서 예수가 군대 귀신에 들린 사람을 만난 장소를 거라사라고 언급했다. 일세기 유대인 역사가 요세푸스는 유대-로마 전쟁 때에 거라사 지방이 로마 진압군에 의해 받은 피해를 전달한다. 유대인 항쟁을 진압하던 로마의 진압군 사령관 베스파시안은 예루살렘을 향하여 진격해 내려가는 중에 Lucius Annius를 거라사로 보냈다; Lucius는 그곳을 점령하고 살인과 약탈을 자행했다. 이것에 관하여 요세푸스는 다음과 같

이 전달한다:

> 그(베스파시안)는 또한 거라사에 루키우스 얀니우스를 보내면서 그에게 기병과 상당히 많은 보병을 함께 보냈다. 그래서 루키우스 얀니우스는 단 한번 공격으로 거라사를 점령하고 도망하지 못한 젊은이들을 천 명 가량 살해했다. 그러나 그들의 가족들을 포로로 잡고 병사들에게 그들의 재산을 약탈하도록 허락했다. 그 후에 루키우스 얀니우스는 집들을 불태우게 하고 주변 마을들로 진격했다. 반면 힘있는 자들은 도망했지만, 약한 자들은 죽임을 당했으며, 남아 있는 모든 것들은 화염에 휩싸였다. 이제 전쟁은 산악 지방과 평야 지대로 확산되어 나갔다.[28]

베스파시안은 왜 루키우스 얀니우스를 거라사에 보내 그곳을 점령하고 천여 명이나 되는 젊은이들을 살해하게 했는가? 이것에 관하여 정확하게 알 수 없지만, 아마 거라사인들 중에는 유대인의 항쟁과 초기 승리에 고무되어 자기들도 자유와 자치를 위하여 봉기하려 했거나 혹은 봉기했던 것으로 보인다. 베스파시안도 사태를 그렇게 이해하고 예루살렘으로 진격하기 전에 후방의 적을 완전히 진압하기 위하여 루키우스 얀니우스를 보냈던 것으로 보인다. 그래서 로마 정부는 그 전쟁 기간 중에 그곳에 레기온을 주둔시켰으며 레기온의 주둔은 3세기까지 이어졌다.[29]

이런 점에서 볼 때, 마가가 예수와 군대 귀신 사이의 충돌의 장소로서 거라사 지방을 선택한 이유에는 로마의 레기온에 의한 억압과 비인간화를 고발하려는 저자의 의도가 분명히 반영되어 있음을 발견할 수 있다.[30] 저자는 팔레스틴에서 레기온을 앞세운 로마 제국의 억압적 통치가 식민지 사람들에게 얼마나 큰 상처와 아픔을 주고 있는가를 그 군대 귀신에 포로가 된 사람을 통하여 표현한 것이다. 본문에서 귀신들림을 로마 제국의 억압적 통치와 관계시키려는 저자의 의도는 그 귀신의 활동에 대한 묘사에서도 암시적으로 반영된다. 저자는 그 귀신들린 사람의 상태에 관한 묘사에서 예수가 서기관들과의 논쟁에서 사용한 정치적 권세를 함축한 표현('결박하다,' δήση)을 사용했다: "이제는 아무나 쇠사슬로도 맬 수 없게 되었으니(δῆσαι)… 그리하여 아무도 저를 제어할 힘이 없는지라"(5:3, 4). 그 사람을 사로잡고 있는 권세는 이제는 어떤 나라도 항거할 수 없는 로마 제국의 막강한 군사적 권세를 가리킨다.[31] 저자는 나아가 그 귀신들이 자기들을 그 지방에서 쫓아내지 마시기를 간절히 구했다고 표현한다(5:10). 그 귀신들의 간구는 바로 로마 제국이 그 지방에서 원하던 것을 나타낸다; 로마는 그 지역을 계속해서 지배하면서 자국의 유익을 추구하려 했을 것이다.[32]

3. 유대-로마 전쟁과 마가교회의 삶의 자리

마가가 이렇게 로마 제국의 폭력적 억압과 그것에 의한 비인간화의 현장을 거라사와 관계시킨 이유는 무엇인가? 그 이유는 마가 교회의 삶의 자리에서 찾는 것이 필요하다. 마가와 그의 교회가 유대-로마 전쟁의 한 복판에서 로마의 레기온이 저지르는 살육과 만행을 직접 보기도 하며 듣기도 하는 자리에 있었다. 따라서 거라사의 귀신축출 사건은 마가 교회의 삶의 자리에 관하여 중요한 정보를 제공한다.

마가 교회의 삶의 자리에 대하여 네로 황제 시대 로마에서 박해받던 기독교인 공동체였다는 전통적인 견해에 반대하여 유대-로마 전쟁의 현장이었던 갈릴리 지역 혹은 시리아 남부 지역에 있던 기독교인 공동체라는 견해가 활발히 제기되었다.[33] 로마 레기온의 폭력적 억압과 그것에 의한 비인간화의 내용을 현장감 있게 이해하기 위하여 필자는 마가 교회의 삶의 자리로서 갈릴리 지역-시리아 남부 지역을 포함하여-을 전제하면서 유대-로마 전쟁의 한 복판에 처했던 마가 교회가 최근에 그 전쟁과 관련하여 경험했던 것들을 추적하려고 한다.[34]

마가복음의 기원에 관한 새로운 견해를 지지하는 학자들은 대부분 마가복음 13장에 나오는 예수의 묵시적 교훈들이 마가 공동체가 유대-로마 전쟁 기간에 경험했던 것들과 밀접하게 연관되어 있다는 것에 동의한다.[35] 여기서 필자가 마가복음 13장에 관한 본격적인 연구를 진행하려는 것은 아니다. 다만 예수의 교훈 중에서 마가의 교회가 유대-로마 전쟁의 상황에서 직접적으로 경험한 것들을 나타내는 사항 몇 가지를 제시하려고 한다. 마가복음 13장은 예수가 그의 공생애 마지막에 그의 제자들과 함께 예루살렘에 가서 성전에서 유대교 최고 권력자들(대제사장들과 서기관들과 장로들)과 격렬한 논쟁을 벌인 후에(막 11-12장), 성전을 나오면서 성전 건물의 화려함과 웅장함에 놀라는 제자들에게 주신 종말에 관한 교훈이다.

마가복음 13장의 구조를 간략하게 설명하면 다음과 같다[36]. 먼저 예수는 성전의 완전한 파멸을 예고한다(13:1-2). 그러자 제자들이 "이런 일"(ταῦτα)이 일어날 때와 징조를 묻는다(13:3-4).[37] 제자들의 질문에 대답하여 예수는 인자의 강림에까지 이르는 종말의 과정에서 일어날 일들을 제시한다. 마가는 예수의 이 교훈들을 앞뒤로 '주의하라'는 경고(13:5-6과 13:21-23) 사이에 배열했다. 예수의 교훈은 종말에 이르는 과정을 고난의 연속으로 보는 묵시적 관점에 따라 두 부분으로 구분된다. 먼저 전반기 고난의 기간에는 전쟁과 지진과 기근과 같은 재난이 계속되며 또 그 가운데서 예수의 제자들은 심문과 투옥과 죽음과 같은 고난을 받게 될 것이다(13:7-13). 다음 후반기 고난의 기간은 "멸망의 가증한 것이 서지 못할 곳에 서는 것"으로부터 시작하여 전무후무한 혹독한 환란의 기간이 될 것이다(13:14-20). 그 때에 그 환란 후에 비로소 인자의 강림이라는 종말론적 사건이 일어날 것이다(13:24-27). 예수의 교훈은 제자들이 경성하여 이러한 인자의 강림을 준비해야 하는 것으로 끝난다(13:28-37).

예수의 이 교훈들 중에는 유대-로마 전쟁 기간 중에 일어났던 일들을 암시하는 단서들이 몇 가지 포함되어 있다. 그것들 중에서 먼저 미혹케 하는 사람들 곧 거짓 그리스도들과 거짓 선지자들의 활동에 관한 것과 다음에 심문과 투옥 그리고 죽음과 같은 극심한 박해를 받게 된다는 것 그리고 전무후무한 대환란으로 이어지는 "멸망의 가증한 것이 서지 못할 곳에 선 것"에 관한 것을 살펴보고자 한다. 먼저 종말에 관한 예수의 교훈은 미혹케 하는 자들에 대한 엄숙한 경계('βλέπετέ,' "너희는 주의하라")와 그들의 구체적인 활동에 대한 설명으로 시작한다; 그들의 활동은 "내 이름으로 와서 이르되 내가 그로라 하여" 많은 사람들을 미혹케 하는 것으로 제시된다(13:5-6).[38] 그들의 정체는 두 가지로 설명될 수 있다. 첫째는 부활하신 예수의 이름으로 말하는 기독교인 예언자들이다. 그들은 기독교인들을 향하여 인자의 영화로운 강림이 이르렀다고 말하거나 혹은 자기가 재림의 예수라고 주장하는 거짓 예언자들이나 혹은 거짓 그리스도들을 가리킬 수 있다.[39]

둘째는 메시야적 권능과 권위를 내세우면서 이스라엘의 메시야임을 자처하는 용사들을 가리킬 수 있다.[40] 이러한 의미는 예수의 공생애 이후에 유대-로마 전쟁에 이르는 과정의 역사적 현실에서 선명하게 제시된다. 요세푸스는 이 시기의 역사를 기술하면서 예언자나 메시야를 자처한 여러 사람들에 관하여 언급한다. 파두스(Fadus)가 유대의 총독이었을 때(44-46 CE), 드다(Theudas)라는 사람이 예언자로 자처하면서 자신의 명령으로 요단강을 갈라서 쉽게 건너게 해주겠다고 하면서 많은 무리를 미혹시킨 사건이 있었다.[41] 요세푸스는 네로가 통치하던 50년대에 예루살렘에서 일어난 사건들을 묘사하는데, 그 중에는 하나님의 계시를 받았다고 하면서 폭동을 선동한 사기꾼들과 협잡꾼들의 활동이 포함되었다. 그들은 하나님이 구원의 증거를 그들에게 보여주실 것이라고 무리를 꼬여 광야로 나가게 했다.[42] 요세푸스는 바로 뒤이어 선지자로 자처하면서 많은 무리를 선동하여 이끌고 광야를 우회하여 감람산에 다다랐던 어떤 애굽인 거짓 선지자에 관하여 제시한다. 거기서 그는 자신을 왕으로 내세우며 무력으로 예루살렘을 정복할 수 있다고 모인 무리를 선동한 것으로 제시된다.[43]

메시야적 권세를 내세운 사람들의 활동은 유대-로마 전쟁 기간 중에 두드러지게 나타난다. 먼저 갈릴리인 유다의 아들 므나헴이라는 사람이 A.D. 66년에 헤롯왕의 요새였던 마사다로 가서 무기고를 탈취하여 강도(열심당)들을 무장시키고 호위대를 만들어 왕같이 당당하게 예루살렘에 돌아와서 선동자들의 지도자가 되었다.[44] 그는 기도하러 다니는 어느 곳이나 위풍당당하게 황제복장으로 늘어뜨리고 무장된 열심당들의 호위를 받고 다녔는데, 이러한 그의 행동은 솔로몬의 시편 17장에서 다윗의 아들의 모습을 나타내는 것으로서 메시야 희망의 성취를 가리키는 것으로 볼 수 있다.[45] 그의 봉기는 오래 가지 않았고 엘르아살과 그의 추종자들에 의해 살해되었다.[46]

그 즈음에 갈릴리의 기스칼라(Guischala) 출신인 요한이라는 사람이 불량배 집단의 지도자로 부상했다. 그는 67년 가을에 디도가 기스칼라를 포위했을 때 그곳을 탈출하여 예루살렘으로 가서 열심당의 지도자가 되었다.[47] 그는 예루살렘 사람들을 선동하여 로마와 전쟁을 하자고 설득했고 그의 연설은 많은 젊은이들에게 먹혀 들어갔으며 그들은 전쟁을 하고 싶은 충동을 받았다.[48] 열심당원들은 성전을 점거하여 성소를 열심당 본부로 만들어 버렸다. 이것에 격분한 대제사장 가말라의 아들 예수와 아나누스의 아들 아나누스가 백성을 동원하여 열심당을 공격했다. 요한은 이두매인들을 예루살렘에 불러들여 대제사장들의 공격을 격퇴시킨 후부터는 절대 권력을 휘두르려 했다. 그래서 사람들은 두려움으로 그에게 복종했지만, 일부 사람들은 그에 대한 호감으로 복종했다.49)

유대-로마 전쟁 기간에 메시야적 권세를 자처한 가장 중요한 인물은 기오라의 아들 시몬이었다. 그가 권력자로 부상한 것은 여러 가지 면에서 다윗과 흡사했다. 그도 처음에는 기스칼라의 요한처럼 강도 집단의 지도자였다. 그는 전쟁 초기에 시리아 총독 케스티우스(Cestius)가 예루살렘을 공격했을 때(66 CE), 로마 군대의 후방을 공격하여 전쟁 무기를 끌고 가는 많은 짐승들을 포획하여 예루살렘으로 끌어왔다.50) 그는 A.D. 66-67년 겨울에 예루살렘에서 대제사장 아나누스와 친 로마계가 아닌 유력 인사들이 성벽을 수리하고 도시 모든 곳에서 창과 전쟁 무기들을 준비하고 있을 때, 아크라바테네와 이두매에서 부자들을 약탈하며 사람들을 괴롭혀 일찍이 폭군으로 입문했다.51) 그는 친 로마계의 지도자였던 대제사장 아나누스가 죽었다는 소식을 듣고 산악지방으로 들어갔다. 그 때부터 그는 이스라엘의 해방자로 자처하기 시작했다. 그는 노예상태에 있는 자들에게 자유를 준다고 선언하였고 또 이미 자유인이 된 자들에게는 보상을 주겠다고 다짐하면서 모든 지역에서 사악한 사람들을 불러모았다.52) 그의 주위에 많은 노예들과 도적들이 모여들었고 많은 주민들이 그를 왕으로 섬겼다.53) 그는 예루살렘의 열심당원들을 지원하고 있던 이두매인들의 지역을 공격하고 또 헤브론을 습격하여 장악했다.

열심당원들과 이두매인들의 만행에 치를 떨고 있던 예루살렘 사람들은 그들을 물리치기 위하여 시몬을 예루살렘으로 초청했다. 그는 A.D. 69년 4-5월에 열심당의 손아귀에서 예루살렘을 구원한다는 명분 아래 당당하게 입성했으며 예루살렘 주민들은 그를 기쁜 환호성으로 영접하면서 그를 마치 그들의 구원자나 보호자인 것처럼 맞

아들였다.54) 그는 예루살렘을 포위하고 공격한 디도에 대항하여 싸웠으며 그 과정에서 그는 존경과 경외심을 받고 있었다. 그에 대한 존경과 경외심은 그의 명령으로 모든 사람들을 복종시킬 수 있을 정도였으며 어떤 사람은 시몬이 죽으라고 명령한다면 목숨까지도 버릴 각오가 되어 있을 정도였다.55)

시몬의 메시야적 행동은 그가 로마 군대에 체포되는 사건 속에서도 나타난다. 성전이 완전히 파괴되고 지하 동굴을 통한 필사적인 탈출 시도가 무위로 끝나자 시몬은 흰 옷을 입고 그 위에 자주색 망토를 걸치고 지하 동굴에서 튀어 나와 전에 성전이 서있었던 바로 그 곳에 나타났다. 시몬의 이런 갑작스런 행동에 로마 병사들은 처음에는 그 모습을 보고 기겁을 해 움직이지도 못하고 그냥 굳어 있다가, 조금 후에 정신을 차리고 그를 체포했다.56) Joel Marcus는 비록 요세푸스는 시몬이 로마 병사들에게 공포심을 주기 위하여 이러한 행동을 했다고 해석했지만, 다른 한 편에서 보면 시몬은 하나님이 마지막 순간에 그의 기름 부은 자를 통하여 파괴된 성전과 그 도시를 기적적으로 구원할 것을 기대하고 그런 행동을 했을 것으로 생각한다.57) Horsley와 Hanson은 시몬이 왕의 의관을 갖추고 나타난 것과 베스파시안 황제가 베푼 로마 제국의 승전 제의에서 결박된 채 고문당하고 광장에서 공개적으로 처형된 것은 시몬이 자기 자신을 유대인의 메시야로 간주했으며 로마인들도 그를 유대인의 왕으로 인정한 것을 가리킨다고 말한다.58)

이렇게 사람들을 미혹케 하는 거짓 그리스도들과 거짓 선지자들에 대한 예수의 경계는 마가복음 13장 21절에서 22절에서 반복된다: "그 때에 사람이 너희에게 말하되 그리스도가 여기 있다 보라 저기 있다 하여도 믿지 말라. 거짓 그리스도들과 거짓 선지자들이 일어나사 이적과 기사를 행하여 할 수만 있으면 택하신 백성을 미혹케 하리라." 이 경계는 첫째 경계(13:5-6)와 매우 유사하지만, 첫째 경계가 재난의 시작에 불과한 전반기 고난의 기간(13:5-13)에 해당되는 반면, 이 경계는 멸망의 가증한 것으로부터 시작하는 전무후무한 환란의 기간(13:14-20)에 해당된다.59) 다시 말하여 그 거짓 그리스도들과 거짓 선지자들은 그 환란의 기간에 일어날 것이라는 예고이다. 이것은 예루살렘 성전이 파괴되는 최후의 순간에 일어난 비극적인 사건을 연상시킨다. 성전이 불타고 있는 가운데 성전 바깥뜰에는 아직 불타지 않고 남아있던 한 회랑이 있었다. 그곳에는 육천 명 가량의 부녀자들과 아이들과 일반 주민들이 불길을 피해 도망쳐 와있었다. 그런데 로마 병사들은 디도의 명령이 내리기도 전에 그 회랑 밑부분에 불을 질렀고 그 결과로 거기에 있던 모든 사람들이 죽었다.

요세푸스는 이 사건이 한 거짓 선지자가 하나님이 성전 뜰에 올라가 구원의 표를 받으라고 명하셨다고 예언했기 때문이었다고 말한다. 그는 또 그 혼란의 와중에서도 많은 거짓 선지자들이 강도들에게 매수당해 하나님의 도움을 기다려야 한다고 미혹했으며 또 강도들은 많은 선지자들을 사주하여 예루살렘이 이러한 참화에서 구원받을 것이라고 예언하게 했다고 전한다.60) 요세푸스는 예루살렘 파멸의 원인을 예루살렘 주민들이 거짓 선지자들과 하나님의 사자라고 자처하는 엉터리 협잡꾼들에 의해 미혹되었기 때문이었다고 결론을 내리며 또 그 중에서 무엇보다도 유대인들로 하여금 전쟁을 하게 한 것은 "그 때에 유대에서 난 자가 온 세상의 통치자가 되리라"는 성경에 있는 애매모호한 예언 때문이었다고 말한다.61) 마가가 많은 미혹케 하는 자들과 거짓 그리스도들과 거짓 예언자들을 부각시킨 이유는 유대-로마 전쟁 기간에 벌어진 이와 같은 사건들과 밀접하게 연결된다.

마가복음 13장 7절에서 8절도 유대-로마 전쟁에 이르기까지의 불안했던 팔레스틴의 상황을 반영한다. 전쟁과 전쟁의 소문은 예수 시대 이래로 팔레스틴에서 꼬리를 물고 일어났다.62) 유대인과 로마 사이에 전쟁이 있으리라는 소문은 로마 황제 갈리굴라가 자신의 동상을 예루살렘 성전에 세우라고 명령하고 유대인들이 그것에 대항한 때부터 돌기 시작했다.63) 쿠마누스가 유대의 총독으로 있던 때에 예루살렘에 큰 소요 사태가 일어나 많은 유대인들이 희생당하는 사건이 발생했으며 갈릴리인들과 사마리아인들 사이에 전쟁이 일어나기도 했다.64) 네로 황제가 즉위하면서부터 예루살렘에는 소위 시카리파라고 불리는 무법자들이 나타나 대낮에 시내 중심부에서 살인을 자행하여 예루살렘은 공포에 휩싸이게 되었다.65) 벨릭스가 총독으로 있던 때(A.D. 59-60)에 가이사랴에서는 헬라인들과 유대인들 사이에 큰 싸움이 일어나기도 했다.66) 총독 베스도(A.D. 60-62)의 후임인 알비누스(A.D. 62-64)와 플로루스(A.D. 64-66)는 공권력으로 사유 재산을 훔치고 약탈한 것은 물론 무거운 세금을 부과하고 성전까지 약탈하여 유대인들에게 전쟁을 일으킬 마음을 먹게 만들었다.67)

"나라가 나라를 대적하여 일어나겠고"라는 말씀과 관련하여 Myers는 유대-로마 전쟁 기간 중에 네로가 죽고 로마에서 정권 쟁탈전이 일어난 것과 동방으로부터 파르디아(Parthia)의 침공을 반영하는 것으로 이해한다.68) 지진이나 기근과 같은 자연 재해도 이 기간의 상황을 반영한다. A.D. 50년대 초에 팔레스틴에 극심한 기근이 있었으며 또 A.D. 60년대 초에는 라오디게아와 폼페이를 파멸시킨 지진과 호산 폭발이 있었다. 이런 혼란의 와중에서 전쟁의 선동자들은 지금이 바로 하나님이 결정적으로 개입할 때라는 묵시적 희망을 부추겼다.69)

마가복음 13장 9절에서 13절은 유대-로마 전쟁 기간에 마가의 공동체가 집단적으로 받은 박해의 내용을 포함하고 있다.70) 그 기간에 유대인 기독교인들은 전쟁에 가담한 동족들로부터는 그들에게

협조하지 않는다는 이유로 지목의 대상이 되었으며 또 진압하던 로마 병사들로부터는 전쟁의 가담자라는 혐의를 받았다.71) 예수의 제자들이 재판에 넘기움을 받게 될 것이 세 번이나 언급된다(13:9, 11, 12). 요세푸스는 열심당원들이 성전을 점거하고 대제사장 아나누스와 예수를 죽인 후에 유대인 70명을 성전으로 불러 가짜 법정을 만들고는 바리스의 아들 사가랴를 그가 예루살렘을 로마인들에게 넘겨주려 한다는 반역의 죄로 고소하고 처형한 사건을 전달한다.72) 요세푸스는 또 로마에 대한 유대인들의 항쟁 초기에 가이사랴에서부터 일어난 유대인들과 이방인들 사이의 끔찍한 살상에 관하여 언급한다. 이 살상극은 시리아의 마을들과 인근 도시들은 물론 거라사, 펠라, 스구도볼리로 확산되었고 나아가 알렉산드리아에서도 일어났다.73) 이와 같이 "사람들이 너희를 공회에 넘겨주겠고 너희를 회당에서 매질하겠으며… 너희가 관장들과 임금들 앞에 서리니"라는 말씀은 일차적으로 그 전쟁 중에 일어난 이러한 상황을 반영한다.74)

마가복음 13장이 유대-로마 전쟁의 상황을 반영하고 있는 것은 "멸망의 가증한 것"에 대한 언급에서 절정에 이른다: "멸망의 가증한 것이 서지 못할 곳에 선 것을 보거든 (읽는 자는 깨달을진저) 그 때에 유대에 있는 자들은 산으로 도망할지어다"(막 13:14). "멸망의 가증한 것"(τὸ βδέλυγμα τῆς ἐρημώσεως)은 다니엘서에 근거한 표현인데(단 9:27; 11:31; 12:11), 다니엘서에서 그것은 예루살렘 성전의 모독 곧 안티오쿠스IV(에피파니스)가 성전의 번제단에 제우스 신을 위한 제단을 세운 것을 가리킨다(마카비1서 1:54).75) 이것과 관련하여 일부 학자들은 예수의 이 말씀이 로마 황제 갈리굴라가 예루살렘 성전에 자신의 신상을 세우려고 했던 사건을 가리킨다고 주장했다.76) 그러나 그것은 중성 명사 βδέλυγμα가 마가복음 13장 14절에서 "선다"는 남성 분사 ἑστηκότα와 함께 사용된 것을 적절하게 설명하지 못한다. 이 남성 분사의 사용은 "가증한 것"이 성전의 제단보다는 성전과 관계된 어떤 사람 곧 역사상의 구체적인 인물을 가리키는 것으로 보는 것을 필요로 한다.77) 또한 갈리굴라 사건 때에는 마가복음 13장 14절 이하에서 보여지는 것과 같은 사태의 긴박성과 심각성 면에서 하나님의 백성에 대한 위협이 아직은 그렇게 심각한 것이 아니었다. 어떤 학자들은 이 남성 분사의 사용과 그 후에 제시된 환란의 혹독함과 관련하여 "멸망의 가증한 것이 서지 못할 곳에 서는 것"을 로마 군대의 공격에 의한 성전의 파괴와 성전이 불타고 있는 상황에서 로마 장군 디도가 지성소가 있던 자리에 나타난 것을 가리킨다고 생각했다.78) 이러한 견해 또한 그 남성 분사에 대한 설명은 되지만, "유대에 있는 자들은 산으로 도망할지어다"는 경고를 무의미하게 만든다. 그 때는 이미 로마 군대가 유대 지방을 평정하고 예루살렘을 포위하여 함락시키는 단계였기 때문에 어디로 도망한다는 것이 무의미했기 때문이다.79)

마가복음 13장 14절이 참혹한 전쟁을 예고하는 것은 몇 가지 점에서 분명히 암시되고 있다. 먼저 저자가 삽입한 "읽는 자는 깨달을진저"라는 애매한 암시적인 구절이 이 부분에 대한 역사적 상황의 이해에 중요한 단서가 된다. 저자가 직접적인 설명보다 암시적인 말을 사용하고 독자들에게 그것의 의미를 일깨우는 간접적인 방식을 취한 이유는 직접적인 말을 할 수가 없는 정치적으로 험악한 상황을 반영한다. Vincent Taylor는 이것을 기독교인들의 눈에는 하나의 단서이지만 일반 사람들 특히 로마 제국의 당국자들에게는 수수께끼와 같은 "하나의 애매한 암시"(a dark hint)라고 말한다.80) Ched Myers도 이 구절은 로마 군대의 지배하에 들어간 갈릴리에서 정치적으로 살벌한 분위기였으며 로마 군대의 움직임에 대하여 직접적으로 말할 수 없는 마가의 상황을 반영하는 것으로서 지하에서 사용되는 정치 담화와 같은 것으로 생각한다.81) 다음에 황급히 도망하라는 권고도 전쟁이 벌어진 상황에서 피난민들에게 해당되는 대응을 가리킨다. 또한 저자가 강조한 "환난의 날"과 전무후무한 환난도 그 상황의 참혹함과 심각함을 나타낸다(막 13:19). 이러한 점들을 고려할 때, 멸망의 가중한 것에 대한 언급은 예루살렘과 유대 지방이 아직 로마 군대에게 완전히 포위되지 않은 때에 일어난 사건을 가리키는 것으로 간주하는 것이 타당하다.

Joel Marcus는 마가의 상황에서 예수의 이 언급은 열심당원들에 의한 예루살렘 성전의 모독과 관계된 일련의 사건들, 특히 A.D. 67년에서 68년으로 넘어가는 겨울에 시몬의 아들 엘르아살이 성전을 점령한 사건을 반영하는 것으로 제안했다.82) 이 기간에 열심당원들이 예루살렘에 집결했는데, 그들은 성전을 그들의 요새와 피난처로 삼았을 뿐 아니라 성소를 열심당 본부로 만들어 버렸다.83) 무엇보다도 그들은 대제사장에 적합하지도 않으며 대제사장의 위치가 무엇인지도 모르는 아프디아 출신의 사무엘의 아들 판니(Phanni)라는 사람을 제비뽑아 대제사장에 임명했다.84) 이것은 유대인 제사장들에게는 성전을 모독하고 더럽히는 치욕적인 일이었기 때문에, 성전이 모독을 당하고 제사 체계가 더럽힘을 당하는 것을 보고만 있을 수밖에 없었던 다른 제사장들은 눈물을 흘리고 매우 애통해 했다. 분노한 예루살렘 주민들이 모인 자리에서 대제사장이었던 아나누스가 다음과 같이 말했다: "확실히 나는 하나님의 집이 이 많은 가증스러움으로 가득 차고 거룩한 곳이 닥치는 대로 짓밟혀 피 흘리는 야만인들의 발자국으로 가득 찬 것을 눈으로 보기 전에 죽는 것이 좋을 뻔 했습니다."85) 이 일 후에 백성들의 분노와 반발이 거세지자 열심당원들은 이두매인들에게 도움을 요청했고 이두매인들이 예루살렘에 들어왔으며 그 후에 예루살렘은 열심당원들과 이두매인들에 의한 살육의 현장이 되었다.86) 요세푸스는 이러한 살육의 현장에 대한 묘사의 결론에서 열심당원들에 의한 성전의 모독을 예루살렘과 성전의 파멸과 관계시킨다: "왜냐하면 선지자들 가운데 어떤 오래된 선지자가 유대인들 사이에 내분이 일어나서 하나님의 성전을 더럽히는 때가 오면 전쟁으로 성전이 불타고 예루살렘이 함락되리라는 것을 예언했기 때문이다."[87]

유대인들이 예루살렘에서 이렇게 내분으로 혼란을 겪는 동안에 진압군 사령관인 베스파시안은 A.D. 68년 여름이 되기 전에 예루살렘 동편인 여리고와 서편인 아디다에 진을 치고 예루살렘 공격을 위한 준비를 완료했다.[88] 그 때 베스파시안은 네로 황제가 죽었다는 소식을 듣게 된다(A.D. 68년 6월 9일).[89] 그 후에 기오라의 아들이며 거라사 출신인 시몬이 나타나 유대의 산악 지방을 중심으로 세력을 확장해 나갔다. 열심당의 공격을 격퇴한 시몬은 헤브론을 점령하고 예루살렘을 차지할 계획을 세웠다. 내란과 권력 투쟁이 유대 지역뿐 아니라 이탈리아에서도 벌어지는 가운데 베스파시안은 예루살렘으로 계속 진격하여 이제 예루살렘은 로마군의 최후 공격의 대상이 되었다.[90]

이러한 역사적 상황을 고려할 때, "멸망의 가증한 것"은 마가의 상황에서는 유대-로마 전쟁을 촉발시켰던 열심당원들의 활동과 관계가 깊은 것으로 보여진다. 열심당원들이 성전을 점령하여 항쟁의 본부로 사용했으며 또 임의로 대제사장을 세운 사건은 남성 분사 ἑστηκότα에 대한 적합한 설명이 되기도 하며 또한 "그가 서지 말아야 하는 곳"(ὅπου οὐ δεῖ)에 서는 것에 대한 적절한 설명이 될 수도 있다. 그것은 그 후에 벌어진 처참한 살육의 예표가 되었으며 결과적으로는 요세푸스가 말한대로 예루살렘과 성전의 파멸의 예표가 되었다.[91] 그러나 그 때는 아직 로마 군대가 예루살렘과 유대 지방을 완전히 장악하지 않은 상황이었기 때문에, 도망갈 수 있는 여지가 남아 있었다. 그러나 그 기간은 아주 짧기 때문에, 도망갈 사람들은 지체하지 말고 황급히 떠나야 한다."산으로" 급히 도망하라는 명령은 지리적으로는 유대와 예루살렘 산간 지역을 넘어선 지역을 가리키는 것으로 보인다. 그런 점에서 이 명령은 4세기 역사가인 유세비우스가 언급한 것으로서 예루살렘 기독교인들로 하여금 유대-로마 전쟁 전에 집단으로 요단 강 동편 산간 지역의 하나인 벨라로 도망가게 만들었던 계시와 연결된다.92) 그러나 이 명령은 마카비1서 2장 28절과 연결될 수 있는 사회-정치적 의미를 포함한다. 마카비1서에서 "산으로 도망하라"는 권면은 예루살렘과 성전 회복을 위하여 산을 거점으로 한 저항 운동을 위한 초청이지만, 예수의 말씀은 예루살렘과 성전의 포기를 위한 초청이요 그것은 곧 유대교 의식 세계의 포기를 의미한다.93)

결론

사회과학적 통찰에 따르면, 귀신들림이라는 일종의 정신질환은 사회적 환경에 존재하는 여러 종류의 억압과 그것에 의한 사회적 긴장과 밀접하게 관계되었다. 그런 시각에서 보면, 본문에 묘사된 귀신들림도 식민지 지배의 억압적 상황에서 바라볼 수 있다. 이러한 시각은 이 사건을 단순히 개인적 치료 사건으로만 보지 않고 그런 귀신들림이 존재하는 사회적 환경과의 관계 속에서 볼 수 있게 한다. 귀신들림이라는 비인간화는 귀신들린 사람이 속한 사회의 억압적 구조에서 발생하는 개인적이면서 또한 집단적 현상이다. 본문에 나오는 거라사의 귀신들린 사람은 레기온(군대)으로 상징되는 로마 제국의 속박과 억압의 결과를 상징적으로 나타낸다. 마가는 레기온을 앞세운 로마제국의 억압적 통치가 식민지 백성에게 얼마나 큰 상처와 아픔을 주고 있는가를 그 군대귀신에 포로가 된 사람을 통하여 표현한다.

마가가 예수와 군대귀신 사이의 대결의 장소로서 거라사 지방을 선택한 이유는 그곳이 유대-로마 전쟁 기간에 로마군에 의해 극심한 피해를 당한 지역인 것과 연결된다. 요세푸스는 그 전쟁 기간에 로마 사령관 베스파티안이 천부장 루시우스를 보내 거라사를 점령하고 살인과 약탈을 자행한 사건을 전달한다. 로마는 그 전쟁 기간에 그곳에 레기온을 주둔시켰으며 레기온의 주둔은 그 후 AD 3세기까지 이어졌다. 마가는 유대-로마 전쟁 속에서 로마의 레기온이 보여준 살육과 만행의 현장을 거라사의 귀신들린 사람을 통하여 고발한다. 마가복음 전체가 유대-로마 전쟁을 배경으로 한 작품인데, 특히 마가복음 13장은 유대-로마 전쟁의 상황에서 마가의 교회가 경험했던 역사적 사건들을 담고 있는 묵시적 담화이다. 이 담화에 따르면, 마가의 교회 또한 유대-로마 전쟁의 한복판에서 그 전쟁의 참혹한 결과를 목격하고 경험하고 있었다.

마가의 교회는 로마의 레기온이 유대인 항쟁자들에 대하여 행한 처참한 살육과 만행에 관하여 들었을 것이며 또 거라사의 주민들에 대하여 행한 만행에 관해서도 들었을 것이다. 마가가 예수의 귀신축출 사역의 장소를 거라사로 제시한 것과 또 귀신의 정체를 '레기온'으로 언급한 것 그리고 레기온의 숫자를 이천으로 구체적으로 제시한 것들이 마가 교회의 이러한 삶의 자리를 반영하고 있다. 이러한 삶의 자리에서 귀신들림이라는 비인간화의 현상은 레기온을 앞세운 로마 제국의 식민주의와 군국주의의 압제와 억압의 산물이었다. 따라서 예수가 행한 거라사의 귀신축출 사역은 로마 제국의 압제와 억압에 의한 비인간화를 고발하며 나아가 그러한 악의 세력을 물리치는 저항 사역이었다. 예수의 귀신축출 사역의 이러한 해방적 국면은 이 본문의 세 번째 연구에서 구체적으로 제시될 것이다.

주(註)

1) 김광수, "예수의 귀신축출 사역의 사회-정치적 이해: 마가복음 5:1-20(I)," 「복음과 실천」, 23(1999), 64-97.
2) John J. Pilch and Bruce J. Malina, eds., *Biblical Social Values and Their Meanings: A Handbook* (Peabody, MA: Hendrickson, 1993), 119-25; Paul Hollenbach, "Jesus, Demoniacs, and Public Authorities: A Sociological Study," *Journal of American Academy of Religion*, 49 (1981), 570-71; Dietmar Neufeld, "Eating, Ecstasy, and Exorcism (Mark 3:21)," *Biblical Theology Bulletin*, 26 (1996), 156-7 참조.
3) 인류학적 혹은 정신의학적 시각에서 본 귀신들림의 상태에 관하여, Adela Y. Collins, *The Beginning of the Gospel* (Philadelphia: Fortress Press, 1992), 46-8; Marcus J. Borg, *Jesus A New Vision* (New York: Harper Collins, 1987), 61-5; 김광수, "예수의 귀신축출 사역의 사회-정치적 이해(1)," 「복음과 실천」, 19 (1996), 37-8; idem., "예수의 귀신축출 사역의 사회-정치적 이해(막 1:21-28)," 「성경과 신학」, 23(1998), 27-8 참조.
4) 유대교의 정결 체계에 관한 이해를 위하여, 김광수, "예수의 귀신축출 사역의 사회-정치적 이해(막 1:21-28)," 33-41, 51-4 참조.
5) '괴롭게 하다'(βασανίζω)는 동사는 고문을 받는 것과도 같은 극심한 신체적 혹은 정신적 고통(distress)을 의미한다[Walter Bauer, *A Greek-English Lexicon of the New Testament and Other Early Christian Literature* (Chicago: The University of Chicago Press, 1979), 134]. 많은 학자들은 이 고통스런 언급에는 최후 심판에 관한 묵시적 기대가 잠복해 있다고 생각하기도 하며, 또 다른 학자들은 그것은 단순히 그 귀신들린 자는 물론 그 더러운 귀신이 쫓겨나갈 것에 대하여 느끼는 고통을 가리킨다고 생각한다. Robert A. Guelich, *Mark 1-8:26*, WBC 34a (Dollas: Word Books, 1989), 279; Robert H. Gundry, *Mark: A Commentary on His Apology for the Cross* (Grand Rapids: Wm. B. Eerdmans, 1993), 250. 그러나 그 고통은 그 사람이 예수를 만나기 이전부터 당하고 있는 고통(신체적인 것은 물론 정신적 고통까지 포함)을 반영한다.
6) 김광수, "예수의 귀신축출 사역의 사회-정치적 이해(막 1:21-28)," 33-41.
7) Hollenbach, "Jesus," 573.
8) Fanon의 연구는 Hollenbach, "Jesus," 573-5에 설명됨.
9) John D. Crossan, *Jesus: A Revolutionary Biography* (New York: Harper Collins, 1994), 88-91; idem., *The Historical Jesus: The Life of a Mediterranean Jewish Peasant* (New York: Harper Collins, 1991), 313-6.
10) Ioan M. Lewis, *Ecstatic Religion: An Anthropological Study of Spirit Possession and*

Shamanism (Baltimore: Penguin Books, 1971), 31, 32, 35, 88, 127; Crossan, *Jesus*, 88-9과 *The Historical Jesus*, 315-6에 설명됨.

11) Crossan, *Jesus*, 91; idem., *The Historical Jesus*, 317-8.

12) Mary Douglas의 견해는 그녀의 저작인 *Purity and Danger: An Analysis of the Concepts of Pollution and Taboo* (London: Routledge & Kegan Paul, 1966), 114-39 와 *Natural Symbols: Explorations in Cosmology* (London: The Cresset Press, 1970), 65-81에 제시됨.

13) Marcel Mauss, "Les Technigues of Corps," *Journal de la Psychologie*, 32 (1936), English translation in *Economy and Society*, 2 (1973), 70-88; Kwang Soo Kim, "The Social Funcion of 1 Corinthians 15: An Ideology of Purity," Ph. D. Dissertation, Southern Baptist Theological Seminary (1990), 39-40 참조.

14) Richard A. Horsley, *Jesus and the Spiral of Violence: Popular Jewish Resistance in Roman Palestine* (Philadelphia: Fortress Press, 1993), 186-7.

15) Ibid., 187.

16) Gerd Theissen, *The Miracle Stories of the Early Christian Tradition*, trans. Francis McDonagh (Edinburgh: T. & T. Clark, 1983), 254-6.

17) Ched Myers, *Binding the Strong Man: A Political Reading of Mark's Story of Jesus* (New York: Orbis Books, 1991), 192-4(인용문은 93).

18) 강요섭, "귀신축출 설화와 다국적 기업,"「기독교사상」, 27 (1982), 116. 그는 그의 마가복음 해설서에서 그 귀신들린 자의 말에서 '나'와 '우리'가 동시에 나오는 것을 "한편에서는 악령에 의하여 비인간화된 사람의 인격적 단편화와 분열상을 제시하고 있으며 또 다른 한편에서는 그렇게 비인간화된 전체 곧 집단적-환경적 삶을 대표하고 상징한다"고 제시한다. 강요섭,「복음의 시작: 길의 건설」(천안: 한국신학연구소, 1991), 101.

19) William Lane, *The Gospel according to Mark* (Grand Rapids: Wm. B. Eerdmans, 1974), 184; J. 그닐카,「마르코복음(1)」(천안: 한국신학연구소, 1985), 262.

20) 그닐카,「마르코복음(1)」, 262.

21) Vincent Taylor, *The Gospel According to St. Mark* (New York: St Martin's Press, 1957), 281; Guelich, *Mark 1-8:26*, 281; 강요섭,「복음의 시작」, 100; 그닐카,「마르코복음(1)」, 262, n. 30; Myers, *Binding the Strong Man*, 191; David N. Freedman, ed., *The Anchor Bible Dictionary*, 6 vols. (New York: Doubleday, 1992), V:789-98; Paul J. Achtemeier, ed., *Harper's Bible Dictionary* (New York: Harper Collins, 1985), 555; George A. Buttrick ed., *The Interpreter's Dictionary of the Bible*, 5 vols (Nashville: Abingdon Press, 1962), III:111.

22) Theissen, *Miracle Stories*, 255; Myers, *Binding the Strong Man*, 193; Hollenbach, "Jesus," 581; Crossan, *The Historical Jesus*, 315; idem., *Jesus*, 90; Horsley, *Jesus*,

187.

23) Paul Winter, *On the Trial of Jesus* (Berlin, 1961), 129. Cf. Graham H. Twelftree, *Jesus the Exorcist* (Peabody, MA: Hendrickson, 1993), 85; 김득중, 「복음서의 이적해석」 (서울: 컨콜디아사, 1996), 101.

24) Robert Gundry는 당시에 일반적인 돼지 떼의 숫자는 대개 100-150마리 정도이며 많아야 300마리를 넘지 않는다고 지적한다(Gundry, *Mark*, 252) 반면에 Twelftree는 돼지 떼의 구체적인 숫자가 로마의 군단과 특별하게 연결되어 있는 것은 아니며 또한 초기 기독교인들이 이 구절을 반 로마적 감정을 부추기기 위하여 사용한 것도 아니라고 주장한다(*Jesus*, 85); cf. Lane, *Mark*, 184-5, n. 17.

25) 숫자 이천과 육천은 매우 다르면서도 천 단위의 숫자로서 연결되는 점도 있다. 마가가 로마 레기온의 숫자를 정확하게 말하기를 꺼려하여 유사한 숫자로 말했을 수도 있거나 혹은 본문의 사건과 관계된 레기온의 숫자가 이천이었을 수도 있다. Paul Winter는 돼지는 로마제국의 제10군단을 가리키는데, 그 군단은 이 이야기의 무대가 되는 지역 근처에 A.D. 70-135년까지 주둔했었다고 말한다. Paul Winter, *On the Trial of Jesus* (Berlin, 1961), 180-1; Winter의 견해는 Gundry, *Mark*, 260-1과 Lane, *The Gospel of Mark*, 184-5, n. 17에 설명됨.

26) Duncan Derrett, "Contribution to the Study of the Gerasene Demoniac," *Journal for the Study of the New Testament*, 3 (1979), 5-7; Derrett의 견해는 Myers, *Binding the Strong Man*, 191에 설명됨.

27) Myers, *Binding the Strong Man*, 192; Crossan, *Jesus*, 90.

28) 요세푸스, 「유대전쟁사」, 4권9장1항, 하바드 대학교판 (서울: 달산, 1991), vol. 2, 92-3; Myers, *Binding the Strong Man*, 191; Walter Wink, *Unmasking the Powers: The Invisible Forces That Determine Human Existence* (Philadelphia: Fortress Press, 1986), 45 참조.

29) Wink, *Unmasking the Powers*, 45.

30) Myers, *Binding the Strong Man*, 191. Theissen은 이러한 사실과 본문의 귀신들린 사람이 무덤 사이에 거처하고 있었다는 것에 근거하여 그 귀신들린 사람은 로마에 대한 항쟁에서 죽은 용사들의 원혼에 사로잡힌 사람이라는 가설을 제시한다(*Miracle Stories*, 255, n. 58). 그닐카, 「마르코복음(1)」, 262, n. 31 참조.

31) Myers, *Binding the Strong Man*, 191-2; 김득중, 「복음서의 이적 해석」, 103. Theissen은 그 시대 유대인 사회에 대한 외국 세력에 의한 지배는 기껏해야 우상들과 귀신들을 들여와 그 땅을 더럽히는 위협적인 악의 세력의 활동으로 간주된 것을 지적한다: "로마의 지배는, 다른 외국 세력의 지

배와 같이, 처음부터 종교적 국면을 포함했다; 외국인들과 함께 그들의 신들이 들어왔다"(*Miracle Stories*, 255).

32) Theissen, *Miracle Stories*, 255. 그닐카도 이 점을 지적한다: "이런 언어의 선택에서 이 지역의 정치적 상황이 암시되어 있다고 추측할 수 있을 것이다. 로마인들은 점령 세력으로서 정착하였으며 이 지역을 떠날 의도가 없었다. 귀신들이 예수에게 이 지역에서 쫓아내지 말아달라고 한 첫째 간청이 정확히 이것과 일치한다"(「마르코복음」, 262). 로마 제국의 불의하고 억압적 세력의 의인화는 대표적 묵시문학인 계시록 13장에서 바다에서 올라온 짐승의 영상으로 표현된다(계 13:1-10).

33) 전통적 견해와 새로운 견해에 관한 참고 문헌을 위하여 Joel Marcus, "The Jewish War and the Sitz im Leger of Mark," *Journal of Biblical Literature*, 111/3 (1992), 441-2, n. 1, 3; Pieter J. Botha, "The Historical Setting of Mark's Gospel: Problems and Possibilities," *Journal for the Study of New Testament*, 51 (1993), 31-3 참조.

34) Cf. Willi Marxsen, *Mark the Evangelist* (Nashville: Abingdon Press, 1969); Werner Kelber, *The Kingdom in Mark* (Philadelphia: Fortress Press, 1974); H. C. Kee, *Community of the New Age* (Philadelphia: Westminster Press, 1977). 맥(Burton L. Mack)은 Kee를 따라 유대-로마 전쟁을 가까이에서 목격했지만, 직접적으로 개입한 것은 아닌 시리아 남부 지역의 공동체로 본다. Burton L. Mack, *Myth of Innonence: Mark and Christian Origins* (Philadelphia: Fortress Press, 1988), 315. Jeol Marcus는 마가의 교회는 요단 강 동편에 위치한 헬라계 도시들(특히 Pella가 가능한 지역) 중의 하나에 있던 다수가 이방인이었던 공동체라고 생각한다("The Jewish War," 460-2).

35) Myers는 헬레니즘 시대에 묵시 문학은 당대의 사건들을 해석하는 대중적 수단이었다고 지적하면서, 마가복음 13장의 묵시적 성격도 이런 맥락에서 이해하는 것이 필요하다고 말한다(*Binding the Strong Man*, 324-7).

36) Cf. Mack, *Myth*, 317; 박수암, 「마가복음 13장과 마가복음」 (서울: 장로회신학대학출판부, 1993), 41-139; Werner H. Kelber, *Mark's Story of Jesus* (Philadelphia: Fortress Press, 1979), 66-70; Marcus, "Jewish War," 46-8; Aadela Y. Collins, "The Apocalyptic Rhetoric of Mark 13 in Historical Context," *Biblical Research*, 41 (1996), 5-36.

37) 여기서 제자들의 질문은 단순히 성전 파멸의 때와 징조만을 가리키는 것이 아니라, "이 모든 일들이 이루려 할 때에"(ταῦτα συντελεῖσθαι πάντα)라는 종말론적 질문의 형태로 제시되었다(Kelber, *Mark's Story*, 69).

38) 그 미혹케 하는 자들이 내세울 "내 이름으로"(ἐπὶ τῷ ὀνόματί μου)와 "내가 그로라"(ἐγώ εἰμι)라는 말의 의미에 대한 논의에 대하여 Taylor, *Mark*,

503-4; Gundry, *Mark*, 760-1; Collins, "Apocalyptic Rhetoric," 14-5 참조.
39) 이런 경우에 "내가 그로라"라는 주장은 자기를 현현한 예수 혹은 영화로운 인자로서 강림하는 예수라는 주장이다. Cf. Collins, "Apocalyptic Rhetoric," 14; Kelber, Kingdom, 115. Gundry는 그 미혹케 하는 자들을 기독교인 공동체 안에서만 생각해야 한다고 주장한다(*Mark*, 761).
40) 이런 경우에 "내가 그로라"라는 구절은 "내가 그리스도다"라는 주장이 된다. 마태는 "내가 그로라"(Ἐγώ εἰμι)라는 마가의 구절을 자칭 메시야를 가리키는 구절인 "나는 그리스도다"(Ἐγώ εἰμι ὁ Χριστός)로 바꾸었다(마 24:5). Cf. Taylor, Mark, 503; Collins, "Apocalyptic Rhetoric," 14.
41) 요세푸스, 「유대고대사」, 20.5.1. 드다는 사도행전에서도 언급되었는데(행 5:36), 거기서는 그의 활동이 일전에 일어났던 것으로 제시되었다. Cf. Collins, "Apocalyptic Rhetoric," 15.
42) 요세푸스, 「유대전쟁사」, 2.13.3-4. Cf. Collins, "Apocalyptic Rhetoric," 15-6.
43) 요세푸스, 「유대전쟁사」, 2.13.5. 요세푸스는 그 애굽 인이 거의 삼만 명 가량의 사람들을 모았다고 말하는데, 사도행전 21:38에서는 그가 사천의 자객을 거느리고 광야로 나간 사람으로 묘사된다. Cf. Collins, "Apocalyptic Rhetoric," 16.
44) 「유대전쟁사」, 2.17.8. Cf. Collins, "Apocalyptic Rhetoric," 17; Marcus, "Jewish War," 458; Horsley and Hanson, *Bandits, Prophets, and Messiahs: Popular Movements at the Time of Jesus* (SanFrancisco: Harper Collins, 1985), 118-9.
45) 「유대전쟁사」, 2.17.9. Cf. Marcus, "Jewish War," 458; Horsley and Hanson, *Bandits*, 118-9.
46) 「유대전쟁사」, 2.17.9. Collins는 므나헴의 봉기가 한 달 정도 지속되었다는 Helmut Schwier의 견해를 언급한다("Apocalytpic Rhetoric," 17, n. 51)
47) 기스칼라의 요한이 불량배의 지도자로 부상한 것은 「유대전쟁사」, 2.21.1에 나오며 또 기스칼라에서 반란을 선동했다가 그곳을 탈출하여 예루살렘으로 가서 지도자가 된 것은 「유대전쟁사」, 4.2.1-4.3.1에 나온다. Cf. Collins, "Apocalpytic Rhetoric," 17.
48) 「유대전쟁사」, 4.3.2.
49) 열심당원들이 성전을 본부로 삼은 것은 「유대전쟁사」, 4.3.7에 나오고, 대제사장 아나누스와 예수가 열심당을 공격한 것은 「유대전쟁사」, 4.3.11-4.6.1에 나오며, 그리고 요한이 절대 주권을 내세운 것은 「유대전쟁사」, 4.7.1에 나온다.
50) 「유대전쟁사」, 2.22.2. Cf. Collins, "Apocalyptic Rhetoric," 17; Horsley and Hanson, Bandits, 221-2.
51) 「유대전쟁사」, 2.22.1-2.

52) 「유대전쟁사」, 4.9.3.
53) 「유대전쟁사」, 4.9.4. Collins는 요세푸스의 이러한 언급으로 미루어 보아 시몬은 다양한 사회 계층들로부터 메시야적 지도자로 추앙받았던 것으로 보인다고 말한다("Apocalyptic Rhetoric," 18).
54) 「유대전쟁사」, 4.9.11-12. Cf. Marcus, "Jewish War," 458-9; Collins, "Apocalyptic Rhetoric," 18; Horsley and Hanson, *Bandits*, 121-5. Marcus는 시몬의 예루살렘 입성 장면과 마가복음 11:1-10에서 예수의 예루살렘 입성 장면에는 많은 유사점들이 있는데, 그 중에는 예루살렘에 들어간 것이 왕으로서의 입성을 암시하는 점, 사람들이 환호한 점, 그리고 입성 즉시 성전을 공격한 점이 포함된다고 말한다("Jewish War," 459).
55) 「유대전쟁사」, 5.7.3. Cf. Collins, "Apocalyptic Rhetoric," 18.
56) 「유대전쟁사」, 7.2.2. Cf. Marcus, "Jewish War," 458.
57) Marcus, "Jewish War," 458. Cf. Horsley and Hanson, *Bandits*, 127.
58) Horsley and Hanson, *Bandits*, 126-7.
59) Collins, "Apocalyptic Rhetoric," 27-28; Gundry, *Mark*, 778; Lane, *Mark*, 472.
60) 「유대전쟁사」, 6.5.2. Cf. Collins, "Apocalyptic Rhetoric," 16, 28.
61) 「유대전쟁사」, 6.6.3-4.
62) 마가복음 13장 7절에서 한글 성경의 번역인 '난리'는 '전쟁'(πολέμους)으로 번역하는 것이 더 적합하다. "난리의 소문"(ἀκοὰς πολέμων)으로 번역된 어구도 '전쟁들의 소문'일 수도 있고 '전쟁들의 소식'(news)일 수도 있다(Gundry, *Mark*, 762)
63) 「유대전쟁사」, 2.10.1.
64) Ibid., 2.12.1-7.
65) Ibid., 2.13.3.
66) Ibid., 2.13.7.
67) 「유대전쟁사」, 2.14.1-9.
68) Myers, *Binding the Strong Man*, 332. 요세푸스는 네로가 죽은 후에 비텔리우스가 게르만에서 돌아와 황제가 되었다는 소식을 듣고 베스파시안이 분노했다는 것을 전한다(「유대전쟁사」, 4.10.1-2).
69) Myers, *Binding the Strong Man*, 332.
70) 박수암은 마가복음 13:9-13에 대한 마태와 누가의 편집적 작업을 설명하면서 "막 13:9-13에 기술된 박해들이 마가에 있어서는 그리스도인 일반이 겪어야 할 박해가 아니라 마가의 공동체가 경험하고 있던 바로 그 박해였음을 보여준다"고 말한다(「마가복음」, 392). Myers는 13:9-13을 "법정 제자도(courtroom discipleship)에 관한 강화"로 소개한다(*Binding the Strong*

Man, 333).

71) 박수암, 「마가복음」, 393; Myers, *Binding the Strong Man*, 333.
72) 「유대전쟁사」, 4.5.4.
73) Ibid., 2.18.1-7.
74) Marcus는 하스모니안 통치 이래로 팔레스틴에 있는 헬라계 도시들에서 일어난 유대인들과 이방인들 사이의 반목에 관하여 언급하면서 유대-로마 전쟁의 와중에서 승리의 예언에 도취된 어떤 유대인들이 이방인들에 대해서는 물론 이방인들과 공존하기를 바라는 유대인들(유대인-기독교인들)에 대하여 과격한 태도를 보였다고 말한다("Jewish War," 452-54). Cf. Myers, *Binding the Strong Man*, 333-4.
75) Taylor, *Mark*, 511; Lane, *Mark*, 466; Myers, *Binding the Strong Man*, 335; Collins는 70인역에서 "가증한 것"(βδέλυγμα)의 용례는 일반적으로 이교의 신의 영상을 나타내는데, 마가복음 13장 14절과 관련하여 그것은 이교의 신의 영상은 물론 그 영상이 나타내는 신을 가리킬 수 있다는 점을 지적한다 ("Apocalyptic Rhetoric," 23).
76) 요세푸스, 「고대사」, 10.11.7. Cf. Taylor, *Mark*, 511; Lane, *Mark*, 468.
77) Taylor, *Mark*, 511; Lane, *Mark*, 466; Gundry, *Mark*, 772; Marcus, "Jewish War," 455.
78) 「유대전쟁사」, 6.4.7. Collins는 그것이 예루살렘과 및 성전의 파멸을 가리키며 그 남성 분사의 로마의 장군 혹은 로마 군대를 가리킨다는 Dieter Luehrmann의 견해를 전달한다("Apocalyptic Rhetoric," 23, n. 77). Myers는 그것이 첫째는 로마 군대를 가리키고 또 그들에 의한 예루살렘의 전체적인 파괴를 가리킨다는 D. Ford의 견해를 전달한다(*Binding the Strong Man*, 335). Marcus, "Jewish War," 455 참조.
79) 베스파시안은 68년 6월에 예루살렘을 동쪽과 서쪽에서 공격하기 위한 준비를 완료했다. 그는 바로 예루살렘을 공격하려 했으나 그 때에 본국에서 네로 황제가 죽었다는 소식을 듣고 계획을 바꾸었다(「유대전쟁사」, 4.9.1-2).
80) Taylor, *Mark*, 512.
81) Myers, *Binding the Strong Man*, 335.
82) Marcus, "Jewish War," 455-57. Marcus는 요세푸스가 열심당원들의 성전 점령을 성전을 더럽힌 것으로 묘사하는 여러 구절들을 인용하면서 이것은 그들이 들어가지 말아야 할 곳에 들어간 것을 암시한다고 주장한다. Cf. Collins, "Apocalyptic Rhetoric," 25; Lane, *Mark*, 468-9.
83) 「유대전쟁사」, 4.3.3-7.
84) Ibid., 4.3.8.

85) 「유대전쟁사」, 4.3.10(163).
86) Ibid., 4.4.1-4.6.3.
87) Ibid., 4.6.3(388).
88) Ibid., 4.9.1.
89) Ibid., 4.9.2.
90) Ibid., 4.9.3-4.9.9.
91) 요세푸스에 따르면, 유대인 항쟁 초기에 엘르아살을 중심으로한 열심당원들이 예루살렘에 있는 로마 수비대를 공격하여 수비대장 메텔리우스를 제외한 모든 병사들을 살해했는데, 요세푸스는 이것이 유대 민족의 파멸이 시작되는 전주곡이었다고 평가한다. 그 때 많은 유대인들은 "돌이킬 수 없는 전쟁이 이제 곧 시작될 것과, 비록 로마인들로부터의 잔혹한 복수는 간신히 피할 수 있다 하더라도 가증스러운 죄악으로 얼룩진 예루살렘에 대한 하늘의 심판은 모면할 수 없으리라고 생각하고는 대성통곡하였다"고 말한다(「유대전쟁사」, 2.17.1-10, 인용문은 2.17.19).
92) 유세비우스, 「교회사」, 3.5.3. Cf. Lane, *Mark*, 468-70(특히 n. 80); Myers, *Binding the Strong Man*, 336; Marcus, "Jewish War," 401(특히 n. 95).
93) Myers, *Binding the Strong Man*, 336.

참고문헌

Achtemeier, Paul J. ed.. *Harper's Bible Dictionary*. San Francisco: Harper & Row, 1985.

Bammel, Ernst and C. F. D. Moule ed.. *Jesus and the Politics and His Day*. Cambridge University Press, 1984.

Beasley-Murray, G. R. *Jesus and the Kingdom of God*. Grand Rapids: Eerdmans, 1986.

Boff, Leonardo. 「해방자 예수 그리스도」. 황종렬 역. 왜관: 분도출판사, 1993; 1972.

Borg, Marcus J. *Conflict Holiness and Politics in the Teachings of Jesus*. Harrisburg, PA: Trinity Press International, 1984.

_____. "A Renaissance in Jesus Studies." *Theology Today* 45 (1988): 280-92.

_____. "Portraits of Jesus in Contemporary North American Scholarship." *Harvard Theological Review* 84/1 (1991): 1-22.

_____. *Jesus A New Vision*. San Francisco: Harper & Row, 1987.

_____. *Jesus in Contemporary Scholarship*. Valley Forge, PA: Trinity Press International, 1994.

Brandon, S. G. F. *Jesus and the Zealots*. Manchester: Manchester University Press, 1967.

Bultmann, Rudolf. *History of the Synoptic Tradition*. Trans. John Marsh. Oxford: Basil Blackwell, 1963.

_____. "Is Exegesis Without Presuppositions Possible." In *New Testament*

Mythology. Trans. Schubert M. Ogden. Philadelphia: Fortress Press, 1984; 145-54.

Collins, Adela. *The Beginning of the Gospel*. Minneapolis: Fortress, 1992.

Collins, John J. *The Apocalyptic Imagination*. New York: Crossroad, 1987.

Crosby, Michael H. *House of Disciples*. New York: Orbis Books, 1988.

Crossan, John D. *The Historical Jesus: The Life of a Mediterranean Jewish Peasant*. San Francisco: Harper & Row, 1991.

Dodd, C. H. *The Gospel in the New Testament*. London: N. S. S. U., 1926.

_____. *The Parables of the Kingdom*. Rev. ed. New York: Charles Scribner's Sons, 1961.

Douglas, Mary. *Purity and Danger: An Analysis of the Concepts of Pollution and Taboo*. New York: Aak Paperback, 1984; orginally Routledge & Kegan Paul Inc., 1966.

_____. *Natural Symbols: Explorations in Cosmology*. New York: Pantheon Books, 1982; originally London: Barrie & Rockliff, 1970.

_____ ed.. *Witchcraft Confessions and Accusations*. New York: Tavistock, 1970.

Dulling, D. C. "Solomon, Exorcism, and the Son of David." *Harvard Theological Review*, 68 (1975), 235-52.

_____. "Kingdom of God." In *The Anchor Bible Dictionary*. Vol. 4. New York: Doubleday, Dunn, James D. G. *Jesus and the Spirit*. London: SCM Press, 1975.

Fiorenza, Elisabeth Schuessler. *In Memory of Her: A Feminist Theological Reconstruction of Christian Origins*. New York: Crossroad, 1983.

Fitzmyer, Joseph A. *The Gospel According to Luke X-XXIV*. New York: Doubleday, 1985.

Gadamer, Hans-Georg. *Truth and Method*. Trans. William Glen-Doepel. London: Sheed & Ward, 1975.

Gnilka, J. 「마르코복음 I」. 천안: 한국신학연구소, 1985.

Gottwald, Norman K. and Richard A. Horsley eds. *The Bible and Liberation: Political and Social Hermeneutics*. London: S. P. C. K., 1993.

Grant, Michael. *Jesus: An Historian's Review of the Gospels*. New York: Collier Books, 1977.

Guelich, Robert A. *Mark 1-8:26*. WBC 34a. Dollas: Word Books, 1989.

Gundry, Robert H. *Mark*. Grand Rapids: Eerdmans, 1992.

Hanson, K.C. and Douglas E. Oakman. *Palestine in the Time of Jesus: Social Structures and Social Conflicts*. Minneapolis: Fortress Press, 1998.

Harrington, Daniel J. *The Gospel of Matthew*. Collegeville, MN: The Liturgical Press, 1991.

Harvey, A. E. *Jesus and the Constraints of History*. Philadelphia: The Westminster Press, 1982.

Hengel, Martin. *Crucifixion*. Philadelphia: Fortress, 1977.

Higgins, A. J. B. *The Son of Man in the Teaching of Jesus*. Cambridge: Cambridge University Press, 1980.

Hollenbach, Paul. "Jesus, Demoniacs, and Public Authorities: A Sociological Study." *Journal of American Academy of Religion*, 49/4(1981), 567-88.

Hull, J. M. "Exorcism in the New Testament." In Joel B. Green and Scot McNight eds., *Interpreter's Dictionary of the Bible*. 5 vols. Nashville: Abingdon Press, 1976.

Isenberg, Sheldon K. and Dennis F. Owen. "Bodies Natural and Contrived: The Work of Mary Douglas." *Religious Studies Review*, 3(1977), 1-16.

Jeremias, Joachim. *Jerusalem in the Time of Jesus*. Philadelphia: Fortress Press, 1969.

Judge, E. A. "The Social Identity of the First Christians: A Question of Method in Religious History." *Journal of Religious History*, 11(1980), 201-17.

Keck, L. E. "On the Ethos of Early Christians." *Journal of the American Academy of Religion*, 42(1974), 435-52.

Kee, Howard Clark. *Medicine, Miracle & Magic*. Cambridge: Cambridge University Press, 1986.

Kelber, Werner H. *Mark's Story of Jesus*. Philadelphia: Fortress Press, 1979.

Kim, Kwang S. "The Social Function of 1 Corthians 15: Resurrection as an

Ideology of Purity." Ph. D. Dissertation. The Southern Baptist Theological Seminary, 1990.

Kim, Seyoon. *The Son of man As the Son of God*. Grand Rapids: Eerdmans, 1983.

Kinukawa, Hisako. *Women and Jesus in Mark: A Japanese Feminist Perspective*. New York: Orbis, 1994.

Kittel, Gerhard ed., *The Theological Dictionary of the New Testament*. 10 vols. Trans. Geoffrey W. Bromiley. Grand Rapids: Wm. B. Eerdmans, 1964.

Kleinmann, Arthur. *Patients and Healers in the Context of Culture*. Berkeley, CA: UCLA Press, 1980.

Kuemmel, Werner G. *Promise and Fulfillment: The Eschatological Message of Jesus*. Trans. D. M. Barton. London: SCM, 1957.

_____. *The Theolody of the New Testament according to Its Major Witnesses: Jesus-Paul-John*. Nashville: Abdindon, 1973; 1969.

Kuhn, Thomas S. *The Structure of Scientific Revolutions*. Chicago: University of Chicago Press, 1962.

Ladd, G. E. *The Presence of the Future*. Grand Rapids: Eerdmans, 1974; 「예수와 하나님의 나라」. 이태훈 역. 서울: 도서출판 엠마오, 1985.

Lane, William L. *The Gospel of Mark*. Grand Rapids: Eerdmans, 1974.

Lohfink, Gerhard. *Jesus and Community: The Social Dimension of Christian Faith*. Trans. John P. Galvin. Philadelphia: Fortress, 1984; 1982.

Malina, Bruce J. *New Testament World: Insights from Cultural Anthropology*. Atlanta: John Knox Press, 1981.

_____. *Christian Origins and Cultural Anthropology*. Atlanta: John Knox Press, 1986.

_____. "The Social Sciences and Biblical Interpretation." *Interpretation*, 37(1982), 229-42.

_____. "Why Interpret the Bible with the Social Sciences." *American Baptist Quarterly*, 2(1983), 119-33.

_____. "Understanding New Testament Persons." In Richard Rohrbaugh, ed. *The Social Sciences and New Testament Interpretation*. Peabody, MA:

Hendrickson Publishers, 1996; 41-61.
Malina, Bruce J. and Jerome H. Neyrey. "First-Century Personality: Dyadic, Not Individualistic." In Jerome H. Neyrey, ed. *The Social World of Luke-Acts*. Peabody, MA: Hendrickson Publishers, 1991; 67-96.
Meier, John P. A *Marginal Jew: Rethinking the Historical Jesus*. 2 Vols. New York: Doubleday, 1994.
Meyer, R. "ὄχλος" In Gehard Kittel ed. *Theological Dictionary of the New Testament*. Grand Rapids: Wm. B. Eerdmans, 1975. VI: 582-90.
Moltmann, Juergen. *The Way of Jesus Christ*. Trans. Magaret Kohl. Minneapolis: Fortress Press, 1993.
Myers, Ched. *Binding the Strong Man: A Political Reading of Mark's Story of Jesus*. New York: Orbis Books, 1991.
Neusner, Jacob. *The Idea of Purity in Ancient Judaism*. Leiden: E. J. Brill, 1973.
Neyrey, Jerome H. "The Idea of Purity in Mark's Gospel." *Semeia* 35(1986); 91-126.
_____. "A Symbolic Approach to Mark 7." *Forum* 4(1988); 63-91.
_____. "Unclean, Common, Polluted, and Taboo." *Forum*, 4/4(1988); 72-82.
_____. "Clean/Unclean, Pure/Poluted, and Holy/Profane: The Idea and the System of Purity." In Richard Rohrbaugh. ed. *The Social Sciences and New Testament Interpretation*. Peabody, MA: Hendrickson, 1996; 80-106.
Oakman, Douglas. "Ruler's Houses, Thieves, and Usurpers: The Beelzebul Pericope." *Forum* 4/3(1988), 109-23.
Perrin, Norman. *The Kingdom of God in the Teachings of Jesus*. London: SCM Press, 1963; 「예수의 가르침 속에 나타난 하나님의 나라」. 이훈영, 조호연 역. 서울: 무림출판사, 1992.
_____. *Rediscovering the Teaching of Jesus*. London: SCM Press, 1967.
_____. *Jesus and the Language of the Kingdom*. London: SCM, 1976.
Pilch, John. "Biblical Leprosy and Body Symbolism." *Biblical Theology Bulletin*, 11(1981), 108-13.
_____. "Healing in Mark: a Social Science Analysis." *Biblcial Theology Bulletin*,

15(1985), 142-50.

_____. "The Health Care System in Matthew: a Social Science Analysis." *Biblical Theology Bulletin*, 16(1986), 102-106.

_____. "Sickness and Healing in Luke-Acts." In Jerome H. Neyrey ed., *The Social World of Luke-Acts*. Peabody, MA: Pendrickson Publishers, 1991; 181-210.

Reese, David G. "Demons." In David N. Freedman ed. *The Anchor Bible Dictionary*. 6 vols. New York: Doubleday, 1992.

Ringe, Sharon H. *Jesus, Liberation, and the Biblical Jubilee*. Philadelphia: Fortress Press, 1986.

Sanders, E. P. *Jesus and Judaism*. Philadelphia: Fortress, 1985.

Schuessler-Fiorenza, Elizabeth. *Bread Not Stone: The Challenge of Feminist Biblical Interpretation*. Boston: Beacon Press, 1984.

_____. *In Memory of Her: A Feminist Theological Reconstruction of Christian Origins*. New York: Crossroad, 1983.

Schweitzer, Albert. *The Mystery of the Kingdom of God*. New York: Schocken, 1914.

_____. *The Quest for the Historical Jesus*. New York: MacMillian, 1968; 1910.

Scroggs, Robin. "The Sociological Interpretation of the New Testament: The Present State of Research." *New Testament Studies*, 26(1980), 164-79.

Segundo, Juan L. *The Historical Jesus of the Synoptists*. Trans. John Drury. Marynoll: Orbis Books, 1985.

_____. *The Liberation of Theology*. Trans. John Drury. Maryknoll: Orbis Books, 1976.

Smith, Morton. *Jesus the Magician*. San Francisco: Harper & Row, 1978.

Sobrino, Jon. *Christology at the Crossroads*. New York: Orbis, 1993.

Soler, Sean. "Dietary Prohibitions for the Hebrews." New York Review of Books, June 14(1976), 24-30.

Stegemann, Ekkehard W. and Wolfgang Stegemann. *The Jesus Movement: A Social History of Its First Century*. Minneapolis: Fortress Press, 1999.

Taylor, Vincent. *The Gospel According to St. Mark*. London: MacMillan, 1957.

Theissen, Gerd. *The Miracle Stories of the Early Christian Tradition*. Trans. Grancis McDonagh. Edinburgh: T. & T. Clark, 1983.

Theissen, Gerd and Annette Merz. *The Historical Jesus: A Comprehensive Guide*. Trans. J. Bowden. Minneapolis: Fortress, 1998.

Tompkins, Jane P. *Reader-Response Criticism: Form Formalism to Post Structuralism*. Baltimore: The John Hopkins University Press, 1981.

Twelftree, G. H. "Demon, Devil, Satan." In *Dictionary of Jesus and the Gospels*. Leicester: IVP Press, 1992; 163-5.

Vermes, Geza. *Jesus the Jew*. Philadelphia: Fortress Press, 1973.

Weiss, Johannes. *Jesus' Proclamation of the Kingdom of God*. Philadelphia: Fortress, 1971; 1892에 첫 출간.

Wilder, Amos. *Early Christian Rhetoric: The Language of the Gospel*. Cambridge, MA: Harvard University Press, 1971.

Willis, Wendell 편. 「하나님의 나라: 20세기의 주요 해석」. 박규태, 안재형 역. 서울: 솔로몬, 2004.

강요섭. "예수의 성전 숙청 이야기에 대한 문학적 사회학적 고찰: 마르코 복음 11장 11-17절을 중심으로." 「신학사상」, 41(1983/여름), 349-65.

_____. 「복음의 시작: 길의 건설」. 천안: 한국신학연구소, 1991.

김광수. "공관복음서에 나타난 하나님의 나라의 본질과 목적(1)." 「복음과 실천」, 17(1994): 37-68.

_____. "공관복음서에 나타난 하나님의 나라의 본질과 목적(2)." 「복음과 실천」, 18(1995): 31-57.

_____. "예수의 귀신축출 사역의 사회-정치적 이해(1)." 「복음과 실천」, 19(1996) 34-68.

_____. 「마가 마태 누가의 예수 이야기」. 대전: 침례신학대학교출판부, 1997.

_____. "예수의 귀신축출 사역의 사회 정치적 이해(막 1:21-28)." 「성경과 신학」, 23(1998): 55-61.

_____. "예수의 귀신축출 사역의 사회-정치적 이해: 마가복음 5:1-20(I)."
「복음과 실천」, 23(1999): 64-97.

_____. "예수의 귀신축출 사역의 사회-정치적 이해: 마가복음 5:1-20(II)."
「복음과 실천」, 25(2000): 105-138.

_____. "예수의 병자치유 사역의 사회-정치적 이해." 침례교신학연구소
편. 「치유목회의 기초」. 대전: 침례신학대학교출판부, 2000. 9-50.

_____. "예수의 병자치유 사역의 사회-문화적 배경." 「복음과 실천」 27
(2001a, 봄): 35-63.

_____. "예수의 십자가 처형의 사회-정치적 이해: 서두." 「복음과 실천」
28(2001b, 가을): 7-30.

_____. "예수와 유대교 지도자들 사이에 죄사함을 둘러싼 대립(막 2:1-
12)." 「신약논단」, 9/1(2002): 39-71.

_____. "예수와 유대교 지도자들 사이에 식탁교제를 둘러싼 대립(막 2:13-
17)." 「복음과 실천」, 30 (2002): 33-60.

_____. "예수와 유대교 지도자들 사이에 금식을 둘러싼 대립(막 2:18-
22)의 사회과학적 이해." 「복음과 실천」, 32(2003): 37-64.

_____. "예수와 유대교 지도자들 사이에 안식일을 둘러싼 대립(막
2:23-28)의 사회-정치적 이해." 「복음과 실천」, 34(2004): 35-62.

_____. "예수와 유대교 지도자들 사이에 안식일을 둘러싼 대립 B(막
3:1-6)의 사회-정치적 이해." 「복음과 실천」, 36(2005): 63-86.

_____. "예수와 유대교 지도자들 사이에 정결법을 둘러싼 대립(막
7:1-23)의 사회-문화적 이해." 「복음과 실천」, 40(2007): 37-68.

_____. "예수의 하나님 나라 사역의 이해에 있어서 틀의 전환에 대한
평가." 「한국기독교신학 논총」, 55(2008): 79-108.

김명수. 「역사적 예수의 생애」. 서울: 한국신학연구소, 2004.

김세윤. "예수의 하나님 나라 선포와 그리스도인의 정치적 실존." 「신학
지남」, 222(1989): 6-49.

_____. "성경과 하나님 나라." 정일웅 편집. 「우리 시대의 하나님 나라」.
서울: 총신대학부설 한국교회문제 연구소, 1990. 11-67.

김진호 편. 「예수 르네상스: 역사의 예수연구의 새로운 지평」. 천안: 한

　　　　　국신학연구소, 1996.
김창길. 「새로운 성서해석과 해방적 실천」. 서울: 한국신학연구소, 1990.
김창락. 「새로운 성서해석과 해방의 실천」. 천안: 한국신학연구소, 1990.
김철손. "한국교회의 하나님 나라 이해."「신학사상」, 32(1981): 5-28.
김홍일 외 4인. "하나님 나라와 대안 공동체."「신학사상」, 106(1999): 5-32.
김희성. "예수의 '하나님의 나라.'"「한국기독교신학논총」, 41(2005): 7-35.
바클레이, 윌리암. 「예수의 치유 이적 이해」. 김득중, 김영봉 역. 서울: 컨
　　　　　콜디아사, 1984.
박노식. "마가복음의 하나님 나라와 제자도."「신약논단」, 13/2(2006 여
　　　　　름): 279-317.
변종길. "신약에 나타난 하나님 나라의 개념."「성경과 신학」, 14(1993):
　　　　　5-26.
심상법. "신약신학과 총체적 복음사역: 하나님 나라와 제자도를 중심으
　　　　　로."「신학지남」, 284(2005): 157-82.
안병무. 「민중과 한국신학」. 천안: 한국신학연구소, 1982.
_____. 「갈릴래아의 예수」. 천안: 한국신학연구소, 1990.
양용의. 「하나님 나라 어떻게 이해할 것인가」. 서울: 성서유니온선교회,
　　　　　2005.
오우성. "전통적 권위의 폐기와 대안적 공동체: 마태복음 23.8-12을 중심
　　　　　으로."「신약논단」, 9/4(2002), 787-812.
정훈택. "하나님의 나라와 교회."「신학지남」, 233(1992 가을), 164-212.
조태연. "갈릴리 경제학: 예수운동의 해석학을 위한 사회계층론적 이해."
　　　　　「신약논단」, 4(1998): 62-88.
최갑종. 「나사렛 예수」. 서울: 기독교문서선교회, 1996.
허호익. "천당, 천국 그리고 하나님의 나라."「한국기독교신학논총」, 41
　　　　　(2005), 347-77.
황성규. 「예수 운동과 갈릴리」. 천안: 한국신학연구소, 1995.
호슬리, 리차드. 「예수운동」. 이준모 역. 서울: 한국신학연구소, 1993.

"예수께서 대답하여 이르시되 바요나 시몬아
네가 복이 있도다 이를 네게 알게 한 이는
혈육이 아니요 하늘에 계신 내 아버지시니라"
- 마태복음 16장 17절 -

하나님의 나라와 치유사역

2012년 9월 15일 인쇄
2012년 9월 20일 발행

저　자 ┃ 김 광 수
발행인 ┃ 도 한 호
발행처 ┃ 침례신학대학교출판부〈하기서원〉
　　　　305-358 대전광역시 유성구 북유성대로 190(하기동 산14)
　　　　Tel. 042-828-3255, 3257 • Fax. 042-828-3256

인쇄처 ┃ 도서출판 이화
　　　　301-822 대전광역시 중구 선화동 229-2번지 장현빌딩 2층
　　　　Tel. 042-255-9707~8 • Fax. 042-255-9709

ISBN 978-89-93630-37-4 93230

정가 15,000원

※ 무단복제나 전재를 금합니다.
※ 잘못 만들어진 책은 바꾸어 드립니다.